Q. CURTII
RUFI

D E

REBUS GESTIS

ALEXANDRI

MAGNI

HISTORIA

Bina fectione in capita divifa.

PATAVII, MDCCXX.
Ex Typographia Seminarii.
Apud Joannem Manfrè.
SUPERIORUM PERMISSU.

DE ÆTATE,

Qua floruit

Q. CURTIUS

DISSERTATIUNCULA,

Sive potius narratio, excerpta ex bi-
nis JOH. ISACI PONTANI bi-
de re Epiſtolis ad V. C. GER.
VOSSIUM.

D Curtium quod attinet ,
hoc præter ea, quæ allata
ſunt, videor dicturus, eum
ſcilicet clariſſ. olim viro
Barnaba Briſſonio lib. 1. de Reguo
Perſarum , haberi , atque æſtimari
Curtium illum *Rufum* , qui inde à
Tiberii temporibus Rempub. atti-
git, & cui, dum Africæ Proconſuli
velut comes , & ſectator adhæret ,
ſpectrum illud ſe obtulit memora-
tum à Plinio lib. 8. epiſt. 27. nec a-
lium intellectum Suetonio, qui Rhetorum clarorum albo eundem ſub
Ruſi cognomine adſcripſerit , quomodò etiam nominaſſe eum videtur Annal. xi. Tacitus . Et ideò ad

A 3 Clau-

Claudium Imp. referenda sunt, quæ
Hiſtoriæ ſuæ lib. x. de rebus Alexandri, in hæc verba ipſe perſcripſit,
Proinde jure merito Populus Roma-
nus ſalutem ſe Principi ſuo debere
profitetur, cui noctis, quam pone ſu-
premam habuimus, novum ſidus il-
luxit. Hujus hercule, non Solis ex-
ortus, lucem caliganti reddidit mun-
do, cùm ſine ſuo capite diſcordia mem-
bra trepidarent. Quot ille tum ex-
tinxit faces? quot condidit gladios?
quantam tempeſtatem ſubita ſerenita-
te diſcuſſit? Non ergo revireſcit ſo-
lùm, ſed etiam floret Imperium. Ab-
ſit modò invidia, excipiet hujus ſæ-
culi tempora ejuſdem domus utinam
perpetua, certe diuturna poſteritas.
Eaque Curtiana verba haud alia interpretatione egere, ſubjicit Briſſo-
nius idem, quàm Suetonii cap. x.
& xi. in Claudio, & Joſephi lib.
xix. Antiq. cap. 2. & 3. ubi ſcilicet
poſt cædem Caji, per biduum de
mutando Reipub. ſtatu, aſſerenda-
que communi libertate hæſitatum in-
nuitur, ac tandem Rectore uno,
ac nominatim conſtituto Claudio,
Imperium ſtabilitum, firmatumque
eſt. Quæ ſane haud alia ſunt, quàm
anno-

annotata jam olim Cl. V. *Justo Lipsio* ad lib. XI. Annal. Taciti memorantis originem Curtii Rufi . Interim hæfitare fe idem Lipfius profitetur , & facilè manum daturum , fi quis afferat verifimiliora. Qua occafione tentafle aliud poftea reperio virum amplifs. ac multa eruditione præftantem *Janum Rutgerfium* in illis fuis rerum feleftarum , ac variarum Lectionibus , ubi Briffonii opinionem , qui ad Claudii ævum referendum volebat, paucis , & accuratè confutans , oftendit , poft Caji cædem , Romanum Imperium neque à pluribus expetitum, neque Civilibus bellis , ut Macedonicum illud , cujus occafione fuperiora ifta de Romana Repub. interferuit Curtius, fuifle laceratum. Quod tamen eflet, fi hic locus eò trahendus foret . Itaque *Rutgerfius* ipfe à Briffonio hac parte, ac jure decedens, ævum Curtii ad Vefpafianum potius referendum credidit . Nec ego valdè abnuerim , nifi verba illa Curtii fuperiùs pofita, *Non ergo revirefcit folùm , fed etiam floret Imperium* , aliò me quafi traherent. Ecce *revirefcere Imperium*, inquit, quod dici

A 4   haud

haud potuit, imò nec dicitur, niſi de ſæculo inſequenti, & præſertim Trajani Principatu, ut habet diſertè prologus ille Flori, qui poſtquam *juventam Imperii* retuliſſet ad uſque ætatem *Auguſti Cæſaris*, ab eo paulatim aduſque *Trajanum*, qui anni fuerint CC *conſenuiſſe* idem, ait, atque inde ſub eodem viciſſim moviſſe lacertos, ac præter ſpem omnium, quaſi depoſito ſenio, ac reſumpta juventute, *revireſcere cœpiſſe*. Nec aliter de ſuo quoque ævo Prudentius, ubi introducens Romam loquentem ita canit,

> *O clari ſalvete Duces, generoſa propago*
> *Principis invicti, ſub quo ſenium omne renaſcens*
> *Depoſui, vidique meam flaveſcere rurſus*
> *Cæſitiem.*

Ultra, quod addam, magnopere non eſt, niſi attendere etiam obiter libeat, quàm apte verbis Curtii ſuperiùs recitatis Trajani reſpondeat Imperium, Imperiique initium. De quo omnia, quæ velim, & fusè ad hanc rem, in illuſtri illo ſuo ad hunc Principem Panegyrico refert Plinius

nius junior : & idem quoque , fed paucis agens, clarè tamen, difertè que Aurel. Victor in vita ipfius Trajani ; ubi inquit , *Quæ omnia eò videbantur majora , quoniam per multos, atque atroces Tyrannos perdito, atque proſtrato ſtatu Romano , in remedium tantorum malorum divinitùs credebatur opportunè datus Trajanus , ufque eò , ut adveniens Imperium ejus pleraque mirifica denuntiaverint, in queis præcipuum cornix è faſtigio Capitolii , Atticis ſermonibus effata,* καλῶς ἕςαι . Quod Suetonius Tranquillus fub finem Domitiani latinè reddens ita expreſſit,

Nuper , Tarpejo qua ſedit culmine, cornix,
Eſt benè non potuit dicere, dixit, erit.

Qui & addit continuò iſtud epiphonema, *Ipfum etiam Domitianum ferunt ſomniaſſe, gibbam ſibi pone cervicem auream enatam, pro certoque habuiſſe, beatiorem poſt ſe, latioremque portendi ſtatum Reipublicæ. Sicut ſanè brevi evenit, abſtinentia, & moderatione inſequentium Principum .* Quorum Principum præcipuus , ac Coryphæus fuit poſt breviſſimum

A 5   Nervæ

Nervæ Principatum, Trajanus, de quo dictum, Qui longo, moderatoque Imperio, pulsa temporum antecedentium nocte, *novum* illud, quod innuit Curtius, *sidus* exinde *illuxit*, ac veluti *Sol exortus lucem caliganti reddidit mundo*, *faces extinxit*, *gladios condidit*, *suaque, ac subita serenitate tempestates* circunquaque Romani Imperii feliciter *discussit*. Unde & iterùm idem Curtius lib. 3. de Tyro loquens, agnoscit haud immeritò *longam* in Imperio *pacem cuncta refoventem*, post scilicet Domitianum, & alios Principes, *beneficio* præsertim, *ac moderatione*, ut verba fuerunt Suetonii, *insequentium Imperatorum*, in quibus familiam duxit Trajanus præcipuè. Ut omittam, postremis illis ejusdem superiùs Curtii verbis, quæ votum continent pro nova ad principatum evecta domo, haud alium intelligendum innui, quàm Trajanum, qui post Nervam, à quo est adoptatus, primus habetur Principum externorum. Fuit enim ex urbe Tudertina, Hispanus. Nam de novo Principe, & à prioribus, qui Romani omnes fuere, prosapia, &

gente

gente diverſo, loqui Curtium o-
ſtendunt itidem, quæ ſuperiùs proximè ſequuntur, ubi poſteritatem
quidem ejuſdem domus, ſi non perpetuam, ſaltem diuturnam fore au-
guratur. Quod ad Principum priorum aliquem, qui ante Nervam, &
Trajanum fuere, quique tandiu Romanæ gentis floruerùnt, & ab Æ-
nea, aut primis Regibus originem
deducebant, quomodò referetur ?
Habes Voſſi humaniſſime, quæ ſit
noſtra de florentiſſimo Scriptore,
deque tempore, quo claruit, ſententia. Tu eam qualemcunque æqui
facies, ac ſimul moram reſponſio-
nis noſtræ.

A 6   Ex

sum ut plurimùm dicendi genus placuisse videam, nec tamen omnes pari id modo, aut laude assecutos. Nam Florus, licèt verba ei stricta, sententiæque argutæ sint, flosculis tamen Rhetorum orationem subinde pingit: contraria Taciti est oratio, & multò vicissim alia Suetonii, aliaque Plinii, qui tamen omnes Trajani sæculo claruerunt. Et adde his Asinium Pollionem, æqualem propemodùm Ciceronis, quem tamen à nitore, & jucunditate Ciceronis ita longè abfuisse, Fabius fassus est, ut videri potuisset sæculo prior. Et denique Eginhardum quis sæculo barbaro eam Caroli Magni vitam contexuisse dicat, nisi hoc adstruat auctoritas Adami Bremensis, qui eum prolixè citat, sæculo æquè barbaro, utpote sequentibus statim temporibus, sub Caroli filiis, aut nepotibus florens? Et Curtius ipse, de quo dicere cœperamus, etiamsi dictio ejus tersa multùm eleganfque sit, nonne ea habet, quæ ad sæculum inclinans, deteriusque referri debeant? Sanè *Ducatus* vox, quæ apud eum occurrit, nescio, an apud alios, nisi eos, qui sub Traja-
no,

no, & illis temporibus floruerunt, ut Svetonius, reperiatur : ne. & alia addam, de quibus dicetur opportuniùs aliàs.

Sed pluribus fortafsè apud te hæc agere videar, mi Vosfi. At tu, qui tuus est veri cognoscendi amor, & studium, in re præsertim tam intricata, quæque tot egregios viros *Brissonium*, *Bongarsium*, *Mendium*, *Pithæum*, *Lipsium*, aliosque, & nuper quoque virum amplissimum, nostrumque utrique amicissimum, *Rutgersium* (ut *Acidalium*, *Pompam*, *Locceniumque*. nunc mittam) exercuit, hanc, ut spero, parrhisiam nostram æqui facies. Age itaque, iterato nunc ipsa Curtii verba paulò fusiùs posita inspiciamus, conferamusque cum singulorum sententiis propiùs. Ait lib. x.

Sed jam fatis admovebantur Macedonum genti bella civilia. Nam & insociabile est Regnum, & à pluribus expetebatur. Quodque Imperium sub uno stare potuisset, dum à pluribus sustinetur, ruit. Proinde jure meritoque Populus Romanus salutem se Principi suo debere profitetur, cui noctis, quam penè supremam habuimus, novum fidus illuxit. Hujus herculè, non Solis ortus, lucem caliganti reddidit mundo, cùm fine fuo capite difcordia membra trepidarent. Quot ille tum extinxit faces? quot condidit gladios? quantam tempeftatem fubita ferenitate difcuffit? Non ergo revirefcit folum, fed etiam floret Imperium. Abfit modo invidia, excipiet hujus faculi tempora ejufdem domus, utinam perpetua, certè diuturna pofteritas.

Quibus ex Curtii verbis liquet, occafione Macedonici Imperii, quod jam à pluribus, extincto Alexandro, expetebatur, ifta de rei Romanæ ftatu interferi, ac demonftrari, *jure, meritoque Populum. Romanum falutem Principi fuo debere, cui noctis, quam penè fupremam habuerat, novum fidus illuxerit.* Quod fane nec ad Auguftum referri poteft, cui vivo, & ad Imperium promoto nullum *novum fidus,* aut fucceffor auxiliaris illuxerit; nec ad Claudium, quia poft cædem Caji, neque Imperium à pluribus expetebatur, neque motibus inteftinis agitabatur, ut Macedonicum; nec ad Vefpafianum, qui ipfe fibi Imperium poft necem, & occifionem Vitellii adfcivit. At Nervæ, in quem

præ-

præter Calphurnium Craffum, Ælia-
nus, aliique Imperio imminentes con-
juraverant, adoptatus Trajanus *no-*
vum, ac falutare hoc *fidus* verè fuit,
qui & eam feditionum , ac temporum noctem die fubito ferenavit. I-
ta enim *noctis* vocabulum accipiendum ibi, quæ eft in voce *fidus,* me-
taphoram, puto oftendere. Propriè
autem de prælio , quod inter copias Vefpafiani , & Vitellii eft noctu certatum, velle exponere, quafi ea nocte Vefpafianus , Vitellio
profligato , novum fidus illuxiffet ,
negant Curtii verba , qui ait , noctis ejus novum fidus ipfi Principi
illuxiffe . At Vefpafianus Principi
Vitellio non falutaris, aut *novum*
fidus illuxit, fed jam ante eam pugnam è Syria cum legionibus ad-
ventans ei minitabatur exitium, atque internecionis quoque caufa po-
ftremò fuit . Exortus igitur acci-
piendus hic Trajani , qui Nervæ
jam feni, & contempto accurrens,
ipfi mundo, id eft Imperio univer-
fo *caliganti ,* & veluti *trepidanti fi-*
ne fuo capite, lucem reddidit, faces
extinxit, gladios condidit, Calphur-
nii puta , & Æliani , in quos , ut
capi-

capita, & faces conjurationis, cum primùm Imperium capeffiit, animadverti etiam fecit, atque ita fubita ferenitate, ut deinceps Auctor loquitur, tantam tempeftatem difcuffit. Quod iterùm nec ad Auguftum referas, qui initio Imperii fui cum monftris illis Antonio, Pompejo, Lepido tandiu eft colluctatus: nec ad Vefpafianum, qui folo fublato Vitellio, fecurus egit, ac brevi exinde, decennio circiter exacto, Imperium finiit.

Quibus hoc pacto expofitis, aptè jam, quemadmodum & Florus, aliique de ejufdem Trajani fæculo, *revirefcere non folùm, fed etiam florere* inquit *Imperium*. Et tandem épiphonemate, ac bono quafi omine claudens, *exceptæram* addit *iftius fæculi tempora domus ejufdem, utinam perpetuam, certè diuturnam pofteritatem*. Quod fimiliter neque de Augufto, aut Claudio, ac multò minùs de Vefpafiano poteft accipi; cùm, ut dixi, biennium tantùm filius ejus Titus, & quindecim annos Domitianus Titi frater imperaverit, idque, ut conftat, truculentiffimè. Eftque notandum, cum *domus ejuf-*
dem

dem posteritatem dicat, minimè ad Vespasianum hoc referendum, cui filii successere, sed optimè quadrare in Trajanum, qui ex sua *domo*, ac familia Adrianum successorem sortitus est. Quorum etiam uterque expertus est, quam innuit alibi idem Curtius, *sui temporis longam sub tutela Romana mansuetudinis pacem, cuncta refoventem*. Svetonius, sub finem Domitiani, id factum dixit *beneficio, ac moderatione insequentium Principum*, in quibus eminuit, ac princeps fuit, de quo jam, iterumque dictum, Trajanus.

Hæc, eruditissime Vossi, super Curtio breviter, & veluti corollarii vice occasione familiaris nostri sermonis adjicienda prioribus putavi. Cujus inquam Curtii fatum idem esse video, quod Manilii Poetæ, de quo quam varia doctorum similiter judicia sint, non ignorare te existimo, &c.

SUPPLEMENTI

IN

Q. CURTIUM

De rebus geſtis

ALEXANDRI MAGNI

LIBER PRIMUS.

 HILIPPUS MACEDO, qui primus omnium Regum ejus gentis Macedoniæ Regnum, ſubaſta tota Græcia, ad ſummam potentiam evexit, Amyntæ, viri prudentiſſimi, omnibuſque imperatoriis virtutibus inſtruſti, filius fuit. Is Amyntas ex Eurydice uxore tres filios ſuſceperat, Alexandrum, Perdiccam, & Philippum Alexandri Magni patrem, atque filiam Euryonem. Inſidiis autem Eurydices uxoris, quæ nuptias generi mariti morte paſta, occidendum virum, Regnumque adultero tradendum ſuſceperat, oppreſſus fuiſſet, ni filia pellicatum matris, & ſceleris conſilia prodidiſſet. Poſt mortem Amyntæ, Alexander major natu filius, Regno potitus eſt . Qui inter initia Regni, cogente ſanè duriſſimo neceſſitatis telo, bellum ab Illyriis paſta mercede, datoque Philippo fra-
tre

tre obside, redemit. Interjecto quoque tempore, per eundem obsidem, cum Thebanis gratiam pacis reconciliat. Quæ res Philippo ad maxima egregiæ indolis incrementa profuit. Siquidem tota custodiendi pueri cura Epaminondæ strenuissimo Thebanorum Duci, atque Philosopho præstantissimo, hac conditione demandata est, ut commissum sibi puerum diligenter servaret, & summo studio in id juxta incumberet, ut moribus Principe dignis, atque honestis disciplinis quàm optimè imbueretur. Fovebat ea tempestate laudatissimus Princeps domi filio suo Epaminondæ Præceptorem Pythagoricum, sub quo Philippus multùm profecit. Intereà temporis Alexander, insidiis matris Eurydices appetitus, occubuit: cui tamen anteà Amyntas in scelere deprehensæ, propter communes liberos, ignarus, iisdem quandoque exitiosam fore, pepercerat. Frater quoque ejus Perdiccas, simili insidiarum fraude, relicto parvulo filio, decipitur. Sub idem tempus Philippus commodùm è custodia elapsus, diu se non Regem, sed tutorem pupilli egit. At, ubi graviora bella imminebant, serumque auxilium in expectatione infantis erat, compulsus à populo, Regnum Macedonicum malè affectum, cùm bellicis artibus, tùm Philosophiæ præceptis præmunitus, apprehendit, anno CCCC. ab Urbe condita, Olympiade CV. Circa prima itaque Regni primordia, rerum infinita multitudine in diversas trahente partes, finitimis undique in Macedoniam irruentibus populis, bellisque veluti conspiratione quadam, ad opprimendam Macedoniam, multarum gentium ex diversis locis uno tempore

con-

confluentibus, Rex Philippus cautius omnino
agendum esse considerans (omnibus enim par
esse non poterat) alia interposita pactione
composuit, alia redemit, facillimis aggres-
sis, ut militum trepidos firmaret animos, &
sibi hostium contemptum demeret. Primum
illi cum Atheniensibus certamen fuit, quibus
per insidias victis, metu gravioris belli,
cum interficere posset, omnes incolumes sine
pretio dimisit: quæ res illi magnam, & gratiam, & auctoritatem conciliavit. Captis deinde Pæonibus, Bellum in Illyrios transtulit.
Ibi multis hostium millibus cæsis, Larissæam
urbem nobilissimam cepit.

Hinc Thessalos, non cupiditate prædæ, sed
quòd exercitui suo robur Thessalorum equitum adjungere gestiebat, nihil minùs, quàm
bellum metuentes, adoritur. Quibus ex improviso præoccupatis, atque in potestatem redactis, jungendo equitum, peditumque for-
tissimas turmas, & copias, invictissimum se-
cit exercitum. Quibus rebus feliciter gestis,
Olympiada Neoptolemi Regis Molossorum filiam uxorem ducit, conciliante nuptias alte-
ræ virginis Arisba Rege Molossorum, qui sororem Olympiadis Troadam in matrimonio
habebat. Quod causa illi exitii, malorum-
que omnium fuit. Nam, dum Regni incrementa affinitate Philippi se acquisiturum sperat, proprio Regno ab eodem privatus, in
exilio consenuit. Post nuptias autem Philippus per quietem, visus est conjugis alvo insignem affixisse bullam, cujus sculptura, quemadmodum is existimaverat, leonis haberet
imaginem. Quod Vates ita sunt interpretati,
Ipsam quidem esse gravidam, animosum-

que-

quoque, & leonis natura præditum infan-
tem parituram. *Deinde, cùm Philippus ur-*
bem Methonem expugnaret, ictu sagittæ dex-
trum amisit oculum. Nihilominus tamen pa-
cem deprecantibus dedit, mitisque etiam ad-
versùs victos fuit. Pagas etiam capiens Im-
perio suo adjecit. Triballorum quoque gen-
tem, & quicquid præterea terrarum in pro-
ximo erat, invadens, omnia uno velut im-
petu devicit. Debellatis finitimis, atque con-
firmato jam Macedoniæ Regno, cùm domum
rediisset, natus est ipsi Alexander filius ex
Olympiade uxore, VIII. Idus Aprilis, dicit
Plutarchus, ab eo autem, qui illum in La-
tinum convertit, scribitur, circa idus Au-
gusti. Quod sanè, cujus sit error, dubium
est. Porrò Philippus, veluti è specula quæ-
dam, libertati omnium insidiatus, Græco-
rum civitates, quæ dominandi libidine sin-
gula imperare cogitaverant, omnes in suam
redegit potestatem. Inferioribus enim contra
Superiores suadens certamina, omnibus ad
invicem callidè incitatis, à Thebanis etiam,
qui tamen anted eum, tanquam hostem, re-
pellere conabantur, contra Lacedæmonios,
& Phocenses, qui, templo Apollinis spolia-
to, milites conduxerant, necessitate urgente,
Dux electus, oppressis sacrilegis, magnam-
que inde apud omnes nationes gloriam adep-
tus, omnium ad ultimum efficitur dominus,
ac Princeps, & victos pariter, atque victo-
res servitutem subire coegit. Inde in Cappa-
dociam trajiciens, captis, & occisis finiti-
mis Regibus, universam Provinciam Imperio
Macedoniæ adjecit. Olyntho quoque expugna-
ta, Thraciam invasit. Nam, cùm ejus fra-

tres duo Thraciæ Reges, de terminis Regni ambigentes, disceptationum suarum judicem eligerent, Philippus ad judicium, velut ad bellum, inopinantibus fratribus, instructo exercitu venit, & utrunque Regno, de quo disceptabant, spoliavit, omnes sanè Principes docens, concordiam maximum ad conservanda Imperia, atque Principatus stabiliendos adminiculum esse.

Alexander autem factus annorum duodecim, rebus bellicis admodum delectari, & excelsæ indolis manifestissima proferre indicia cœpit. Cumque ex æqualibus nonnulli ex eo percontarentur, ad Olympicum nunquid stadium libens decertaret, (plurimùm enim pedum celeritate pollebat) Libens equidem, inquit, si decertaturos mecum Reges sim habiturus. Olim cùm fortè, absente Philippo, Legati à Persarum Rege venissent, eos cum hospitio, tum consuetudine captos, jucundissima sibi familiaritate conjunxit, admirantes, quòd is nihil aut humile, aut puerile sciscitaretur. Nam aut viarum longitudinem, aut superiorum itinerum modos perquirebat: multa super Rege, qualis in hostes esset, nunc super Persis, quæ vires, aut quæ esset potentia, rogitabat. Quas res admirati Legati, latè diffusam Philippi gravitatem nihil præ hujus pueri indole, & majore, quàm ætas pateretur, animi magnitudine, duxerunt. Quoties à Philippo aut nobile quoddam captum oppidum, aut memorabili prælio parta victoria nuntiabatur, haud magnoperè lætabatur. Cæterùm ad suos ajebat æquales, Omnia, ò pueri, genitor occupabit, ita ut ne vobiscum grande ul-

B   lum,

lum , ac infigne facinus oftentare mihi fæ
reliquum . *Non enim ipfum ulla illecebra-*
rum , aut pecuniæ , fed fola virtutis , ac glo-
riæ cupido tenebat . Quoque majores à pa-
tre facultates acciperet , eò fe minora gerere
poffe exiftimabat . Quocircà , crefcente domi-
nio , gerendis præclaris rebus materiam
magna ex parte exhauftum iri ratus ,
non opes , non deliciarum ufus , verùm cer-
tamina , & pugnas ardebat , & Principatum ,
unde fibi ob virtutem , gloriam , nominifque
immortalitatem (quæ fpes nec Alexandrum ,
nec quenquam alium bonum unquam fefel-
lit) compararet , affectabat . Quamobrem
ipfius cura compluribus (uti par erat) nu-
tritoribus , pædagogis , ac præceptoribus eft
demandata , in primis tamen Ariftoteli , ex
cujus difciplina decem fermè annis informa-
tus eft . Eodem ferè tempore Philippus Del-
phos mifit , confulens de fucceffore : refpon-
fumque tale accepiffe ferunt : Is demum tuo
Imperio , omnique orbe potietur , quem-
cunque Bucephalus fefforem paffus fuerit.
Erat autem Bucephalus equus forma fpecta-
bilis , atque ferociffimus , quem Philonicus
Theffalus Philippo XIII. talentis emerat .
Hunc diu Philippus fub clauftris præferratis
afferuari juffit . Manfit tamen ita ferus , ut
planè nullus eum ne tangere quidem aufus
fuerit . Quare factum eft , ut eum Philippus
removeri , atque abjici jufferit . Alexander
verò cùm forte adeffet , Qualem , inquit ,
ifti equum perdunt , dum eo per imperi-
tiam , ac mollitiem uti nefciunt ! Cùmque
mira arte fine verberibus tractaffet equum ,
tandemque confcenfum ad curfum admififfet ,
tum

sum calcibus usus est. Ac molliter flexis ha-
benis, cùm equum reduxisset, descendentis
caput exosculatus pater, emissis lacrymis,
Aliud, inquis, ò fili, tibi par Regnum
quære, quando te jam Macedonia non ca-
pit. Præsagiit vir prudens, tam excelsæ in-
doli non suffecturam paternam ditionem. Post
hæc Philippus toti Græciæ bellum inferre sta-
tuit. Ad quod percommodum ratus, si Byzan-
tium nobilem, & maritimam urbem in po-
testatem redegisset, eandem sibi resistentem
obsidione cinxit, relicto domi ad Regni cu-
ram filio Alexandro, tum XVI. annos nato.
Hæc urbs à Pausania Spartanorum Rege con-
dita, à Constantino postmodum gloria, opi-
busque aucta, atque renovata, & à nomine
suo Constantinopolis dicta circiter MCXL. an-
nos sacratissimi Imperii sedes, totiusque O-
rientis caput fuit. Nunc tamen, proh dolor!
foedissimæ, atque impiissimæ Turcarum gen-
sis Imperio subjacet. Sed ut ad Philippum
redeam, exhaustis in obsidione opibus, pira-
ticam aggreditur, centumque septuaginta na-
vium spolia rapuit, atque militibus suis di-
stribuit. Ne autem in unius urbis obsidione
tantus exercitus teneretur, profectus cum for-
tissimis, multas Chersonesi urbes expugnavit.
Filium deinde Alexandrum XVIII. annos na-
tum, virtutis, & promptitudinis in rebus a-
gendis manifestissimæ, ut sub patris militia
tyrocinii rudimenta poneres, ad se accersi-
vit. Cum quo in Scythiam prædandi causâ,
more negotiantium, impensas belli alio bello
refecturus, est profectus. Eaque expugnata,
viginti millia puerorum, ac foeminarum ca-
pta, pecoris magna vis, auri, argentique

B 2 *nihil,*

nihil, XX. millia nobilium equarum ad genus faciendum in Macedoniam missa sunt. Sed revertenti à Scythia Philippo Triballi occurrunt, negantes, se transitum daturos, ni portionem accipiant prædæ. Hinc jurgium, mox & prælium: in quo ita in femore vulneratus est Philippus, ut per corpus ejus equus interficeretur. Cùm omnes occisum putarent, præda amissa est. Cùm primùm ex vulnere convaluit, diu dissimulatum bellum Atheniensibus infert. Cujus causa Thebani se junxere, metuentes, ne victis Atheniensibus, veluti vicinum belli incendium, ad se transiret. Inita societate inter civitates paulò antè infestissimas, legationibus totam fatigant Græciam, communem hostem communibus viribus summovendum putantes. Quædam civitates motæ Atheniensibus se se jungunt, quasdam autem belli metus ad Philippum traxit. In hac pugna Philippus Alexandrum filium alteri cornu præfecit. Ubi laudatissimi Herois virtus clarissimè emicuit. Talem enim in eadem pugna se præstitit, ut non inferior patre, imò etiam nulli secundus extiterit, posteà quoque eam victoriam sibi invidia, ac fraude patris præreptam fuisse conquestus sit. Commisso itaque apud Cheroneam prælio, etsi Athenienses numero militum longè præstarent, à Macedonibus tamen, continuo, ac diuturno bellandi usu exercitatissimis, vincuntur. Non autem immemores pristinæ gloriæ cecidere. Hic dies universæ Græciæ & gloriam dominationis, & vetustissimam libertatem finiit. Cæterùm, cùm Philippus semper erga Alexandrum optimè effectus fuisset, tandem ex Cleopatra nover-

ea Olympiadi superinducta, discordia orta
est. Causam adhibuit Attalus avunculus Cleo-
patræ, qui cùm in nuptiis Macedones exhor-
taretur, Deos orarent, ut ad Regni succes-
sionem legitimus ex Philippo, & Cleopatra
crearetur hæres, excandescens Alexander, O
improbum caput, inquit, nos verò tibi
nothi videmur? simulque in eum conjecit poculum. Insurgens inde pater contra Alexandrum, stricto eum petiit ferro. Illus tamen,
inclinatione corporis ab Alexandro evitatus,
inanis excidit. Tunc Alexander conviciis patrem adortus, receptam Olympiadem matrem
secum in Epirum duxit. Eum tamen Philippus, exprobrata sibi à Demarato Corinthio
hac eorum discordia, paulò pòst multis precibus ægrè revocavit. Inter hæc nuptias Cleo-
patræ filiæ, & Alexandri fratris Olympiadis, quem, pulso Arisba, Regem Epiri fecerat, Philippus celebrat. Dies erat pro magnificentia duorum Regum, & collocantis filiam, & uxorem ducentis, insignis. Sed nec
ludorum celebritas deerat, ad quorum spectaculum Philippus cùm sine custodibus medius inter duos Alexandros, filium, gene-
rumque procederet, Pausanias nobilis ex Macedonibus nemini suspectus adolescens, occu-
patum angustiis Philippum in transitu obtrun-
cavit, diemque lætitiæ destinatum, fœdum
luctu funeris fecit. Hic puer stuprum per
injuriam passus ab Attalo fuerat, qui eum
ebrius posteà, tanquam vile scortum, libidi-
ni convivarum subjecit. De quo, Philippo
conquestus est, qui multùm quidem ex rei
turpitudine est motus, sed Attalo, ob magnam familiaritatem, & quòd ejus operâ

B 3 &nc

*inде uteretur, ut noceret, induci haud po∫-
suit. Erat etiam Attalus, ob Cleopatram proximè à Rege in matrimonium acceptam, ar-
cti∫∫ima ei junctus cognatione: copiarumque
in A∫iam præmi∫∫arum Dux fuerat delectus,
vir in rebus bellicis egregiæ fortitudinis.
Idcircò Rex potiùs ut Pau∫aniæ animum ju-
∫ti∫∫imo dolore incen∫um mulceret, e∫t conatus; dati∫que ei magnis muneribus, loco in-
∫uper hone∫tiore, inter corporis ∫ui cu∫todes,
honoravit. Sed ille implacabili ardens ira,
decrevit non tantùm de eo, qui ∫ibi injuriam
intuli∫∫et, ∫ed & qui ulci∫ci illatam nolui∫-
∫et, pœnam ∫umere. Vixit Philippus annos
XLVII., regnavit XXV., Macedonum Rex
XXIII., cui maximæ opes erant in∫trumenta
bellorum, divitiarum quæ∫tu, quàm cu∫to-
dia, ∫olertior. Itaque inter quotidianas ra-
pinas ∫emper inops erat. Mi∫ericordia in eo,
& perfidia pari jure dilecta, Nulla apud
eum turpis ratio vincendi. Blandus pariter,
& in∫idio∫us alloquio: qui plura promitte-
ret, quàm præ∫taret: in ∫eria, & jocos ar-
tifex. Amicitias utilitate, non fide colebat.
Gratiam fingere in odio, in∫truere inter con-
cordantes odia, apud utrunque gratiam quærere, ∫olemnis illi con∫uetudo. Inter hæc elo-
quentia, & in∫ignis oratio acuminis, & ∫o-
lertiæ plena, ut nec ornatui facilitas, nec
facilitati inventionum dee∫∫et ornatus.*

SUP.

SUPPLEMENTI

IN

Q. CURTIUM

De rebus geſtis

ALEXANDRI MAGNI

LIBER SECUNDUS.

*Nno ab Urbe condita CCCCXXVI.
mortuo Philippo, Alexander filius, ob magnitudinem rerum geſtarum Magnus appellatus, vige-
ſimo ætatis anno, plenum invi-
dia, & graviſſimis odiis, ac periculis undique circunſeptum aſſequutus eſt Imperium.
Nec enim vicinæ Barbarorum provinciæ, &
nationes modeſtè ſervitutem ferebant; avita
verò dominia, patrioſque Principatus affecta-
bant. Primò omnium autem, quotquot paternæ cædis cauſa fuerant, gravibus affecit pœ-
nis. Deinde ſepulturæ ejuſdem maximam im-
pendit curam. Principatum verò multò melius, quàm quiſquam exiſtimaſſet, confirma-
vit. Juvenis enim, atque ob ætatem adhuc
teneram ab aliquibus contemptui habitus,
vulgus ipſum humaniſſimis ſermonibus ita in
ſui benevolentiam traxit, ut & ſpem maxi-

B 4   *mam*

mam omnibus faceret, & metum fimul, atque contemptum fui univerfis demeret. Macedonibus immunitatem cunctarum rerum,
præter militiæ vacationem, dedit. Quo facto
tantum fibi conciliavit favorem, ut alii corpus, non virtutem, alii verò nomen Regis
folum immutatum effe, dicerent. Et, cùm
initio tumultus undique contra ipfum exorti
effent, audacia, & animi conftantia incredibili, citiffimè motus omnes compreffit. Profectus deinde Corinthum in Peloponnefum,
generali totius Græciæ concilio, contra Perfas, quorum erat eo tempore fummum in terris Imperium, quique Græciam fæpè multis
cladibus afflixerant, Imperator eft defigna-
tus. Siquidem pater ejus idem bellum in-
choaverat, morte tamen præventus, confum-
mare haud potuerat. In hujus belli apparatu
nuntiatur, Athenienfes, Thebanos, & Lacedæmonios ab eo ad Perfas defeciffe, auctc-
remque ejus defectionis, magno auri pondere à Perfis corruptum, Demofthenem Orato-
rem extitiffe. Quibus moribus occurfurus,
tanta celeritate inftructo, paratoque exercitu,
Græciam oppreffit, ut, quem venire non fen-
ferant, videre fe vix crederent. In tranfitu
hortatus Theffalos, beneficiorum patris com-
monefaciens, commemorata etiam veteri cognatione, quæ fibi cum illis per Herculem effet, fermonibufque humaniffimis, ut magna
à fe fperarent, perfuafos induxit, ut, communi totius Theffaliæ decreto, univerfæ gentis Dux crearetur, omniaque vectigalia, atque redditus fuos ei traderent. Tanta autem
in juvene celeritas, tamque efficax in rebus
agendis diligentia, omnes, qui per contem-

ptum

pium ab eo erant alienati, perterrefecit. A-
thenienses itaque sicuti primi defecerunt, ita
etiam primi pœnitere cœperunt, pueritiam
Alexandri anteà spretam supra virtutem ve-
terum Ducum extollentes, missisque Legatis,
bellum deprecabantur. Quibus auditis, &
graviter increpatis, bellum remisit. In ea le-
gatione Demosthenem, quoque fuisse ferunt,
sed cum cæteris ad Alexandrum non perve-
nit. Siquidem à Cytherone Athenas reversus
est, sive corruptus timore, quod frequenter
Philippum cum suis vituperasset, atque ita in
sua Republica contra Macedones verba fecis-
set, sive ut Regi Persarum, à quo magnam
auri summam, ut Macedonum causam oppu-
gnaret, accepisse dicebatur, omnem de se su-
spicionem eximeret. Hoc quoque ipsi ab A-
schine exprobratum ajunt, qui in oratione
quadam de acceptis muneribus ita dicit : In
præsens sanè Regium aurum sumptus huic
suppeditat. Sed hoc deinceps haud suffi-
ciet, cùm nullæ opes moribus improbis satis esse possint. *Alexander, sedatis moti-*
bus, qui in Græcia erant exorti, antequam
in Asiam cum exercitu trajiceret, per Thra-
ciam iter faciens, Pæones, Triballos, Illy-
rios, aliosque finitimos petere instituit, quos
novis rebus studere acceperat. Nam, quòd
Regno ejus tum finitimi, tum maximè insidi-
erant, minimè negligendos censuit, præser-
tim cùm in tam longinquas à domo regiones
cum exercitu profecturus esset. Ex Amphipo-
li igitur cum copiis profectus in Thraces,
quos Græci Autonomos vocant, nullius Impe-
rio, nullius legibus obnoxios, decem dierum
itinere ad Aemum montem pervenit. Ibi

circa

ad Clytum , Glauciamque magna celeritate
contendit , eosque vario praelio vicit , atque
proſtravit. Haec agenti ſuperveniunt nuntii ,
multos in Graecia res novas moliri , civita-
teſque non paucas , & in primis Thebanos ,
ab eo defeciſſe. Qua re motus Alexander in
Macedoniam eſt reverſus, ut factum in Graecia tumultum reprimeret . Thebanis autem
ccnantibus praeſidium Macedonicum ex arce
Thebana , quam Cadmeam vocant , depelle-
re , ipſamque praealtis foſſis , & muniſſiſimo
vallo cinctam obſidentibus , Rex cum exercitu magnis itineribus profectus , non longè à
Thebis cum omnibus copiis inſedit . Itaque
Thebanorum duces , quoniam Alexander praeter ſpem omnium advenerat , ac incertum
erat , utrùm auxilia , ſicuti à nonnullis civitatibus petierant , illis adventura eſſent ,
de belli ratione conſultare caperunt . Omnibus tandem conſentientibus , belli diſcrimen
ſubire conſtituerunt. Sed Rex ſuos continuit ,
illis ſpatium poenitendi , mutandique conſilii
exhibens , nullo pacto futurum exiſtimans ,
ut una civitas contra tantas copias eſſet pu-
gnatura . Habebat enim ultra XXX. millia
peditum , equitumque ad III. millia , omnes
taboribus bellicis exercitatiſſimos . Quorum
virtuti confiſus, Perſicum bellum ſuſceperat .
Sanè ſi Thebani temporum fortunae cedentes,
pacem petiiſſent, Rex eorum poſtulatis liben-
tiſſimè annuiſſet . Nam tum mirifico ſtudio
ad Perſas in Aſiam tranſire properabat .
Cùm tamen armis , non precibus uti decre-
viſſent , Alexander Macedones ad praelium
inſtruxit. A Thebanis contra hoſtes numero
longè ſuperiores ſummis viribus , atque impigrè

*pigrè decretatum est. Interim Macedonibus,
qui custodiæ Cadmeæ arcis præerant, à tergo invadentibus, circumventi Thebani, in
ipsa pugna ceciderunt. Capta civitas, & direpta, urbs eversa funditùs est. Qua quidem in re ea spes, idque consilium extitit
Alexandro, ut hujusmodi casu, ac terrore
compr ssi Græci, quietiùs, dum abesset, agerent, cùm alioqui incusantibus Thebanos
sociis Phocensibus, ac Plataensibus morem
gerere, gratificarique concupisceret. Plures sex millibus oppetiere. Triginta millia
vendidit, ex quibus quadringentorum quadraginta talentorum argenti summam coegit.
Pindari vatis tamen stirpi pepercit, summum
in doctos favorem manifestissimo exemplo testatus. Non omittendum videtur, quod hìc
rerum gestarum Alexandri Scriptores de Timoclea referunt; quam insignem Thebanam
fœminam Thracius quidam Dux constuprasse
dicitur: cùmque post id eam posceret pecuniam, solus à muliere ad puteum seductus
fuisse, in quo diceret pretiosiora rerum suarum occultari. Ducem igitur super os putei,
spectandi causa inclinatum, illa in profundum detrusit, superneque injectis lapidibus
oppressit. Ob id facinus adductam ad se in
vinculis fœminam percontatus est Alexander,*
quænam esset; *Ea imperterrita,* Theagenis, *inquit,* sum soror, qui contra Philippum electus Imperator fortiter pugnans
pro Græciæ libertate occubuit. *Magnanimitatem mulieris, & constantiam admiratus
Rex, liberam eam cum filiis dimisit. Athenienses Thebarum casum molestè, & cum
summa commiseratione ferentes, profugis por-*

tas contra Regis edictum aperuerunt. Quam rem ita graviter tulit Alexander, ut secunda legatione denuò bellum deprecantibus ita demùm remiserit, ut Oratores, & Duces, quorum fiducia toties rebellent, sibi dedantur. Eò tamen demum res est deducta, ut, retentis Oratoribus, Duces in exilium agerentur, qui confestim ad Darium Regem Persarum profecti sunt. Cæterùm coactis in Isthmo Græcis, & expeditionem in Persas decernentibus, Alexandro plures Philosophi, & Oratores occurrunt, præter Diogenem Cynicum, qui tum versabatur Corinthi, & Alexandrum parvifaciens, in Cranio habitabat. Miratus Alexander, ad eum in sole apricantem venit, rogans, Rei ne cujuspiam indigeat? As ille, Ut paulùm, inquit, à Sole discedas. Quo responso Alexandrum adeò delectatum ferunt, ut ad suos conversus dixerit, Se Diogenem esse velle, si Alexander non esset.

Rebus Græciæ compositis, adventante vere, ipsaque Græcia cum Macedonia Antipatro, cui ex amicis maximè fidebat, commissis, ad Hellespontum cum exercitu profectus, in Asiam incredibili ardore mentis accensus trajecit. Cùm autem delati in continentem essent, primus Alexander jaculum, velut in hostilem terram, conjecit, armatusque de navi, tripudianti similis, prosiluit. Atque ita hostias cædit, precatus, ne se Regem illæ terræ invitæ accipiant. Inde hostem petens, milites à populatione Asiæ prohibuit, parcendum suis rebus præfatus, nec perdenda ea, quæ possessuri venerint. In exercitu ejus fuerunt XXXII. millia peditum, non supra

V.

V. millia equitum, navefque CLXXX. Hac
tam parva manu univerfum terrarum orbem,
utrum fit admirabilius, quòd viceris, an
quòd aggredi aufus fueris, incertum eft:
cùm ad tam periculofum bellum, non iuvenes robuftos, nec primo ætatis flore, fed ve-
teranos, plerofque etiam emeritæ militiæ,
qui cum patre, patruifque militaverant,
elegeris, ut non tam milites, quàm militiæ
magiftros electos putares. Ordines quoque nemo, nifi fexagenarius, duxit, ut, fi principia caftrorum corneres, Senatum te alicuius
prifcæ Reipub. videre diceres. Itaque nemo
in prælio fugam, fed omnes victoriam animis conceperam, nec in pedibus cuiquam
fpes, fed in lacertis fuis. Alexander deinde paffim peractis facrificiis, maximè apud
Trojam, ad Achillis tumulum, in quem genus fuum ex materna linea referebat, eum
ob id feliciffimum adolefcentem prædicans,
quòd fuarum virtutum præconem Home-
rum inveniffet, ad inferiora Darii Regis
Perfarum contendit. Hunc Darium Arfanis
filium, qui decimus quartus à Cyro totius
Orientis Monarchiam tenebat, hac potiffimùm
caufa aggredi voluit, quòd à patre fuo Philippo tributum requifierat. Darius autem,
miffa priùs fuperbâ, contumeliofâ, atque
imperiofiffima legatione, fe Regem Regum,
ac confanguineum Deorum, Alexandrum verò famulum fuum appellans, Satrapis fuis
id negotii dederat, ut infanientem iftum Philippi adolefcentulum (fic enim eum per contemptum appellabat) verberibus puerilibus
graviter cæfum, indutumque poft vefte pur-
purea, fibi vinctum traderent, navibufque
una

una cum navibus submersis, omnes ejus milites ad ulteriora maris Rubri transportarent.
Qui mandatum Regis exequi volentes, ad
Granicum amnem, qui Troadem à Propon-
tide disterminat, magna manu, videlicet viginti millibus peditum, & pari equitum numero, confluxerunt, & præruptam fluminis
ripam, quà Alexandro omnino trajiciendum
erat, obsederunt. Alexander, etiamsi præ-
sensissimum periculum instare cerneret, quippe cùm suis ex inferiore, atque instabili loco (erat enim cùm udus, tùm cœno lubri-
cus, utpote ex flumine) adversùs hostes in
eminenti ripa stantes dimicandum foret: suæ
tamen fortunæ, ac virtuti, simulque fortitu-
dini militum confisus, amnem trajecit. Et
primo quidem non spernenda difficultate pres-
sus, tandem tamen hostes, non tam sua arte, quàm virtute Macedonum vicit, atque
prostravit. In eo conflictu Persarum viginti
millia peditum, & CCL. equites cæsi: Macedonum non plus XXXIX. interfecti sunt.
Ea pugna magnum ad res Alexandri momentum peperit. Sardes enim maritimi Barbarorum Imperii propugnaculum cepit, iisque,
ac cæteris Lydiæ populis, ut legibus uterentur suis, concessit. Ephesum, quarto post pugnam die, elapso inde præ metu præsidio,
occupavit. Interim ex Magnesia, & Tralli-
bus Legati venerunt, urbium suarum deditionem pollicentes. Ad quas in fidem reci-
piendas Parmenionem cum duobus millibus,
& quingentis mercenariis, parique Macedonum numero, equitibus ex amicis circiter
ducentis, misit. Miletum deinde sibi resistentem oppugnavit. Eaque potitus, versùs Ha-
licar-

licarnaſſum iter ingreditur . Omnibus inter-
jacentibus oppidis primo impetu captis , Ha-
licarnaſſum urbem permunitam obſedit , eam-
que non ſine labore expugnatam , ſolo æqua-
vit . Ingreſſum Cariam , Ada Cariæ Regina ,
quæ Regno ab Orontobate , quem Darius mi-
ſerat , pulſa , nihil quicquam in tota Caria ,
præter Alinda ejus provinciæ urbem munitiſ-
ſimam , tenebat , Alexandro obviam profeſta ,
Alindis urbe tradita , eum in filium adopta-
vit . Rex nec liberalitatem feminæ ; nec fi-
lii nomen aſpernatus , urbem eidem cuſtodien-
dam reliquit . Tota deinde Caria ſubaſta ,
memor accepti beneficii , eam univerſam A-
dæ Imperio ſubjecit . Hinc in Lyriam , &
Pamphyliam tendit , eo conſilio , ut ora ma-
ritima ad Phæniciam , & Ciliciam uſque in
poteſtatem redaſta , navalet copias hoſtibus
inutiles redderet . deviſtiſque rebellibus Pi-
ſidiæ populis , ſummo mentis ardore , nec mi-
nori alacritate adverſus Darium , quem
cum multis militantium millibus adventare
conſtabat , contendens , Phrygiam , per quam
exercitus traducendus erat , eſt ingreſſus .

Finis Supplementi in Q. Curtium.

Q. CURTII

De rebus

ALEXANDRI MAGNI

LIBER TERTIUS.

SYNOPSIS.

Alexander, victis ad Granicum
Ducibus Darii, & Lycia, Pam-
phyliaque in provinciarum formam
redactis, Celænas cum arce occupat.
Ubi Marsyas amnis describitur. Inde
per Phrygiam venit Gordium, nexum-
que Gordium gladio abrumpit potiùs,
quàm solvit. Darius intereà recenset
copias, petit Ciliciam. Alexander
invadit Paphlagoniam, Cappadociam,
Ciliciam, vincit Darium ad Issum,
& per Parmenionem cum thesauris recipit Damascum.

C A.

CAPUT I.

Cleander ad conducendum militem mittitur,
Marfyas fabulis celebratus laudatur, Ale-
xander Celænas occupat.

INter hæc Alexander, ad conducendum
ex Peloponnefo militem Cleandro cum
pecunia miflo, Lyciæ, Pamphyliæque rebus
compofitis, ad urbem Celænas exercitum
admovit. Media illa tempeftate mœnia interfluebat Marfyas amnis fabulofis Grçcorum
carminibus inclytus. Fons ejus ex fummo
montis cacnmine excurrens, in fubjectam
petram magno ftrepitu aquarum cadit: inde diffufus circumjectos rigat campos, li-
quidus, & fuas duntaxat undas trahens.
Itaque color ejus placido mari fimilis locum
Poetarum mendacio fecit. Quippe traditum
eft, nymphas, amore amnis retentas, in
illa rupe confidere. Cæterum, quandiu intra
muros fluit, nomen fuum retinet. At, cùm
extra munimenta fe evolvit, majore vi,
àc mole agentem undas, Lycum appellant.
Alexander quidem urbem deftitutam à fuis
intrat. Arcem verò, in quam confugerant, oppugnare adortus, caduceatorem præmifit, qui denuntiaret, ni dederent, ipfos
ultima effe paffuros. Illi caduceatorem in
turrim & fitu, & opere multùm editam perductum, quanta effet altitudo, intueri jubent, ac nuntiare Alexandro, *non eadem*
ipfum, & incolas æftimatione munimenta me-
tiri : fe fcire inexpugnabiles effe, ad ulti-
mum pro fide morituros. Cæterum; ut cir-
cun-

cunfideri arcem , & omnia fibi in dies ár-
ctiora viderunt effe , fexaginta dierum indu-
cias pacti, ut , nifi intra eos auxilium Darius ipfis mififfet , dederent urbem , poft-
quàm nihil inde præfidii mittebatur , ad præ-
ftitutam diem permifere fe Regi .

CAPUT II.

*Legatis Athenienfium refpondet , copias ad-
verfus Darium contrahit, Phrygiam ingreditur, Gordium nodum explicat .*

SUperveniunt deinde Legati Athenienfium petentes, ut capti apud Granicum
amnem redderentur fibi. Ille non hos modò, fed etiam cæteros Græcos reftitui fuis
juffurum refpondit , finito perfico bello .
Cæterùm Dario imminens, quem nondum
Euphratem fuperaffe cognoverat, undique
omnes copias contrahit, totis viribus tanti
belli difcrimen aditurus . Phrygia erat, per
quam ducebatur exercitus, pluribus vicis,
quàm urbibus frequens. Tunc habebat quondam nobilem Midæ Regiam, Gordium nomen eft urbi, quam Sangarius amnis interfluit, pari intervallo Pontico, & Cilicio mari diftantem . Inter hæc maria anguftiffimum
Afiæ fpatium effe , comperimus , utroque
in arctas fauces compellente terram . Quæ,
quia continenti adhæret , fed magna ex
parte cingitur fluctibus, fpeciem infulæ præbet: ac , nifi tenue difcrimen ob iceret ,
maria , quæ nunc dividit , committeret .
Alexander, urbe in fuam ditionem redacta,
Jovis templum intrat . Vehiculum , quo
Gor-

Gordium Midæ patrem vectum esse constabat,
adspexit, cultu haud sanè à vilioribus, vul-
gatisque usu adhorrens. Notabile erat vinculum adstrictum compluribus nodis in semetipsos implicatis, & celantibus nexus. Incolis deinde affirmantibus, *editam esse Ora-*
culo sortem, Asiæ potiturum, qui inexplica-
bile vinculum solvisset, cupido incessit animo sortis ejus explendæ. Circa Regem erat
& Phrygum turba, & Macedonum, illa ex-
plicatione suspensa, hæc solicita ex teme-
ratia Regis fiducia. Quippe series vinculorum erat ita adstricta, ut, unde nexus in-
ciperent, quove se conderent, nec ratione,
nec visu percipi posset. Solvere aggressus injecerat curam, ne in omen verteretur irritum
inceptum. Ille nequicquàm diu luctatatus
cum latentibus nobis, *Nihil*, inquit, *inter-*
est, *quomodo solvantur :* gladioque ruptis
omnibus loris, Oraculi sortem vel elusit,
vel implevit.

C A P U T III.

Alexander Ducibus Hellespontum committit,
Antipatro Græciam, ipse Ancyram pe-
tit, copias lustrat, Paphlagoniam occu-
pat, cui Calas præfectus est, & Cappado-
ciam invadit.

CUm deinde Darium, ubicunque esset,
occupare statuisset ; ut à tergo tuta
relinqueret, Amphoterum classi ad oram
Hellesponti, copiis autem præfecit Hegelochum, Lesbum, & Chium, & Coum præsidiis hostium liberaturos. His talenta ad bel-

li usum quingenta attributa . Ad Antipatrum, & eos, qui Græcas urbes tuebantur, fexcenta miffa . Ex fœdere naves fociis
imperatæ , quæ Hellefponto præfiderent .
Nondum enim Memnonem vita exceffiffe
cognoverat, in quem omnes intenderat
curas, fatis gnarus, cuncta inexpedita fore,
fi nihil ab eo moveretur . Jamque ad urbem Ancyram ventum erat , ubi numero
copiarum inito, Paphlagoniam intrat. Huic
juncti erant Eneti : unde quidam Venetos
trahere originem credunt . Omnifque hæc
regio paruit Regi. Datifque obfidibus, tributum , quod ne Perfis quidem tuliffet,
pendere ne cogerentur, impetraverunt .
Calas huic regioni præpofitus eft . Ipfe,
affumptis, qui ex Macedonia nuper advenerant, Cappadociam petiit.

CAPUT IV.

Mors Memnonis nuntiatur. Darius ipfe edu-
cit copias , caftra ad Babylonem ponit ,
copiarum numerum init , peditum qua-
dringenta viginti duo millia, equitum unum
fupra fexaginta millia. Summa. 483000.

2. AT Darius nuntiata Memnonis morte,
haud fecùs, quàm parerat, motus, omiffa
omni alia fpe, ftatuit ipfe decernere. Quippe quæ per Duces fuos acta erant, cuncta
damnabat, ratus, pluribus curam, omnibus
abfuiffe fortunam . Igitur caftris ad Babylonem pofitis, quo majore animo capefferent
bellum, univerfas vires in confpectum dedit. Et circundato vallo, quod decem millium

lium armatorum multitudine caperet, Xerxis exemplo, numerum copiarum iniit. Orto Sole, ad noctem agmina ficut defcripta
erant, intravere vallum : inde emiſſa occupaverunt Mefopotamiæ campos, equitum, peditumque propemodùm innumera-
bilis turba, majorem quàm pro numero
fpeciem gerens. Perfarum erant centum millia, in queis eques triginta millia implebat.
Medi decem equitum, quinquaginta millia
peditum habebant. Barcanorum equitum
duo millia fuere, armati bipennibus, levi-
bufque fcutis cetræ maximæ fpeciem redden-
tibus: peditum decem millia pari armatura
fequebantur. Armenii quadraginta millia mi-
ferant peditum, additis feptem millibus
equitum. Hyrcani egregii, ut inter illas
gentes, fex millia expleverant, equis mili-
attura. Derbices quadraginta millia peditum
ramaverant. Pluribus hærebant ferro præfixæ haftæ,quidam lignum igni duraverant.Hos
quoque duo millia equitum ex eadem gente
commitata funt. A Cafpio mari octo millium pedester exercitus venerat, ducenti
equites. Cum his erant ignobiles Aſiæ gentes, duo millia peditum, equitum duplicem
paraverant numerum. His copiis, triginta
millia Græcorum mercede conducta egregiæ
juventutis adjecta funt. Nam Bactrianos,
& Sogdianos, & Indos, cæterofque Rubri
maris accolas, ignota etiam ipfi gentium
nomina, feftinatio prohibebat acciri.

C A-

CAPUT V.

Charidemus Atheniensis rogatus à Dario,
quomodo placeret exercitus Persarum,
respondit, compositis utriusque Regis co-
piis, plures esse Persarum, firmiores Ma-
cedonum, pares paribus opponendas :
quam ob dicendi libertatem interficitur,
cujus cædis mox pœnitet Darium.

NEc quidquam illi minùs, quàm multitudo, militum, defuit. Cujus tum
univerſæ adſpectu admodùm lætus, Purpuratis ſolita vanitate ſpem ejus inflantibus,
converſus ad Caridemum Athenienſem,
belli peritum, & ob exilium infeſtum Alexandro, quippe Athenis, jubente eo, fuerat expulſus, percontari cœpit, *Satis nè*
ei videretur inſtructus ad obterendum ho-
ſtem. At ille & ſuæ ſortis, & Regiæ ſu-
perbiæ oblitus, *Verum*, inquit, *& tu for-*
ſan audire nolis, & ego, niſi nunc dixero,
aliàs nequidquam confitebor. Hic tanti ap-
paratus exercitus, hæc tot gentium, & to-
tius Orientis excita ſedibus ſuis moles, fi-
nitimis poteſt eſſe terribilis. Nitet purpura,
auroque, fulget armis, & opulentia, quan-
tam qui oculis non ſubjicere, animis con-
cipere non poſſunt. Sed Macedonum acies,
torva ſanè, & inculta, clypeis, haſtiſque
immobiles cuneos, & conſerta robora viro-
rum tegit. Ipſi Phalangem vocant peditum
ſtabilem agmen. Vir viro, armis arma con-
ſerta ſunt. Ad nutum monentis intenti, ſe-
qui ſigna, ordines ſervare didicere. Quod
impe-

imperatur, omnes exaudiunt. Obsistere, circumire, discurrere in cornu, mutare pugnam, non Duces magis, quàm milites callent. Et, ne auri, argentique studio teneri putes, adhuc illa disciplina, paupertate magistra, stetit. Fatigatis humus cubile est : cibus, quem occupant, satiat : tempora somni arctiora, quàm noctis sunt. Jam Thessali equites, & Acarnanes, Aetolique, invicta bello manus, fundis, credo, & hastis igne duratis, repellentur. Pari robore opus est. In illa terra, quæ hos genuit, auxilia quærenda sunt. Argentum istud, atque aurum ad conducendum militem mitte. Erat
Dario mite, ac tractabile ingenium, nisi
suam naturam plerumque fortuna corrumperet. Itaque veritatis impatiens, hospitem, ac supplicem, tunc maxime utilia
suadentem, abstrahi jussit ad capitale supplicium. Ille, ne tum quidem libertatis
oblitus, *Habeo*, inquit, *paratum mortis meæ
ultorem. Expetet pœnas mei consilii spreti
ipse, contra quem tibi suasi. Tu quidem licentia Regni subitò mutatus, documentum
eris posteris, homines, cùm se permisere
fortunæ, etiam naturam dedìscere.* Hæc
vociferantem, quibus erat imperatum, jugulant. Sera deinde pœnitentia subiit Regem: ac vera dixisse confessus, eum sepeliri jussit.

CAPUT VI.

Darius Thymodem conducto Græcorum militi præficit, Pharnabazum Memnoni sufficit. Explicantur somnia, & omina Darii.

3. THymodes erat Mentoris filius, impiger juvenis, cui præceptum est à Rege, ut omnes peregrinos milites, in quos plurimum habebat spei, à Pharnabazo acciperet, opera eorum usurus in bello. Ipsi Pharnabazo tradit Imperium, quod ante Memnoni dederat. Anxium de instantibus curis agitabant etiam per somnum species imminentium rerum, sive illas ægritudo, sive divinatio animi præsagientis accersit. Castra Alexandri magno ignis fulgore collucere ei visa sunt, & paulò post Alexander adduci ad ipsum in eo vestis habitu, quo ipse fuisset, equo deinde per Babylonem vectus, subitò cum ipso equo oculis esse subductus. Ad hæc Vates varia interpretatione curam distrinxerant. Alii lætum id Regi somnium esse dicebant, quòd castra hostium arsissent, quòd Alexandrum, deposita Regia veste, in Persico; & vulgari habitu perductum esse vidisset. Quidam non ita augurabantur, quippe illustria Macedonum castra visa fulgorem Alexandro portendere, quem Regnum Asiæ occupaturum esse haud ambigerent, quoniam in eodem habitu Darius fuisset, cùm appellatus est Rex. Vetera quoque omina, ut fit, solicitudo revocaverat. Darium enim

nim in principio Imperii vaginam acinacis
Perficam juffiffe mutari in eam formam,
qua Græci uterentur ; protinufque Chal-
dæos interpretatos, Imperium Perfarum
ad eos tranfiturum, quorum arma eflet imitatus . Cæterùm ipfe & Vatum refponfo,
quod edebatur in vulgus, & fpecie, quæ per
fomnum oblata erat, admodùm lætus, caftra ad Euphratem moveri jubet .

CAPUT VII.

Defcribit órdinem agminis, quo proceffit Da-
vius ad Euphratem . Confertur acies Ma-
cedonum cum acie Perfarum ; contemnitur
hæc, laudatur illa .

PAtrio more Perfarum traditum eft, orto Sole, demum procedere . Die jam
illuftri fignum è tabernaculo Regis buccina
dabatur . fuper tabernaculum, unde ab
omnibus confpici poffet, imago Solis criftal-
lo inclufa fulgebat . Ordo autem agminis
erat talis . Ignis, quem ipfi facrum, & æ-
ternum vocabant, argenteis altaribus præferebatur . Magi proximi patrium carmen ca-
nebant . Magos trecenti, & fexaginta quinque juvenes fequebantur, puniceis amicu-
lis velati, diebus totius anni paries numero:'
quippe Perfis quoque in totidem dies defcri-
ptus eft annus . Currum deinde Jovi fa-
cratum albentes vehebant equi . Hos eximiæ magnitudinis equus, quem Solis appellabant, se▒▒▒▒▒r . Aureæ virgæ, &
albæ veftes re▒▒▒▒ equos adornabant .
Haud procul erant vehicula decem, multo-

auro, argentoque cælata. Sequebatur hæc
equitatus duodecim gentium, variis armis,
& moribus. Proximi ibant, quos Perfæ
Immortales vocant, ad decem millia: Cultus opulentiæ barbaræ non alios magis honeftabat. Illi aureos torques, illi veftem
auro diftinctam habebant, manicatafque
tunicas, gemmis etiam adornatas. Exiguo
intervallo, quos Cognatos Regis appellant,
decem, & quinque millia hominum. Hæc
verò turba muliebriter propemodùm cultà,
luxu magis, quam decoris armis confpi-
cua erat. Doryphori vocabantur. Proximum his agmen, foliti veftem excipere Re-
galem. Hi currum Regis anteibant, quo
ipfe eminens vehebatur. Utrumque currus latus Deorum fimulacra ex auro, argentoque expreffà decorabant. Diftingue-
bant internitentes gemmæ jugum, ex quo
eminebant duo aurea fimulacra cubitalia,
quorum alterum Pacis, alterum Belli gerebat effigiem. Inter hæc auream aquilam,
pinnas extendenti fimilem, facraverant.
Cultus Regis, inter omnia, luxuria nota-
batur. Purpureæ tunicæ medium album in-
textum erat: pallam auro diftinctam aurei
accipitres, velut roftris inter fe corruerent,
adornabant: & zona aurea muliebriter cinctus, acinacem fufpenderat, cui ex gemma
erat vagina. Cydarim Perfæ Regium capitis vocabant infigne: hoc cærulea fafcia
albo diftincta circuibat. Currum decem millia haftatorum fequebantur: haftas argento exornatas, fpicula ▬▬▬ præfixa gefta-
bant. Dextra, levaque ▬▬▬m ducenti fermè nobiliffimi propinquorum comitabantur.
Ho-

Horum agmen claudebatur triginta millibus
peditum, quos equi Regis quadringenti fequebantur. Intervallo deinde unius ftadii,
matrem Darii Syfigambin currus vehebat,
& in alio erat conjux. Turba fœminarum
Reginas comitantium equis vectabatur.
Quindecim inde, quas Armamaxas appellant, fequebantur. In his erant liberi Regis, & qui educabant eos, fpadonumque
grex, haud fanè illis gentibus vilis. Tum
Regiæ pellices trecentæ fexaginta vehebantur, & ipfæ Regali cultu, ornatu-
que. Poft quas pecuniam Regis fexcenti
muli, & trecenti cameli vehebant, præfidio fagittariorum profequente. Propinquorum, amicorumque conjuges huic agmini
proximè lixarumque,& calonum greges vehebantur. Ultimi erant cum fuis quifque Ducibus,qui cogerent agmen,leviter armati.Con-
tra, fi quis aciem Macedonum intueretur,
difpar acies erat, equis, virifque non auro,
non difcolori vefte, fed ferro,atque ære fulgentibus. Agmen & ftare paratum, & fequi, nec turba, nec farcinis prægrave, intentum ad Ducis non fignum modò, fed
etiam nutum. Et caftris locus, & exercitui
commeatus fuppetebant. Ergo Alexandro
in acie miles non defuit. Darius autem
tantæ multitudinis Rex, loci, in quo pugnavit, anguftiis redactus eft ad paucitatem,
quam in hofte contempferat.

C A.

CAPUT VIII.

Alexander ad castra Cyri venit. Arsanes stulto consilio Ciliciam, cui praerat, vastat. Portas inde Cilicias per Taurum adeundas describit Curtius, & miratur angustias aditus à Persis desertas. Tunc ipsam Ciliciam calamo adumbrat, & antiqua monumenta eruit. Cydnum amnem laudat.

INtereà Alexander, Abistamene Cappadociae prepofito, Ciliciam petens, cum omnibus copiis in regionem, quae Castra Cyri appellatur, pervenerat. Stativa illic habuerat Cyrus, cùm adversùs Croefum in Lydiam exercitum duceret. Aberat ea regio quinquaginta stadia ab aditu, quo Ciliciam intramus. Pylas incolae dicunt arctiffimas fauces, munimenta, quae manu ponimus, naturali fitu imitante. Igitur Arfanes, qui Ciliciae praerat, reputans, quid initio belli Memnon fuafiffet, quondam falubre confilium ferò exequi ftatuit. Igne, ferroque Ciliciam vaftat, ut hofti folitudinem faciat: quicquid ufui effe poteft, corrumpit, fterile, ac nudum folum, quod tueri nequibat, relicturus. Sed longè utilius fuit anguftias aditus, qui Ciliciam aperit, valido occupare praefidio, jugumque opportunè itineri imminens obtinere, unde inultus fubeuntem hoftem aut prohibere, aut opprimere potuiffet. Tunc paucis, qui callibus praefiderent, relictis, retrò ipfe conceffit, populator terrae, quam à populationibus vin-

di-

dicare debuerat. Ergo qui relicti erant, proditos se rati, ne conspectum quidem hostis sustinere voluerunt, cùm vel pauciores locum obtinere potuissent. Namque perpetuo jugo montis asperi, ac prærupti Cilicia includitur: quod cum à mari surgat, velut sinu quodam, flexuque curvatum, rursùs altero cornu in diversum littus excurrit. Per hoc dorsum, qua maximè introrsum mari cedit, asperi tres aditus, & perangusti sunt. Quorum uno Cilicia intranda est, campestris eadem, quà vergit ad mare, planitiem ejus crebris distinguentibus rivis. Pyramus, & Cydnus incliti amnes fluunt. Cydnus non spatio aquarum, sed liquore memorabilis: quippe leni tractu à fontibus labens, puro solo excipitur. Nec torrentes incurrunt, qui placidè manantis alveum turbent. Itaque incorruptus, idemque frigidissimus, quippe multa riparum amœnitate inumbratus, ubique fontibus suis similis in mare evadit. Multa in ea regione monumenta vulgata carminibus vetustas·exederat. Monstrabantur urbium sedes Lyrnessi, & Thebes; Typhonis quoque specus, & Corycium nemus, ubi crocum gignitur, cæteraque, in quibus nihil præter famam duraverat.

CAPUT IX.

Alexander ingreffus fauces Ciliciæ miratur
ftultitiam h ftis locum relinquentis . Explo-
ratores armatos præmittit . Tarfum incen-
fam ab hofte fervat, & ingreditur .

ALexander fauces jugi , quæ Pylæ .ap-
pellantur , intravit . Contemplatus
locorum fitum, non aliàs magis dicitur admiratus effe felicitatem fuam . Obrui po-
tuiffe vel faxis confitebatur , fi fuiffent ,
qui in fubeuntes propellerent . Iter vix
quaternos capiebat armatos . Dorfum montis imminebat viæ , non anguftæ modò ,
fed plerunque præruptæ , crebris oberran-
tibus rivis, qui ex radicibus montium manant. Thracas tamen leviter armatos præcedere juffeɪat, fcrutarique calles , ne oc-
cultus hoftis in fubeuntes erumperet . Sa-
gittariorum quoque manus occupaverat jugum . Intentos arcus habebant , moniti,
non iter ipfos inire , fed prælium . Hoc
modo agmen pervenit ad urbem Tarfon .
Cui tum maximè Perfæ fubjiciebant ignem,
ne opulentum oppidum hoftis invaderet .
At ille , Parmenione ad inhibendum incendium cum expedita manu præmiffo ,
pofteaquam Barbaros adventu fuorum fu-
gatos effe cognovit, urbem à fe conferva-
tam intrat .

C A·

CAPUT X.

Alexander, dum sudore perfusum corpus Cydno tingit, ultimum vitæ discrimen adit. Luget exercitus, queritur de iniqua fortuna. Philippus Arcanan medicus Regem salutari potione, quamvis suspectus à Parmenione factus, curat.

Ediam Cydnus amnis, de quo paulò antè dictum est, interfluit. Et tunc æstas erat, cujus calor non aliam magis, quàm Ciliciæ oram vapore Solis accendit; & diei fervidissimum tempus cœperat. Pulvere, ac sudore simul perfusum Regem invitavit liquor fluminis, ut calidum adhuc corpus ablueret. Itaque veste deposita, in conspectu agminis decorum quoque futurum ratus, si ostendisset suis, levi, ac parabili cultu corporis se esse contentum, descendit in flumen. Vixque ingressi subito horrore artus rigere cœperunt: pallor deinde suffusus est, & totum propemodùm corpus vitalis calor reliquit. Expiranti similem, ministri manu excipiunt, nec satis compotem mentis in tabernaculum deferunt. Ingens sollicitudo, & penè jam luctus in castris erat. Flentes querebantur, in tanto impetu, cursuque rerum, omnis ætatis, ac memoriæ clarissimum Regem, non in acie saltem, non ab hoste dejectum, sed abluentem aqua corpus ereptum esse, & extinctum. Instare Darium victorem, antequàm vidisset hostem. Sibi easdem terras, quas victores peragrassent,

repetendas, omnia aut ipfos , aut hoftes
populatos , per vaftas folitudines , etiamfi
nemo infequi velit , euntes , fame, atque
inopia debellari poffe . Quem fignum daturum fugientibus ? quem aufurum Alexandro fuccedere ? Jam ut ad Hellefpontum
fuga penetrarent, claffem, qua tranfeant,
quem præparaturum ? Rursùs in ipfum Regem mifericordia verfa , illum florem ju-
ventæ, illam vim animi, eundem Regem,
& commilitonem divelli à fe , & abripi ,
immemores fui querebantur . Inter hæc
liberiùs meare fpiritus cœperat ; allevabat
Rex oculos , & paulatim redeunte animo ,
circumftantes amicos agnoverat . Laxata-
que vis morbi ad hoc folùm videbatur ,
quia magnitudinem mali fentiebat . Animum autem ægritudo corporis urgebat ;
quippe Darium quinto die in Ciliciam fore nuntiabatur . Vinctum ergo fe tradi, &
tantam victoriam eripi fibi è manibus, ob-
fcuraque, & ignobili morte in tabernaculo
extingui fe querebatur . Admiffifque amicis
pariter & medicis. *In quo me , inquit, ar-*
ticulo rerum mearum fortuna deprehenderis,
cerniiis. Strepitum hoffilium armorum exau-
dire mihi videor , & qui ultrò intuli bel-
lum, jam provocor. Darius ergo , cùm tam
fuperbas literas fcriberet , fortunam meam
in confilio habuit : fed nequicquam , fi mihi
arbitrio meo curari licet . Lenta remedia ,
& fegnes medicos non expetunt tempora mea.
Vel mori ftrenuè , quàm tardè convalefcere,
mihi melius eft . Proinde , fi quid opis , fi
quid artis in medicis eft , fciant , me non
tam mortis, quàm belli remedium quærere.

In-

Ingentem omnibus incufferat curam tam
præceps temeritas ejus. Ergo pro fe quifque precari cœpere , ne feftinatione periculum augeret , fed effet in poteftate me-
dentium . Inexperta remedia haud iniuria
ipfis effe fufpecta , cùm ad perniciem ejus
etiam à latere ipfius pecunia folicitaret hoftis . Quippe Darius mille talenta interfe-
ctori Alexandri daturum fe pronuntiari jufferat . Itaque ne aufurum quidem quenquam arbitrabantur experiri remedium ;
quod propter novitatem poffet effe fufpectum . Erat inter Nobiles medicus è Macedonia Regem fequutus , Philippus natione Acarnan , fidus admodùm Regi , puero comes, & cuftos falutis datus, qui non
ut Regem modò , fed etiam ut alumnum
eximia charitate diligebat. Is non præceps
fe ; fed ftrenuum remedium afferre , tan-
tamque vim morbi potione medicata leva-
turum effe promifit . Nulli promiffum ejus
placebat , præter ipfum , cujus periculo
pollicebatur . Omnia quippe faciliùs, quàm
moram perpeti poterat . Arma , & acies
in oculis erant, & victoriam in eo pofitam
effe arbitrabatur, fi tantum ante figna ftare potuiffet; id ipfum, quòd poft diem tertium medicamentum fumpturus effet (ita
enim medicus prædixerat) ægrè ferens .
Inter hæc à Parmenione fidiffimo Purpuratorum literas accipit , quibus ei denuntia-
bat , ne falutem fuam Philippo committeret: mille talentis à Dario, & fpe nuptia-
rum fororis ejus effe corruptum. Ingentem
animo folicitudinem literæ incufferant , &
quicquid in utramque partem aut metus,

aut fpes fubjecerat, fecreta æftimatione
penfabat. Bibere perfeverem ? ut, fi venenum
datum fuerit, ne immeritò quidem,
quicquid acciderit, eveniffe videatur? Damnem
medici fidem ? in tabernaculo ergo
me opprimi patiar ? At fatius eft, alieno
memori fcelere, quàm metu noftro. Diu
animo in diverfa verfato nulli, quid fcriptum
effet, enuntiat, epiftolamque, figillo
anuli fui impreffo, pulvino, cui inculpabat,
fubjecit. Inter has cogitationes biduo
affumpto, illuxit à medico deftinatus
dies. Et ille cum poculo, in quo medicamentum
diluerat, intravit. Quo vifo Alexander,
levato corpore in cubitum, epiftolam
à Parmenione miffam finiftra manu
tenens, accipit poculum, & haurit interritus.
Tum epiftolam Philippum legere jubet,
nec à vultu legentis movit oculos,
ratus aliquas confcientiæ notas in ipfo ore
fe poffe deprehendere. Ille epiftola perlecta,
plus indignationis, quàm pavoris oftendit.
Projectifque amiculo, & literis ante
lectum, *Rex*, inquit, *femper quidem fpiritus
meus ex te pependit: fed nunc verè arbitror,
facro, & venerabili ore traditur.
Crimen parricidii, quod mihi objectum eft,
tua falus diluet. Servatus à me vitam mihi
dederis. Oro, quæfoque omiffo metu, patere
medicamentum concipi venis. Laxa paulifper
animum, quem follicitudine intempeftiva amici
fanè fideles, fed molefte feduli, turbant.*
Non fecurum modò hæc vox, fed etiam
lætum Regem, ac plenum bonæ fpei fecit.
Itaque, *Si Dii*, inquit, *Philippe, tibi
permififfent, quo maximè modo animum*
vel-

velles experiri meum , alio profecto voluif-
fes , sed certiore , quàm expertus es , ne op-
tasses quidem. Hac epistola accepta, tamen,
quod dixeras, bibi. Et nunc credo, te non
minùs pro tua fide, quàm pro mea salute es-
se solicitum . Hæc eloquutus , dexteram
Philippo offert . Cæterùm tanta vis medi-
caminis fuit , ut , quæ sequuta sunt , cri-
minationem Parmenionis adjuverint . Inter-
clusus spiritus arctè meabat . Nec Philippus quidquam inexpertum omisit . Ille fo-
menta corpori admovit , ille torpentem
nunc cibi, nunc vini odore excitavit . Atque , ut primùm mentis compotem esse
sensit, modò matris , sororumque , modò
tantæ victoriæ appropinquantis admonere
non destitit . Ut verò medicamentum se
diffudit in venas , & sensim toto corpore
salubritas percipi potuit; primò animus vi-
gorem suum, deinde corpus quoque expectatione maturiùs recuperavit . Quippe post
tertium diem , quàm in hoc statu fuerat,
in conspectum militum venit . Nec avidiùs
ipsum Regem, quàm Philippum intuebatur
exercitus . Pro se quisque dexteram ejus
amplexi, grates habebant , velut præsenti
Deo. Namque haud facile dictu est, præter ingenitam illi genti erga Reges suos
venerationem , quantum hujus utique Regis vel admirationi dediti fuerint, vel charitate flagraverint . Jam primùm nihil nisi
Divina ope , aggredi videbatur . Nam ,
cùm esset præsto ubique fortuna , temeritas in gloriam cesserat . Ætas quoque vix
tantis matura rebus, sed abundè sufficiens,
omnia etiam ejus opera honestabat . Et ,

quæ

quæ leviora haberi solent, plerunque in
re militari gratiora vulgo sunt, exercita-
tio corporis inter ipsos, cultus, habitus-
que paululùm à privato abhorrens, militaris vigor ; queis ille vel ingenii dotibus,
vel animi artibus, ut pariter charus, ac
venerandus esset, effecerat.

CAPUT XI.

Darius properat in Ciliciam. Alexander So-
los recipit, ludos celebrat, lætum nun-
tium de Myndiis, Cauniisque accipit, Mal-
lon, Castaballum, Isson capit, atque Da-
rium expectat.

AT Darius, nuntio de adversa valetudine ejus accepto, celeritate, quanta poterat, tam grave agmen ad Euphratem contendit, junctoque eo pontibus,
quinque tamen diebus trajecit exercitum,
Ciliciam occupare festinans, Jamque Alexander, viribus corporis receptis, ad urbem Solos pervenerat, cujus potitus, ducentis talentis, nomine multæ, exactis,
arci præsidium militum imposuit. Vota deinde pro salute suscepta per ludum, atque otium reddens, ostendit, quanta fiducia Barbaros sperneret. Quippe Æscu-
lapio, & Minervæ ludos celebravit. Spe-
ctanti nuntius lætus affertur ex Halicarnas-
so, Persas acie à suis esse superatos,
Myndios quoque, & Caunios, & pleraque
tractus ejus, suæ facta ditionis. Igitur edito spectaculo ludicro, castrisque motis, &
Pyramo amne ponte juncto, ad urbem Mal-
lon

Ion pervenit : inde adeò alteris castris ad
oppidum Castaballum . Ibi Parmenio Regi
occurrit , quem præmiserat ad explorandum iter saltus, per quem ad urbem, Isson nomine , penetrandum erat. Atque ille , angustiis ejus occupatis , & præsidio
modico relicto , Isson quoque desertam à
Barbaris ceperat. Inde progressus , deturbatis , qui interiora montium obsidebant ,
præsidiis cuncta firmavit. Occupatoque itinere, sicut paulò antè dictum est , idem &
auctor, & nuntius venit. Isson deinde Rex
copias admovit . Ubi consilio habito , utrùm ne ultrà progrediendum foret , an ibi
opperiendi essent novi milites , quos ex
Macedonia adventare constabat, Parmenio
non alium locum prælio aptiorem esse censebat ; quippe illic utriusque Regis copias
numero futuras pares , cùm angustiæ multitudinem non caperent . Planitiem ipsis.,
camposque esse vitandos , ubi circumiri, ubi ancipiti acie opprimi possent . Timere,
ne non virtute hostium , sed lassitudine suâ
vincerentur . Persas recentes subinde successuros., si laxiùs stare potuissent . Facilè
ratio tam salubris consilii accepta est . Itaque inter angustias saltus hostem opperiri
statuit .

CAPUT XII.

*Sisenes perfuga, propter literas Nabarzanis
falsa suspicione oppressus, jussu Regis occiditur .*

ERat in exercitu Regis Sisenes Perses,
quondam à Prætore Ægypti missus ad
Phi-

Philippum. Donifque, & omni honore cultus, exilium patria fede mutaverat. Sequutus deinde in Afiam Alexandrum, inter
fideles focios habebatur. Huic epiftolam
Cretenfis miles obfignatam anulo, cujus fignum haud fanè notum erat, tradidit.
Nabarzanes Prætor Darii miferat eam,
hortabaturque Sifenem, ut dignum aliquid
nobilitate, ac moribus fuis ederet: magno
id ei apud Regem honori fore. Has literas Sifenes, utpotè innoxius, ad Alexandrum fæpè deferre tentavit. Sed, cum tot
curis, apparatuque belli Regem videret ur-
geri, aptius fubinde tempus expectans,
fufpicionem initi fcelefti confilii præbuit.
Namque epiftola, priufquàm ei redderc-
tur, in manus Alexandri pervenerat, le-
ctamque eam, ignoti anuli figillo impreffo,
Sifeni dari jufferat, ad æftimandam fidem
Barbari. Qui, quia per complures dies
non adierat Regem, fcelefto confilio eam
vifus eft fuppreffiffe, & in agmine à Cretenfibus haud dubiè juffu Regis occifus eft.

€ A·

CAPUT XIII.

Thymondas peregrini militis ductor suadet
Dario, ut retrò abeat in Mesopotamiam;
quod consilium illi, copiisque Græcis pro-
pè exitio fuit, dum à Satrapis proditor
indicatur. A Dario servatur. Consilium
tamen ejus cur ipse non sequatur, ratio-
nem affert. Impedimenta Damascum mit-
tit, ipse Ciliciam petit.

Jamque Græci milites, quos Thymondas à Pharnabazo acceperat, præci-
pua spes, & propemodum unica, ad Darium pervenerant. Hi magnopere suade-
bant, ut retrò abiret, spatiosósque Mesopotamiæ campos repeteret. Si id consilium damnaret, at ille divideret saltem copias innumerabiles, neu sub unum fortunæ ictum totas vires Regni cadere pateretur. Minus hoc consilium Regi, quàm Purpuratis ejus displicebat. Ancipitem fidem,
& mercede venalem proditionem imminui,
& dividi non ob aliud copias velle, quàm
ut ipsi in diversa digressi, si quid commissum esset, traderent Alexandro. Nihil tutius fore, quàm circundatos eos exercitu
toto obrui telis; documentum non inultæ
perfidiæ futuros. At Darius, ut erat san-
ctus, & mitis, se verò tantum facinus negat esse facturum, ut suam sequutos fidem
suos milites jubeat trucidari. Quem deinde
amplius nationum exterarum salutem suam
crediturum sibi, si tot militum sanguine im-
buisset manus? Neminem stolidum consilium

8.

lium capite luere debere. Defuturos eos,
qui fuaderent, fi fuafiffe periculum effet:
Denique ipfos quotidie ad fe vocari in
confilium, variafque fententias dicere; nec
tamen melioris fidei haberi, qui prudentiùs fuaferint. Itaque Græcis nuntiari jubet, ipfum quidem benevolentiæ illorum
gratias agere, cæterùm, fi retrò ire per-
gat, haud dubiè Regnum hoftibus traditurum. Fama bella ftare, & eum, qui re-
cedat, fugere credi. Trahendi verò belli
vix ullam effe rationem. Tantæ enim multitudini, utique cùm jam hyems inftaret,
in regione vafta, & invicem à fuis, atque
hofte vexata, non fuffectura alimenta. Ne
dividi quidem copias poffe, fervato more
majorum, qui univerfas vires femper dif-
crimini bellorum obtulerant. Et herculè
terribilem anteà Regem, & abfentia fua
ad vanam fiduciam elatum, pofteaquàm
adventare fe fenferit, cautum pro temera-
rio factum, delituiffe inter anguftias faltus,
ritu ignobilium ferarum, quæ, ftrepitu præ-
tereuntium audito, fylvarum latebris fe oc-
culuerunt. Jam etiam valetudinis fimulatione fruftrari fuos milites. Sed non ampliùs fe effe paffurum ipfum detrectare certamen. In illo fpecu, in quem pavidi re-
ceffiffent, oppreffurum effe cunctantes. Hæc
magnificentiùs jactata, quàm veriùs. Cæterùm pecunia omni, rebufque pretiofiffimis Damafcum Syriæ cum modico præfidio militum miffis, reliquas copias in Ciliciam duxit, infequentibus more patrio
agmen conjuge, & matre. Virgines quoque cum parvo filio comitabantur patrem.

C A-

CAPUT XIV.

Alexander ad Syriæ portas, Darius eadem
nocte ad Pylas Amanicas pervenit, ille
ut exiret, hic ut intraret Ciliciam. Qui
Isson occupat, deprehensos ibi Macedones
crudeliter aut truncat, aut trucidat, ter-
gisque fugientium hæres, Alexandrum qua-
si fugientem assequuturus, qui simul co-
gnovit, Darium adesse, converso itinere
constitit, paratusque Dario occurrit.

Forte eadem nocte & Alexander ad
fauces, quibus Syria aditur, & Darius
ad eum locum, qnem Amanicas Pylas vocant, pervenit. Nec dubitavere Perſæ,
quin Iſſo relicta, qnam ceperant, Macedones fugerent. Nam etiam saucii quidam,
& invalidi, qui agmen non poterant per-
sequi, excepti erant. Quos omnes, inſtin-
ctu Purpuratorum barbara feritate ſævieñ-
tium; præcisis, aduſtiſque manibus, cir-
cunduci, ut copias suas noſcerent, ſatiſque
omnibus ſpectatis, nuntiare, quæ vidiſ-
ſent, Regi ſuo juſſit. Motis ergo caſtris,
ſuperat Pyramum amnem, in tergis, ut
credebant, fugientium hæſurus. At illi,
quorum amputaverat manus ad caſtra Macedonum penetrant, Darium, quàm maximo curſu poſſet, ſequi nuntiantes. Vix fides habebatur. Itaque ſpeculatores in ma-
ritimas regiones præmiſſos Alexander explorare jubet, ipſene adeſſet, an Præfectorum aliquis ſpeciem præbuiſſet univerſi ve-
nientis exercitus. Sed, cùm ſpeculatores
re-

reverterentur, procul ingens multitudo conspecta est . Ignes deinde totis campis collucere cœperunt , omniaque velut continenti incendio ardere visa, cùm incondita multitudo , maximè propter jumenta , laxiùs tenderet . Itaque eo ipso loco metari suos castra jusserat, lætus, quod omni expetiverat voto, in illis potissimùm angustiis decernendum esse .

CAPUT XV.

Aestuat curis Alexander . Nocte , quæ prælium antecessit, sacrificat , manè instructo milite in hostem pergis, aciemque ad prælium disponit.

CÆterùm , ut solet fieri , cùm ultimi discriminis tempus adventat, in solicitudinem versa fiducia est . Illam ipsam fortunam, qua aspirante res tam prosperè gesserat, verebatur . Nec injuria : ex his, quæ tribuisset sibi , quàm mutabilis esset , reputabat . Unam superesse noctem , quæ tanti discriminis moraretur eventum . Rursùs occurrebant majora periculis præmia : &, sicut dubium esset, an vinceret, ita illud utique certum esse ; honestè , & cum magna laude moriturum . Itaque corpora milites curare jussit, ac deinde tertia vigilia instructos, & armatos esse . Ipse in jugum editi montis ascendit , multísque collucentibus facibus , patrio more sacrificium Diis præsidibus loci fecit . Jamque tertium, sicut præceptum erat , signum tuba miles acceperat , itineri simul paratus , & prælio.

lio . Strenueque juffi procedere , oriente·
luce pervenerunt ad anguftias, quas occupare decreverant . Darium triginta inde
ftadia abeffe , præmiffi indicabant . Tunc
confiftere agmen jubet, armifque ipfe fump-
tis aciem ordinat.

CAPUT XVI.

*Trepidatio in exercitu Darii , & tumultua-
tio orta , audito adeffe Alexandrum . Darius conatur circumvenire Alexandrum :
multa fimul imperat ; nemo imperata vel
audit , vel exequitur.*

DArio adventum hoftium pavidi agre-
ftes nuntiaverunt, vix credenti, occurrere etiam , quos ut fugientes fequebatur . Ergo non mediocris omnium animos
formido inceflerat : quippe itineri , quàm
prælio aptiores erant . Raptimque arma
capiebant . Sed ipfa feftinatio difcurren-
tium , fuofque ad arma vocantium , majorem metum incuffit . Alii in jugum montis evaferant, ut hoftium agmen inde prof-
picerent : equos plerique frænabant . Dif-
cors exercitus , nec ad unum intentus imperium , vario tumultu cuncta turbaverat .
Darius initio montis jugum cum parte copiarum occupare ftatuit, & à fronte, & à
tergo circumiturus hoftem , à mari quoque , quo dextrum ejus cornu tegebatur,
alios objecturus, ut undique urgeret . Præter hæc viginti millia præmiffa cum fagittariorum manu , Pyramum amnem , qui
duo agmina interfluebat, tranfire, & obii-
ce-

tere fefe Macedonum copiis , juſſerat , ſi
id præſtare non poſſent , retrocedere in
montes , & occultè circumire ultimos hoſtium . Cæterùm deſtinata ſalubriter omni-
ratione potentior fortuna diſcuſſit . Quippe alii præ metu imperium exeqùi non audebant, alii fruſtrà exequebantur ; quia u-
bi partes labant, ſumma turbatur .

CAPUT XVII.

Darius aciem ad pugnam inſtruit .

ACies autem hoc modo ſtetit . Nabarzanes equitatu dextrum cornu tuebatur , additis funditorum , ſagittariorumque
viginti fermè millibus . In eodem Thymondas erat , Græcis peditibus mercede conductis triginta millibus præpoſitus . Hoc erat
haud dubium robur exercitus , par Macedoniæ phalangi acies . In lævo cornu A'ri-
ſtomedes Theſſalus viginti millia Barbarorum peditum habebat . In ſubſidiis pugna-
ciſſimas locaverat gentes . Ipſum Regem in
eodem cornu dimicaturum tria millia delectorum equitum , aſſueta corporis cuſtodiæ,
& pedeſtris acies quadraginta millia ſequebantur . Hyrcani deinde , Medique equites .
His proximi cæterarum gentium equites dextra , lævaque diſpoſiti . Hoc agmen , ſicut
dictum eſt , inſtructum , ſex millia jaculato-
rum , funditorumque antecedebant . Quidquid in illis anguſtiis adiri poterat , impleverant copiæ : cornuaque hinc à jugo , illinc a mari ſtabant . Uxorem , matremque
Regis , & alium fœminarum gregem in medium agmen acceperant .

C A-

C A P U T XVIII.

Alexander ita militem collocavit , ut nulla
ratione poſſet circumiri ; aut concludi.

A Lexander phalangem, qua nihil apud
Macedonas validius erat , in fronte
conſtituit . Dextrum cornu Nicanor Parmenionis filius tuebatur: huic proximi ſtabant Cœnos , & Perdiccas , & Meleager,
& Ptolemæus , & Amyntas , ſui quiſque
agminis duces . In lævo , quod ad mare
pertinebat, Craterus, & Parmenio erant,
ſed Craterus Parmenioni parere juſſus.
Equites ab utroque cornu locati, dextrum
Macedones Theſſalis adjunctis , lævum Pe-
loponnenſes tuebantur . Ante hanc aciem
poſuerat funditorum manum, ſagittariis ad-
miſtis. Thraces quoque , & Cretenſes ante agmen ibant, & ipſi leviter armati. At
iis , qui præmiſſi à Dario jugum montis
inſederant, Agrianos oppoſuit, ex Græcia
nuper advectos . Parmenioni autem præceperat , ut , quantum poſſet, agmen ad
mare extenderet , quò longiùs abeſſet a
montibus, quos occupaverant Barbari . At
illi neque obſtare venientibus, nec circumire prætergreſſos auſi , funditorum maxime
aſpectu territi, profugerant. Eaque res tu-
tum Alexandro agminis latus, quod ne ſupernè inceſſeretur , timuerat ; præſtitit .
Triginta , & duo armatorum ordines ibant.
Neque enim latiùs extendi aciem patiebant-
tur anguſtiæ . Paulatim deinde ſe laxare
ſinus montium , & majus ſpatium aperire
co:-

cœperant, ita , ut non pedites folùm pluribus ordinibus incedere , fed etiam à lateribus circunfundi poffet equitatus.

CAPUT XIX.

Clamor tollitur ingens ab uiraque parte.
Alexander fuos hortatur ad pralium.

10. JAm in confpectu, fed extra teli jactum utraque acies erat, cùm priores Perfæ inconditum, & trucem fuftulere clamorem . Redditur & à Macedonibus major , exercitu impari numero , fed jugis montium , vaftifque faltibus repercufsùs . Quippe femper circumjecta nemora , petræque, quantamcunque accepere vocem, multiplicato fono referunt. Alexander ante prima figna ibat; identidem manu fuos inhibens , ne impenfiùs ob nimiam feftinationem concitato fpiritu capefferent prælium . Cùmque agmini obequitaret , vaiia oratione, ut cujufque animis aptum erat, milites alloquebatur . *Macedones tot bellorum in Europa victores , ad fubigendam Afiam, atque ultima Orientis , non ipfius magis , quàm fuo ductu profectos , inveterata virtutis admonebat . Illos terrarum orbis liberatores, emenfofque olim Herculis, & Liberi patris terminos , non Perfis modò, fed etiam omnibus gentibus impofituros jugum . Macedonum Bactra, & Indes fore . Minima effe , quæ nunc intuerentur ; fed omnia victoria parari . Non in præruptis petris Illyriorum , & Thraciæ faxis fterilem laborem fore; fpolia totius Orientis offerri . Vix gladio*

*dio futurum opus . Totam aciem suo pavore
fluctuantem umbonibus posse propelli . Victor
ad hæc Atheniensium Philippus pater invo-
cabatur. Domitæque nuper Bœotia, & urbis
in ea nobilissimæ ad solum dirutæ species re-
præsentabatur animis . Jam Granicum amnem,
jam tot urbes aut expugnatas , aut in fidem
acceptas , omniaque, quæ post tergum erant,
strata, & pedibus ipsorum subjecta , memo-
rabat. Cùm adierat Græcos , admonebat,
ab iis gentibus illata Græciæ bella , Darii
priùs , deinde Xerxis insolentia , a quam i-
psam , terramque populantium , ut neque
fontium haustum , nec solitos cibos relinque-
rent. Dedicata Diis templa ruinis, & ignibus esse deleta, urbes eorum expugnatas, fœ-
dera humani , Divinique juris violata , referebat . Illyrios verò , & Thracas , rapto
vivere assuetos, aciem hostium auro , purpuraque fulgentem , intueri jubebat , prædam, non arma gestantem. Irent , & imbel-
libus fœminis aurum viri eriperent , aspera
montium suorum juga , nudosque colles , &
perpetuo rigentes gelu , ditibus Persarum
campis, agrisque mutarent .*

CAPUT XX.

*Prælium patratur , utrinque summa ope cer-
tatur .*

JAm ad teli jactum pervenerant , cùm II.
Persarum equites ferociter in lævum
cornu hostium invecti sunt. Quippe Darius
equestri prælio decernere optabat, phalangem Macedonici exercitus robur esse con-
D je-

jectans . Jamque etiam dextrum Alexandri
cornu circuibatur . Quod ubi Macedo confpexit , duabus alis equitum ad jugum montis juffis fubfiftere , cæteros in medium belli difcrimen ftrenuè transfert . Subductis
deinde ex acie Theffalis equitibus , Præfectum eorum occultè circuire tergum fuorum jubet, Parmenionique conjungi , & ,
quod is imperaffet, impigrè exequi . Jamque ipfi in medium Perfarum undique cir-
cumfufi, egregiè fe tuebantur . Sed confer-
ti , & quafi cohærentes , tela vibrare non
poterant . Simul ut erant emiffa , in eof-
dem concurrentia implicabantur, levique ,
& vano ictu pauca in hoftem , plura in
humum innoxia cadebant . Ergo cominùs
pugnam coacti conferere , gladios impigrè
ftringunt . Tum verò multum fanguinis fufum eft . Duæ quippe acies ita cohærebant,
ut armis arma pulfarent, mucrones in ora
dirigerent . Non timido , non ignavo cef-
fare tum licuit . Collato pede , quafi finguli inter fe dimicarent , in eodem veftigio ftabant , donec vincendo locum fibi
facerent . Tum demùm ergo promovebant
gradum , cùm hoftem proftraverant . At
illos novus excipiebat adverfarius fatigatos ;
nec vulnerati (ut aliàs folent) acie poterant excedere, cùm hoftis inftaret à fronte, à tergo fui urgerent .

E A.

CAPUT XXI.

Alexander urget Darium, illiusque jugulo
imminet, quam frater defendit. Ingens
circa Darii currum fit cædes. Darius pri-
mus omnium fugit, quem strenuè sequitur
miles. Thessali tamen laborant, quorum
ala una fusa, altera circumacta vincit. I-
ta victor ubique evadit Alexander.

A Lexander, non Ducis magis, quàm
militis munera exequebatur, opimum
decus cæso Rege expetens. Quippe Darius curru sublimis eminebat, & suis ad se
tuendum, & hostibus ad incessendum, ingens incitamentum. Ergo fratrer ejus Oxatres, cùm Alexandrum instare ei cerneret, equites, quibus præerat, ante ipsum
currum Regis objecit, armis, & robore
corporis multùm super cæteros eminens,
animo verò, & pietate in paucissimis. Illo
utique prælio clarus, alios improvidè in-
stantes prostravit, alios in fugam avertit.
At Macedones, ut circa Regem erant,
mutua adhortatione firmati, cum ipso in
equitum agmen irrumpunt. Tum verò similis ruinæ strages erat. Circa currum Darii jacebant nobilissimi Duces, ante oculos
Regis egregia morte defuncti, omnes in
ora proni, sicut dimicantes procubuerant,
adverso corpore vulneribus acceptis. Inter hos Aticies, & Trountes, & Sabaces
Prætor Ægypti, magnorum exercituum
Præfecti, noscitabantur. Circa eos cumulata erat peditum, equitumque obscurior

D 2 tur-

turba . Macedonum quoque , non quidem
multi, sed promptissimi tamen, cæsi sunt.
Inter quos Alexandri dexterum femur leviter mucrone perstrictum est . Jamque ,
qui Darium vehebant, equi confossi hastis,
& dolore efferati , jugum quatere , &
Regem curru excutere cœperant : cùm ille veritus, ne vivus veniret in hostium potestatem, desilit, & in equum, qui ad hoc
ipsum sequebatur , imponitur , insignibus
quoque Imperii, ne fugam proderent, in-
decorè abjectis. Tum verò cæteri dissipah-
tur metu ; & quæ cuique patebat ad fugam, via erumpunt, arma jacientes , quæ
paulò antè ad tutelam corporum sumpse-
rant. Adeò pavor etiam auxilia formidabat.
Instabat fugientibus eques à Parmenione
missus, & fortè in id cornu omnes fuga abstulerat . At in dextro Persæ Thessalos e-
quites vehementer urgebant. Jamque una
ala ipso impetu proculcata erat, cùm Thessali strenuè circumactis equis dilapsi , rursùs in prælium redeunt, & sparsos , in-
compositosque victoriæ fiducia Barbaros ingenti cæde prosternunt. Equi pariter, equitesque Persarum, serie laminarum graves,
agmen , quod celeritate maximè constat,
ægrè moliebantur . Quippe in circumagen-
dis equis suis Thessali multos occupaverant.

C A P U T XXII.

Alexander persequitur fugientes . Græci soli
sensim se subduxere à Perfis ; ex quibus a-
lii cæfi, alii Darium fecuti , quatuor mil-
lia cum Amynta evafere . Caftra inde ho-
ftium ab Alexandri milite occupata . Capti
filius , mater , uxor , filiæ Darii . Toto
prælio cæfi Perfarum centum millia pedi-
tum , decem millia equitum : Macedonum
duo , & triginta pedites , centum quin-
quaginta equites, non amplius defiderati .

H Ac tam profpera pugna nuntiata, A-
lexander non ante aufus perfequi
Barbaros , utrinque jam victor inftare fugientibus cœpit . Haud amplius Regem
quàm mille equites fequebantur , cùm ingens multitudo hoftium caderet . Sed quis
aut in victoria , aut in fuga copias numerat ? Agebantur ergo à tam paucis pecorum modo : & idem metus , qui cogebat
fugere , fugientes morabatur . At Græci,
qui in Darii partibus fteterant , Amyntæ
duce (Prætor hic Alexandri fuit , nunc
transfuga) abrupti à cæteris , haud fanè
fugientibus fimiles evaferant . Barbari longè diverfam fugam intenderunt, alii , quà
rectum iter in Perfidem ducebat , quidam
circuitus, rupes, faltufque montium occul-
tos petivere, pauci caftra Darii . Sed jam
illa quoque hoftis victor intraverat , omni
quidem opulentia ditia . Ingens auri , argentique pondus , non belli , fed luxuriæ
apparatum , diripuerant milites . Cùmque

D 3 plus

plus raperent, paſſim ſtrata erant itinera
vilioribus ſarcinis, quas in comparatione
meliorum avaritia contempſerat. Jamque
ad fœminas perventum erat, quibus quò
chariora ornamenta ſunt, violentiùs de-
trahebantur. Nec corporibus quidem vis,
ac libido parcebat. Omnia planctu, tu-
multuque, prout cuique fortuna erat, caſtra repleverant. Nec ulla facies mali deerat, cùm per omnes ordines, ætateſque
victoris crudelitas, ac licentia vagaretur.
Tunc verò impotentis fortunæ ſpecies conſpici potuit, cùm ii, qui tum Dario tabernaculum exornaverant, omni luxu, & opulentia inſtructum, eadem illa Alexandro,
quaſi veteri domino, reſervabant. Namque id ſolum intactum omiſerant milites;
ita tradito more, ut victorem victi Regis
tabernaculo exciperent. Sed omnium oculos, animoſque in ſemet converterant captiva mater, conjuxque Darii, illa non
majeſtate ſolùm, ſed etiam ætate venerabilis, hæc formæ pulchritudine, ne illa
quidem ſorte corrupta. Acceperat in fi-
num filium, nondum ſextum ætatis annum
egreſſum, in ſpem tantæ fortunæ, quantam paulò antè pater ejus amiſerat, genitum. At in gremio anus aviæ jacebant
adultæ duæ virgines, non ſuo tantùm,
ſed illius mœrore etiam confectæ. Ingens
circa eam Nobilium fœminarum turba conſtiterat, laceratis crinibus, abſciſſaque veſte, priſtini decoris immemores; Reginas,
Dominaſque, veris quondam, tunc alienis
nominibus vocantes. Illæ ſuæ calamitatis
oblitæ, utro cornu Darius ſtetiſſet, quæ
for-

fortuna difcriminis fuiffet, requirebant.
Negabant, fe captas, fi viveret Rex. Sed
illum equos fubinde mutantem, longiùs fuga abftulerat. In acie autem cæfa funt
Perfarum peditum centum millia, decem
verò millia interfecta equitum. At ex parte Alexandri quatuor, & quingenti faucii
fuere, triginta omninò, & duo ex pedibus defiderati funt, equitum centum quinquaginta interfecti. Tantulo impendio ingens victoria ftetit, Rex, quidiu Darium 12.
perfequendo fatigatus erat, pofteaquàm &
nox appetebat, & eum affequendi fpes non
erat, in caftra paulò antè à fuis capta
pervenit.

C A P U T XXIII.

*Alexander, defperato capi poffe Darium,
reverfus in caftra, Darii convivium celebrat. Leonnatus mittitur ad folandas captivas.*

INvitari deinde amicos, quibus maximè
affueverat, juffit. Quippe fumma duntaxat cutis in femore perftricta non prohibebat intereffe convivio. Tum repentè è
proximo tabernaculo lugubris clamor, barbaro ululatu, planctuque permiftus, epulantes conterruit. Cohors quoque, quæ
excubabat ad tabernaculum Regis, verita,
ne majoris motus principium effet, armare
fe cœperat. Caufa fubiti pavoris fuit,
quòd mater, uxorque Darii, cum captivis
mulieribus Nobilibus Regem, quem interfectum effe credebant, ingenti gemitu, e-
ju-

julatuque deflebant. Unus nanque è captivis fpadonibus, qui fortè ante ipfarum tabernaculum fteterat, amiculum, quod Darius (ficut paulò antè dictum eft) ne
cultu proderetur, abjecerat, in nianibus
ejus, qui repertum ferebat, agnovit, ratufque, interfecto detractum effe, falfum
nuntium mortis ejus attulerat. Hoc mulierum errore comperto, Alexander fortunæ Darii, & pietati earum illacrymaffe fertur. Ac primò Mithrenem, qui Sardes prodiderat, peritum Perficæ linguæ, ire ad
confolandas eas jufferat. Veritus deinde,
ne proditor captivarum iram, doloremque
gravaret, Leonnatum ex Purpuratis fuis
mifit, juffum indicare, falsò lamentari eas,
Darium vivum. Ille cum paucis armigeris
in tabernaculum, in quo captivæ erant,
pervenit, miffumque fe à Rege, nuntiare
jubet. At ii, qui in veftibulo erant, ut
armatos confpexere, rati actum effe de dominis, in tabernaculum currunt, vociferantes, adeffe fupremam horam, miffofque,
qui occiderent captas. Itaque, ut quæ nec
prohibere poffent, nec admittere auderent,
nullo refponfo dato, tacitè opperiebantur
victoris arbitrium. Leonnatus, expectato
diu, qui fe introduceret, pofteaquàm nemo procedere audebat, relictis in veftibulo fatellitibus, intrat in tabernaculum. Ea
ipfa res turbaverat fœminas, quòd irrupiffe non admiffus videbatur. Itaque mater,
& conjux provolutæ ad pedes orare cœperunt, ut, priùs quàm interficerentur, Darii corpus ipfis patrio more fepelire permitteret, functas fupremo in Regem officio

ficio se impigrè morituras . Leonnatus &
vivere Darium , & ipsas non incolumes
modò , sed etiam apparatu pristinæ fortunæ Reginas fore. Tum demùm mater Darii allevari se passa est.

C A P U T XXIV.

Alexander visitat captivas, colloquitur cum
Sysigambe Darii matre, quæ optimè preca-
tur hosti ob clementiam : Qui Regiam omni-
um fortunam conservat , pudorem singula-
rum singulari cura tuetur . Laudatur ab
Curtio Alexander ob continentiam , quam
omnibus ejus operibus meritò anteponit .

Alexander postero die , cùm curam se-
peliendis militibus impenderet , quorum corpora invenerat , Persarum quoque
nobilissimis eundem honorem haberi jubet.
Matrique Darii permittit, quos vellet, patrio more sepeliret . Illa paucos arcta pro-
pinquitate conjunctos pro habitu præsentis
fortunæ humari jussit, apparatum funerum,
quo Persæ suprema officia celebrarent ,
invidiosum fore existimans , cùm victores
haud pretiose cremarentur . Jamque justis
defunctorum corporibus solutis , præmittit
ad captivas , qui nuntiarent , ipsum venire. Inhibitaque comitantium turba, tabernaculum cum Hephæstione intrat . Is longè
omnium amicorum charissimus erat Regi ;
cum ipso pariter educatus , secretorum o-
mnium arbiter . Libertatis quoque in ad-
monendo eo non alius jus habebat. Quòd
tamen ita usurpabat, ut magis à Rege per-

mis-

victam, quàm vindicatum ab eo videretur. Et sicut ætate par erat Regi, ita corporis habitu præstabat. Ergo Reginæ illum Regem esse ratæ, suo more veneratæ sunt. Inde ex spadonibus captivis, quis Alexander esset, monstrantibus, Sysigambis advoluta est pedibus ejus, ignorationem nunquam anteà visi Regis excusans. Quam manu allevans Rex, *Non errasti*, inquit, *mater, nam & hic Alexander est*. Equidem, si hac continentia animi ad ultimum vitæ perseverare potuisset, feliciorem fuisse crederem, quàm visus est esse, cùm Liberi Patris imitaretur triumphum, ab Hellesponto usque ad Oceanum omnes gentes victoria emensus: si vicisset profectò superbiam, atque iram, mala invicta, si abstinuisset inter epulas cædibus amicorum, egregiosque bello viros, & tot gentium secum domitores indicta causa veritus esset occidere. Sed nondum fortuna se animo ejus superfuderat. Itaque orientem eam moderatè, & prudenter tulit; ad ultimum magnitudinem ejus non cepit. Tum quidem ita se gessit, ut omnes ante eum Reges & continentia, & clementia vincerentur. Virgines Regias excellentis formæ tam sanctè habuit, quàm si eodem, quo ipse, parente genitæ forent. Conjugem ejusdem, quam nulla ætatis suæ pulchritudine corporis vicit, adeò ipse non violavit, ut summam adhibuerit curam, ne quis captivo corpori illuderet. Omnem cultum reddi fœminis jussit, nec quicquam ex pristinæ fortunæ magnificentia captivis, præter fiduciam, defuit. Itaque Sysigambis, Rex,

in-

inquit, mereris, ut ea precemur tibi, qua
Dario nostro quondam precatæ sumus : &
(ut video) dignus es , qui tantum Regem
non felicitate solùm , sed etiam æquitate su-
peraveris . Tu quidem matrem me , & R-
ginam vocas, sed ego me tuam famulam esse
confiteor . Et præteritæ fortunæ fastigium ca-
pio , & præsentis ingum pati possum . Tuâ
interest , quantum in nos licuerit, si id po-
tiùs clementia, quàm sævitia, vis esse testa-
tum. Rex bonum animum habere eas jussit. Darii deinde filium collo suo admovit.
Atque nil ille conspectu tunc primùm à se
visi conterritus, cervicem ejus manibus amplectitur. Motus ergo Rex constantia pueri, Hephæstionem intuens, *Quam vellem ,*
inquit, *Darius aliquid ex hac indole hausis-*
set!

CAPUT XXV.

Alexander , aris pugnæ monumento (nam tro-
phæa Macedones non fixere) possis , Sy-
riam petit. Parmenio Damascum prodisio-
ne cum thesauro Regis , & gynæceis ca-
pit . Proditoris casi caput ad Darium fer-
tur .

TUm tabernaculo egressus , tribus aris
in ripa Pyrami amnis , Jovi , atque
Herculi, Minervæque sacratis, Syriam petit , Damascum (ubi Regis gaza erat)
Parmenione præmisso. Atque is , cum præ- 33.
cessisse Darii Satrapam comperisset , veritus,
ne paucitas suorum sperneretur, accersere
majorem manum statuit . Sed fortè in ex-
D 6 plo-

ploratores ab eo præmiffos incidit nomine
Mardus, qui ad Parmenionem perductus,
literas ad Alexandrum à Præfecto Damafci
miffas tradit ei : nec dubitare eum, quin
omnem Regiam fupellectilem cum pecunia
traderet, adjecit. Parmenio, affervari eo
juffo, literas aperit, in queis erat fcriptum, ut maturè Alexander aliquem ex
Ducibus fuis mitteret cum manu exigua.
Itaque, re cognita, Mardum datis comitibus ad proditorem remittit. Ille è manibus cuftodientium lapfus, Damafcum ante
lucem intrat. Turbaverat ea res Parmenionis animum infidias timentis ; & ignotum iter fine duce non audebat ingredi.
Felicitati tamen Regis fui confifus, agre-
ftes, qui duces itineris effent, excipi juffit. Quibus celeriter repertis, quarto die
ad urbem pervenit, jam metuente Præfecto, ne fibi fides habita non effet. Igitur,
quafi parùm munimentis oppidi fidens,
ante Solis ortum pecuniam Regiam (quam
gazam Perfæ vocant) cum pretiofiffimis
rerum efferri jubet, fugam fimulans, re
vera ut prædam hofti offerret. Multa millia virorum, fœminarumque excedentem
oppido fequebantur, omnibus miferabilis
turba, præter eum, cujus fidei commiffa
fuerat. Quippe quò major proditionis mer-
ces foret, objicere hofti parabat gratio-
rem omni pecunia prædam, Nobiles viros,
Prætorum Darii conjuges, liberofque, præter hos urbium Græcarum Legatos, quos
Darius, velut in arce tutiffima, in proditoris reliquerat manibus. Gangabas Perfæ vocant humeris onera portantes. Hi,

cùm

cùm frigus tolerare non poffent, quippe &
procella fubitò nivem effuderat, & humus
rigebat gelu, tum aftrictas veftes, quas
cum pecunia portabant, auro, & purpura
infignes induunt, nullo prohibere aufo,
cùm fortuna Regis etiam humillimis in i-
pfum licentiam faceret. Præbuere ergo
Parmenioni non fpernendi agminis fpeciem.
Qui intentiore cura fuos, quafi ad juftum
prælium paucis adhortatus, equis calcaria
fubdere jubet, & acri impetu in hoftem
invehi. At illi, qui fub oneribus erant,
omiffis illis, per metum capeffunt fugam.
Armati quoque, qui eos perfequebantur,
eodem metu arma jactare, ac nota divor-
ticula petere coeperunt. Præfectus quafi &
ipfe conterritus, fimulans, cuncta pavore
compleverat. Jacebant totis campis opes
Regiæ; illa pecunia ftipendio ingenti militum præparata, ille cultus tot Nobilium
virorum, tot illuftrium fœminarum, aurea
vafa, aurei fræni, tabernacula Regali magnificentia ornata, vehicula quoque à fuis
deftituta ingentis opulentiæ plena, facies
etiam prædantibus triftis; fi qua res avaritiam moraretur. Quippe tot annorum incredibili, & fidem excedente fortuna cumulata, tunc alia ftirpibus dilacerata, alia in
cœnum demerfa eruebantur. Non fufficie-
bant prædantium manus prædæ. Jamque
etiam ad eos, qui primi fugerant, ventum erat. Fœminæ pleræque parvos trahentes liberos ibant, inter quas tres fuere virgines Ochi (qui ante Darium re-
gnaverat) filiæ, olim quidem ex faftigio
paterno rerum mutatione detractæ, fed
tum

tum fortem earum crudelius aggravante
fortuna . Un eodem grege uxor quoque e-
jufdem Ochi fuit , Oxathrifque (frater
hic erat Darii) filia , & conjux Artabazi
Principis Purpuratorum , & filius, cui Ilio-
neo fuit nomen . Pharnabazi quoque , cui
fummum Imperium maritimæ oræ Rex dederat, uxor cum filio excepta eft; Mentoris filiæ tres, ac nobiliffimi Ducis Meninor
nis conjux , & filius . Vixque ulla domus
Purpurati fuit tantæ cladis expers . Lacedæmonii quoque, & Athenienfes , focieta-
tis fide violata , Perfas fequuti , Ariftogi-
ton, Dropides , & Eleutherius , inter A-
thenienfes genere , famaque longè clarif-
fimi: Lacedæmonii , Perifippus, & Onoma-
ftorides , cum Omajo , & Callicratide , ii
quoque domi Nobiles . Summa pecuniæ fi-
gnatæ fuit, talentorum duo millia , & fexaginta : facilè argenti pondus quingenta
æquabat . Præterea triginta millia hominum , cum feptem millibus jumentorum ,
dorfo onera portantium, capta funt. Cæterùm Dii tantæ fortunæ proditorem fepul-
turæ celeriter debita pœna perfequuti funt.
Nanque unus è confciis ejus, credo , Regis vicem etiam in illa forte reveritus, interfecti proditoris caput ad Darium tulit ,
opportunum folatium prodito : quippe &
ultus inimicum erat, & nondum in omnium
animis memoriam majeftatis fuæ exoleviffe
cernebat.

L I.

LIBER QUARTUS

SYNOPSIS

Alexander respondet literis Darii. Cœlesyriam, & Phœniciam invadit. Abdolonymum Sidoniis, ex-auctorato Stratone, novum Regem dat. Tyrum septem mensibus obsessam continenti jungit, & expugnat. Gazam capit. Ægyptum recipit. Ad Hammonis templum penetrat. Deus salutatur. Condit Alexandriam. Luna hebescit, Darius iterùm, ac tertiò frustrà conditiones pacis fert Alexandro, latas ab Alexandro respuit. Decernitur prælio ad Gaugamela haud procul Arbellis. Darius victus more suo auxilium à pedibus quærit.

CAPUT I.

Darii fugam exequitur Curtius. Alexander, Parmenione Syriæ Præfecto, Aradum insulam cum Rege Stratone in deditionem accipit. Ad Marathon urbem castra movet, ubi literas à Dario superbè scriptas accipis, parique stylo, & atrocius etiam respondet.

DARIUS tanti modò exercitus Rex, qui triumphantis magis, quàm dimi-

cau-

cantis more curru fublimis injerat prælium,
per loca, quæ propè immenfis agminibus
compleverat, jam inania, & ingenti folitudine vafta, fugiebat. Pauci Regem fequebantur. Nam nec eodem omnes fugam
intenderant, & deficientibus equis, curfum eorum, quos Rex fubinde mutabat,
æquare non poterant. Unchas deinde pervenit. Ubi excepere eum Græcorum quatuor millia, cum quibus ad Euphratem
contendit, id demùm credens fore ipfius,
quod celeritate præripere potuiffet. At A-
lexander Parmenionem, per quem apud
Damafcum recepta erat præda, juffum eam
ipfam, & captivos diligenti affervare cuftodia, Syriæ, quam Cœlen vocant, præfecit. Novum Imperium Syri nondum belli cladibus fatis domiti afpernabantur. Sed
celeriter fubacti, obedienter imperata fecerunt. Aradus quoque infula deditur Regi. Maritimam tamen oram, & pleraque
longiùs etiam à mari recedentia, Rex ejus
infulæ Strato poffidebat. Quo in fidem accepto, caftra movit ad urbem Marathon.
Ibi illi literæ à Dario redduntur; quibus
ut fuperbè fcriptis, vehementer offenfus
eft. Præcipuè eum movit, quòd Darius fibi Regis titulum, nec eundem Alexandri
nomini adfcripferat. Poftulabat autem magis, quàm petebat, ut accepta pecunia,
quantamcunque tota Macedonia caperet,
matrem fibi, ac conjugem, liberofque re-
ftitueret. De Regno, æquo, fi vellet,
Marte contenderet. Si faniora confilia tandem pati potuiffet, contentus patrio cederet alieni Imperii finibus, focius, amicuf-
que

qué eſſet; in ea ſe fidem & dare paratum,
& accipere'. Contrà Alexander in hunc
maximè modum reſcripſit, REX ALEXAN-
DER DARIO. *Ille, cujus nomen ſumpſi-
ſti, Darius, Græcos, qui oram Helleſponti
tenent, coloniaſque Græcorum Jonias omni
clade vaſtavit. Cum magno deinde exercitu
mare trajecit, illato Macedoniæ, & Græciæ
bello. Rurſus Rex Xerxes gentis ejuſdem,
ad oppugnandos nos cum immanium Barbarorum copiis venit. Qui navali prælio victus Mardonium tamen reliquit in Græcia,
ut abſens quoque popularetur urbes, agros
ureret. Philippum verò parentem meum quis
ignorat ab his interfectum eſſe, quos ingentis pecuniæ ſpe ſolicitaverant veſtri? Impia
enim bella ſuſcipitis, &, cùm habeatis arma, licitamini hoſtium capita: ſicut tu proximè talentis mille, tanti exercitus Rex,
percuſſorem in me emere voluiſti. Repello i-
gitur bellum, non infero. Et Diis quoque
pro meliore ſtantibus cauſa, magnam partem Aſiæ in ditionem redegi meam. Te i-
pſum acie vici. Quem etſi nihil à me impe-
trare oportebat, quod petieras, utpote qui
ne belli quidem in me jura ſervaveris; tamen, ſi veneris ſupplex, & matrem, &
conjugem, & liberos ſine pretio recepturum
te eſſe promiſto. Et vincere, & conſulere
victis ſcio. Quòd ſi te nobis committere times,
dabimus fidem impunè venturum. De cætero,
cum mihi ſcribes, memento non ſolùm Regi
te, ſed etiam tuo ſcribere.* Ad hanc per-
ferendam Therſippus miſſus.

C A-

f

CAPUT II.

Alexander in Phænicia Biblon , & Sidonem deditas servat. Stratonem Regem abdicat, Abdolonymum Regia stirpe ortum in Regium fastigium extollit.

IPse in Phœnicem deinde descendit , & oppidum Biblon traditum recepit . Inde ad Sidona ventum est , urbem vetustate , famaque conditorum inclytam . Regnabat in ea Strato , Darii opibus adjutus : sed, quia deditionem magis popularium , quàm sua sponte fecerat, Regno visus indignus. Hephæstionique permissum , ut , quem eo fastigio Sidones dignissimum arbitrarentur, constitueret Regem . Erant Hephæstioni hospites, clari inter suos juvenes , qui facta ipsis potestate regnandi , negaverunt quemquam patrio more in id fastigium recipi , nisi Regia stirpe ortum . Admiratus Hephæstio magnitudinem animi spernentis, quod alii per ignes , ferrumque peterent, *Vos quidem macti virtute ,* inquit , *estote , qui primi intellexistis , quanto majus esset Regnum fastidire , quàm accipere . Cæterum date aliquem Regiæ stirpis , qui meminerit, à vobis acceptum habere se Regnum .* At illi cum multos imminere tantæ spei cernerent , singulis amicorum Alexandri ob nimiam Regni cupiditatem adulantes , statuunt, neminem esse potiorem, quàm Abdolonymum quendam , longa quidem cognatione stirpi Regiæ annexum, sed ob inopiam suburbanum hortum exigua colentem
stipe

ſtipe . Cauſa ei paupertatis , ſicut pleriſque , probitas erat . Intentuſque operi diurno , ſtrepitum armorum , qui totam A-
ſiam concuſſerat , non exaudiebat . Subitò
deinde , de quibus antè dictum eſt , cum
Regiæ veſtis inſignibus hortum intrant ,
quem forte ſteriles herbas eligens Abdo-
lonymus repurgabat . Tunc Rege eo ſalutato , alter ex his , *Habitus* , inquit , *hic*
quem cernis in meis manibus, cum iſto ſqua-
lore permutandus tibi eſt . Ablue corpus il-
luvie , externiſque ſordibus ſqualidum . Cape
Regis animum , & in eam fortunam , qua
dignus es , iſtam continentiam profer . Et ,
cum in Regali ſolio reſidebis , vitæ , neciſ-
que omnium civium dominus , cave , obliviſ-
caris hujus ſtatus , in quo accipis Regnum ,
imò hercule propter quem . Somnio ſimilis
res Abdolonymo videbatur . Interdum , ſatis ne ſani eſſent , qui tam protervè ſibi
illuderent , percontabatur . Sed , ut cun-
ctanti ſqualor ablutus eſt , & injecta veſtis
purpura , auroque diſtincta , & fides à ju-
rantibus facta ſeriò , jam Rex iiſdem comitibus in Regiam pervenit . Fama , ut ſo-
let , ſtrenue totas urbes diſcurrit . Aliorum
ſtudium , aliorum indignatio eminebat . Di-
tiſſimus quiſque humilitatem , inopiamque
ejus apud amicos Alexandri criminabatur .
Admitti eum Rex protinùs juſſit , diuque
contemplatus , *Corporis* , inquit , *habitus fa-*
mæ generis non repugnat . Sed libet ſcire ,
inopiam qua patientia tuleris . Tum ille ,
Utinam , inquit , *eodem animo Regnum pati*
poſſim . Hæ manus ſuffecere deſiderio meo , ni-
hil habenti nihil defuit . Magnæ indolis ſpe-
cimen

cimen ex hoc sermone Abdolonymi cepit.
Itaque non Stratonis modò Regiam supellectilem attribui ei jussit, sed pleraque etiam ex Persica præda. Regionem quoque
urbi appositam ditioni ejus adjecit.

CAPUT III.

Perfidus Amyntas, & transfuga cum suis
quatuor millibus primùm Tripolim venit,
inde Cyprum, dein Ægyptum: quam conatus
occupare, ad Memphin primùm victor,
mox victus cum suis deletur.

INtereà Amyntas, quem ad Perfas ab
Alexandro transfugisse diximus, cum
quatuor millibus Græcorum, ipsum ex acie
persequutis, fuga Tripolim pervenit. Inde
in naves militibus impositis, Cyprum trans-
misit. Et cùm in illo statu rerum id quenque, quod occupasset, habiturum arbitra-
retur, velut certo jure possessum, Ægyptum petere decrevit, utrique Regi hostis,
& semper ex ancipiti mutatione temporum
pendens. Hortatusque milites ad spem
tantæ rei, docet, Sabacem Prætorem Æ-
gypti cecidisse in acie, Persarum præsidium & sine Duce esse, & invalidum, Æ-
gyptios semper Prætoribus eorum infen-
sos, pro sociis ipsos, non pro hostibus æ-
stimaturos. Omnia experiri necessitas cogebat. Quippe, cùm primas spes fortuna
destituit, futura præsentibus videntur esse
potiora. Igitur conclamant, duceret quo
videretur. Atque ille utendum animis,
dum spe calerent, ratus, ad Pelusii ostium

pene-

peñetrat, fimulans, à Dario fe effe præ-
miffum. Potitus ergo Pelufii, Memphin
copias promovit. Ad cujus famam Ægyptii, vana gens, & novandis, quàm gerendis aptior rebus, ex fuis quifque vicis,
urbibufque ad hoc ipfum concurrunt, ad
delenda præfidia Perfarum. Qui territi, tamen fpem obtinendi Ægyptum non amife-
runt. Sed eos Amyntas prælio fuperatos
in urbem compellit. Caftrifque pofitis, victores ad populandos agros eduxit, ac velut in medio pofitis omnibus, hoftium cuncta agebantur. Itaque Mazeces, quanquam
infelici prælio fuorum animos territos effe
cognoverat; tamen palantes, & victoriæ
fiducia incautos oftentans, perpulit, ne
dubitarent ex urbe erumpere, & res amif-
fas recuperare. Id confilium non ratione
prudentius, quàm eventu felicius fuit. Ad
unum omnes cum ipfo Duce occifi funt.
Has pœnas Amyntas utrique Regi dedit,
nihilò magis ei, ad quem transfugerat,
fidus, quàm illi, quem deferuerat.

C A P U T IV.

Darii Prætores ex acie Iffica fuperftites, re-
cuperare Lydiam tentantes, fundit Anti-
gonus. Defcribuntur dein varia bella in-
ter Duces Darii, & Alexandri gefta. A-
gis quoque Rex Lacedæmoniorum Antipa-
tro bellum fecit.

DArii Prætores, qui prælio apud Iffon
fuperfuerant, cum omni manu, quæ
fugientes fequuta erat, affumpta etiam Cap-
pa-

padocum, & Paphlagonum juventute, Lydiam recuperare tentabant. Antigonus
Prætor Alexandri Lydiæ præerat, qui quanquam plerofque militum ex præfidiis ad
Regem dimiferat, tamen Barbaris fpretis,
in aciem fuos eduxit. Eadem illic quoque
fortuna partium fuit. Tribus præliis alia,
atque alia regione commiffis, Perfæ fun-
duntur. Eodem tempore Claffis Macedo-
donum ex Græcia accita, Ariftomenem,
qui ad Hellefponti oram recuperandam à
Dario erat miffus, captis ejus, aut de-
merfis navibus, fuperat. A Milefiis deinde Pharnabazus Præfectus Perficæ claffis
pecunia exacta, & præfidio in urbem
Chium introducto, centum navibus An-
drum, & inde Syphnum petiit. Has quoque infulas præfidiis occupat, pecunia mul-
tat. Magnitudo belli, quod ab opulentif-
fimis Europæ, Afiæque Regibus in fpem
totius orbis occupandi gerebatur, Græciæ
quoque, & Cretæ arma commoverat. A-
gis Lacedæmoniorum Rex, octo millibus
Græcorum, qui ex Cilicia profugi domos
repetierant, contractis, bellum Antipatro
Macedoniæ Præfecto moliebatur. Creten-
fes has, aut illas partes fequuti, nunc
Spartanorum, nunc Macedonum præfidiis
occupabantur. Sed leviora inter illos fuere difcrimina: unum certamen, ex quo cætera pendebant, intuente fortuna.

C A.

C A P U T V.

Tyri laus. Donum Tyriorum Alexandro mis-
sum. Alexander prohibetur urbis aditu.
Descriptio maris Tyrii, & urbis.

JAm tota Syria, jam Phœnice quoque, 1.
excepta Tyro, Macedonum erant. Ha-
bebatque Rex castra in continenti, à qua
urbem angustum fretum dirimit. Tyrus &
claritate, & magnitudine ante omnes urbes Syriæ, Phœnicesque memorabilis, facilius societatem Alexandri acceptura videbatur, quàm Imperium. Coronam igitur auream Legati donum afferebant,
commeatusque largè, & hospitaliter ex
oppido adduxerant. Ille dona, ut ab amicis, accipi jussit; benignéque Legatos alloquutus, Herculi (quem præcipuè Tyrii
colerent) sacrificare velle se dixit. Macedonum Reges credere, ab illo Deo ipsos
genus ducere, se verò, ut id faceret, etiam Oraculo monitum. Legati respondent,
esse templum Herculis extra urbem, in ea
sede quam Palætyron ipsi vocant, ibi Regem Deo sacrum ritè facturum. Non tenuit iram Alexander, cujus alioquin potens non erat. Itaque, *Vos quidem,* inquit, *fiducia loci, quòd insulam incolitis,*
pedestrem hunc exercitum spernitis: sed bre-
vi ostendam, in continenti vos esse. Proin-
de sciatis licet, aut intraturum me urbem,
aut oppugnaturum. Cum hoc responso di-
missos monere amici cœperunt, ut Regem,
quem Syria, quem Phœnice recepisset, ipsi
quo-

quoque urbem intrare paterentur. At illi,
loco fatis fifi, obfidionem ferre decreve-
runt. Namque urbem à continenti quatuor
ftadiorum fretum dividit, Africo maximè
objectum, crebros ex alto fluctus in littus
evolvens. Nec accipiendo operi, quo Macedones continenti infulam jungere parabant, quidquam magis, quàm ille ventus
obftabat. Quippe vix leni, & tranquillo
mari moles agi poffunt : Africus verò prima quæque congefta pulfu illifa mari fub-
ruit. Nec ulla tam firma moles eft, quam
non exedant undæ per nexus operum ma-
nantes, &, ubi acrior flatus exiftit, fum-
mi operis faftigio fuperfufæ. Præter hanc
difficultatem, haud minor alia erat. Muros, turrefque urbis præaltum mare am-
biebat. Non tormenta, nifi è navibus procul excuffa, emitti, non fcalæ mœnibus
applicari poterant. Præceps in falum murus
pedeftre interceperat iter : Naves nec habebat Rex, &, fi admoviffet, pendentes,
& inftabiles miffilibus arceri poterant.

CAPUT VI.

Carthaginienfium Legati firmant Tyrios con-
tra Alexandrum. Prodigia urbi exitium
portendentia.

INter quæ haud parva dictu res Tyriorum fiduciam accendit. Carthaginienfium Legati ad celebrandum anniverfarium
facrum more patrio tunc venerant. Quippe Carthaginem Tyrii condiderunt, femper
parentum loco culti. Hortari ergo Pœni
cœ-

cœperint, ut obsidionem forti animo paterentur, brevi Carthagine auxilia ventu-
ra. Nanque ea tempestate magna ex parte
Punicis classibus maria obsidebantur. Igitur
bello decreto, per muros, turresque tormenta disponunt, arma junioribus divi-
dunt, opificesque, quorum copia urbs abundabat, in officinas distribuunt. Omnia
belli apparatu strepunt. Ferreæ quoque
manus (harpagonas vocant) quas operibus hostium injicerent, corvique, & aliæ
tuendis urbibus excogitata, præparaban-
tur. Sed, cùm fornacibus ferrum, quod
excudi oportebat, impositum esset, admo-
tisque follibus ignem flatu accenderent,
sanguinis rivi sub ipsis flammis extitisse dicuntur. Idque omen in Macedonum metum verterunt Tyrii. Apud Macedonas
quoque, cùm forte panem quidam militum
frangerent, manantis sanguinis guttas notaverunt. Territoque Rege, Aristander
peritissimus Vatum respondit, si extrinsecùs
cruor fluxisset, Macedonibus id triste futurum; contrà, cùm ab interiore parte ma-
naverit, urbi, quam obsidere destinassent,
exitium portendere.

CAPUT VII.

Tyrii Alexandri Legatos de pace missos occi-
dunt. Difficultas obsidionis, desperatio mi-
litis, Alexandri hortatio.

Alexander cum & classem procul haberet, & longam obsidionem magno
sibi ad cætera impedimento videret fore,
E   cadu-

caduceatores, qui ad pacem eos compel-
lerent, misit. Quos Tyrii contra jus gentium occisos praecipitaverunt in altum. Atque ille suorum tam indigna nece commotus, urbem obsidere statuit. Sed ante jacienda moles erat, quae urbem continenti
committeret. Ingens ergo animos militum,
desperatio incessit, cernentium profundum
mare, quod vix Divina ope posset impleri.
Quae saxa tam vasta, quas tam proceras
arbores posse reperiri? exhauriendas esse
regiones, ut illud spatium aggeraretur.
Exaestuare semper fretum, quoque arctius
volvetur inter insulam, & continentem,
hoc acrius furere. At ille haudquaquam
rudis tractandi militares animos, *speciem*
sibi Herculis in somno oblatam esse pronun-
tiat, dexteram porrigentis: illo Duce, illo
aperiente, in urbem intrare se visum. In-
ter haec caduceatores intersectos, gentium ju-
ra violata referebat. Unam esse urbem, quae
cursum victoris morari ausa esset. Ducibus
deinde negotium datur, ut suos quisque
castiget. Satisque omnibus stimulatis, opus
coeptus est.

CAPUT VIII.

Incipit aggerem jacere per mare. Tyrii ob-
nituntur. Expeditio interim in Arabes.

Magna vis saxorum ad manum erat,
Tyro vetere praebente. Materies ex
Libano monte ratibus, & turribus faciendis vehebatur. Jamque à fundo maris in
altitudinem montis opus excreverat. Nondum

dum tamen aquæ faſtigium æquabat. Et,
quò longiùs moles agebatur à littore, hòc
magis, quidquid ingerebatur, præaltum ab-
ſorbebat mare: cum Tyrii, parvis navigiis
admotis, per ludibrium exprobrabant, illos
armis inclytos, dorſo, ſicut jumenta, onera
geſtare. Interrogabant etiam, num major
Neptuno eſſet Alexander? Hæc ipſa inſe-
ctatio alacritatem militum accendit. Jamque paululùm moles aquam eminebat, &
ſimul aggeris latitudo creſcebat, urbique
admovebatur, cum Tyrii, magnitudine
molis, cujus incrementum eos ante fefellerat, conſpecta, levibus navigiis nondum-
commiſſum opus circuire cœperunt, miſ-
ſiibus eos quoque, qui pro opere ſtabant,
inceſſere. Multis ergo impune vulneratis,
cum & removere, & appellere ſcaphas in-
expedito non eſſet, ad curam ſemetipſos
tuendi ab opere converterant. Igitur ex
jumentis coria, velaque juſſit obtendi, ut
extra teli jactus eſſent: duaſque turtes ex
capite molis erexit, à quibus in ſubeuntes
ſcaphas tela ingeri poſſent. Contrà Tyrii
navigia procul à conſpectu hoſtium littori
appellunt, expoſitiſque militibus, eos, qui
ſaxa geſtabant, obtruncant. In Libano
quoque Arabum agreſtes, incompoſitos
Macedonas adorti, triginta ferè interficiunt,
paucioribus captis. Ea res Alexandrum divi- 3.
dere copias coegit. Et, ne ſegniter aſſidere
uni urbi videretur, operi Perdiccam, Craterumque præfecit: ipſe cum expedita manu Arabiam petit.

CAPUT IX.

Stratagemma Tyriorum. clades Macedonum,
operis everso, restitutio aggeris, varia
Tyriorum artes.

INter hæc Tyrii navem magnitudine eximia, saxis, arenaque a puppi oneratam, ita ut multùm prora emineret, bitumine, ac sulphure illitam, remis concitaverunt. Et cùm magnam vim venti vela quoque concepissent, celeriter ad molem successit. Tunc prora ejus accensa, remiges desiliere in scaphas, quæ ad hoc ipsum præparatæ sequebantur. Navis autem, igne concepto, latiùs fundere incendium cæpit, quòd priusquam posset occurri, turres, & cætera opera in capite molis posita comprehendit. At qui desilierant in parva navigia, faces, & quidquid alendo igni aptum erat, in eadem operà ingerunt. Jamque non modò Macedonum turres, sed etiam summa tabulata conceperant ignem cum ii, qui in turribus erant, partim haurirentur incendio, partim, armis omissis, in mare semet ipsi immitterent. At Tyrii, qui capere eos, quàm interficere maluerunt, natantium manus stipitibus, saxisque lacerabant, donec debilitati, impunè navigiis excipi possent. Nec incendio solùm opera consumpta, sed forte eodem die vehementior ventus motum ex profundo mare illisit in molem. Crebrisque fluctibus compages operis verberatæ se laxavere, saxaque interfluens unda medium opus rupit.

pit. Prorutis igitur lapidum cumulis , quibus injecta tetra fuftinebatur , præceps in
profundum ruit . Tantæque molis vix ulla
veftigia invenit ab Arabia rediens Alexander . Hìc (quod in adverfis rebus folet
fieri) alius in alium culpam referebat ,
cum omnes verius de fævitia maris queri
poffent . Rex novi operis molem orfus ,
in adverfum ventum , non latere , fed recta fronte direxit , quod cætera opera velut fub ipfo latentia tuebatur . Latitudinem
quoque aggeri adiecit , ut turres in medio
erectæ , procul teli jactu abeffent . Totas
autem arbores cum ingentibus ramis in
altum jaciebant , deinde faxis onerabant ,
rursùfque cumulo eorum alias arbores in-
jiciebant : tum humus aggerebatur , fuper
quam alia ftrue faxorum , arborumque cumulata , velut quodam nexu continens opus
junxerant. Nec Tyrii , quidquid ad impe-
diendam molem excogitari poterat , fegni-
ter exequebantur . Præcipuum auxilium e-
rat, qui procul hoftium confpectu fubibant
aquam . Occulto lapfu ad molem ufque pe-
netrabant , falcibus palmites arborum emi-
nentium ad fe trahentes , quæ ubi fequutæ
erant , pleraque fecum in profundum dabant : tum levatos onere ftipites , truncof-
que arborum haud ægrè moliebantur , deinde totum opus , quod ftipitibus fuerat in-
nixum , fundamento lapfo , fequebatur .

CAPUT X.

Classis Alexandri ad Tyrum oppugnandam
comparata, quam tempestas vexat.

AEGro animi Alexandro , & , utrùm
perseveraret, an abiret, satis incer-
tò, classis Cypro advenit. Eodemque tempore Cleander , cum Græcis militibus in
Asiam nuper advectus , centum , & nona-
ginta navium classem in duo dividit cornua .
Lævum Pythagoras, Rex Cypriorum, cum
Cratero tuebatur: Alexandrum in dextero
quinqueremis Regia vehebat . Nec Tyrii,
quanquam classem habebant , ausi navale
inire certamen , triremes omnes ante ipsa
mœnia opposuerunt, quibus Rex invectus,
ipsas demersit. Postera die, classe ad mœnia admota , undique tormentis , & maximè arietum pulsu muros quatit. Quos Tyrii , raptim obstructis saxis , refecerunt ,
interiorem quoque murum, ut , si prior
fefellisset, illo se tuerentur, undique orsi .
Sed undique vis mali urgebat. Moles intra
teli jactum erat : classis mœnia circuibat.
Terrestri simul, navalique clade obruebantur . Quippe binas quadriremes Macedones
inter se ita junxerant , ut proræ cohære-
rent, puppes intervallo , quantum capere
poterant , distarent . Hoc puppium intervallum, antennis , asseribusque validis de-
ligatis , superque eos pontibus stratis, qui
militem sustinerent , impleverant . Sic in-
structas quadriremes ad urbem agebant .
Inde missilia in propugnantes ingerebantur
                                    tutò,

-turð , quia proris miles tegebatur . Media
nox erat , cum classem (sicut dictum est
paratam) circuire urbem jubet . Jamque
naves urbi undique admovebantur , & Tyrii desperatione torpebant, cum subito spis-
sæ nubes intendere se cœlo , & , quidquid
lucis intermicebat, effusa caligine extinctum
est . Tum inhorrescens mare paulatim le-
vari, deinde acriori vento concitatum fluctus ciere , &. inter se navigia collidere .
Jamque scindi cœperant vincula , quibus
connexæ quadriremes erant , ruere tabulata, , & cum ingenti fragore in profundum
secum milites trahere . Neque enim con-
serta navigia ulla ope in turbido regi poterant . Miles ministeria nautarum , remex
militis officia turbabat . Et , quod in hujusmodi casu accidit , periti ignaris parebant ; quippe gubernatores alias imperare
soliti , tum metu mortis jussa exequebantur . Tandem remis pertinacius everbera-
tum mare , velut eripientibus navigia clas-
sicis cessit , appulsaque sunt littori laceratæ
pleraque .

CAPUT XI.

Legati Carthaginiensium negant parentibus au-
xilium . Tyrii imbellem turbam Carthagi-
nem mittunt . Prodigium Apollinis aperi-
tur : Legati suadent , ut sacrum hominis
bestia fiat , Tyrii sacrilegium horrent .

Iisdem diebus forte Carthaginiensium Legati triginta superveniunt , magis obsessis solatium , quàm auxilium . Quippe do-
me-

mestico bello Pœnos impediri , nec de Imperio, sed pro salute dimicare nuntiabant. Syracusani tunc Africam urebant, & haud procul Carthaginis muris locaverant castra. Non tamen defecere animis Tyrii , quanquam ab ingenti spe destituti erant , sed conjuges , liberosque devehendos Carthaginem tradiderunt, fortius, quidquid accideret, laturi, si charissimam sui partem extra communis periculi sortem habuissent . Cumque unus è civibus concioni indicasset, oblatam esse per somnum sibi speciem Apollinis , quem eximia religione colerent , urbem deserentis, molemque à Macedonibus in salo jactam in sylvestrem saltum esse mutatam ; quanquam auctor levis erat, tamen ad deteriora credenda proni, metu aurea catena devinxere simulacrum , aræque Herculis , cujus numini urbem dicaverant, inseruere vinculum, quasi illo Deo Apollinem retenturi . Syracusis id simulacrum devexerant Pœni, & in majore locaverant patria . Multisque aliis spoliis urbium à semet captarum , non Carthaginem magis, quàm Tyrum ornaverant . Sacrum quoque , quod quidem Diis minimè cordi esse crediderim , multis sæculis intermissum, repetendi auctores quidam erant, ut ingenuus puer Saturno immolaretur ; quod sacrilegium verius , quàm sacrum , Carthaginienses, à conditoribus traditum, usque ad excidium urbis suæ fecisse dicuntur . Ac, nisi seniores obstitissent, quorum consilio cuncta agebantur, humanitatem dira superstitio vicisset .

C A.

CAPUT XII.

Tyrii acriter oppugnationem defendunt, ut Rex desperabundus de solvenda obsidione iterùm deliberet, à qua fama sinistra deterretur.

CÆterùm efficacior omni arte imminens necessitas, non usitata modò præsidia, sed quædam etiam nova admonuit. Namque ad applicanda navigia, quæ muros subibant, validis asseribus corvos, & ferreas manus cum uncis, ac falcibus illigaverant, ut, cùm tormento asseres promovissent, subitò laxatis funibus injicerent. Unci quoque, & falces ex iisdem asseribus dependentes, aut propugnatores, aut ipsa navigia lacerabant. Clypeos verò æneos multo igne torrebant, quos repletos fervidâ arenâ, cœnoque decocto, è muris subitò devolvebant. Nec ulla pestis magis timebatur. Quippe ubi loricam, corpusque fervens arena penetraverat, nec ullâ vi excuti poterat, &, quidquid attigerat, perurebat. Jacientesque arma, laceratis omnibus, queis protegi poterant, vulneribus inulti patebant. Corvi verò, & ferreæ manus tormentis emissæ, plerosque rapiebant. Hic Rex fatigatus statuerat, solutâ obsidione, Ægyptum petere. Quippe, cum Asiam ingenti celeritate percurrisset, circa muros unius urbis hærebat, tot maximarum rerum opportunitate dimissâ. Cæterùm tam discedere irritum, quàm morari pudebat. Famam quoque, quæ plura

quàm armis everterat, ratus leviorem fore, fi Tyrum, quafi teftem fe poffe vinci,
reliquiflet. Igitur, ne quid inexpertum o-
mitteret, plures naves admoveri jubet;
delectofque militum imponi.

CAPUT XIII.

Prodigium à vifa bellua, quod utrique hu
suam falutem interpretantur.

ET forte bellua inufitatæ magnitudinis
fuper ipfos fluctus dorfo eminens ad
molem, quam Macedones jecerant, ingens corpus applicuit, diverberatifque fluctí-
bus allevans femet, utrinque confpecta
eft: deinde à capite molis rursùs altori fe
immerfit, ac modò fuper undas eminens
magna fui parte, modò fuperfufis fluctibus
condita, haud procul munimentis urbis e-
merfit. Utrifque lætus fuit belluæ afpectus.
Macedones iter jaciendo operi monftraffe
eam augurabantur. Tyrii, Neptunum cc-
cupati maris vindicem abripuiffe belluam
ad molem brevi profectò ruituram: lætí-
que omine eo, ad epulas dilapfi, onera-
vere fe vino: quo graves orto Sole navigia confcendunt, redimita coronis, flori-
bufque. Adeò victoriæ non omen modò,
fed etiam gratulationem perceperant.

C A.

C A P U T XIV.

Naumachia committitur, Alexandro
victore.

FOrtè Rex classem in diversam partem
agi jusserat, triginta minoribus navigiis relictis in littore: è quibus Tyrii duobus captis, cætera ingenti terruerant metu, donec suorum clamore audito, Alexander classem littori, à quo fremitus acciderat, admovit. Prima è Macedonum
navibus quinqueremis, velocitate inter cæteras eminens occurrit. Quam ut conspexere Tyrii, duæ è diverso in latera ejus
invectæ sunt: in quarum alteram quinqueremis eadem concitata, & ipsa rostro icta
est, & illam invicem tenuit. Jamque ea,
quæ non cohærebat, libero impetu evecta,
in aliud quinqueremis latus invehebatur,
cum opportunitate mira triremis è classe
Alexandri, in eam ipsam, quæ quinquere-
mi imminebat, tanta vi impulsa est, ut
Tyrius gubernator in mare excuteretur è
puppi. Plures deinde Macedonum naves
superveniunt, & Rex quoque aderat, cum
Tyrii inhibentes remos, ægrè evellere navem, quæ hærebat, portumque omnia simul navigia repetunt. Confestim Rex insequutus, portum quidem intrare non potuit, cum procul è muris missilibus submo-
veretur, naves autem omnes ferè aut demersit, aut cepit.

CAPUT XV.

Tyrus vi capitur, exfcinditur, paucis parcitur. Elogium Tyri .

Blduo deinde ad quietem dato militibus , juffifque & claffem , & machinas pariter admovere , & undique territis inftare , ipfe in altiffimam turrim afcendit ingenti animo, periculo majore . Quippe Regio infigni, & armis fulgentibus confpicuus , unus præcipuè telis petebatur . Et digna prorfus fpectaculo edidit . Multos è muris propugnantes hafta transfixit, quofdam etiam cominùs gladio , clypeoque impulfos præcipitavit. Quippe turris , ex qua dimicabat , muris hoftium propemodùm cohærebat . Jamque crebris arietibus faxorum compage laxata , munimenta defecerant , & claffis intraverat portum , & quidam Macedonum in turres hoftium defertas evaferant ; cùm Tyrii, tot fimul malis victi , alii fupplices in templa confugiunt , alii foribus ædium obferatis occupant, liberum mortis arbitrium , nonnulli ruunt in hoftem , haud inulti tamen perituri . Magna pars fumma tectorum obtinebat, faxa , & , quidquid manibus fors dederat, ingerentes fubeuntibus . Alexander, exceptis , qui in templa confugerant , omnes interfici , ignemque tectis injici jubet . His per præcones pronuntiatis , nemo tamen armatus opem à Diis petere fuftinuit . Pueri , virginefque templa compleverant : viri in veftibulo fuarum quif

que

que ædium stabant, parata fævientibus turba. Multis tamen faluti fuere Sidonii, qui intra Macedonum præfidia erant. Hi urbem quidem inter victores intraverant, fed cognationis cum Tyriis memores (quippe utranque urbem Agenorem condidiffe credebant) multos Tyriorum etiam protegentes ad fua perduxere navigia : quibus occultatis, Sidona devecti funt. Quindecim millia hoc furto fubducta fævitiæ funt. Quantumque fanguinis fufum fit, vel ex hoc æftimari poteft, quòd intra munimenta urbis fex millia armatorum trucidata funt. Trifte deinde fpectaculum victoribus ira præbuit Regis. Duo millia, in quibus occidendis defecerat rabies, crucibus affixa per ingens littoris fpatium pependerunt. Carthaginienfium Legatis pepercit, addita denuntiatione belli, quod præfentium rerum neceffitas moraretur. Tyrus feptimo menfe, quàm oppugnari cœpta erat, capta eft. Urbs & vetuftate originis, & crebra fortunæ varietate ad memoriam pofteritatis infignis, condita ab Agenore, diu mare, non vicinum modò, fed quodcunque claffes ejus adierunt, ditionis fuæ fecit. Et, fi famæ libet credere, hæc gens literas prima aut docuit, aut didicit. Coloniæ certè ejus penè toto orbe diffufæ funt, Carthago in Africa, in Bœotia Thebæ, Gades ad Oceanum. Credo, libero commeantes mari, fæpiùfque adeundo cæteris incognitas terras, elegiffe fedes juventuti, quæ tunc abundabant : feu quia crebris motibus terræ (nam hoc quoque traditur) cultores ejus fatigati, nova, &

exter-

externæ domicilia atnnis sibimet, quærere
cogebantur. Multis ergo casibus defuncta,
& post excidium renata, nunc tamen longa pace cuncta refovente, sub tutela Romanæ mansuetudinis acquiescit.

CAPUT XVI.

Literæ Darii ad Alexandrum, & hujus re-
sponsum de filia ducenda, & dote.

5. Isdem fermè diebus Darii literæ allatæ
sunt, tandem ut Regi scriptæ. Petebat,
uti filiam suam (Saptiua erat nomen.) nuptiis Alexander sibi adjungeret. Dotem fore
omnem regionem inter Hellespontum, & Halyn amnem sitam : inde Orientem spectanti-
bus terris contentum se fore. Si fortè dubitaret, quod offerretur, accipere; nunquam
diu eodem vestigio stare fortunam, semperque homines, quantamcunque felicitatem habeant, invidiam tamen sentire majorem.
Vereri se, ne avium modo, quas naturalis
levitas ageret ad sidera, inani se, ac puerili mentis affectu efferret. Nihil difficilius
esse, quàm in illa ætate tantam capere fortunam. Multas se adhuc reliquias habere,
nec semper inter angustias posse deprehendi.
Transeundum esse Alexandro Euphratem,
Tigrimque, & Araxen, & Hydaspen, magna munimenta Regni sui. Veniendum in
campos, ubi paucitate suorum erubescendum
sit. Mediam, Hyrcaniam, Bactra, & Indos, Oceani accolas, quando aditurum ? vel
Sogdianos, & Arachosios, nomine tantùm
notos, cæterasque gentes, ad Caucasum, &

Ta-

Tanaim pertinentes : Senescendum fore tantum terrarum vel sine prælio obeunti. Se
verò ad ipsum vocare desineret : namque illius exitio esse venturum. Alexander his,
qui literas attulerant, respondit, Darium
sibi aliena promittere; quod totum amiserit,
velle partiri. Doti sibi dari Lydiam, Jo-
niam, Aeolidem, Hellesponti oram, victoriæ suæ præmia : leges autem à victoribus
dici; accipi a victis. In utro statu ambo essent, si solus ignoraret, quàm primùm Marte decerneret. Se quoque, cum transisset
mare, non Ciliciam, aut Lydiam ignorare,
quippe tanti belli exiguam hanc esse mercedem; sed Persepolim, caput Regni ejus,
Bactra deinde, Ecbatana, ultimique Orientis oram Imperio suo destinasse. Quæcunque
ille fugere potuisset, ipsum quoque posse. Desineret terrere fluminibus, quem sciret maria transisse. Reges quidem invicem hæc
scripserant.

CAPUT XVII.

Alexander Gazam obsidet. Græci coronam
mittunt victori. Prætores Alexandri rem
bene gerunt.

SEd Rhodii urbem suam, portusque de-
debant Alexandro. Ille Ciliciam So-
crati tradiderat, Philotæ regioni circa Tyrum jusso præsidere. Syriam, quæ Cœle
appellatur, Andromacho Parmenio tradiderat, bello, quod superetat, interfutu-
rus. Rex, Hephæstione Phœnicis oram
classe prætervehi jusso, ad urbem Gazam
cum

cum omnibus copiis venit. Iisdem ferè
diebus solemne erat ludicrum Isthmiorum,
quod conventu totius Græciæ celebratur.
In eo concilio, ut sunt Græcorum temporaria ingenia, decernunt, ut duodecim le-
garentur ad Regem, qui ob res pro salute Græciæ, ac libertate gestas, coronam
auream donum victoriæ ferrent. Iidem paulo antè incertæ famæ captaverant auram,
ut, quocunque pendentes animos tulisset
fortuna, sequerentur. Cæterùm non ipse
modò Rex obibat urbes, Imperii jugum
adhuc recusantes, sed Prætores quoque
ipsius egregii duces pleraque invaserant.
Calas Paphlagoniam, Antigonus Lycao-
niam, Balacrus, Idarne Prætore Darii superato, Miletum cepit: Amphoterus, &
Hegilochus, centum sexaginta navium classe, insulas inter Achajam, atque Asiam,
in'ditionem Alexandri redegerunt. Tene-
dos quoque recepta, incolis ultrò vocan-
tibus. Statuerant & Chium occupare. Sed
Pharnabazus Darii Prætor, comprehen-
fis, qui res ad Macedonas trahebant,
rursùs Apollonidi, & Athenagoræ, suarum partium viris, urbem cum modico
præsidio militum tradit. Præfecti Alexandri in obsidione urbis perseverabant, non
tam suis viribus, quàm ipsorum, qui obsidebantur, voluntate. Nec fefellit opinio.
Namque inter Apollonidem, & duces militum orta seditio, irrumpendi in urbem
occasionem dedit. Cumque porta effracta
cohors Macedonum intrasset, oppidani,
olim consilio proditionis agitato, aggre-
gant se Amphotero, & Hegilocho. Persarum

rumque præſidio exſo , Pharnabazus cum
Apollonide, & Athenagora, vincti traduntur : duodecim triremes cum ſuo milite ,
ac remige , præter eas , triginta naves ,
& piratici lembi , Græcorumque tria millia à Perſis mercede conducta . His in ſupplementum copiarum ſuarum diſtributis ,
piratiſque ſupplicio affectis , captivos remiges adjecere claſſi ſuæ . Forte Ariſtonicus Methymnæorum Tyrannus , cum piraticis navibus , ignarus omnium , quæ ad
Chium acta erant , prima vigilia ad portus clauſtra ſucceſſit . Interrogatuſque à
cuſtodibus , quis eſſet , Ariſtonicum ad Pharnabazum venire reſpondit . Illi , Pharnabazum quidem jam quieſcere , & non poſſe
tum adiri , cæterùm patere ſocio , atque
hoſpiti portum , & poſtero die Pharnabazi copiam fore , affirmant . Nec dubitavit
Ariſtonicus primus intrare . Sequuti ſunt
Ducem piratici lembi . Ac , dum applicant
navigia crepidini portus , objicitur à vigilibus clauſtrum , & , qui proximi excubabant , ab iiſdem excitantur . Nulloque ex
his auſo repugnare , omnibus catenæ inje-
ctæ ſunt . Amphotero deinde , Hegilocho-
que traduntur . Hinc Macedones tranſiere
Mitylenem . Quam Chares Athenienſis nuper occupatam duorum millium Perſarum
præſidio tenebat . Sed , cum obſidionem
tolerare non poſſet , urbe tradita , pactus ,
ut incolumi abire liceret , Imbrum petit .
Deditis Macedones pepercerunt .

C A-

Q. CURTII

CAPUT XVIII.

*..m reparat Darius , Bactrianos ..g..t
..m Besso non gratis suspecto .*

Darius desperata pace , quam per literas , Legatosque impetrari posse
crediderat , ad reparandas vires , bellumque impigrè renovandum intendit . Duces
ergo copiarum Babyloniam convenire ,
Bessum quoque Bactrianorum ducem , per
quàm maximè posset exercitu coacto , descendere ad se jubet . Sunt autem Bactriani inter illas gentes promptissimi , horridis
ingeniis , multumque à Persarum luxu ab-
horrentibus , siti haud procul Scytharum
bellicosissima gente , & rapto vivere assueta; semperque in armis errant . Sed Bessus , suspecta perfidia , haud sanè æquo a-
nimo in secundo se continens gradu , Regem terrebat . Nam , cùm Regnum affe-
ctaret , proditio , quæ sola id assequi poterat , timebatur .

CAPUT XIX.

*Gaza duobus mensibus obsessa tandem cum
magno periculo Regis expugnatur . Betis
Prætoris supplicium .*

CÆterùm Alexander , quam Regionem
Darius petiisset , omni cura vestigans ,
tamen explorare non poterat ; more quodam Persarum , arcana Regum mira ce-
lantium fide . Non metus , non spes elicit
vo-

vocem, qua prodantur occulta . Vetus disciplina Regum silentium vitæ periculo san-
xerat . Lingua graviùs castigatur , quàm
ullum probrum . Nec magnam rem Magi
sustineri posse credunt ab eo , cui tacere
grave sit , quod homini facillimum voluerit esse natura . Ob hanc caussam Alexander omnium , quæ apud hostem gereren-
tur , ignarus , urbem Gazam obsidebat .
Præerat ei Betis eximiæ in Regem suum
fidei . Modicoque præsidio muros ingentis
operis tuebatur . Alexander , æstimato locorum situ , agi cuniculos jussit ; facili, ac
levi humo acceptante occultum opus . Quiip-
pe multam arenam vicinum mare evomit ;
nec saxa, cotesque, quæ interpellent specus, obstabant . Igitur ab ea parte , quam
oppidani conspicere non possent, opus orsus, ut à sensu ejus averteret, turres muris admoveri jubet . Sed eadem humus admovendis inutilis turribus , desidente sabu-
lo , agilitatem rotarum morabatur , & tabulata turrium perfringebat . Multique vul-
nerabantur impunè , cum idem recipien-
dis , qui admovendis turribus , labor eos
fatigaret . Ergo receptui signo dato , postero die muros corona circundari jussit .
Ortoque Sole , priusquàm admoveret exercitum, opem Deum exposcens , sacrum
patrio more faciebat . Forte prætervolans
corvus, glebam, quam unguibus ferebat ,
subitò amisit : quæ cum Regis capiti inci-
disset , resoluta defluxit . Ipsa autem avis
in proxima turre consedit . Illita erat turris bitumine, ac sulphure, in qua alis hæ-
rentibus frustrà se allevare conatus, à cir-
cun-

eunftantibus capitur. Digna res vifa, de
qua Vates confulerentur. Et erat Rex non
intactus ea fuperftitione mentis. Ergo Ari-
ftander, cui maxima fides habebatur, urbis quidem excidium augurio illo portendi, cæterum periculum efle, ne Rex vulnus acciperet. Itaque monuit, ne quid eo
die inciperet. Ille quanquam unam urbem
fibi, quò minùs fecurus Ægyptum intraret,
obftare ægrè ferebat; tamen paruit Vati,
fignumque receptui dedit. Hinc animus
crevit obfeffis. Egreffique porta, -receden-
tibus inferunt figna, cunctationem hoftium
fore fuam occafionem rati. Sed acriùs,
quàm conftantiùs prælium inierunt. Quippe, ut Macedonum figna circumagi videre, repentè fiftunt gradum. Jamque ad Regem præliantium clamor pervenerat, cum
denuntiati periculi haud fanè memor, loricam tamen, quam rarò induebat, amicis orantibus fumpfit, & ad prima figna
pervenit. Quo confpecto, Arabs quidam
Darii miles, majus fortuna fua facinus
aufus, clypeo gladium tegens, quafi transfuga, genibus Regis advolvitur. Ille affurgere fupplicem, recipique inter fuos juffit.
At gladio Barbarus ftrenuè in dextram
translato, cervicem appetit Regis. Qui
exigua corporis declinatione evitato ictu,
in vanum manum Barbari lapfam amputat
gladio, denuntiato in illum diem periculo (ut arbitrabatur) ipfe defunctus. Sed,
ut opinor, inevitabile eft fatum. Quippe, dum
inter primores promptiùs dimicat fagitta i-
ctus eft, quam per loricam adactam, ftantem in humero, medicus ejus Philippus
evel-

evellit . Plurimus deinde sanguis manare
cœpit, omnibus territis, quia nunquam tam
alte penetrasse telum, lorica obstante, co-
gnoverant . Ipse ne oris quidem colore
mutato , supprimi sanguinem , & vulnus
obligari jussit. Diu ante ipsa signa vel dis-
simulato , vel victo dolore , perstiterat ,
cum suppressus paulò ante sanguis medica-
mento, quo retentus erat , manare latiùs
cœpit, & vulnus , quod recens adhuc dolorem non moverat, frigente sanguine in-
tumuit . Linqui deinde animo , & subniti
genu cœpit : quem proximi exceptum in
castra receperunt. Et Betis interfectum ratus, urbem ovans victoria repetit. At A-
lexander, nondum percurato vulnere, aggerem, quo mœnium altitudinem æquaret,
extruxit , & pluribus cuniculis muros sub-
rui jussit. Oppidani ad pristinum fastigium
murorum, novum extruxere munimentum.
Sed ne id quidem turres aggeri impositas
æquare poterat . Itaque interiora quoque
urbis infesta telis erant. Ultima pestis urbis fuit, cuniculo subrutus murus, per cujus ruinas hostis intravit . Ducebat ipse
Rex antesignanos . Et , dum incautiùs sub-
bit , saxo crus ejus affigitur . Innixus tamen telo , nondum prioris vulneris obducta cicatrice , inter primores dimicat , ira
quoque accensus , quòd duo in obsidione
in his ejus acceperat vulnera . Betim , e-
gregia edita pugna , multisque vulneribus
confectum , deseruerant sui . Nec tamen
segniùs prælium capessebat , lubricis armis, suo pariter , atque hostium sanguine :
cum undique circundato Alexander , inso-
　　　　　　　　　　　　　lenti

lanti gaudio juvenis elatus , aliàs virtutem,
etiam in hoste miratus , Non , ut voluisti,
inquit , morieris , Beti , sed quidquid tor-
mentorum in captivum inveniri potest ,
passurum esse te cogita . Ille non interrito
modò , sed contumaci quoque vultu intuens Regem , nullam ad minas eius reddidit vocem . Tum Alexander , Videtisne,
obstinatum ad tacendum , inquit ? num genu posuit ? num supplicem vocem misit ?
Vincam tamen silentium , & , si nihil aliud ,
certè gemitu interpolabo . Iram deinde
vertit in rabiem ; jam tum peregrinos ritus : nova subeunte fortuna . Per talos enim
spirantis lora trajecta sunt , religatumque
ad currum traxere circa urbem equi , glo-
riante Rege , Achillem , à quo genus ipse
deduceret , imitatum se esse poena in hostem capienda . Cecidere Persarum , Ara-
bumque circa decem millia : nec Macedonibus incruenta victoria fuit . Obsidio certè non tam claritate urbis nobilitata est ,
quàm geminato periculo Regis . Qui Aegyptum adire festinans , Amyntam cum decem triremibus in Macedoniam ad inquisi-
tionem novorum militum misit . Namque
praeliis etiam secundis atterebantur copiae ,
devictarumque gentium militi minor , quàm
domestico fides habebatur .

C A.

CAPUT XX.

Ægypto expugnata, Hammonis Jovis sedem cum magno periculo adit. Ejusdem loci descriptio.

ÆGyptii olim Perſarum opibus infenſi, quippe avarè, & ſuperbè imperitatum ſibi eſſe credebant, ad ſpem adventus ejus erexerant animos, utpotè qui Amyntam quoque transfugam, & cum precario Imperio venientem, læti recepiſſent. Igitur ingens multitudo Peluſium, quà intraturus Rex videbatur, convenerat. Atque ille ſeptimo die, poſteaquàm à Gaza copias moverat, in regionem Ægypti, quam nunc Caſtra Alexandri vocant, pervenit. Deinde pedeſtribus copiis Peluſium petere juſſis, ipſe cum expedita delectorum manu Nilo amne vectus eſt. Nec ſuſtinere adventum ejus Perſæ, defectione quoque perterriti. Jamque haud procul Memphi erat. In cujus præſidio Mazeees, Prætor Darii relictus, Oxio amne ſuperato, octingenta talenta Alexandro, omnemque Regiam ſupellectilem tradidit. A Memphi, eodem flumine vectus, ad interiora Ægypti penetrat. Compoſitiſque rebus, itaut nihil ex patrio Ægyptiorum more mutaret, adire Jovis Hammonis Oraculum ſtatuit. Iter expeditis quoque, & paucis vix tolerabile ingrediendum erat. Terra, cœloque aquarum penuria eſt, ſteriles arenæ jacent, quas ubi vapor ſolis accendit, fervido ſolo exurente veſtigia, into-

intolerabilis æstus exiftit . Luctandumque
eft non tantùm cum ardore , & ficcitate
regionis, fed etiam cum tenaciffimo fabulo , quod præaltum , & veftigio cedens ,
ægrè moliuntur pedes . Hæc Ægyptii vero
majora jactabant . Sed ingens cupido animum ftimulabat adeundi Jovem , quem generis fui auctorem , haud contentus mortali faftigio aut credebat effe , aut credi
volebat . Ergo cum iis , quos ducere fecum ftatuerat, fecundo amne defcendit ad
Mareotim paludem . Eò Legati Cyrenen-
fium dona attulere, pacem ; & , ut adiret
urbes fuas, petentes. Ille , donis acceptis ,
amicitiaque conjuncta , deftinata exequi pergit. Ac primo quidem , & fequenti die tolerabilis labor vifus , nondum tam vaftis , nu-
difque folitudinibus aditis, jam tamen fte-
rili , & emoriente terra . Sed , ut aperue-
re fe campi alto obruti fabulo , haud fecus , quàm profundum æquor ingreffi , terram oculis requirebant. Nulla arbor, nullum culti foli occurrebat veftigium . Aqua
etiam defecerat , quam utribus camæli devexerant, & in arido folo, ac fervido fabulo nulla erat. Ad hæc Sol omnia incenderat , ficcaque , & adufta erant omnia :
cum repente five illud Deorum munus ,
five cafus fuit , obductæ cœlo nubes condidere Solem , ingens æftu fatigatis , etiamfi aqua deficeret , auxilium . Enimverò , ut largum quoque imbrem excufferunt
procellæ , pro fe quifque excipere eum ,
quidam ob fitim impotentes fui , ore quoque hianti captare cœperunt. Quatriduum
per vaftas folitudines abfumptum eft . Jamque

que haud procul Oraculi sede aberant,
cum complures corvi agmini occurrunt,
modico volatu prima signa antecedentes.
Et modò humi residebant, cum lentiùs agmen incederet, modò se pennis levabant,
antecedentium, iterque monstrantium ritu.
Tandem ad sedem consecratam Deo ventum est.. Incredibile dictu, inter vastas solitudines, ita undique ambientibus ramis,
vix in densam umbram cadente Sole, con-
tecta est. Multique fontes, dulcibus aquis
passim manantibus, alunt sylvas. Cœli quoque mira temperies, verno tempori maximè similis, omnes anni partes pari salu-
britate percurrit. Accolæ sedis sunt ab
Oriente proximi Æthiopum: Meridiem vêr-
sùs Arabes, Trogloditis cognomen est.
Horum regio usque ad Rubrum mare excurrit: at qua vergit ad Occidentem, a-
lii Æthiopes colunt, quos Scenitas vocant:
à Septentrione Nasamones sunt, gens Syr-
tica, navigiorum spoliis quæstuosa. Quippe obsident littora, & æstu destituta navigia notis sibi vadis occupant. Incolæ nemoris, quos Hammonios vocant, dispersis
tuguriis habitant: medium nemus pro arce habent triplici muro circundatum. Prima munitio Tyrannorum veterem Regiam
clausit: in proxima conjuges eorum cum
liberis, & pellicibus habitant. hic quoque
Dei Oraculum est: ultima munimenta,
satellitum, armigerorumque sedes erant.
Est etiam aliud Hammonis nemus. In medio habet fontem, aquam Solis vocant.
Sub lucis ortum tepida manat, medio die,
cum vehementissimus est calor, frigida ea-

dem fluit, inclinato in vesperam, calescit: media nocte, fervida exæstuat, quoque propiùs nox vergit ad lucem, multum ex nocturno calore decrescit, donec sub ipsum diei ortum assueto tepore languescat. Id quod pro Deo colitur, non eandem effigiem habet, quam vulgò Diis artifices accommodaverunt. Umbilico tenùs arieti similis est habitus, smaragdo, & gemmis coagmentatus. Hunc, cùm responsum petitur, navigio aurato gestant Sacerdotes, multis argenteis pateris ab utroque navigii latere pendentibus: sequuntur matronæ, virginesque patrio more inconditum quoddam carmen canentes, quo propitiari Jovem creduht, ut certum edat Oraculum. At tum quidem Regem, propiùs adeuntem, maximus natu è Sacerdotibus filium appellat, hoc nomen illi parentem Jovem reddere affirmans. Ille verò & accipere se ait, & agnoscere, humanæ fortis oblitus. Consuluit deinde, an totius orbis Imperium fatis sibi destinaret Pater. Vates æquè in adulationem compositus, terrarum omnium rectorem fore ostendit. Post hæc institit quærere, an omnes parentis sui interfectores pœnas dedissent. Sacerdos, parentem ejus negat ullius sceleie posse violari: Philippi autem omnes interfectores luisse supplicia. Adjecit, invictum fore, donec excederet ad Deos. Sacrificio deinde facto, dona & Sacerdotibus, & Deo data sunt. Permissumque amicis, ut ipsi quoque consulerent Jovem. Nihil ampliùs quæsiverunt, quàm, an auctor esset sibi Divinis honoribus colendi

suum

ſuum Regem . Hoc quoque acceptum fore Jovi Vates reſpondit , ut ipſi victorem
Regem Divino honore colerent. Verè, &
ſalubriter æſtimanti fidem Oraculi , vana
profectò reſponſa videri potuiſſent . Sed
fortuna , quos uni ſibi credere coegit ,
magna ex parte avidos gloriæ magis, quàm
capaces facit . Jovis igitur filium ſe non
ſolùm appellari paſſus eſt , ſed etiam juſſit . Rerumque geſtarum famam dum augere vult, tali appellatione corrumpit . Et
Macedones aſſueti quidem Regio Imperio,
ſed majore libertatis umbra , quàm cæteræ gentes , immortalitatem affectantem
contumaciùs, quàm aut ipſis expediebat ,
aut Regi, averſati ſunt. Sed hæc ſuo quæque tempori reſerventur: nunc cætera exequi pergam .

CAPUT XXI.

Alexandria non ſine prodigiis conditur . Æ-
gyptus Præfectis regenda traditur. Hector
Parmenionis F. Nilo perit . Uſtulatus An-
dromachus præſes Samariæ . Tyrannorum
ſupplicia . Legationes Græcorum . Cypri
Reges donis culti . Amphoterus contra pi-
ratas mittitur . Herculi Tyrio Alexander
operatur .

ALexander ab Hammone rediens, ut 8.
ad Mareotim paludem haud procul inſula Pharo ſitam venit, contemplatus loci naturam, primùm in ipſa inſula ſtatuerat urbem
novam condere. Inde , ut apparuit , magnæ ſedis inſulam haud capacem , elegit
F 2 urbi

urbi locum, ubi nunc eſt Alexandria , appellationem trahens ex nomine auctoris . Complexus , quidquid loci eſt inter paludem, & mare , octoginta ſtadiorum muris ambitum deſtinat. Et, qui ædificandæ urbi præeſſent , relictis , Memphin petit . Cupido haud injuſta quidem, cæterùm intempeſtiva inceſſerat, non intertiora modò Ægypti, ſed etiam Æthiopiam inviſere . Memnonis, Tithonique celebrata Regia cognoſcendæ vetuſtatis avidûm trahebat penè extra terminos Solis. Sed imminens bellum, cujus multò major ſupererat moles, otioſæ peregrinationi tempora exemerat . Itaque Ægypto præfecit Æſchylum Rhodium, & Peuceſtem Macedonem, quatuor millibus militum in præſidium regionis ejus datis. Clauſtra Nili fluminis Polymenem tueri jubet: triginta ad hoc triremes datæ . Africæ deinde, quæ Ægypto juncta eſt, præpoſitus Apollonius; vectigalibus ejuſdem Africæ , Ægyptique Cleomenes . Ex finitimis uribibus commigrare Alexandriam juſſit , novam urbem magna multitudine implevit . Fama eſt, cum Rex urbis futuræ muris polentam , ut Macedonum mos eſt, deſtinaſſet, avium greges advolaſſe, & polenta eſſe paſtas : cùmque id omen pro triſti à pleriſque eſſet acceptum, reſpondiſſe Vates, magnam illam urbem advenarum frequentiam culturam , multiſque eam terris alimenta præbituram. Regem, cùm ſecundo amne deflueret, aſſequi cupiéns Hector, Parmenionis filius, eximio ætatis flore in paucis Alexandro charus, parvum navigium conſcendit , pluribus, quàm capere poſſet, impoſitis . Itaque

que merſa navis omnes deſtituit . Hector
diu flumini obluctatus , cùm madens veſtis
& aſtricti crepidis pedes natare prohiberent,
in ripam tamen ſemianimis evaſit : & ut
primùm fatigatus ſpiritum laxavit , quem
metus , & periculum intenderant , nullo
adjuvante (quippe in diverſum evaſerant
alii) exanimatus eſt . Rex amiſſi ejus deſiderio vehementer afflictus eſt ; reper-
tumque corpus magnifico extulit funere .
Oneravit hunc dolorem nuntius mortis Andromachi, quem præfecerat Syriæ . Vivum
Samaritæ cremaverant . Ad cujus interi-
tum vindicandum, quanta maxima celeritate potuit , contendit . Advenientique ſunt
traditi tanti ſceleris auctores . Andromacho
deinde Memnona ſubſtituit , affectis ſupplicio , qui Prætorem interemerant . Tyrannos, inter eos Methymnæorum Ariſtonicum,
& Chryſolaum , popularibus ſuis tradidit ;
quos illi è muris ob injurias tortos necaverunt . Athenienſium deinde , Rhodiorum-
que, & Chiorum Legatos audit . Atheni-
enſes victoriam gratulabantur , &, ut captivi Græcorum ſuis reſtituerentur , orabant.
Rhodii , & Chii de præſidio querebantur .
Omnes ea, quæ deſiderare viſi, impetraverunt.
Mitylenæis quoque ob egregiam in partes
ſuas fidem , & pecuniam, quam in bellum
impenderant, obſides reddidit , & magnam
regionem finibus eorum adjecit . Cypriorum
quoque Regibus , qui & à Dario defecerant
ad ipſum , & oppugnanti Tyrum miſerant
claſſem , pro merito honos habitus eſt .
Amphoterus deinde claſſis Præfectus ad liberandam Cretam miſſus (nanque & Perſa-

rum, & piratarum armis pleraque ejus
insulæ obsidebantur) ante omnia mare à
piraticis classibus vindicare jussus. Quippe
obnoxium prædonibus erat, in bellum utroque Rege converso. His compositis, Herculi Tyrio ex auro crateram cum triginta
pateris dicavit. Imminensque Dario iter ad
Euphratem pronuntiari jussit.

CAPUT XXII.

Darius Babylone collectas copias, & instru-
ctas movet ad Tigrim, quem cum Lyco
trajicit, & castra ad Bumellam ponit.
Mazæus regionum vastat.

9.   AT Darius, cum ab Ægypto divertisse
in Africam hostem comperisset, dubi-
taverat, utrumne circa Mesopotamiam
subsisteret, an interiora Regni sui peteret, haud dubiè potentior auctor
præsens futurus ultimis gentibus impigrè bellum capessendi, quas ægrè per
Præfectos suos moliebatur. Sed ut idoneis
auctoribus fama vulgavit, Alexandrum cum
omnibus copiis, quamcunque ipse adiisset
regionem, petiturum, haud ignarus, quàm
cum strenuo res esset, omnia longinquarum
gentium auxilia Babylonem contrahi jussit.
Bactriani, Scythæque, & Indi convenerant.
Nam & cæterarum gentium copiæ partibus
simul adfuerunt. Cæterùm, cum dimidio
fermè major esset exercitus, quàm in Cilicia fuerat, multis arma deerant: quæ summa cura comparabantur. Equitibus, equis-
que tegumenta erant ex ferreis laminis, serie

rie inter se connexis. Queis anteà præter
jacula nihil dederat, scuta, gladiique adji-
ciebantur. Equorum domandi greges peditibus distributi sunt, ut major pristino esset
equitatus. Ingensque (ut crediderat) terror hostium, ducente falcatæ quadrigæ,
unicum illarum gentium auxilium, sequutæ
sunt. Ex summo temone hastæ præfixæ ferro eminebant. Utrinque à jugo ternos di-
rexerant gladios; & inter radios rotarum
plura spicula eminebant in adversum. Aliæ
deinde falces summis rotarum orbibus hærebant, & aliæ in terram demissæ, quidquid
obvium concitatis equis fuisset, amputaturæ.
Hoc modo instructo exercitu, ac perarmato,
Babylone copias movit. A parte dextra erat
Tigris, nobilis fluvius, lævam tegebat Euphrates. Agmen Mesopotamiæ campos impleverat. Tigri deinde superato, cum audis-
set haud procul abesse hostem, Satropacem
Equitum Præfectum cum mille delectis præmisit. Mazæo Prætori sex millia data, quibus hostem transitu amnis arceret: eidem
mandatum, ut regionem, quam Alexander
esset aditurus, popularetur, atque ureret.
Quippe credebat, inopia debellari posse,
nihil habentem, nisi quod rapiendo occupasset. Ipsi autem commeatus, alii terra,
alii Tigri amne subvehebantur. Jam pervenerat ad Arbellam vicum, nobilem sua clade
facturus. Hic commeatuum, sarcinarumque
majore parte deposita, Lycum amnem ponte
junxit, & per dies quinque, sicut ante Euphratem, trajecit exercitum. Inde octoginta ferè stadia progressus, ad alterum amnen
(Bumado nomen est) castra posuit. Op-

F 4 por-

portuna explicandis copiis regio erat, equitabilis, & vasta planities . Ne stirpes quidem , & brevia virgulta operiunt solum ; liberque prospectus eorum, etiam quæ procul recessere, permetitur . Itaque, si qua campi eminebant, jussit æquari, totumque fastigium extendi .

CAPUT XXIII.

Profectio Alexandri ad Euphratem , & Tigrim. Cædes Satropacis.

ALexandro , qui numerum copiarum ejus, quantum procul conjectari poterat, æstimabant , vix fecerunt fidem, tot millibus cæsis maiores copias esse reparatas . Cæterùm omnis periculi , & maximè multitudinis contemptor , undecimis castris pervenit ad Euphratem . Quo pontibus juncto , equites primos ire , phalangem sequi jubet , Mazæo , qui ad inhibendum transitum cum sex millibus equitum occurrerat , non auso periculum sui facere . Paucis deinde non ad quietem , sed ad reparandos animos , diebus datis militi , strenuè hostem insequi cœpit , metuens, ne interiora Regni sui peteret, sequendusque esset per loca omni solitudine, atque inopia vasta . Igitur quarto die præter Arbellam penetrat ad Tigrim . Tota regio ultra amnem recenti fumabat incendio . Quippe Mazæus, quæcunque adierat , haud secus , quàm hostis urebat . Ac primò caligine, quam fumus effuderat, obscurante lucem, insidiarum metu substitit . Deinde, ut

ut fpeculatores præmiffi tuta omnia nuntiaverunt, paucos equitum ad tentandum vadum fluminis præmifit. Cujus altitudo primò fumma equorum pectora, mox, ut in
medium alveum ventum eft, cervices quoque
æquabat. Nec fanè alius ad Orientis plá-
gam tam violentus invehitur, multorum torrentium non aquas folùm, fed etiam faxa
fecum trahens. Itaque à celeritate, qua
defluit, Tigris nomen eft inditum, quia
Perfica lingua Tigrim fagittam appellant.
Igitur pedes, velut divifus in cornua, circundato equitatu, levatis fuper capita armis, haud ægrè ad ipfum alveum penetrat.
Primus inter pedites Rex egreffus in ripam,
vadum militibus manu, quando vox exaudiri non poterat, oftendit. Sed gradum firmare vix poterant, cum modò faxa lubrica veftigium fallerent, modò rapidior unda
fubduceret. Præcipuus erat labor eorum,
qui humeris onera portabant. Quippe,
cum femetipfos regere non poffent, in ra-
pidos gurgites incommodo onere aufereban-
tur. Et, dum fua quifque fpolia confequi
ftudet, major inter ipfos, quàm cum amne
orta luctatio eft. Cumulique farcinarum
paffim fluitantes, plerofquè perculerant.
Rex monere, ut fatis haberent arma retinere, cætera fe redditurum. Sed neque
confilium, neque imperium accipi poterat.
Obftrepebat hinc metus, præter hunc, invicem natantium mutuus clamor. Tandem,
quà leniore tractu amnis aperit vadum,
emerfere. Nec quidquam præter paucas
farcinas defideratum eft. Deleri potuit
exercitus, fi quis aufus effet vincere. Sed

perpetua fortuna Regis avertit inde hoftem.
Sic Granicum, tot millibus equitum, peditumque in ultiore ftantibus ripa, fuperavit :
fic anguftis in Ciliciæ callibus tantam multitudinem hoftium. Audaciæ quoque, quæ
maximè viguit, ratio minui poteft, quia
nunquam in difcrimen venit, an temerè
feciffet. Mazæus, fi tranfeuntibus flumen
fuperveniffet, haud dubiè oppreffurus fuit
incompofitos in ripa. Demum etiam per armatos adequitare cœpit. Mille admodùm
equites præmiferat, quorum paucitate Alexander explorata, deinde contempta, præfectum Pæonum equitum Ariftona laxatis
habenis invehi juffit. Infignis eo die pugna
equitum, & præcipuè Ariftonis fuit. Præfectum equitatus Perfarum Satropacem,
directa in gutture hafta, transfixit, fugien-
temque per medios hoftes confequutus ex
equo præcipitavit, & obluctanti caput gladio dempfit : quod relatum magna cum
10. laude ante Regis pedes pofuit. Biduo ibi
Rex ftativa habuit; in proximum deinde
iter pronuntiari juffit.

CAPUT XXIV.

*Defectio Lunæ defcribitur. Inde trepidatio
exercitus, & nutatio, ac propè feditio.
Ratio defectionis explicata, faufta porten-
ta. Profectio, ignis extinctio, copia frumenti reperta, exploratores capti, vel
cæfi.*

SEd prima ferè vigilia, Luna deficiens
primùm nitorem fideris fui condidit,
dein-

deinde sanguinis colore suffuso lumen o-
mne fœdavit. Solicitifque sub ipsum tanti
discriminis casum ingens religio, & ex ea
formido quædam incussa est. *Diis invitis
in ultimas terras trahi se* querebantur .
*Jam nec flumina posse adiri, nec sidera pri-
stinum præstare fulgorem. Vastas terras,
deserta omnia occurrere. In unius hominis
jactationem tot millium sanguinem impendi.
Fastidio esse patriam, abdicari Philippum
patrem, cœlum vanis cogitationibus peti.*
Jam pro seditione res erat, cum ad o-
mnia interritus, Duces, principesque militum frequentes adesse Prætorio. Ægyptios-
que Vates, quos cœli, ac siderum peritis-
simos esse credebat, quid sentirent, ex-
promère jubet. At illi, qui satis scirent,
temporum orbes implere destinatas vices,
Lunamque deficere, cum aut terram subi-
ret, aut Sole premeretur, rationem quidem ipsis perceptam non edocent vulgus,
cæterum affirmant, Solem Græcorum,
Lunam esse Persarum, quoties illa deficiat,
ruinam, stragemque illis gentibus portendi.
Veteraque exempla recensent Persidis Regum, quos adversis Diis pugnasse Lunæ
ostendisset defectio. Nulla res efficaciùs
multitudinem regit, quàm superstitio. Alloqui impotens, sæva, mutabilis, ubi vana
religione capta est, meliùs Vatibus, quàm
Ducibus suis paret. Igitur edita in vulgus
Ægyptiorum responsa, rursùs ad spem, &
fiduciam erexere torpentes. Rex impetu
animorum utendum ratus, secunda vigilia
castra movit. Dextra Tigrim habebat, à
læva montes, quos Gordyæos vocant. Hoc

ingreſſo iter, ſpeculatores, qui præmiſſi
erant, ſub lucis ortum, Darium adventare
nuntiaverunt. Inſtructo igitur milite, &
compoſito agmine, antecedebat. Sed Perſarum exploratores erant mille fermè, qui
ſpeciem magni agminis fecerant. Quippe,
ubi explorare vera non poſſunt, falſa per
metum augurantur. His cognitis, Rex cum
paucis ſuorum aſſequutus agmen refugientiū
ad ſuos alios cecidit, alios cepit. Equiteſque
præmiſit ſimul ſpeculatum, ſimul ut ignem,
quo Barbari cremaverant vicos, extinguerent. Quippe fugientes raptim tectis, acer-
viſque frumenti injecerant flammas : quæ
cum in ſummo hæſiſſent, ad inferiora nondum penetraverant. Extincto igitur igne,
plurimum frumenti repertum eſt. Copia a-
liarum quoque rerum abundare cœperunt.
Ea res ipſa militi ad perſequendum hoſtem
animum incendit : quippe urente, & po-
pulante eo terram feſtinandum erat, ne
incendio cuncta præriperet. In rationem
ergo neceſſitas verſa. Quippe Mazæus,
qui anteà per otium vicos incenderat, jam
fugere contentus, pleraque inviolata hoſti
reliquit. Alexander haud longiùs centum
quinquaginta ſtadiis Darium abeſſe compererat. Itaque ad ſatietatem quoque copia
commeatum inſtructus, quatriduo in eodem
loco ſubſtitit.

CAPUT XXV.

Darii insidiatrices literæ deprehensæ. Mors
uxoris Darii, & nuntius de ea ad Da-
rium. Darii lacrymæ, & precatio pro A-
lexandro casto, & regio Juvene.

INterceptæ deinde Darii literæ sunt, quibus Græci milites solicitabantur, ut
Regem interficerent, aut proderent. Du-
bitavitque, an eas pro concione recitaret,
satis confisus Græcorum quoque erga se
benevolentiæ, ac fidei. Sed Parmenio de-
terruit, non esse talibus promissis imbuen-
das aures militum, patere vel unius insidiis
Regem, nihil nefas esse avaritiæ. Sequutus consilii auctorem, castra movit. Iter
faciendi, Spado unus ex captivis, qui Darii uxorem comitabantur, deficere eam
nuntiat, & vix spiritum ducere. Itineris
continui labore, animique ægritudine fatigata, inter socrus, & virginum filiarum
manus, collapsa erat, deinde & extincta.
Id ipsum nuntians alius supervenit. Et Rex
haud secus, quàm si parentis suæ mors
nuntiata esset, crebros edidit gemitus. La-
crymisque obortis, quales Darius profudis-
set, in tabernaculum, in quo mater erat
Darii, defuncto assidens corpori, venit.
Hic verò renovatus est mœror, ut prostra-
tam humi vidit. Recenti malo priorum
quoque admonita, receperat in gremium
adultas virgines, magna quidem mutui doloris solatia, sed quibus ipsa deberet esse
solatio. In conspectu erat nepos parvulus,

ob

ob idipfum miferabilis , quòd nondum fentiebat calamitatem᾽, maxima ex parte ad
ipfum redundantem . Crederes, Alexandrum
inter fuas neceffitudines flere , & folatia non
adhibere, fed quærere . Cibo certè abftinuit;
omnemque honorem funeri patrio Perfarum
more fervavit, dignus hercule , qui nunc quoque tantum manfuetudinis, & continentiæ ferat fructum . Semel omninò eam viderat, quo
die capta eft , nec ut ipfam, fed ut Darii matrem videret : eximiamque pulchritudinem
formæ ejus, non libidinis habuerat incitamentum, fed gloriæ. E Spadonibus , qui
circa Reginam erant, Tyriotes inter trepi-
dationem lugentium elapfus, per eam portam, quæ, quia ab hofte averfa erat , leviùs cuftodiebatur , ad Darii caftra pervenit . Exceptufque à vigilibus, in tabernaculum Regis perducitur gemens , & vefte
lacerata . Quem ut confpexit Darius ,
multiplici doloris expectatione commotus , & quid potiffimùm timeret , incertus,
Vultus tuus, inquit, *nefcio quod ingens malum præfert : fed cave , miferi hominis auribus parcas. Didici enim effe infelix . Et
fæpè calamitatis folatium eft , noffe fortem
fuam. Num, quod maximè fufpicor, & loqui timeo , ludibria meorum nuntiaturus es
mihi, & (ut credo) ipfis quoque omni tri-
ftiora fupplicio ?* Ad hæc Tyriotes , *Iftud
quidem procul abeft ,* inquit . *Quæcunf-
que enim Reginis honor ab iis, qui parent,
haberi poteft , tuis à victore fervatus eft .
Sed uxor tua paulò antè exceffit è vita .*
Tum verò non gemitus modè , fed etiam
ejulatus totis caftris exaudiebantur . Nec
dubi-

dubitavit Darius, quin interfecta esset, quia
nequisset contumeliam pati. Exclamatque
amens dolore, *Quod ego tantum nefas com-*
misi, Alexander ? quem tuorum propinquo-
rum necavi, ut hanc vicem savitia mea red-
das ? Odisti me , non quidem provocatus :
sed finge , justum intulisse te bellum , cum
foeminis ergo agere debueras ? Tyriotes affirmare per Deos patrios, *nihil in eam gra-*
vius esse consultum : ingemuisse etiam Ale-
xandrum morti , & non parcius flevisse ,
quàm ipse lacrymaretur . Ob hæc ipse a-
mantis animus in solicitudinem , suspicio-
nemque revolutus est , desiderium captivæ
profectò à consuetudine stupri ortum esse ,
conjectans. Submotis igitur arbitris , uno
duntaxat Tyriote retento , jam non flens,
sed suspirans, *Videsne in te , Tyriote , la-*
cum mendacio non esse ? Tormenta jam hìc
erunt . Sed ne expectaveris per Deos , si quid
tui tibi Regis reverentia est . Num , quod
& scire expeto , & quærere pudet , ausus
est & dominus , & Iuvenis ? Ille quæstioni
corpus offerre, Deos testes invocare , ca-
stè , sanctèque habitam esse Reginam . Tandem , ut fides facta est, vera esse, quæ af-
firmaret Spado , capite velato diu flevit .
Manantibusque adhuc lacrymis , veste ab
ore rejecta , ad coelum manus tendens ,
Dii patrii , inquit , *primùm mihi stabilite*
Regnum : deinde , si de me jam transactum
est , precor , ne quis Asiæ Rex sit , quàm
iste tam justus hostis, tam misericors victor .

C A-

CAPUT XXVI.

*Ultima Darii legatio ad Alexandrum de pa-
ce. Parmenionis consilium ad pacem inclinans propter durum. Alexandri Regia
responsio, se non esse mercatorem. Questus
de insidiis, Dario indicit bellum.*

II. ITaque, quanquam pace frustra bis petita, omnia in bellum consilia converterat; victus tamen continentia hostis, ad
novas pacis conditiones ferendas, decem
Legatos cognatorum principes misit. Quos
Alexander, concilio advocato, introduci
jussit. E quibus maximus natu, *Darium,*
inquit, *ut pacem à te jam tertiò peteret;
nulla vis subegit, sed justitia, & continentia tua expressit. Matrem, conjugem, liberosque ejus, nisi quòd sine illo sunt, captos
esse nomsensit. Pudicitiæ earum, quæ supersunt, curam, haud secùs, quàm parens;
agens, Reginas appellas, speciem pristinæ
fortunæ retinere pateris. Vultum tuum video, qualis Darii suit, cum dimitteremur
ab eo. Et ille tamen uxorem, tu hostem lu-
ges. Jam in acie stares, nisi cura te sepul-
turæ ejus moraretur. Et quid mirum est, si
tam ab amico animo pacem petit? Quid o-
pus est armis, inter quos odia sublata sunt?
Antea Imperio tuo finem destinabat Halyn
amnem, qui Lydiam terminat: nunc, quidquid inter Hellespontum, & Euphratem est,
in dotem filiæ offert, quam tibi tradit. O-
chum filium, quem habes, pacis, & fidei
obsidem retine: matrem, & duas virgines
filias*

filias redde . Pro tribus corporibus triginta
millia talentum auri , precatur , accipias .
Nisi moderationem animi tui notam haberem ,
non dicerem , hoc esse tempus ; quo pacem
non dare solùm , sed etiam occupare debe-
res . Respice , quantum post te relinqueris ,
intuere , quantum petas . Periculosum est
prægrave imperium : difficile est continere ,
quod capere non possis . Videsne , ut navigia , quæ modum excedunt , regi nequeant ?
Nescio , An Darius ideò tam multa amiserit , quia nimiæ opes magna jactura locum
faciunt . Faciliùs est quædam vincere , quàm
tueri . Quantò herculè expeditiùs manus nostræ rapiunt , quàm continent ! Ipsa mors u-
xoris Darii te admonere potest , minus jam
misericordia tua licere , quàm licuit . Alexander Legatis excedere tabernaculo jussis , quid placeret , ad consilium refert .
Diu nemo , quid sentiret , ausus est dicere , incerta Regis voluntate . Tandem Parmenio , Ante suasissem , ait , ut captivos a-
pud Damascum redimentibus redderes ; ingentem pecuniam potuisse redigi ex iis , quæ
multa vincti virorum fortium occupaverant
manus . Et nunc magnoperè censerem , ut u-
nam anum , & duas puellas , itinerum , agminumque impedimenta , triginta millia talentis auri permutes . Optimum Regnum oc-
cupari posse conditione , non bello . Nec quenquam alium inter Istrum , & Euphratem pos-
sedisse terras , ingenti spatio , intervalloque
discretas . Macedoniam potiùs respiceres ,
quàm Bactra , & Indos intuereris . Ingrata
oratio Regi fuit . Itaque , ut finem dicendi fecit , Et ego , inquit , pecuniam , quàm gloriam

riam mallem, si Parmenio essem. Nunc A-
lexander, de paupertate securus sum, &
me non mercatorem memini esse, sed Regem. Nihil quidem habeo venale : sed fortunam meam utique non vendo. Captivos si
placet reddi, honestius dono dabimus, quàm
pretio remittemus. Introductis deinde Legatis, ad hunc modum respondit: Nuntiate Dario, gratiarum actionem apud hostem
supervacaneam esse ; & me, qua fecerim
clementer, & liberaliter, non amicitiae ejus
tribuisse, sed naturæ meæ, nec adversùs ca-
lamitates, sed adversùs hostium vires con-
tendere. Bellum cum captivis, & fœminis
gerere non soleo ; armatus sit, oportet, quem
oderim. Quòd si saltem pacem bona fide peteret, deliberarem forsitan, an darem. Verùm enimverò, cùm modò milites meos literis ad proditionem, modò amicos ad perniciem meam pecunia solicitet ; ad internecionem mihi persequendus est, non ut justus
hostis, sed ut percussor veneficus. Conditiones verò pacis, quas feris, si accepero,
victorem eum faciunt. Quæ post Euphratem
sunt, liberaliter donat. Ubi igitur me affa-
mini ? nempe ultra Euphratem sum. Summum ergo dotis, quam promittit, terminum
castra mea transeunt. Hinc me depellite, ut
sciam vestrum esse, quod ceditis. Eadem liberalitate dat mihi filiam suam ; nempe quam
scio alicui servorum ejus nupturam. Multùm verò mihi præstat, si me Mazæo generum præponit. Ite, nuntiate Regi vestro, &
quæ amisit, & quæ adhuc habet, præmia esse belli. Hoc regente utriusque terminos Regni, id quenque habiturum, quod proximæ

lucis

ducis assignatura fortuna est . Et me in A-
siam non venisse, ut ab aliis acciperem, sed
ut aliis darem. Si secundus, & non par mihi velles haberi , facerem forsitan , quæ petis. Ceterùm nec mundus duobus Solibus potest regi , nec duo summa Regna salvo statu
ternarum potest habere . Proinde aut deditionem hodie , aut in crastinum bellam paret . Nec aliam sibi , quàm expertus est ,
polliceatur fortunam . Legati respondent ,
cùm bellum in animo sit facere eum simpliciter , quod spe pacis non frustraretur :
ipsos petere, quam primùm dimittantur ad
Regem , eum quoque bellum parare debere . Dimissi nuntiant, adesse certamen . Il- 12.
le quidem confestim Mazæum cum tribus
millibus equitum , ad itinera , quæ hostis
petiturus erat , occupanda præmisit .

CAPUT XXVII.

Alexander composito agmine pergit ad ho-
stem . Mazæus iter explorat . Darii co-
pia recensentur .

ALexander , corpori uxoris ejus justis
persolutis , omnique graviore comitatu intra eadem munimenta cum modico
præsidio relicto, ad hostem contendit . In
duo cornua diviserat peditem , in utrunque latus equite circumdato . Impedimenta sequebantur agmen. Præmissum deinde
cum Scythis equitibus Menidam jubet explorare , ubi Darius esset . At ille , cum
Mazæus haud procul consedisset , non ausus ultra procedere , nihil aliud , quàm fro-
me-

mitum hominum , hinnitumque equorum
exaudiſſe nuntiat . Mazæus quoque , con-
ſpectis procul exploratoribus, in caſtra ſe
recipit, adventus hoſtium nuntius . Igitur
Darius, qui in patentibus campis decernere optabat, armari militem jubet, aciemque diſponit . In lævo cornu Bactriani i-
bant equites , mille admodùm . Dacæ totidem, & Arachoſii, Suſiique quatuor millia explebant . Hos centum falcati currus
ſequebantur . Proximus quadrigis erat Beſſus , cum octo milibus equitum , item Bactrianis . Maſſagetæ 11 millibus agmen e-
jus claudebant : pedites his plurium gentium non miſtas, ſed ſuæ quiſque nationis
junxerant copias . Perſas deinde cum Mar-
dis , Sogdianiſque Ariobarzanes , & Oro-
bates ducebant . Illis partibus copiarum
Orſines præerat , à ſeptem Perſis oriun-
dus , ad Cyrum quoque nobiliſſimum Regem originem ſui referens . Hos aliæ gentes , ne ſociis quidem ſatis notæ , ſequebantur . Poſt quas quinquaginta quadrigas
Phradates magno Caſpianorum agmine an-
tecedabat . Indi , cæterique Rubri maris
accolæ , nomina veriùs , quàm auxilia ,
poſt currus erant . Claudebatur hoc agmen aliis falcatis curribus quinquaginta :
queis peregrinum militem adjunxerat .
Hunc Armenii, quos Minores vocant, Ar-
menios Babylonii, utroſque Belitæ, & qui
montes Coſsæorum incolebant , ſequebantur . Poſt hos ibant Gortuæ , gentes quidem Euboicæ , Medos quondam ſequuti ,
ſed jam degeneres, & patrii moris ignari .
Applicuerat his Phrygas , & Cataonas .

Par-

Parthorum deinde gens , incolentium terras, quas nunc Parthi Scythia profecti tenent, claudebant agmen. Hæc finiftri cornu acies fuit. Dextrum tenebat natio majoris Armeniæ , Cadufiique , & Cappado-
ces, & Syri, & Medi. His quoque falcati
currus erant quinquaginta . Summa totius
exercitus , equites centum quadraginta
quinque millia , pedeftris acies fexcenta
millia expleverat . Hoc modo inftructi ,
decem ftadia procedunt , juffique fubfiftere, armati hoftem expectabant.

CAPUT XXVIII.

Pannicus timor militem Alexandri ex vana
fpecie Cœli invadit , quem fua prudentia
Rex excuffit.

ALexandri exercitum pavor, cujus caufa non fuberat, invafit. Quippe lym-
phati trepidare cœperunt, omnium pectora occulto metu percurrente. Cœli fulgor
tempore æftivo ardenti fimilis internitens,
ignis præbuit fpeciem. Flammafque ex Darii caftris fplendere , velut illatas temerè
præfidiis , credebant. Quòd fi perculfis
Mazæus, qui præfidebat itineri , fuperveniffet, ingens clades accipi potuit. Ille fe-
gnis in eo , quem occupaverat , tumulo
fedet, contentus non laceffi. Alexander ,
cognito pavore exercitus, fignum, ut con-
fifterent, dari , ipfos arma deponere , ac
levare corpora jubet, admonens, nullam
fubiti caufam effe timoris , hoftem procul
ftare. Tandem compotes fui , pariter arma,

ma, & animos retepere . Nec quidquam
ex præfentibus tutius vifum eft, quàm eodem loco caſtra munire .

CAPUT XXIX.

*Mazæus cum Perſis collem deſerit , quem
Macedo occupat , ibidemque caſtra ponit ,
unde & aciem hoſtium proſpicit . Fluctuat
idem animo . De pugna ratione deliberat .
Unus contra omnes aperto campo , claro
Sole non noctu more latronum in tenebris
pugnandum ſtatuit .*

POſtero die Mazæus, qui cum delectis
equitum in edito colle , ex quo Macedonum proſpiciebantur caſtra , confederat, five metu , five quia fpeculari modò
juſſus erat, ad Darium rediit . Macedones
eum ipfum collem, quem deferuerat , occupaverunt . Nam & tutior planitie erat,
& inde acies hoſtium , quæ in campo ex-
plicabatur, confpici poterat . Sed caligo ,
quam circa humidi effuderant montes , u-
niverfam quidem rei faciem non abſtulit,
cæterùm agminum difcrimina , atque ordinem prohibuit perfpici . Multitudo inun-
daverat campos; fremitufque tot millium ,
etiam procul ſtantium aures impleverat .
Fluctuare animo Rex, & modò fuum, modò Parmenionis confilium fera æſtimatione
perpendere . Quippe eò ventum erat, unde recipi exercitus , nifi victor , aut fine
clade non poſſet . Movebat etiam eum multitudo hoſtium , reſpectu paucitatis fuæ
gentis . Sed interdum reputabat , quantas

res

res cùm hac gente geffiffet, quantofque populos fudiffet. Itaque, cum fpes metum vinceret, periculofius bellum differre ratus, ne defperatio fuis crefceret, diffimulato eo, mercenarium equitem ex Pœonia præcedere jubet. Ipfe phalangem, ficut antea dictum eft, in duo cornua extenderat. Utrumque cornu equites tegebant. Jamque nitidior lux, difcuffa caligine, aciem hoftium oftenderat: & Macedones five alacritate, five tædio expectationis, ingentem, pugnantium more, edidere clamorem. Redditus & à Perfis, nemora, vallefque circumjectas terribili fono impleverat. Nec jam contineri Macedones poterant, quin curfu quoque ad hoftem contenderent. Melius adhuc ratus Alexander in eodem tumulo caftra munire, vallum jaci juffit. Strenuèque opere perfecto, in tabernaculum, ex quo tota acies hoftium confpiciebatur, feceffit. Tùm verò univerfa futuri difcriminis facies 13. in oculis erat. Armis infignibus equi, virique fplendebant. Et omnia intentiore cura præparari, folicitudo Prætorum agmina fua interequitantium oftendebat. Ac pleraque inania, ficut fremitus hominum, equorum hinnitus, armorum internitentium fulgor, folicitam expectatione mentem turbaverant. Igitur, five dubius animi, five ut fuos experiretur, confilium adhibet, quid optimum factu effet, exquirens. Parmenio peritiffimus inter Duces artium belli, furto, non prælio opus effe cenfebat. *Intempefta notte opprimi poffe hoftes. Difcordes moribus, linguis, ad hæc fomno, &*

in-

improvifo periculo territos, quando in nocturna trepidatione coituros? At interdiù primùm terribiles occurfuras facies Scytharum,
Bactrianorumque. Hirta illis ora, & in-
tonfas comas esse, præterea eximiam vastorum magnitudinem corporum. Vanis, & ina-
nibus militem magis, quàm justis formidi-
nis caufis moveri. Deinde tantam multitudinem circunfundi paucioribus posse. Non in
Cilicia angustiis, & inviis callibus, sed in
aperta, & lata planitie dimicandum fore.
Omnes fermè Parmenioni assentiebantur.
Polypercon haud dubie in eo confilio posi-
tam victoriam arbitrabatur. Quem intuens
Rex (nanque Parmenionem nuper acriùs,
quàm vellet, increpitum, rursùs castigare
non sustinebat) Latrunculorum, inquit, &
furum ista folertia est, quam præcipitis mihi. Quippe illorum votum unicum est, fal-
lere. Mea verò gloriæ femper aut absen-
tiam Darii, aut angustias locorum, aut fur-
tum noctis obstare non patiar. Palam luce
aggredi certum est. Malo, me fortunæ pœniteat, quàm victoriæ pudeat. Ad hæc illud
quoque accedit: vigilias agere Barbaros, &
in armis stare, ut ne decipi quidem possint,
compertum habeo. Itaque ad prælium vos
parate. Sic incitatos ad corpora curanda
dimisit.

C A.

CAPUT XXX.

Utriusque Regis suprema noctis, quæ pugnam
præcessit, solicitudo explicatur.

DArius illud, quod Parmenio suaserat,
hostem facturum esse conjectans, fre-
natos equos stare, magnamque exercitus
partem in armis esse, ac vigilias intentiore cura servari jusserat. Ergo ignibus tota ejus castra fulgebant. Ipse cum Ducibus, propinquisque agmina in armis stan-
tium circumibat, Solem, & Martem, sa-
crumque, & æternum invocans Ignem,
ut illis dignam vetere gloria, majorum-
que monumentis fortitudinem inspirarent.
Et profectò si qua Divinæ opis auguria hu-
mana mente concipi possent, Deos stare
secum, illos nuper Macedonum animis su-
bitam incussisse formidinem, adhuc lym-
phatos ferri, agique, arma jacientes. Expetere præsides Persarum Imperii Deos
debitas à vecordibus pœnas. Nec ipsum
Ducem saniorem esse. Quippe ritu ferarum prædam modò, quam expeteret, in-
tuentem, in perniciem, quæ ante prædam
posita esset, incurrere. Similis apud Macedones quoque solicitudo erat. Noctem-
que, velut in eam certamine edicto, metu egerunt. Alexander non aliàs magis
territus, ad vota, & preces Aristandrum
vocari jubet. Ille in candida veste verbe-
nas manu præferens, capite velato, præ-
ibat preces Regis, Jovem, Minervam,
Victoriamque propitiantis. Tunc quidem
G   sacri-

facrificio rite perpetrato , reliquum noctis
acquieturus in tabernaculum rediit . Sed
nec fomnum capere , nec quietem pati
poterat . Modò è jugo montis aciem in
dexterum Perfarum cornu demittere agi-
tabat , modò recta fronte concurrere hofti , interdum hæfitare , an potiùs in lævum torqueret agmen . Tandem gravatum animi anxietate corpus altior fomnus
oppreffit .

CAPUT XXXI.

*Alexander alto fomno merfus , & à Parme-
nione excitatus , caufas tam fecura quietis reddit; fignum dari ad pugnam iubet;
Duces ad fua munia obeunda dimittit .*

Jamque luce orta Duces ad accipienda
imperia convenerant , infolito circa
Prætorium filentio attoniti . Quippe
aliàs accerfere ipfos , & interdum moran-
tes caftigare affueverat : tunc ne ultimo
quidem rerum difcrimine excitatum effe
mirabantur . Et non fomno quiefcere , fed
pavore marcere credebant . Non tamen
quifquam è cuftodibus corporis intrare tabernaculum audebat . Et jam tempus inftabat; nec miles in juffu Ducis aut arma
capere poterat , aut in ordines ire . Diu
Parmenio cunctatus, cibum ut caperent ,
ipfe pronuntiat . Jamque exire neceffe e-
rat . Tunc demùm intrat tabernaculum ,
fæpiùfque nomine compellatum , cùm voce non poffet, tactu excitavit . *Multa lux ,*
inquit , *eft . Inftructam aciem beftis adme-*
vit ;

vis : tuus miles adhuc inermis expectat imperium. Ubi est vigor ille animi tui? nempe excitare vigiles soles. Ad hæc Alexander, *Credisne, me priùs somnum capere potuisse, quàm exonerarem animum solicitudine, quæ quietem morabatur?* Signumque pugnæ tuba dari jussit. Et, cùm in eadem admiratione Parmenio perseveraret, quòd securus somnum cepisset, *Minimè,* inquit; *mirum est. Ego enim, cum Darius terras ureret, vicos exscinderet, alimenta corrumperet, potens mei non eram. Nunc verò quid metuam, cum acie decernere paret? Hercule votum meum implevit. Sed hujus quoque consilii ratio posteà reddetur. Vos ite ad copias, quibus quisque præest. Ego jam adero, & quid fieri velim, exponam.* Rarò admodùm admonitu amicorum, cum metus discriminis aderat, uti solebat. Tunc quoque munimento corporis sumpto processit ad milites.

CAPUT XXXII.

Alexander sola vultus hilaritate militem excitat ad spem victoriæ. Copias in duo cornua dispertit, singulis Duces præficit, alis equitum latera firmat, subsidia opportunè collocat, aciem versatilem facit, impedimenta in colle seponit. Ipse dextro, Parmenio sinistro cornu præest.

HAud aliàs tam alacrem viderant Regem, & vultu ejus interrito, certam spem victoriæ augurabantur. Atque ille prorupto vallo exire copias jubet, aciem

que difponit. In dextro cornu locati funt
equites , quos agema appellant . Præerat
his Clytus , cui junxit Philotæ turmas ;
cæterofque Præfectos equitum lateri ejus
applicuit . Ultima Meleagri ala ftabat ,
quam phalanx fequebatur . Poft phalangem Argyrafpides erant . His Nicanor
Parmenionis filius præerat . In fubfidii
cum manu fua Cœnos . Poft eum Oreftes,
Lynceftefque . Poft illos Polypercon , dux
peregrini militis . Hujus agminis Amyntas
princeps erat . Philagus Balacros regebat,
in focietatem nuper adfcitos . Hæc dextri
cornu facies erat . In lævo Craterus Pe-
loponnefium equites habebat, Achæorum-
que , & Locrenfium, & Maleon turmis fibi adjunctis . Hos Theffali equites claudebant , Philippo duce . Peditum acies equitatu tegebatur . Frons lævi cornu hæc e-
rat . Sed , ne circuiri poffet à multitudine , ultimum agmen valida manu cinxe-
rat . Cornua quoque fubfidiis firmavit ,
non recta fronte , fed à latere pofitis ,
ut , fi hoftis circumvenire aciem tentaffet,
parata pugnæ forent . Hìc Agriani erant,
quibus Attalus præerat , adjunctis fagitta-
riis Cretenfibus . Ultimos ordines avertit
à fronte , ut totam aciem orbe muniret .
Illyrii hìc erant , adjuncto milite mercede conducto. Thracas quoque fimul objecerat leviter armatos . Adeoque aciem
verfatilem pofuit, ut , qui ultimi ftabant,
ne circuirentur , verti tamen , & in frontem circumagi poffent . Itaque non principia , quàm latera, non latera munitiora
fuere, quam terga. His ita ordinatis præ-
cipit,

cipit , ut , si falcatos currus cum fremitu
Barbari emitterent , ipsi laxatis ordinibus
impetum occurrentium silentio exciperent,
haud dubius , sine noxa transcursuros , si
nemo se opponeret: sin autem sine fremitu immisissent, eos ipsi clamore terrerent,
pavidosque equos telis utrinque suffode-
rent . Qui cornibus præerant , extendere
ea jussi , ita ut ne circumvenirentur , si
arctius starent , nec tamen mediam aciem
exinanirent . Impedimenta cum captivis ,
inter quos mater , liberique Darii custo-
diebantur , haud procul ab acie in edito
colle constituit , modico præsidio relicto .
Lævum cornu , sicut aliis , Parmenioni tuendum datum: ipse in dextro stabat .

C A P U T. XXXIII.

Ante prælium Bion transfuga nuntiat Ale-
xandro, tribulos ab hoste esse humi defos-
fos contra equitatum . Alexander insere-
quitat ordines , & singulos hortatur ad
prælium .

NOndum ad teli jactum pervenerant ,
cum Bion quidam transfuga , quanto maximo cursu potuerat , ad Regem
pervenit, nuntians, murices ferreos in terram defodisse Darium , qua hostem equites emissurum esse credebat , notatumque
certo signo locum , ut fraus evitari à suis
posset . Asservari transfuga jusso , Duces
convocat ; expositoque , quod nuntiatum
erat, monet, ut regionem monstratam de-
clinent , equitemque periculum edoceant .

Cæterùm hoc tantus exercitus exaudirè
non poterat, usum aurium intercipien-
te fremitu duorum agminum : sed in-
conspectu omnium, Duces, & proximum quenque interequitans alloquebatur.

14. Emensis tot terras in spem victoriæ, de qua
dimicandum foret, hoc unum superesse discrimen. Granicum hìc agmen, Ciliciæque
montes, & Syriam, Aegyptumque præter-
euntibus raptas, ingentia spei, gloriæque
incitamenta referebat. Reversos ex fuga
Persas pugnaturos, quia fugere non possent, tertium diem jam metu exangues, armis suis oneratos, in eodem vestigio hærere. Nullum desperationis illorum majus indicium esse, quàm quòd urbes, quòd agros
suos urerent, quidquid non corrupissent,
hostium esse confessi. Nomina modò vana
gentium ignotarum ne extimescerent. Neque
enim ad belli discrimen pertinere, qui ab
his Scythæ, quive Cadusi appellentur. Ob
id ipsum, quòd ignoti essent, ignobiles esse. Nunquam ignorari viros fortes: at imbelles ex latebris suis erutos, nihil præter nomina afferre. Macedones virtute assequutos, ne quis toto orbe locus esset,
qui tales viros ignoraret. Intuerentur Barbarorum inconditum agmen, alium nihil
præter jaculum habere, alium funda saxa
librare, paucis justa arma esse. Itaque illinc plures stare, hinc plures dimicaturos.
Nec postulare se, ut fortiter capesserent prælium, ni ipse cæteris fortitudinis fuisset exemplum. Se ante prima signa dimicaturum.
Spondere pro se, quot cicatrices, totidem
corporis decora. Scire ipsos unum penè se,

præ-

prædæ communis exortem in illis colendis
ornandisque usurpare victoriæ præmia. Hæc
se fortibus viris dicere. Si qui dissimiles eo-
rum essent, illa fuisse dicturum, pervenisse
eò, unde fugere non possent, tot terrarum
spatia emensis, tot amnibus, montibusque post
tergum objectis, iter in patriam, & Pena-
tes manu esse faciendum. Sic Duces, sic proximi militum instincti sunt.

C A P U T XXXIV.

Darius sublimis curru, prolixa oratione hor-
tatur suos ad prælium. Contemnit paucita-
tem hostis, omnia sibi favere, locum,
equitatum, copias instructissimas. Fugæ
quoque hosti, non sibi, præclusos aditus.
Rogat postremò Indigetes Deos, ut adesse
præliantibus velint, & Persarum Regnum
tueri.

DArius in lævo cornu erat, magno suorum agmine, delectis equitum, peditumque stipatus. Contempseratque paucitatem hostis, vanam aciem esse extentis cornibus ratus. Cæterum, sicut curru eminebat, dextra, lævaque ad circumstantium
agmina oculos, manusque circumferens,
Terrarum, inquit, *quas Oceanus hinc al-*
luit, illinc claudit Hellespontus, paulò antè
domini, jam non de gloria, sed de salute,
&, quod saluti præponitis, de libertate pu-
gnandum est. Hic dies Imperium, quo nul-
lum amplius vidit ætas, aut constituet, aut
finiet. Apud Granicum minima virium par-
te cum hoste certavimus. In Cilicia victos

Syria poterat excipere. Magna munimenta
Regni Tigris, atque Euphrates erant. Ventum est eo, unde pulsis ne fugæ quidem locus est. Omnia tam diutino bello exhausta post tergum sunt. Non incolas suos urbes, non cultores habent terræ. Coniuges quoque, & liberi sequuntur hanc aciem, parata hostibus præda, nisi pro charissimis pignoribus corpora opponimus. Quod mearum fuit partium, exercitum, quem penè immensa planities vix caperet, comparavi, equos, arma distribui, commeatus, ne tanta multitudini deessent, providi, locum, in quo acies explicari posset, elegi. Cætera in vestra potestate sunt. Audete modò vincere, famamque, infirmissimum adversùs fortes viros telum, contemnite. Temeritas est, quam adhuc pro virtute timuistis. Quæ ubi primum impetum effudit, velut quædam animalia amisso aculeo, torpet. Hi verò campi deprehendere paucitatem, quam Ciliciæ montes absconderant. Videtis ordines raros, cornua extenta, mediam aciem vanam, & exhaustam. Nam ultimi, quos locavit aversos, terga jam præbent. Obteri mehercule equorum ungulis possunt, etiamsi nil præter falcatos currus emisero. Et bello vicerimus, si vincimus prælio. Nam ne illis quidem ad fugam locus est. Hinc Euphrates, illinc Tigris prohibet inclusos. Et, quæ anteà pro illis erant, in contrarium conversa sunt. Nostrum mobile, & expeditum agmen est, illud præda grave. Implicatos ergo spoliis nostris trucidabimus; eademque res & causa victoriæ erit, & fructus. Quòd si quem è vobis nomen gentis movet, cogites, Macedonum illic.

fix arma effe, non corpora. Multum enim
fanguinis invicem haufimus, & femper gravior in paucitate jactura eft. Nam Alexander quantumcunque ignave, & timidis videri
poteft, unum animal eft, &, fi quid mihi
creditis, temerarium, & vecors, adhuc noftro pavore, quàm fua virtute, felicius.
Nihil autem poteft effe diuturnum, cui non
fubeft ratio. Licèt felicitas afpirare videatur, tamen ad ultimum temeritati non fuf-
ficit. Præterea breves, & mutabiles vices
rerum funt, & fortunæ nunquam fimpliciter
indulget. Forfitan ita Deorum fata ordina-
verunt, ut Perfarum Imperium, quòd fecundo curfu per CCXXX. annos ad fummum faftigium evexerant, magno motu concuterent
magis, quàm affligerent, admonerentque nos
fragilitatis humanæ, cuius nimia in profpe-
ris rebus oblivio eft. Modò Græcis ultrò bellum inferebamus; nunc in fedibus noftris
propulfamus illatum. Jactamur invicem varietate fortunæ. Videlicet Imperium, quia
mutuò affectamus, una gens non capit. Cæterùm etiamfi fpes non fubeffet, neceffitas tamen ftimulare deberet. Ad extrema perventum eft. Matrem meam, duas filias, Ochum
in fpem huius Imperii genitum, illos Principes, illam fobolem Regiæ ftirpis, duces ve-
ftros, Regum inftar vinctos habet: nifi, quod
in vobis eft, ipfe ego majore parte captivus
fum. Eripite vifcera mea ex vinculis, refti-
tuite mihi pignora, pro quibus ipfe mori non
recufo. Parentem, liberos (nam conjugem
in illo carcere amifi) credite nunc omnes
tendere ad vos manus, implorare patrios
Deos, opem veftram, mifericordiam, fidem-

G 5   expo-

expefcere, & fervitute, ut compedibus, ut
precario victu ipfos liberetis . An creditis
æquo animo iis fervire, quorum Reges effe
faftidiunt ? Video admoveri hoftium aciem :
fed quò propius difcrimen accedo, hoc minùs
his, quæ dixi, poffum effe contentus . Precor
vos per Deos patrios, æternumque Ignem,
qui præfertur altaribus, fulgoremque Solis
intra fines Regni mei orientis, per æternam
memoriam Cyri, qui ademptum Medis, Ly-
difque Imperium primus in Perfidem intulit,
vindicate ab ultimo dedecore nomn, gen-
temque Perfarum . Ite alacres, & fpe ple-
ni, ut, quam gloriam accepiftis à majoribus veftris, pofteris relinquatis . In dextris
veftris jam libertatem, opem, fpem futuri
temporis geritis . Effugit mortem, quifquis
contempferit, timidiffimum quemque confequi-
tur. Ipfe non patrio more folùm, fed etiam,
ut confpici poffim, curru vehor: nec recufo,
quominùs imitemini me, five fortitudinis e-
xemplum, five ignaviæ fuero .

CAPUT XXXV.

Alexander in Darium, hic in Alexandrum
ducit agmen, in quem fimul & falcatos
currus non fine ftrage immittit . Mazæus,
Perfa Alexandri impedimenta invadit ;
quæ negligenda Alexander in præfens edi-
cit . Prudentia Syfigambis laudatur .

25. INterim Alexander, ut eft demonftratum
à transfuga, cum infidiarum locum cir-
cumiret, & Dario, qui lævum cornu tuebatur, occurreret, agmen obliquum ince-
                                        dere

dere jubet. Darius quoque eodem suum
obvertit, Besso admonito, ut Massagetas
equites in lævum Alexandri cornu invehi
juberet. Ipse ante se falcatos currus habebat, quos signo dato universos in hostem effudit. Ruebant laxatis habenis aurigæ, quò plures, nondum satis proviso impetu, obtererent. Alios ergo hastæ multùm ultra temonem eminentes, alios ab
utroque latere demissæ falces laceravere.
Nec sensim Macedones cedebant, sed effusa fuga turbaverant ordines. Mazæus
quoque perculsis metum incussit; mille e-
quitibus ad diripienda hostis impedimenta
circumvehi jussis, ratus, captivos quoque,
qui simul asservabantur, rupturos vincula,
cum suos appropinquantes vidissent. Non
fefellerat Parmenionem, qui in lævo cornu erat. Properè igitur Polydamanta mittit ad Regem, qui & periculum ostenderet,
&, quid fieri juberet, consuleret. Ille,
audito Polydamante, *Abi, nuntia,* inquit,
*Parmenioni, si acie vicerimus, non nostra
solùm nos recuperaturos, sed omnia, quæ
hostium sunt, occupaturos. Proinde non est,
quòd quidquam virium subducat ex acie;
sed, ut me, & Philippo patre dignum est,
contempto sarcinarum damno, fortiter dimi-
cet.* Interim Barbari impedimenta turbaverant. Cæsisque plerisque custodum, captivi, vinculis ruptis, quidquid obvium e-
rat, quo armari possent, rapiunt, & ag-
gregati suorum equitibus, Macedonas ancipiti circumventos malo invadunt. Lætique
circa Sysigambim, vicisse Darium, ingenti
cæde prostratos hostes, ad ultimum etiam

inpedimentis exutos nuntiant . Quippe
eandem fortunam ubique effe credebant ,
& victores Perfas ad prædam difcurriffe .
Syfigambis , hortantibus captivis , ut animum à mœrore allevaret, in eodem, quo
anteà fuit, perfeveravit. Non vox ulla excidit ei, non oris color , vultufve mutatus
eft , fed fedit immobilis , credo præcoce
gaudio verita fortunam irritare , adeò ut,
quid mallet , intuentibus eam fuerit incertum .

CAPUT XXXVI.

Ad impedimenta Alexandri ingens certamen
eft . Menidas à Scythis fugatur , cui Are-
tes fuccurrit . Falcati currus cum aurigis
præter paucos fuperati , ultimam tamen a-
ciem Alexandri lacerant . Aretes à Ba-
ctrianis in fugam vertitur , qui trium-
phum ante victoriam canunt . Alexander
dextrum cornu Darii invadit . Prope cir-
cumventus defenditur ab Agrianis . Pu-
gnatur utrinque summa ope , summis vi-
ribus . Alexandro felix omen aquilæ obji-
citur . Auriga Darii occiditur . Lævo ejus
cornu in fugam verso , & ipse deliberat
de fuga , aut nece sibi inferenda ; quam
imminente Alexandro fugæ postponit . Quem
persequitur Macedo , nec assequitur .

INter hæc Amyntas , Præfectus equitum
Alexandri , cum paucis turmis opem impedimentis laturus advenerat , incertum,
fuo ne confilio , an Regis imperio . Sed
non fuftinuit Caduforum , Scytharumque
im-

impetum . Quippe vix tentato certamine ,
effugit ad Regem , amifforum impedimentorum teftis magis , quàm vindex . Jam
confilium Alexandri vicerat dolor ; & , ne
cura recuperandi fua militem à prælio a-
verteret, non immeritò verebatur . Itaque
Aretem , ducem haftatorum (Sariffophros
vocabant) adversùs Scythas mittit . Inter
hæc currus ,. qui circa prima figna turbaverant aciem , in phalangem invecti'erant ..
Macedones confirmatis animis in medium
agmen accipiunt . Vallo fimilis acies erat .
Junxerant haftas , & ab utroque latere temerè incurrentium ilia fuffodicbant . Circuire deinde currus , & propugnatores
præcipitare cœperunt . Ingens ruina equorum , aurigarumque aciem compleverat .
Hi territos regere non poterant . Equi crebra jactatione cervicum , non jugum modò excufferant , fed etiam currus everte-
rant : vulnerati interfectos trahebant . Nec
confiftere territi , nec progredi debiles poterant . Paucæ tamen evafere quadrigæ in
ultimam aciem , iis , quibus inciderunt , miferabili morte confumptis . Quippe ampu-
tata virorum membra humi jacebant ; &
quia calidis adhuc vulneribus aberat dolor ,
trunci quoque , & debiles arma non omit-
tebant , donec multo fanguine effufo exanimati procumberent . Interim Aretes ,
Scytharum , qui impedimenta diripiebant ,
Duce occifo , gravius territis inftabat . Su-
pervenere deinde miffi à Dario Bactriani ,
pugnæque vertere fortunam . Multi ergo
Macedonum primo impetu obtriti funt :
plures ad Alexandrum refugerunt . Tum

Per-

Perſæ clamore ſublato, qualem victoræ
ſolent edere, ferociter in hoſtem quaſi u-
bique profligatum incurrunt. Alexander
territos caſtigare, adhortari, prælium,
quod jam elanguerat, ſolus accendere;
confirmatiſque tandem animis ire in hoſtem jubet. Rarior acies erat in dextro
cornu Perſarum. Nanque inde Bactriani
deceſſerant ad opprimenda impedimenta.
Itaque Alexander laxatos ordines invadit,
& multa cæde hoſtium invehitur. At qui
in lævo cornu erant Perſæ, ſpe poſſe eum
includi, agmen ſuum à tergo dimicantis opponunt. Ingenſque periculum in medio hærens adiſſet, ni equites Agriani, calcaribus ſubditis circumfuſos Regi Barbaros adorti eſſent, averſoſque cædendo in ſe ob-
verti coegiſſent. Turbata erat utraque a-
cies. Alexander & à fronte, & à tergo
hoſtem habebat: qui averſo ei inſtabant,
ab Agrianis militibus premebantur. Bactriani, impedimentis hoſtium direptis, re-
verſi ordines ſuos recuperare non poterant.
Plura ſimul abrupta à cæteris agmina, ubi-
cumque alium alii fors miſcuerat, dimica-
bant. Duo Reges junctis propè agminibus
prælium accendebant. Plures Perſæ cadebant: par fermè utrinque numerus vulne-
rabatur. Curru Darius, Alexander equo
vehebatur. Utrumque delecti tuebantur,
ſui immemores: quippe amiſſo Rege nec
volebant ſalvi eſſe, nec poterant. Nam
ante oculos ſui quiſque Regis mortem oc-
cumbere ducebat egregium. Maximum tamen periculum adibat, qui maximè tuebatur: quippe ſibi quiſque cæſi Regis ex-
pete-

petebat decus . Cæterùm , sive ludibrium
oculorum, sive vera species fuit , qui circa Alexandrum erant , vidisse se credide-
runt paululùm super caput Regis placidè
volantem aquilam , non sonitu armorum ,
non gemitu morientium territam . Diuque
circa equum Alexandri , pendenti magis ,
quàm volanti similis apparûit . Certè vates
Aristander alba veste indutus , & dextra
præferens lauream , militibus in pugnam
intentis avem monstravit, haud dubium victoriæ auspicium . Ingens ergo alacritas ,
ac fiducia paulò antè territos accendit ad
pugnam, utique posteaquàm auriga Darii,
qui ante ipsum sedens equos regebat, hasta transfixus est. Nec aut Persæ, aut Macedones dubitavere , quin ipse Rex esset
occisus. Lugubri ergo ululatu , & incondito clamore , gemituque totam ferè aciem
adhuc æquo Marte pugnantium turbavere.
Cognati Darii , & armigeri , lævumque
tuentes cornu, in fugam effusi destituerant
currum . Quem à dextera parte stipati in
medium agmen receperunt , Dicitur acinace stricto Darius dubitasse , an fugæ dedecus honesta morte vitaret . Sed eminens
curru, nondum omnem suorum aciem prælio excedentem destituere erubescebat ,
Dumque inter spem , & desperationem hæ-
sitat , sensim Persæ cedebant , & laxaverant
ordines. Alexander , mutato equo (quippe plures fatigaverat) resistentium ora fo-
diebat, fugientium terga. Jamque non pugna, sed cædes erat, cum Darius quoque
currum suum in fugam vertit. Hærebat in
tergis fugientium victor , sed prospectum
ocu-

oculorum nubes pulveris, quæ ad cœlum
ferebatur, abstulerat. Ergo haud secus,
quàm in tenebris errabant, ad sonum notæ vocis ut signum subinde coeuntes. Ex-
audiebant tamen strepitus habenarum,
quibus equi currum vehentes identidem
verberabantur. Hæc sola fugientis vestigia
excepta sunt.

CAPUT XXXVII.

*Parmenionis lævum cornu à Mazæo adeò
urgetur, ut fugam jam circunspectet. Petit auxilium ab Alexandro, qui Darium
fugientem persequebatur. Sistit agmen in-
dignabundus. Mazæus intellecto, Darium
fugere, mittit pugnam, & ipse percul-
sus metu, tergum vertit. Darius media
nocte Arbellam pervenit. Describitur inde clades, & strages cadentium, fugientium, persequentium, & immensa hostium
sitis.*

AT in lævo Macedonum cornu, quod
Parmenio, sicut antè dictum est, tuebatur, longè alia fortuna utriusque partis
res gerebatur. Mazæus cum omni suorum
equitatu vehementer invectus, urgebat
Macedonum alas. Jamque abundans multitudine aciem circumvehi cœperat, cum
Parmenio equites nuntiare jubet Alexandro, in quo discrimine ipsi essent: nisi
maturè subveniretur, non posse sisti fugam.
Jam multum viæ processerat Rex, imminens fugientium tergis, cum à Parmenione
missus nuntius venit. Refrænare equos jussu
qui

qui vehebantur, agmenque conftitit, frem-
dente Alexandro, eripi fibi victoriam è manibus, & Darium feliciùs fugere, quam fequi fe . Interim ad Mazæum fuperati Regis fama pervenerat . Itaque quanquam
validior erat , fortuna tamen partium territus , perculffis languidiùs inftabat . Parmenio ignorabat quidem caufam fua fponte pugnæ remiffæ , fed occafione vincendi
ftrenuè eft ufus . Theffalos equites ad fe
vocari jubet . *Ecquid* , inquit , *videtis
iftos , qui ferociter modò inftabant , pedem
referre fubito pavore perterritos ? Nimirùm nobis quoque Regis noftri fortuna vicit:
omnia Perfarum cæde ftrata funt . Quid
ceffatis ? an ne fugientibus quidem pares
eftis ?* Vera dicere videbatur , & fpes
languentes quoque erexerat . Subditis calcaribus proruere in hoftem . Et illi jam
non fenfim , fed citato gradu recedebant :
nec quidquam fugæ , nifi quòd terga
nondum verterant , deerat . Parmenio
tamen ignarus , quænam in dextro cornu
fortuna Regis effet , repreffit fuos . Mazæus , dato fugæ fpatio , non recto itinere ,
fed majore , & ob id tutiore circuitu , Tigrim fuperat , & Babylonem cum reliquiis
devicti exercitus intrat . Darius paucis fugæ
comitibus ad Lyceum amnem contenderat .
Quo trajecto dubitavit , an folveret pontem . Quippe hoftem jam affore nuntiabatur . Sed tot millia fuorum , quæ nondum
ad amnem pervenerant , ponte recifo ,
prædam hoftis fore videbat . Abeuntem ,
cum intactum fineret pontem , dixiffe conftat , *Malle infequentibus iter dare , quàm*
au-

auferre fugientibus. Ipse ingens spatium
fuga emensus, media ferè nocte Arbellam
pervenit. Quis tot ludibria fortunæ, ducum, agminumque cædem multiplicem, devictorum fugam, clades nunc singulorum,
nunc universorum, aut animo assequi queat,
aut oratione complecti? propemodùm sæcu-
li res in unum illum diem fortuna cumula-
vit. Alii quà breviffimum patebat iter, alii
diverfos saltus, & ignotos sequentibus calles
petebant. Eques, pedesque confusi sine duce, armatis inermes, integris debiles implicabantur. Deinde misericordia in metum
versa, qui sequi non poterant, inter mutuos gemitus deferebantur. Sitis præcipuè
fatigatos, & saucios exurebat. Passimque
omnibus rivis proftraverant corpora, præ-
terfluentem aquam hianti ore captantes.
Quam cum diu avidè turbidam haufiffent,
tendebantur extemplò præcordia prementæ
limo, Refolutifque, & torpentibus membris, cùm fuperveniffet hoftis, novis vulneribus excitabantur. Quidam, occupatis
proximis rivis, diverterant longiùs, ut
quicquid occulti humoris ufquam manaret,
exciperent. Nec ulla adeò avia, & sicca
lacuna erat, quæ veftigantium fitim falleret. E proximis verò itineri vicis fenum
ululatus, fœminarumque exaudiebantur,
barbaro ritu Darium adhuc Regem claman-
tium.

C A.

CAPUT XXXVIII.

*Perſæ per fugam Lyco merſi, tantum aquæ
hauſerunt, uti plerique nunquam ampliùs
ſitirent. Alexander ſuos cohibet porrò inſequi volentes, parcerent ferro, ſerva-
rent vires meliori fortunæ. Vertitque a-
ciem ad Parmenionem, quem laborare acceperat. Ipſe in ipſo reditu ultimum incurrit periculum, quod ſola virtute, fuſis
hoſtibus, qui ſe ſe conglobaverant, evaſit. Parmenio interim & ipſe vicit. Nu-
merantur utrinque cæſi. Laudatur Alexander, & ſoli propè victoria tribuitur.
Nec tacentur præcipui Duces, Hephæſtio,
Cœnos, Perdiccas, Menides. Additur e-
piphonema, Regem dignum tali milite,
& militem tali Rege.*

Alexander, ut ſuprà dictum eſt, inhibito ſuorum curſu, ad Lycum amnem
pervenerat. Ubi ingens multitudo fugientium oneraverat pontem, & plerique, cum
hoſtis urgeret, in flumen ſe præcipitave-
rant, graveſque arnis, & prælio, ac fuga
defatigati, gurgitibus hauriebantur. Jamque non pons modò fugientes, ſed ne amnis quidem capiebat, agmina ſua improvidè ſubinde cumulantes. Quippe, ubi intravit animos pavor, id ſolum metuunt, quod
primùm formidare cœperunt. Alexander,
inſtantibus ſuis, abeuntem hoſtem ſequi
permitteret, hebetia tela eſſe, & manus
fatigatas, tantoque curſu corpora exhauſta,
& præceps in noctem diei tempus cauſatus

tus est . Revera de lævo cornu, quod adhuc in acie ſtare credebat , ſolicitus , reverti ad ferendam opem ſuis ſtatuit . Jamque ſigna converterat , cum equites à
Parmenione miſſi , illius quoque partis victoriam nuntiant . Sed nullum eo die majus periculum adiit , quàm dum copias reducit in caſtra . Pauci eum , & incompoſiti
ſequebantur ovantes victoria , quippe omnes hoſtes aut in fugam effuſos, aut in acie
cecidiſſe credebant; cùm repentè ex adverſo
apparuit agmen equitum , qui primò inhi-
buere curſum , deinde , Macedonum paucitate conſpecta , turmas in obvios concitaverunt . Ante ſigna Rex ibat , diſſimu-
lato magis periculo , quàm ſpreto . Nec defuit ei perpetua in dubiis rebus felicitas .
Namque Præfectum equitatus , avidum
certaminis, & ob id ipſum incautiùs in ſe-
ruentem, haſta transfixit . Quo ex equo
lapſo, proximum, ac deinde plures eodem
telo confodit. Invaſere turbatos amici quoque . Nec Perſæ inulti cadebant , quippe
non univerſæ acies, quàm hæ tumultuariæ
manus, vehementiùs iniere certamen. Tandem Barbari , eum obſcura luce fuga tuti-
or videretur eſſe , quàm pugna , diverſis
agminibus abiere . Rex extraordinario periculo defunctus, incolumes ſuos reduxit in
caſtra. Cecidere Perſarum, quorum numerum victores inire potuerunt , millia XL.
Macedonum minus , quàm CCC deſidera-
ti ſunt . Cæterùm hanc victoriam Rex majore ex parte virtuti , quàm fortunæ ſuæ
debuit. Animo, non (ut antea) loco vicit . Nam & aciem peritiſſimè inſtruxit ,

&c.

& promptiſſimè ipſe pugnavit , & magno conſilio jacturam ſarcinarum , im-
pedimentorumque comtempſit , cùm in
ipſa acie ſummum rei videret eſſe diſcrimen. Dubioque adhuc pugnæ eventu, pro
victore ſe geſſit . Perculſos deinde hoſtes
ſudit : fugientes , quod in illo ardore animi vix credi poteſt , prudentiùs , quàm
avidiùs perſequutus eſt . Nam , ſi parte
exercitus adhuc in acie ſtante , inſtare cedentibus perſeveraſſet , aut ſua culpa victus eſſet, aut aliena virtute viciſſet . Jam
ſi multitudinem equitum occurrentium ex-
timuiſſet, victori aut ſœdè fugiendum , aut
miſerabiliter cadendum fuit . Ne Duces
quidem copiarum ſua laude fraudandi ſunt.
Quippe vulnera , quæ quiſque excepit ,
indicia virtutis ſunt . Hephæſtionis brachi-
um haſta ictum eſt : Perdiccas , ac Cæ-
nos, & Menides ſagittis propè occiſi. Et,
ſi verè æſtimare Macedonas , qui tunc
erant, volumus, fatebimur & Regem talibus miniſtris, & illos tanto Rege fuiſſe di-
gniſſimos .

LIBER QUINTUS.

SYNOPSIS

Darius in Mediam cum suis profugit. Alexander Arbella potitur: Babylonem à Mazæo deditam cum Mazæo in fidem accipit, urbemque cum triumpho ingreditur. Babylon, & civium mores describuntur. Amyntas Andromenis supplementum militum ex Gracia adducit. Rex ludos militares committit. Susa deduntur, ubi thesaurus Darii exhaustus, tricies millies centena millia Philippicorum, ut Barbari vocant, triginta milliones talentorum. Rex Sysigambem solatur, & illius deprecatu victis Uxiis parcit. Persidem intrare conatus, ab Ariobarzane Satrapa repellitur. Ubi Alexandri deprehensa hafit felicitas. Duce tandem Lycio per invia, & avia penetrat. Araxem amnem superat; supplices Grecos, & captivos liberat; captam Persepolim exhaurit. Septuagies bis millies centena millia aureorum in ærarium redigit; quibus

L

bus ex Parſagadis tricies ſexies cen-
tena millia addit. Inde Mardos ſub-
it : redit Perſepolim , urbemque cum
Regia , ſuaſu Thaïdis , incendio de-
let . Hinc Mediam accepto ſupple-
mento intrat . Darius Ecbatanis pu-
gna ſe rursùm accingit ; ad quam
ſuos hortatur. Nabarzanes , & Beſ-
ſus in Darii exitium conjurant .
Græcus miles Regem tueri conatur .
Capitur Rex , vulneratur , deſtitui-
tur à ſuis , à Macedone ſpirans re-
peritur , extinguitur : quod in Cur-
tio deletum eſt .

CAPUT I.

Dilata rerum in Europa geſtarum narratio-
ne , fugam , & conſilia Darii explicat .

QUæ interim ductu , imperioque Alexandri vel in Græcia , vel Illyriis ,
ac Thracia geſta ſunt , ſi quæque ſuis
temporibus reddere voluero , interrumpen-
dæ ſunt res Aſiæ , quas utique ad fugam,
mortemque Darii univerſas in conſpectum
dari , & ſicut inter ſe cohærent , ita opere ipſo conjungi , haud paulò aptius videri poteſt. Igitur , quæ prælio apud Arbellam conjuncta ſunt , ordiar dicere. Darius
media ferè nocte Arbellam pervenit , eodemque magnæ partis amicorum ejus , ac
mili-

militum fugam fortuna compulerat. Quibus convocatis, exponit, *haud dubitare se, quin Alexander celeberrimas urbes, agrofque omni copia rerum abundantes petiturus effet; prædam opimam, paratamque ipfum, & milites ejus fpectare. Id fuis rebus tali ftatu faluti fore; quippe fe deferta cum expedita manu petiturum. Ultima Regni adhuc intacta effe: inde bello vires haud ægrè reparaturum. Occuparet fanè Gazam avidiffima gens, & ex longa fame fatiaret fe auro, mox futura prædæ fibi. Didiciffe ufu, preciofam fupellectilem, pellicefque, & fpadonum agmina, nihil aliud fuiffe, quàm onera, & impedimenta. Eadem trahentem Alexandrum, quibus anteà viciffet, inferiorem fore.* Plena omnibus defperationis videbatur oratio: quippe Babylonem urbem opulentiffimam dedi cernentibus, jam Sufa, jam cætera ornamenta Regni, caufamque belli, victorem occupaturum. At ille docere pergit, *non fpeciofa dictu, fed ufu neceffaria in rebus adverfis fequenda effe. Ferro geri bella, non auro, viris, non urbium tectis: omnia fequi armatos. Sic majores fuos percuffos in principio rerum, celeriter priftinam reparaffe fortunam.* Igitur five confirmatis eorum animis, five imperium magis, quàm confilium fequentibus, Mediæ fines ingreffus eft.

C A.

CAPUT II.

Præda bello captæ, & Tigris, & Euphratis fluminum descriptio.

PAulo post Alexandro Arbella traditur, Regia supellectili, ditique gaza repleta . Quatuor millia talentum fuere : præterea pretiosæ vestes, totius (ut supra dictum est) exercitus opibus in illam sedem congestis . Ingruentibus deinde morbis, quos odor cadaverum totis jacentium campis vulgaverat, maturius castra movit . Euntibus aperit se à parte, læva Arabia odorum fertilitate nobilis regio, campestre iter est . Inter Tigrim, & Euphratem jacentia tam uberi, & pingui solo, ut à pastu repelli pecora dicantur, ne satietas perimat . Causa fertilitatis est humor, qui ex utroque amne manat, toto fere solo propter venas aquarum resudante . Ipsi amnes ex Armeniæ montibus profluunt, ac magno deinde aquarum divortio iter, quod cœpere, percurrunt. Duo millia, & quingenta stadia emensi sunt, qui amplissimum intervallum circa Armeniæ montes notaverunt. Iidem cum Mediæ, & Gordianorum terras secare cœperunt, paulatim in arctius coeunt: &, quò longiùs manant, hoc angustius inter se spatium terræ relinquunt. Vicini maximè sunt in his campis, quos incolæ Mesopotamiam appellant: Mediam nanque ab utroque latere concludunt . Iidem per Babyloniorum fines in Rubrum mare irrumpunt. Alexander quar-

H us

tis caſtris ad Mennin urbem pervenit. Caverna ibi eſt, ex qua fons ingentem vim
bituminis effundit, adeò, ut ſatis conſtet,
Babylonios muros ingentis operis hujus fon-
tis bitumine interlitos fuiſſe.

CAPUT III.

Alexander Babylonem ultrò ſe dedentem in-
greditur, & ab tota civitate effuſa laetus
excipitur.

CÆterùm Babylonem procedenti Alexandro, Mazæus, qui ex acie in urbem eam confugerat, cum adultis liberis
ſupplex occurrit, urbem, ſeque dedens.
Gratus adventus ejus Regi fuit: quippe
magni operis futura erat obſidio tam munitæ urbis. Ad hoc vir illuſtris, & manu
promptus, famaque etiam proximo prælio
celebris, & cæteros ad deditionem ſui in-
citaturus exemplo videbatur. Igitur hunc
quidem benignè cum liberis excepit. Cæterùm quadrato agmine, quòd ipſe ducebat, velut in aciem irent, ingredi ſuos jubet. Magna pars Babyloniorum conſtiterat
in muris, avida cognoſcendi novum Regem. Plures obviam egreſſi ſunt. Inter
quos Bagophanes, arcis, & Regiæ pecuniæ cuſtos, ne ſtudio à Mazæo vinceretur,
totum iter floribus, coroniſque conſtrave-
rat, argenteis altaribus utroque latere diſ-
poſitis, quæ non thure modò, ſed omnibus odoribus cumulaverat. Eum dona ſequebantur, greges pecorum, equorumque:
leones quoque, & pardales caveis præfe-
reban-

rebantur. Magi deinde suo more patrium
carmen canentes; post hos Chaldæi, Ba-
bylonorumque non vates modò, sed etiam artifices, cum fidibus sui generis ibant.
Laudes ii Regum canere soliti; Chaldæi siderum motus, & statas temporum vices o-
stendere. Equites deinde Babylonii, suo,
atque equorum cultu, ad luxuriam magis,
quàm ad magnificentiam exacto, ultimi
ibant. Rex armatis stipatus, oppidanorum
turbam post ultimos pedites ire jussit. Ipse
cum curru urbem, ac deinde Regiam intravit. Postero die supellectilem Darii, &
omnem pecuniam recognovit.

CAPUT IV.

Babylonis descriptio.

CÆterùm ipsius Urbis pulchritudo, ac
venustas, non Regis modò, sed etiam omnium oculos in semet haud immeritò convertit. Semiramis eam condiderat,
vel (ut plerique credidere) Belus, cujus
Regia ostenditur. Murus instructus laterculo coctili, bitumine interlitus, spatium
xxx, & duorum pedum latitudinem amplectitur. Quadrigæ inter se occurrentes sine
periculo commeare dicuntur. Altitudo muri C cubitorum eminet spatio. Turres de-
nis pedibus, quàm murus, altiores sunt.
Totius operis ambitus ccclxviii stadia
complectitur. Singulorum stadiorum stru-
cturam singulis diebus perfectam esse,
memoriæ proditum est. Ædificia non sunt
admota muris, sed ferè spatium unius ju-

geris abſunt . Ac ne totam quidem urbem
tectis occupaverunt . Per xc ſtadia habita-
tur . Nec omnia continua ſunt , credo
quia tutius viſum eſt pluribus locis ſpargi.
Cætera ſerunt , coluntque, ut , ſi externa
vis ingruat , obſeſſis alimenta ex ipſius urbis
ſolo ſubminiſtrent . Euphrates interfluit, magnæque molis crepidinibus coer-
cetur. Sed omnium operum magnitudinem
circumveniunt cavernæ ingentes, in altitudinem preſſæ ad accipiendum impetum fluminis : quod ubi appoſitæ crepidinis faſtigium exceſſit , urbis tecta corriperet , niſi
eſſent ſpecus , lacuſque , qui exciperent.
Coctili laterculo ſtructi ſunt ; totum opus
bitumine aſtringitur . Pons lapideus flumini impoſitus , jungit urbem . Hic quoque
inter mirabilia Orientis opera numeratus
eſt. Quippe Euphrates altum limum vehit,
quo penitus ad fundamenta jacienda ége-
ſto , vix fulciendo operi firmum reperiunt
ſolum . Arenæ autem ſubinde cumulatæ ,
& ſaxis, quibus pons ſuſtinetur, annexæ ,
morantur amnem , qui retentus acrius ,
quàm ſi libero curſu mearet, illiditur. Arcem quoque ambitu viginti ſtadia comple-
xam habent: triginta pedes in terram turrium fundamenta demiſſa ſunt : ad octoginta ſummum munimenti faſtigium pervenit.
Super arce , vulgatum Græcorum fabulis
miraculum, penſiles horti ſunt , ſummam
murorum altitudinem æquantes, multarum-
que arborum umbra , & proceritate amœ-
ni. Saxeæ pilæ, quæ totum onus ſuſtinent,
inſtructæ ſunt . Super pilas lapide quadrato ſolum ſtratum eſt, patiens terræ, quam
altam

altam injiciunt, & humoris, quo rigant.
Adeoque validas arborum sustinent moles,
ut stipites earum octo cubitorum spatium
crassitudine aequent, in quinquaginta pedum altitudinem emineant, & frugiferae
sint, aeque, ac si terra sua alerentur. Et,
cum vetustas non opera solùm manu facta,
sed etiam ipsam naturam paulatim exedendo perimat; haec moles, quae tot arborum radicibus premitur, tantique nemoris
pondere onerata est, inviolata durat. Quippe viginti lati parietes sustinent, undecim
pedum intervallo distantes, ut procul visentibus sylvae montibus suis imminere videantur. Syriae Regem Babylone regnan-
tem hoc opus esse molitum, memoriae proditum est, amore conjugis victum, quae
desiderio nemorum, sylvarumque in cam-
pestribus locis virum compulit naturae ge-
nium amoenitate hujus operis imitari.

C A P U T V.

Mores Babyloniorum corruptissimos exponit.

Diutiùs in hac urbe, quàm usquam
constitit Rex. Nec ullus locus disci-
plinae militari magis nocuit. Nihil urbis e-
jus corruptius moribus, nec ad irritandas,
illiciendasque immodicas voluptates instru-
ctius. Liberos, conjugesque cum hospiti-
bus stupro coire, modò pretium flagitii
detur, parentes, maritique patiuntur. Convivales ludi tota Perside Regibus; Purpu-
ratisque cordi sunt: Babylonii maximè in
vinum, &, quae ebrietatem sequuntur, ef-

fuſi ſunt. Fœminarum convivia ineuntium
in principio modeſtus eſt habitus, dein
ſumma quæque amicula exuunt, paulatimque pudorem profanat. Ad ultimum (honos auribus ſit) ima corporum velamenta
projiciunt. Nec meretricum hoc dedecus
eſt, ſed matronarum, virorumque, apud
quos comitas habetur vulgati corporis vi-
litas. Inter hæc flagitia exercitus ille do-
mitor Aſiæ per xxxiv dies ſaginatus, ad
ea, quæ ſequebantur diſcrimina, haud dubie debilior futurus fuit, ſi hoſtem habuiſ-
ſet.

CAPUT VI.

Copias auget; Regnum Babylonis Satrapis,
& Prætoribus adminiſtrandum committit.
Chiliarchas creat, militarem diſciplinam
mutat.

CÆterùm, quominùs damnum ſentiret,
identidem incremento novabatur.
Nanque Amyntas Andromenis ab Antip-
tro Macedonum peditum ſex millia adduxit, cccçc prætereà ejuſdem generis equites, cum his DC Thracas, adjunctis peditibus ſuæ gentis tribus millibus, & quingentis. Et ex Peloponneſo mercenarius miles ad quatuor millia advenerat, cum
ccclxxx equitibus. Idem Amyntas adduxerat quinquaginta Principum Macedoniæ liberos adultos, ad cuſtodiam corporis. Quippe inter epulas hi ſunt Regis miniſtri. Ii-
demque equos ineunti prælium admovent,
venantemque comitantur, & vigiliarum vices

res ante cubiculi fores servant. Magnorumque Præfectorum , & Ducum hæc incrementa sunt, & rudimenta . Igitur arci
Babyloniæ Rex Agathone præsidere jusso ,
cum septingentis Macedonum, trecentisque
mercede conductis , Prætores , qui regioni
Babyloniæ , & civitati præessent, Menetam ,
& Apollodorum reliquit . His duo millia
peditum cum mille talentis dat . Utrique
præceptum , ut in supplementum milites
legerent . Mazæum transfugam Satrapæa
Babiloniæ donat . Bagophanem , qui arcem tradiderat, se sequi jussit . Armeniæ
Mithreni Sardium proditori data est . Ex
pecunia deinde Babyloniæ Macedonibus
equitibus sexcenti denarii tributi : peregrinus eques quingenos accepit : ducenis pe-
destrium stipendium mensum est . His ita
compositis , in regionem , quæ Satrapene
vocatur , pervenit . Fertilis terra , copia
rerum , & omni commeatu abundans . Itaque diutius ibi substitit. Ac , ne desides o-
tio demitterent animos, judices dedit, præ-
miaque proposuit de virtute militari cer-
tantibus. Novem , qui fortissimi judicati
essent , singulis militum millibus præfuturi
erant, Chiliarchas vocabant, tum primùm
in hunc numerum copiis distributis . Namque anteà quinquagenariæ cohortes erant ;
nec fortitudinis præmia gesserant . Ingens
militum turba convenerat , egregio inter-
futura certamini , testis eadem cujusque fa-
ctorum , & de judicibus latura sententiam.
Quippe verò nè , an falsò honos cuique
haberetur , ignorari non poterat . Primus
omnium virtutis causâ donatus est Adar-

chias fenior, qui omiffum apud Halicarnaf
fon à junioribus prælium, unus maximè ad
cenderat: proximus ei Antigenes vifus eft:
tertium locum Philotas. Angeus obtinuit (
quartus Amyntæ datus eft : poft hos Anti
gonus : & ab eo Lynceftes Amyntas fuit:
feptimum locum Theodotus: ultimum obti
nuit Hellanicus. In difciplina quoque mi
litaris rei. pleraque à majoribus tradita, u-
tiliter mutavit. Nam, cum antè equites in
fuam quifque gentem defcriberentur, feor-
fum, à cæteris, exempto nationum difcrimine, Præfectos non utique fuarum gentium, fed delectos attribuit. Tuba, cum
caftra movere vellet, fignum dabat. Cujus fonus plerunque, tumultuantium fremitu exoriente, haud fatis exaudiebatur.
Ergo perticam, quæ undique confpici poffet, fupra Prætorium ftatuit, ex qua fignum eminebat, pariter, omnibus confpicuum. Obfervabatur ignis noctu, fumus
interdiu.

CAPUT VII.

Sufa cum thefauro traduntur.

JAmque Sufa adituro, Abulites regionis
ejus Præfectus, five Darii juffu, ut
Alexandrum præda retineret, five fponte,
filium obviam mifit, traditurum fe urbem
promittens. Benignè juvenem excepit Rex;
& eo duce ad Choafpen amnem pervenit,
delicatam (ut fama eft) vehentem aquam.
Hic Abulites cum donis Regalis, opulentiæ
occurrit. Dromades cameli, dona, ferant,

H

rant, velocitatis, eximiæ, duodecim elephantis à Dario ex Indiâ acciti; non jam terror (ut speraverant) Macedonum, sed auxilium, opes victi ad victorem transferente fortuna. Ut verò urbem intravit, incredibilem ex thesauris summam pecuniæ gessit, L millia talentum argenti, non signati forma, sed rudi pondere. Multi Reges tantas opes longa ætate cumulaverant liberis, posterisque, ut arbitrabantur, quas una horâ in externi Regis manus intulit, Consedit deinde in Regiâ sella, multò excelsiore, quàm pro habitu corporis. Itaque pedes cum imum gradum non contingerent, unus ex Regis pueris mensam subdidit pedibus. Et, cum spadonem, qui Darii fuerat, ingemiscentem conspexisset Rex, causam mœstitiæ requisivit. Ille indicat, Darium vesci in ea solitum, seque sacram ejus mensam ad ludibrium recidentem sine lacrymis conspicere non posse. Subiit ergo Regem verecundia violandi hospitales Deos. Jamque subduci jubebat, cum Philotas, *Minimè verò hæc feceris, Rex, sed omen quoque accipe, mensam, ex quâ libavit hostis epulas, tuis pedibus esse subjectam.*

CAPUT VIII.

Syfigambim cum praesidio Susis relinquit, ei-
que vestes Macedonicas cum tela donat,
qua filias occuparet. Mystam ex dono, &
dicto, servitutis indice, praesens sola-
tur.

REX, Persidis fines aditurus, Susa urbem Archelao, & praesidium trium
millium tradidit. Xenophilo arcis cura
mandata est, mille Macedonum aetate gravibus praesidere arcis castodiae jussis. The-
saurorum Calicrati tutela permissa, Satra-
pea regionis Susianae restituta Abuliti. Matrem quoque Darii, & liberos in eadem
urbe deponit. Ac forte Macedonicas vestes, multamque purpuram dono ex Macedonia sibi missam, cum iis, qui
confecerant, tradi Syfigambi jussit. O-
mni namque honore eam, & filii quoque pietate prosequebatur. Admonerique
jussit, ut, si cordi quoque vestis esset,
conficere eam neptes suas assuefaceret,
donoque doceret dare. Ad hanc vocem
lacrymae obortae prodidere animum asper-
nantis id munus. Quippe non aliud magis
in contumeliam Persarum foeminae accipiunt,
quàm admovere lanae manus. Nuntiant,
qui dona tulerant, tristem esse Syfigambim. Dignaque res excusatione, & solatio
visa. Ipse ergo pervenit ad eam, &,
Mater, inquit, *hanc vestem, qua indutus*
sum, sororum non solùm donum, sed etiam
opus vides. Nostri decepere me mores. Ca

H 6　　*ve,*

ne, obsecro, in contumeliam accipias igno-
rationem meam. Quæ tui moris esse cognovi,
ut spero, abundè servata sunt. Scio apud
vos sedeum in conspectu matris nefas esse con-
sidere, nisi cum illa permisit. Quotiescun-
que ad te veni, donec, ut considerem, an-
nueres, restiti. Procumbens venerari me sæ-
pè voluisti; inhibui. Dulcissimæ matri Olym-
piadi nomen debitum, tibi reddo. Mitiga- 3.
gato ejus animo, Rex quartis castris pervenit ad fluvium.

CAPUT IX.

Pasitigrim describit. Alexander Uxios subi-
git: Madati Prætori Uxiorum, deprecante
Sysigambe, ignoscit.

PAsitigrim incolæ vocant. Oritur in
montibus Uxiorum, & per L. stadia
sylvestribus ripis præceps inter saxa de-
volvitur. Accipiunt deinde eum campi,
quos clementiore alveo præterit, jam navium patiens. Sexcenta stadia sunt mollio-
ris soli, per quod leni tractu aquarum
Persico mari se insinuat. Alexander, amne
superato, cum IX. millibus peditum, &
Agrianis, atque Græcorum mercenariis,
millibus III, additis millibus Thracum, in
regionem Uxiorum pervenit. Finitima Susis est, & in primam Persidem excurrit,
arctum inter se, & Susianos aditum relin-
quens. Madathes erat hujus regionis Præfectus, haud sanè temporum multorum homo. Quippe ultima pro fide experiri decreverat. Sed periti locorum Alexandrum

docent, occultum iter effe per calles, &
averfum ab urbe; fi paucos mififfet leviter
armatos, fuper capita hoftium evafuros.
Cum confilium placuiffet, iidem itinerum
fuerunt duces. Mille, & quingenti merce
de condufti, & Agriani fere mille Tauro
ni Prææfecto dati, ac poft Solis occafum i-
ter ingredi juffi. Ipfe tertia vigilia caftris
motis, circa lucis ortum fuperaverat anguftias. Cæfaque materia cratibus, & plu-
teis faciendis, ut, qui turres admoverent,
extra teli jactum effent, urbem obfidere
cœpit. Præerupta erant omnia faxis, & co-
tibus impedita. Multis ergo vulneribus de-
pulfi, ut quibus non cum hofte folùm, fed
etiam cum loco dimicandum effet, fubibant tamen; quia Rex inter primos con-
ftiterat, interrogans tot urbium victores,
an erubefcerent hærere in obfidione caftel-
li exigui, & ignobilis. Simul jam inter hæc
eminùs petebatur, cum teftudine objecta
milites, qui, ut inde difcederet, pellere
nequiverant, tuebantur. Tandem Tauron
fuper arcem urbis fe cum fuo agmine o-
ftendit. Ad cujus confpectum, & animi hoftium labare, & Macedones acriùs prælium
inire cœperunt. Anceps oppidanos malum
urgebat. Nec fifti vis hoftium poterat.
Paucis ad moriendum, pluribus ad fugam
animus fuit. Magna pars in arcem conceffit. Inde triginta Oratoribus miffis ad
deprecandum, trifte refponfum à Rege
redditur, non effe veniæ locum. Itaque
fuppliciorum metu perculfi, ad Syfigambim Darii matrem, occulto itinere, igno-
toque hoftibus, mittunt, qui peterent, ut

ipfa

ipfa Regem mitigaret, haud ignari, paucis eam loco diligi, colique. Et Madathes ſororis filiam ſecum matrimonio junxerat, Darium propinquâ cognatione contingens. Diu Syſigambis ſupplicum precibus repugnavit, abnuens deprecationem pro illa convenire fortunæ, in qua eſſet : adjecitque, metuere ſeſe, ne victoris indulgentiam fatigaret, ſæpiůſque cogitare, captivam eſſe ſe, quàm Reginam ſuiſſe. Ad ultimum victa, literis Alexandrum ita deprecata eſt, ut ipſam excuſaret, quod deprecaretur : petere ſe, ut illis quoque, ſi minùs, ſibi ignoſceret, pro neceſſario, ac propinquo ſuo, jam non hoſte, ſed ſupplice tantùm, ſidam precari. Moderationem, clementiamque Regis, quæ tunc fuit, vel una hæc res poſſit oſtendere : non. Madathi modò ignovit ; ſed omnes & deditos, & captivos libertate, atque immunitate donavit, urbem reliquit intactam, agros ſine tributo colere permiſit. A victore Dario plura mater non impetraſſet.

CAPUT X.

Perſidem petit. Regredi cum clade cogitur.
Alia via intrat. Perſidis deſcriptio. In-
greſſus in regionem. Cædes Ariobarzanis.

UXiorum deinde gentem ſubactam, Suſianorum Satrapæ contribuit. Diviſiſque cum Parmenione copiis, illum campeſtri itinere procedere jubet, ipſe cum expedito agmine, jugum montium cepit, quorum perpetuum dorſum in Perſi-

dem

dem excurrit. Omni hac regione vaſtata, tertio die Perſidem, quinto anguſtias (quas illi Suſidas Pylas vocant) intrat. Ariobarzanes has cum quindecim millibus peditum occupaverat rupes, abſciſſas, & undique præruptas. In quarum cacuminibus extra teli jactum Barbari ſtabant, de induſtria quieti, & paventibus ſimiles, donec in arctiſſimas fauces penetraret agmen. Quod ubi contemptu ſui pergere vident, tum verò ingentis magnitudinis ſaxa per montium prona devolvunt: quæ incuſſa ſæpiùs ſubjacentibus petris, majore vi incidebant, nec ſingulos modò, ſed agmina proterebant. Fundis quoque excuſſi lapides, & ſagittæ ingerebantur undique. Nec id miſerrimum fortibus viris erat, ſed quòd inulti, ferarum ritu, velut in fovea deprehenſi, cæderentur. Ira igitur in rabiem verſa, eminentia ſaxa complexi, ut ad hoſtem pervenirent, alius alium levantes conabantur aſcendere. Ea ipſa multorum ſimul manibus correpta, & convulſa, in eos, qui commoverant, recidebant. Nec ſtare ergo, nec niti, nec teſtudine quidem protegi poterant, cum tantæ molis onera propellerent Barbari. Regem non dolor modò, ſed etiam pudor temerè in illas anguſtias conjecti exercitus angebat. Invictus ante eam diem fuerat, nihil fruſtrà auſus. Impunè Ciliciæ fauces intraverat: mari quoque novum iter in Pamphyliam aperuerat. Tunc hæſitabat deprehenſa felicitas. Nec aliud remedium erat, quàm reverti, quà venerat. Itaque ſigno receptui dato, denſatis agminibus,

ſcu-

scutisque super capita consertis, retro e-
vadere Rex ex angustiis jubet. Triginta
fuere stadia, quæ remensi sunt. Tum ca- 4.
stris undique aperto loco positis, non consultare modò, quid agendum esset, sed
Vates quoque adhibere cœpit à superstitione animi. Sed quid tunc prædicere Aristander, cui tum plurimùm credebatur ex
Vatibus, poterat? Itaque damnatis intem-
pestivis sacrificiis, peritos locorum convocari jubet. Medium iter ostendebant tu-
tum, apertumque. Sed Rex dimittere milites insepultos erubescebat, ita tradito
more, ut vix ullum militiæ tam solemne
esset munus, quàm humandi suos. Captivos ergo, quos nuper exceperat, vocari
jubet. Inter quos erat quidam Græcæ,
Persicæque linguæ peritus, qui frustrà eum
in Persidem montium dorso exercitum ducere affirmat, sylvestres esse calles, vix
singulis pervios, omnia contegi frondibus,
implexosque arborum ramos sylvas committere. Nanque Persis ab altero latere perpetuis montium jugis clauditur, quod in
longitudinem MDC stadia, in latitudinem
CLXX procurrit. Hoc dorsum à Caucaso
monte ad Rubrum mare pertinet. Quaque deficit mons, aliud munimentum, fretum objectum est. Planities deinde sub radicibus montium spatiosa procumbit, fertilis terra, multisque vicis, atque urbibus
frequens. Araxes amnis per hos campos
multorum aquæ torrentium evolvit in Me-
dum. Medus à mari, & ad meridiem versùs, minor amnis eo, quem recipit, eve-
hitur: gignendæque herbæ non alius est
aptior,

ptior, quicquid alluit, floribus vestiens.
Platani quoque, & populi contegunt ripas,
ita ut procul visentibus continuata videantur montibus nemora riparum. Quippe
obumbratus amnis, presso in solum dila-
bitur alveo, imminentque colles, ipsi quoque frondibus læti, radices eorum humore subeunte. Regio non alia tota Asia sa-
lubrior habetur: temperatum cœlum, hinc
perpetuum jugum opacum, & umbrosum,
quod æstus levat, illinc mare adjunctum,
quod modico tepore terras fovet. His ex-
positis, captivus interrogatus à Rege, auditu ne, an oculis comperta haberet, quæ
diceret, pastorem se fuisse, & omnes eos
calles percurrisse respondit, bis captum,
semel à Persis in Lycia, iterùm ab ipso.
Subit animum memoria Regis Oraculo e-
ditæ sortis. Quippe consulenti responsum
erat, ducem in Persidem ferentis viæ Ly-
cium civem fore. Igitur promissis, quanta
& præsens necessitas exigebat, & ipsius
fortuna capiebat, oneratum, armari jubet
Macedonum more, &, quod benè verteret, monstraret iter, quamvis arduum, &
præceps, evasurum se esse cum paucis:
nisi forte crederet, quò ipse pecoris causa
isset, Alexandrum pro gloria, & perpetua
laude ire non posse. Etiam, atque etiam
docere captivus, quàm difficile iter esset,
maximè armatis. Tum Rex, Prædem me,
inquit, accipe, neminem eorum, qui sequuntur, recusaturum ire, quà duces.
Cratero igitur ad custodiam castrorum relicto, cum peditibus, queis assueverat, &
iis copiis, quas Meleager ducebat, & sa-
git-

gittariis ducentis , & equitibus mille præcepit , ut castrorum specie manente , plures de industria ignes fieri imperaret, quo
magis Barbari crederent, ipsum Regem in
castris esse. Cæterùm , si forte Ariobarzanes cognovisset, per callium anfractus eum
intrare , & ad occupandum iter suum partem copiarum tentasset opponere ; Craterus eum illato terrore retineret , ad propius periculum conversurus agmen : sin
autem ipse hostem fefellisset, & saltum occupasset, cum trepidantium Barbarorum tumultum exaudisset persequentium Regem ,
id ipsum iter , quo pridie pulsi fuerant ,
ne dubitaret ingredi , quippe vacuum fore , hostibus in semet aversis . Ipse tertia
vigilia , silenti agmine , ac ne tuba quidem
dato signo , pergit ad demonstratum iter
callium . Tridui alimenta portare militem
jusserat leviter armatum. Sed præter invias
rupes , ac prærupta saxa , vestigium subinde fallentia , nix cumulata vento ingredien-
tes fatigabat . Quippe velut in foveas delati hauriebantur ; & , cùm à commilitonibus levarentur , trahebant magis adjuvan-
tes, quàm assequebantur . Nox quoque, &
ignota regio, ac dux , incertum , an satis
fidus , multiplicabant metum . Si custodes
fefellissent , quasi feras bestias ipsos posse
deprehendi . Ex unius captivi vel fide , vel
anima , pendere & Regis salutem , &
suam . Tandem venere in jugum . A dextra iter ad ipsum Ariobarzanem erat. Hîc
Philotam , & Cœnum cum Amynta , &
Polypercente, expeditam habentes manum,
reliquis peditos , uti quisque pedes e-

125

.rat miſtus, & quàm pinguiſſimum eſſet ſo
lum, & pabuli fertile, ſenſim procederent.
Duces erant itineris de captivis dati. Ipſe
cum armigeris, & ala, quam Agema ap
.pellant, ardua ſemita, ſed longiùs à ſta
.tionibus hoſtium remota, multa cum ve
.xatione proceſſit. Medius erat dies, & fa
.tigatis neceſſaria quies. Quippe tantundem
.itineris ſupererat, quantùm emenſi erant,
ſed minùs præcipitis, atque ardui. Itaque
.refectis cibo, ſomhoque militibus, ſecun
.da vigilia ſurgit. Et cætera quidem haud
ægrè præteriit : cæterum, quà ſe jugum
.montium paulatim ad planiora demittit,
ingens vorago concurſu cavata torrentium,
.iter ruperat. Ad hæc arborum rami alius
alio implicati, & coeuntes, ut perpetuam
objecerant ſepem. Deſperatio igitur ingens,
adeò, ut vix lacrymis abſtinerent, inceſ
ſerat. Præcipuè obſcuritas terrori erat.
Nam etiam ſi qua ſidera intermitebant,
continenti fronde tectæ arbores conſpicere
prohibebant. Ne aurium quidem uſus ſu
pererat, ſylvas quatiente vento, quæ con
currentibus ramis majorem, quàm pro ſta
tu, ſonum reddebant. Tandem expectata
lux omnia, quæ terribiliora nox fecerat,
minuit. Circumiri brevi ſpatio poterat e
luvies; & ſibi quiſque dux itineris cœpe
rat fieri. Evadunt ergo in editum verti
ſem, ex quo hoſtium ſtatione conſpecta;
ſtrenuè armati à tergo ſe oſtendunt nihil
tale metuentibus. Quorum pauci, qui con
gredi auſi erant, cæſi ſunt. Itaque hinc
morientium gemitus, hine ad ſuos recur
ſentium miſerabilis facies, integros quo
que

que, antequam difcrimen experirentur, in
fugam avertit. Fremitu deinde in caftra,
queis Craterus præerat, illato, ad occu-
pandas anguftias, in quibus pridie hæfita-
rat, miles educitur. Simul & Philotas cum
Polyperconte, Amyntaque, & Cœno di-
verfum iter ingredi juffus, alium terrorem
intulit Barbaris. Ergo undique Macedonum
armis fulgentibus, ancipiti malo oppreffi,
memorabile tamen prælium edunt. Ut e-
pinor, ignaviam quoque neceffitas acuit,
& fæpe defperatio fpei caufa eft. Nudi
complectebantur armatos, & ingenti corporum mole fecum ad terram detrahentes,
ipforum telis plerofque fodiebant. Ariobarzanes tamen quadraginta fermè equitibus, & quinque millibus peditum ftipatus
per mediam aciem Macedonum cum multo fuorum, atque hoftium fanguine erupit,
Perfepolim urbem caput regionis occupare
feftinans. Sed à cuftodibus urbis excluíus,
confequutis ftrenuè hoftibus, cum omnibus
fugæ comitibus, renovato prælio cecidit.
Craterus quoque raptim agmine acto fupervenit.

CAPUT XI.

Perfepolim properat Alexander; cujus miræ
celeritas ab auctore prædicatur.

REx eodem in loco, quo hoftium copias fuderat, caftra communit. Quanquam enim undique fugati hoftes victoriam
conceíferant; tamen præaltæ, præcipitef-
que foffæ, pluribus locis objectæ, abrupe-
rant iter. Senfimque, & cautè progrediendum

dum erat, jam non hostium, sed locorum
fraude suspecta. Procedenti ei literæ redduntur à Tyridate custode Regiæ pecuniæ,
indicantes, eos, qui in urbe essent, audito ejus adventu, diripere velle thesauros,
properaret occupare, expeditum iter esse,
quanquam Araxes amnis interfluat. Nullam virtutem Regis istius magis, quàm celeritatem laudaverim. Relictis enim pede-
stribus copiis, tota nocte cum equitibus itineris tanto spatio fatigatis ad Araxem prima luce pervenit. Vici erant in propinquó,
quibus direptis, ac dirutis pontem ex materia eorum, subditis saxis, strenuè induxit.

CAPUT XII.

Græci mutili, & captivi peinm agrum ab
Alexandro.

Jamque haud procul urbe erant, cùm
miserabile agmen, inter pauca fortunæ exempla memorandum, Regi occurrit.
Captivi erant Græci ad quatuor millia ferè, quos Persæ vario suppliciorum modo
affecerant. Alios pedibus, quosdam manibus, auribusque amputatis, inustisque bar-
bararum literarum notis, in longum sui
ludibrium reservaverant; &, cum se quos-
que alienæ ditionis esse cernerent, volentes Regi occurrere non prohibuerant. Inusitata simulacra, non homines videbantur,
nec quidquam in illis præter vocem poterat agnosci. Plures igitur lacrymas com-
movere, quàm profuderant ipsi. Quippe
in

in tam multiplici, variaque fortuna singulorum, intuentibus similes quidem, sed
tamen dispares pœnas, quis maximè miserabilis esset, liquere non poterat: omnes pari supplicio affecti sibi videbantur.
Ut verò Jovem illi tandem Græciæ ultorem aperuisse oculos conclamavere; Rex
abstersis, quas profuderat, lacrymis, bonum habere animum jubet, visuros urbes
suas, conjugesque. Et castra inde duo ab
urbe stadia communit. Græci excesserant vallo, deliberaturi, quid potissimùm à Rege peterent. Cumque aliis sedes in Asia rogaren
aliis reverti domos placeret; Euthymon
Cymæus ita loquutus ad eos fertur: *Nos,*
qui modò ad opem petendam ex tenebris, &
carcere procedere erubuimus, ut nunc est,
Supplicia nostra, quorum nos pudeat magis,
an pœniteat, incertum est, ostentare Gra-
ciæ velut lætum spectaculum cupimus? At iï
optimè miserias ferunt, qui abscondunt. Nec
ulla est tam familiaris infelicibus patria,
quàm solitudo, & status prioris oblivio.
Nam, qui multum in suorum misericordia
ponunt, ignorant, quàm celeriter lacrymæ
inarescant. Nemo fideliter diligit, quem fa-
stidit. Nam & calamitas querula est, &
superba felicitas. Ita suam quisque fortunam
in consilio habet, cum de alieno deliberat.
Et nisi mutuò essemus miseri, olim alius a-
lii potuissemus esse fastidio. Quid mirum est,
fortunatos semper parem quærere? Obsecro
vos, olim vita defuncti, quæramus locum,
in quo hæc semesa membra obruamus, ubi
horribiles cicatrices celet exilium. Ingrati
prorsus conjugibus, quas invenes duximus,
rever

revertemur. Liberi in flore & ætatis, &
rerum patres agnoscent ergastuli recrementa?
& quota pars nostri tot obire terras potest?
Procul Europa in ultima Orientis relegati,
senes, debiles, majore membrorum parte
mutilati, tolerabimus scilicet, quæ armatos,
& victores fatigaverunt? Conjuges deinde,
quas captis sors, & necessitas unicum solatium applicuit, parvosque liberos, trahimus
nobiscum, an relinquimus? Cum his venien-
tes nemo agnoscere volet. Relinquemus ergo
exemplo præsentia pignora, cum incertum
sit, an usuri simus ea, quæ petimus? Inter
hos latendum est, qui nos miseros nosse ceœ-
perunt. Hæc Euthymon. Contra Theæte-
tus Atheniensis orsus est dicere, Neminem
pium habitu corporis suos æstimaturum, utque sævitia hostis, non natura calamitosos.
Dignum esse omni malo, qui erubesceret sor-
tuita. Tristem enim de mortalite ferre sententiam, & desperare misericordiam, quam
ipse alteri denegaturus sit. Deos (quod ipsi
nunquam ausi optare forent) offerre patriam,
conjuges, liberos, & quidquid homines vel
vita æstimant, vel morte redimunt. Quin illi ex hoc carcere erumperent? Alium domi
esse cœli haustum, alium lucis aspectum.
Mores, sacra, linguæ commercium etiam à
Barbaris expeti, quæ ingenita ipsi emissuri
sint sua sponte, non ob aliud tam calamitosi,
quàm quod illis carere coacti essent. Se certè rediturum ad Penates, & in patriam,
tantoque beneficio Regis usurum. Si quos
contubernii, liberorumque, quos servitus
coegisset agnoscere, amor detineret, relin-
querent, quibus nil patria charius est. Pauci

ci hujus *fententiæ* fuere : cæteros confue-
tudo, natura potentior, vicit. Confenfe-
runt, petendum effe à Rege, ut aliquam
ipfis attribueret fedem. Centum ad hoc
lecti funt. Quos Alexander ratus, *quod*
ipfe præftare cogitabat, petituros, *Immenfa*, inquit, *affignari, quæ vos veherent, &
fingulis veftrum mille denarium dari juffit.
Cum redieritis in Græciam, præftabo, ne
quis ftatum fuum, fi hæc calamitas abfit,
veftro credat effe meliorem.* Illi, abortis
lacrymis, terram intuebantur, nec aut eri-
gere vultus, aut loqui audebant. Tandem
Rege triftitiæ caufam exigente, Euthymon
fimilia iis, quæ in confilio dixerat, refpondit. Atque ille, non fortunæ folùm
eorum, fed etiam pœnitentiæ mifertus,
terna millia denarium fingulis dari juffit.
Denæ veftes adjectæ funt, & armenta cum
pecoribus, ac frumento data, ut coli, fe-
rique attributus iis ager poffet.

CAPUT XIII.

*Capta Perfepolis. Prædæ magnitudo. Ho-
ftium cædes. Everfa urbs, excepta Regia,
feu arce.*

POftero die convocatos Duces copiarum 6.
docet, nullam infeftiorem urbem Græcis effe, quàm Regiam veterum Perfidis
Regum. Hinc illa immenfa agmina infu-
fa : hinc Darium priùs, deinde Xerxem,
Europæ impium intuliffe bellum. Excidio
illius parentandum effe majoribus. Jamque Barbari, deferto oppido, qua quemque

que metus agebat, diffugerant; cùm Rex
phalangem, nil cunctatus, inducit. Multas urbes refertas opulentia Regia partim
expugnaverat, partim in fidem acceperat:
sed urbis hujus divitiæ vicere præterita.
In hanc totius Persidis opes congesserant
Barbari. Aurum, argentumque cumulatum erat, vestis ingens modus : supellex
non ad usum modo, sed ad ostentationem
luxus comparata. Itaque inter ipsos victores ferro dimicabatur. Pro hoste erat,
qui pretiosiorem occupaverat prædam. Et,
cum omnia, quæ reperiebantur, capere non possent (nam res non occupabantur, sed æstimabantur) lacerabant Regias vestes, ad se quisque partem trahentes : dolabris pretiosæ artis vasa cæde-
bant. Nihil neque intactum erat, nec in-
tegrum ferebatur. Abrupta simulacrorum
membra, ut quisque avellerat, trahebat.
Neque avaritia solùm, sed etiam crudelitas in capta urbe grassata est. Auro, argentoque onusti vilia captivorum corpora
trucidabant. Passimque obvii cædebantur,
quos antea pretium sui mirabiles fecerat.
Multi ergo hostium manus voluntaria morte occupaverunt, pretiosissima vestium induti, è muris semetipsos cum conjugibus,
ac liberis in præceps jactantes. Quidam
ignes, quod paulò post facturus hostis videbatur, subjecerant ædibus, ut cum suis
vivi cremarentur. Tandem suis Rex cor-
corporibus, & cultu fœminarum abstinere
jussit. Ingens pecuniæ captivæ modus traditur, prope ut fidem excedat. Cæterùm
aut de aliis quoque dubitamus, aut credi-
mus

emus in hujus urbis gaza fuisse centum, &
viginti millia talenta . Ad quæ vehenda
(nanque ad usus belli secum portare decreverat) jumenta , & camelos à Susis , &
Babylone contrahi jussit . Accessere ad
hanc pecuniæ summam captis Pasargadis
sex millia talentorum . Cyrus Pasargadum
urbem condiderat, quam Alexandro Præfectus ejus Globares tradidit . Rex arcem
Persepolis, tribus millibus Macedonum præfidio relictis , Nicharthiden tueri jubet .
Tyridati quoque , qui gazam tradiderat ,
fervatus est honos , quem apud Darium
habuerat . Magnàque exercitus parte , &
impedimentis ibi relictis , Parmenionem ,
Craterumque præfecit . Ipse cum mille e-
quitibus, peditumque expedita manu , interiorem Persidis regionem sub ipsum Ver-
giliarum fidus petiit; multisque imbribus ,
& propè intolerabili tempestate vexatus ,
procedere tamen , quò intenderat , perseveravit . Ventum erat ad iter perpetuis
obsitum nivibus , quas frigoris vis gelu
astrinxerat. Locorum squalor , & solitudines inviæ fatigatum militem terrebant, humanarum rerum terminos se videre credentem,
Omnia vasta, atque sine ullo humani cultus vestigio, attoniti intuebantur : & , antequam lux quoque , & cœlum ipsos deficerent , reverti jubebant . Rex castigare
territos supersedit . Cæterum ipse equo de-
siliit , pedesque per nivem , & concretam
glaciem ingredi cœpit . Erubuerunt non sequi primùm amici , deinde copiarum Duces,
ad ultimum milites . Primusque Rex dolabra
glaciem perfringens, iter sibi fecit . Exem-

I   plum

plum Regis cæteri imitati sunt . Tandem
propemodùm invias sylvas emensi , humani cultus rara vestigia , & passim errantes
pecorum greges reperere . Et incolæ, qui
sparsis tuguriis habitabant , cum se callibus inviis septos esse credidissent, ut conspexere hostium agmen , interfectis , qui
fugientes sequi non poterant, devios montes , & obsitos nivibus petiverunt . Inde
per colloquia captivorum paulatim feritate
mitigata , tradidere se Regi . Nec in deditos graviùs consultum . Vastatis deinde
agris Persidis, vicisque compluribus redactis
in potestatem , ventum est in Mardorum
gentem bellicosissimàm , & multùm à cæteris Persis cultu vitæ adhorrentem . Specus
in montibus fodiunt , in quos se , ac
conjuges , & liberos condunt : pecorum ,
aut ferarum carne vescuntur . Ne fœminis
quidem pro naturæ habitu molliora ingenia
sunt . Comæ prominent hirtæ , vestis
super genua est , funda vinciunt frontem :
hoc & ornamentum capitis , & telum est .
Sed hanc quoque gentem idem fortunæ
impetus domuit . Itaque trigesimo die ,
posteaquàm à Persepoli profectus erat ,
eodem rediit . Dona deinde amicis , cæterisque pro cujusque merito dedit . Propemodùm omnia , quæ in ea urbe ceperat ,
distributa .

C A-

CAPUT XIV.

Rex ebrius ab ebrio scorto impulsus Perse-
polim incendio delet . Serò cum Phrygi-
bus sapit , & dolet factum , quod infe-
ctum fieri non potuit .

CÆterùm ingentia animi bona , illam 7.
indolem, qua omnes Reges antecef-
fit , illam in subeundis periculis constantiam , in rebus moliendis , efficiendifque
velocitatem , in deditos fidem , in captis
vos clementiam , in voluptatibus permiffis
Quoque , & ufitatis temperantiam , haud
tolerabili vini cupiditate foedavit . Hoste ,
& æmulo Regni reparante tum cum maximè bellum , nuper fubactis , quos vicerat, novumque Imperium afpernantibus ,
de die inibat convivia . Quibus foeminæ
intererant, non quidem, quas violare nefas effet . Quippe pellices licentiùs , quàm
decebat, cum armato vivere affuetæ . Ex
his una Thais , & ipfa temulenta , maximam apud omnes Græcos initurum gratiam affirmat , si Regiam Perfarum juffiffet incendi , expectare hoc eos , quorum
urbes Barbari deleffent . Ebrio fcorto de
tanta re ferenti fententiam unus , & alter , & ipfi mero onerati affentiuntur .
Rex quoque fuit avidior , quàm patientior . Quin igitur ulcifcimur Græciam , &
urbi faces fubdimus ? Omnes incaluerant
mero . Itaque furgunt temulenti ad incen-
dendam urbem , cui armati pepercerant .

I 2   Pri-

Primus Rex ignem Regiæ injecit : tum
convivæ, & ministri, pellicesque. Multi
cedio ædificata erat Regia, quæ celeriter
igne concepto latè fudit incendium. Quod
ubi exercitus, qui haud procul ab urbe
tendebat, conspexit, fortuitum ratus, ad
opem ferendam concurrit. Sed ut ad vestibulum Regiæ ventum est, vident Regem ipsum adhuc aggerentem faces. O-
missa igitur, quam portaverant, aqua, à-
ridam materiam in incendium jacere cœperunt. Hunc exitum habuit Regia totius
Orientis, unde tot gentes antè jura petebant, patria tot Regum, unicus quondam Græciæ terror, molita mille navium
classem, & exercitus, quibus Europa inundata est, contabulato mari molibus,
perfossisque montibus, in quorum specūs
fretum immissum est. Ac ne longa quidem
ætate, quæ excidium ejus sequuta est, re-
surrexit. Alias urbes habuere Macedonum
Reges, quas nunc habent Parthi : hujus
vestigium non inveniretur, nisi Araxes a-
mnis ostenderet. Haud procul mœnibus
fluxerat. Inde urbem fuisse xx stadiis di-
stantem, credunt magis, quàm sciunt accolæ. Pudebat Macedones tam præclaram
urbem à comessabundo Rege deletam esse. Itaque res in serium versa est, & im-
peraverunt sibi, ut crederent, illo potissimùm modo fuisse delendam. Ipsum, ut
primùm gravatam ebrietate mentem quies
reddidit, pœnituisse constat, & dixisse,
maiores pœnas Persas Græcis daturos fuisse, si ipsum in solio, Regiaque Xersis conspicere coacti essent. Postero die Lycio,
iti-

itineris , quo Perfidem intraverat , duci, triginta talenta dono dedit.

CAPUT XV.

Mediam intrat. Supplementum accipis. Darius Ecbatanis se ad ultimum prælium parat. Syllabus copiarum ejus.

HInc in regionem Mediæ tranfiit, ubi fupplementum novorum militum è Cilicia occurrit . Peditum erant quinque millia, equites mille . Utrifque Plato A-thenienfis præerat . His copiis auctus , Darium perfequi ftatuit . Ille jam Ecba-**8.** tana pervenerat , caput Mediæ . Urbem hanc nunc tenent Parthi : eaque æftiva agentibus fedes eft . Adire deinde Bactra decreverat. Sed veritus, ne celeritate A-lexandri occuparetur , confilium, iterque mutavit . Aberat ab eo Alexander ftadia MD. Sed jam nullum intervallum adverfus celeritatem ejus fatis longum videbatur . Itaque prælio magis, quàm fugæ fe præparabat . Triginta millia peditum fequebantur , in quibus Græcorum erant quatuor millia, fide erga Regem ad ultimum invicta . Funditorum quoque , & fagittariorum manus quatuor millia expleverat . Præter hos tria millia , & ccc equites e-rant , maximè Bactrianorum . His Beffus præerat , Bactrianæ regionis Præfectus . Cum hoc agmine Darius paulùm declinavit via militari, juffis præcedere lixis impedimentorum cuftodibus .

I 3   CA.

CAPUT XVI.

Oratio Darii, qua Satrapas suas ad extremum prælium adhortatur.

COncilio deinde advocato, *Si me cum ignavis,* inquit, *& pluris qualemcunque vitam honesta morte æstimantibus fortuna junxisset; tacerem potiùs, quàm frustrà verba consumerem. Sed majore, quàm vellem, documento & virtutem vestram, & fidem expertus, magis etiam conniti debeo, ut dignus talibus amicis sim, quàm dubitare, an vestri similes adhuc sitis. Ex tot millibus, quæ sub Imperio fuerunt meo, bis me victum, bis fugientem persequuti estis. Fides vestra, & constantia, ut Regem me esse credam, facit. Proditores, & transfugæ in urbibus meis regnant, non herculè, quia tanto honore digni habeantur, sed ut præmiis eorum vestri solicitentur animi. Meam tamen fortunam, quàm victoris maluistis sequi, dignissimi, quibus, si ego non possim, Dii pro me gratiam referant. Et meherculè referent. Nulla erit tam surda posteritas, nulla tam ingrata fama, quæ non in cælum vos debitis laudibus ferat. Itaque, etiamsi consilium fugæ, à qua multùm abhorret animus, agitassim; vestra tamen virtute fretus, obviam issem hosti. Quousque enim in Regno exulabo, & per fines Imperii mei fugiam externum, & advenam Regem, cum liceat experto belli fortunam aut reparare, quæ amisi, aut honesta morte defungi? Nisi forte satius est expectare victoris arbitrium, & Ma-*
zei,

Rā, & Methrenis exemplo precarium acci-
pere Regnum nationis unius, ut jam malit
ille gloriæ suæ, quàm iræ obsequi. Nec Dii
fverint, ut hoc decus mei capitis aut deme-
re mihi quisquam, aut condonare possit. Nec
hoc Imperium virus amittam : idemque erit
Regni mei, qui & spiritus finis. Si hic ani-
mus, si hæc lex, nulli non parta libertas
est, nemo à vobis fastidium Macedonum,
nemo vultum superbum ferre cogetur. Sua
cuique dextra aut ultionem tot malorum pa-
riet, aut finem. Equidem, quàm versabilis
fortuna sit, documentum ipse sum. Nec im-
meritò mitiores vices ejus expecto. Sed si
justa, ac pia bella Dii aversantur ; fortibus
tamen viris licebit honestè mori. Per ego
vos decora majorum, qui totius Orientis Re-
gna cum memorabili laude tenuerunt, per
illos viros, quibus stipendium Macedonia
quondam tulit, per tot navium classes in
Græciam missas, per tot trophæa Regum, o-
ro, & obsestor, ut nobilitate vestra, gentis-
que dignos spiritus capiatis, ut eadem con-
stantia animorum, qua præterita tolerastis,
experiamini, quidquid deinde sors tulerit.
Me certè in perpetuum aut victoria egregia
nobilitabit, aut pugna.

CAPUT XVII.

...tio cum horrore Ducum ex oratione
concepta . Artabazi fides . Nabarza-
& Bassi conjuratio.

HÆc dicente Dario, præfentis periculi
fpecies omnium fimul corda, animof-
que horrore perftrinxerat. Nec aut confilium fuppetebat, aut vox, cùm Artabazus vetuftiffimus amicorum, quem hofpi-
tem fuiffe Philippi fæpè diximus, *Nos ve-*
rò inquit, *pretiofiffimam veftem induti, ar-*
mifque, quanto maximo cultu poffumus,
adornati, Regem in aciem fequemur, ea
quidem mente, ut victoriam fperemus, mor-
tem non recufemus. Affenfu excepere cæteri hanc vocem. Sed Nabarzanes, qui in
eodem confilio erat cum Beffo, inauditi
antea facinoris focietate inita, Regem
fuum per milites, quibus ambo præerant,
comprehendere, & vincire decreverant,
ea mente, ut, fi Alexander ipfos infequutus foret, tradito Rege vivo, inirent
gratiam victoris, magni profectò cepif-
fe Darium æftimaturi, fin autem eum
effugere potuiffent, interfecto Dario,
Regnum fibi occuparent, bellumque re-
novarent. Hoc parricidium cum diu vo-
lutaffent, Nabarzanes aditum nefariæ fpei
præparans, *Scio me,* inquit, *fententiam ef-*
fe dicturum prima fpecie haudquaquam au-
ribus tuis gratam. Sed Medici quoque gra-
viores morbos afperis remediis curant : &
Gubernator, ubi naufragium timet, jactura,

quid-

quidquid servari potest, redimit. Ego tamen,
non ut damnum quidem facias, suadeo, sed
ut te, ac Regnum tuum salubri ratione con-
serves. Diis adversis bellum inimus; &
pertinax fortuna Persas urgere non desinis.
Novis initiis, & ominibus opus est. Auspicium, & Imperium alii trade interim, qui
tandiu Rex appelletur, donec Asia decedat
hostis, victor deinde Regnum tibi reddat.
Hoc autem brevi futurum, ratio promittit.
Bactra intacta sunt, Indi, & Sagæ in sua
potestate. Tot populi, tot exercitus, tot equitum, peditumque millia ad renovandum bellum vires paratas habent, ut major belli
moles supersit, quàm exhausta sit. Quid rui-
mus belluarum ritu in perniciem non neces-
sariam? Fortium virorum est, magis mortem contemnere, quàm odisse vitam. Sæpè
tædio laboris ad vilitatem sui compelluntur
ignavi: at virtus nihil inexpertum omittit.
Itaque ultimum omnium mors est, ad quam
non pigrè ire satis est. Proinde, si Bactra,
quod tutissimum receptaculum est, petimus;
Præfectum regionis ejus Bessum, Regem temporis gratia statuamus. Compositis rebus,
justo Regi tibi fiduciarium restituet Imperium.

CAPUT XVIII.

Darius sentit insidias, quas effugere tamen non potuit. Artabazi, & Graecorum cum Patrone fides in eundem. Artabazus pro Rege administrat castra.

HAud mirum est, Darium non tempe-
rasse animo : quanquam tam impiae
voci quantum nefas subesset, latebat. Itaque, *Pessimum*, inquit, *mancipium*, *repe-
risti optatum tibi tempus*, *quo parricidium*
aperires ? Strictoque acinace interfecturus
videbatur, ni properè Bessus, Bactrianique, tristium specie, cæterùm si perseveraret, vincturi circunstetissent. Nabarzanes interim elapsus, mox & Bessus consequutus, copias, quibus præerant, à cætero exercitu secedere jubent, secretum inituri consilium. Artabazus convenientem
præsenti fortunæ sententiam orsus, mitigare Darium, temporum identidem admonens, cœpit. *Ferret æquo animo qualium-
cunque, suorum tamen, vel stultitiam, vel
errorem. Instare Alexandrum, gravem, etiamsi omnes præstò essent. Quid futurum, si
persequuti fugam ipsius, alienentur à Rege ?*
Ea re paruit Artabazo. Et quanquam movere castra statuerat, turbatis tamen o-
mnium animis, eodem in loco substitit.
Sed attonitus mœstitia simul, & desperatione, tabernaculo se inclusit. Ergo in castris, quæ nullius regebantur imperio, varii animorum motus erant. Nec in commune, ut anteà, consulebatur. Dux Græ-
co-

eorum militum Patron arma capere suos
jubet, paratosque esse ad exequendum imperium. Persæ secesserant. Bessus cum Bactrianis erat, tentabatque Persas abducere, Bactra, & intactæ regionis opulen-
tiam, simulque, quæ manentibus instarent,
pericula ostentans. Persarum omnium eadem ferè fuit vox, *nefas esse deseri Regem*. Inter hæc Artabazus omnibus imperatoriis fungebatur officiis. Ille Persarum tabernacula circumire, hortari, monere nunc singulos, nunc universos, non
ante destitit, quàm satis constaret imperata facturos. Idem ægrè à Dario impetravit, ut cibum caperet, animumque Regis.

CAPUT XIX.

*Conjurati artes quærunt, quibus Darium com-
prehendant. Simulant pœnitentiam, reci-
piuntur in gratiam.*

AT Bessus, & Nabarzanes, olim agita- 10.
tum scelus exequi statuunt, Regni
cupiditate accensi. Dario autem incolumi
tantas opes sperare non poterant. Quippe in illis gentibus Regum eximia majestas est. Ad nomen quoque Barbari con-
veniunt: & pristinæ veneratio fortunæ sequitur adversam. Inflabat impios animos
regio, cui præerant, armis, virisque, &
spatio locorum nulli earum gentium secunda. Tertiam partem Asiæ tenet. Multitudo juniorum exercitus, quos amiserat Darius, æquabat. Itaque non illum modò,

I 6 sed

sed etiam Alexandrum spernebant, inde
vires Imperii repetituri, si regionis potiri
contigisset. Diu omnibus cogitatis, placuit, per milites Bactrianos ad omne obsequium destinatos, Regem comprehendere, mittique nuntium ad Alexandrum,
qui indicaret vivum asservari eum. Si, id,
quod timebant, proditionem aspernatus
esset, occisuri Darium, & Bactra cum suarum gentium manu petituri. Cæterùm pro-
palam comprehendi Darius non poterat,
tot Persarum millibus laturis opem Regi.
Græcorum quoque fides timebatur. Itaque, quod non poterant vi, fraude assequi tentant. Pœnitentiam secessione simu-
lare decreverant, & excusare apud Regem consternationem suam. Interim, qui
Persas solicitarent, mittuntur. Hinc spe,
hinc metu militares animos versant : ruinæ rerum illos subdere capita, in perniciem trahi, cum Bactra pateant, excep-
tura eos donis, & opulentia, quantam
animis concipere non possint. Hæc agitan-
tibus Artabazus supervenit, sive Regis jussu, sive sua sponte, affirmans, mitigatum
esse Darium, & eundem illis amicitiæ gradum patere apud Regem. Illi lacryman-
tes, nunc purgare se, nunc Artabazum
orare, ut causam ipsorum tueretur, precesque perferret. Sic peracta nocte, sub
lucis exortum Nabarzanes cum Bactrianis
militibus in vestibulo Prætorii aderat, titulum solemnis officii occulte sceleri præferens. Darius, signo ad eundem dato,
currum pristino more conscendit. Nabarzanes, cæterique parricidæ procumbentes
humi,

dumi, quem paulò poſt in vinculis habi-
turi erant, ſuſtinuere venerari: lacrymas
etiam pœnitentiæ indices profuderunt. A-
deò humanis ingeniis parata ſimulatio eſt.
Preces deinde ſuppliciter admotæ. Darium natura ſimplicem, & mitem, non
credere modò, quæ affirmabant, ſed etiam flere coegerunt. Ac ne tum quidem
cogitati ſceleris pœnituit, cum intuerentur, qualem & Regem, & virum fallerent. Ille quidem ſecurus periculi, quod
inſtabat, Alexandri manus, quas ſolas ti-
mebat, effugere properabat.

C A P U T XX.

*Patron Græci militis mercede conducti Præ-
tor, aperit Dario conjuratorum ſimulatam
pœnitentiam, & certas inſidias.*

PAtron autem Græorum Dux præcepit 11.
ſuis, ut arma, quæ in ſarcinis anteà
ferebantur, induerent, ad omne imperium ſuum parati, & intenti. Ipſe currum Regis ſequebatur, occaſioni imminens alloquendi eum. Quippe Beſſi facinus præſenſerat. Sed Beſſus id ipſum metuens, cuſtos veriùs, quàm comes, à curru
non recedebat. Diu ergo Patron cunctatus,
ac ſæpiùs ſermone revocato, inter fidem
timoremque hæſitans, Regem intuebatur.
Qui ut tandem advertit oculos, Bubacem
ſpadonem inter proximos currum ſequentem
percontari jubet, num quid ipſe velit dicere. Patron, ſe verò, ſed remotis arbitris, loqui velle cum eo, reſpondit. Juſ-

ſuſ-

ſſque propiùs accedere, ſine interpreté
(nam haud rudis Græcæ linguæ Darius
erat) Rex, inquit, ex quinquaginta millibus Græcorum ſuperſumus pauci, omnes fortunæ tuæ comites, & in hoc tuo ſtatu iidem, qui, florente te, fuimus, quaſcunque
ſedes elegeris, pro patria, & domeſticis
rebus petituri. Secunda, adverſæque res
tua copulavere nos tecum. Per hanc fidem
invictam oro, & obteſtor, in noſtris caſtris
tibi tabernaculum ſtatue, nos corporis tui
cuſtodes eſſe patiaris. Amiſimus Græciam,
nulla Bactra ſunt nobis. Spes omnis in te.
Utinam & in cæteris eſſet. Plura dici non
attinet. Cuſtodiam corporis tui externus, &
alienigena non depoſcerem, ſi crederem a-
lium poſſe præſtare. Beſſus quanquam erat
Græci ſermonis ignarus, tamen ſtimulan-
te conſcientia, indicium profectò Patro-
nem detuliſſe credebat. Et interpretis Græci relato ſermone, exempta dubitatio eſt.
Darius autem, quantum ex vultu conſpici poterat, haud ſanè territus, percontari
ri Patrona cauſam conſilii, quod afferret,
cœpit. Ille non ultrà differendum ratus,
Beſſus, inquit, & Nabarzanes inſidiantur
tibi, in ultimo diſcrimine & fortuna tuæ,
& vitæ. Hic dies aut parricidis, aut tibi
futurus ultimus. Et Patron quidem egregiam conſervati Regis gloriam tulerat.
Eludant licèt, quibus fortè, ac temerè hu-
mana negotia volvi, agique perſuaſum eſt:
equidem æterna conſtitutione crediderim,
nexuque cauſarum latentium, & multò
antè deſtinatarum, ſuum quenque ordinem immutabili lege percurrere. Darius
cer-

certâ respondit, *Quanquam sibi Græcorum
militum fides nota sit ; nunquam tamen à
popularibus suis recessurum. Difficilius est,
damnare, quàm decipi. Quidquid sors tulisset, inter suos perpeti malle, quàm transfugam fieri. Serò se perire, si salvum esse
sui milites nollent.* Patron, desperata salute Regis, ad eos, quibus præerat, rediit, omnia pro fide experiri paratus.

CAPUT XXI.

Bessi parricidæ simulata excusatio.

AT Bessus occidendi protinùs Regis im- 12.
petum conceperat. Sed veritus, ne
gratiam Alexandri, ni vivum eum tradi-
disset, inire non posset, dilato in proximam noctem sceleris consilio, agere gratias incipit, quòd perfidi hominis insidias
Alexandri opes spectantis, prudenter, cau-
teque vitasset. Donum eum hosti laturum
fuisse Regis caput. Nec mirari, hominem
mercede conductum omnia habere vena-
lia. Sine pignore, sine lare, terrarum orbis exulem, ancipitem hosti, ad nutum
licentium circumferri. Purganti deinde se,
Deosque patrios testes fidei suæ invocan-
ti, Darius vultu assentiebatur, haud dubius, quin vera deferrentur à Græcis. Sed
eò rerum ventum erat, ut tam periculosum esset non credere suis, quàm decipi.
Triginta millia erant, quorum inclinata in-
scelus levitas timebatur. Quatuor millia
Patron habebat, quibus si credidisset salutem suam, damnata popularium fide,

par-

parricidio excufationem videbat offerri.
Itaque præoptabat immeritò, quàm jure
violari. Beſſo tamen inſidiarum conſilium
purganti refpondit, *Alexandri ſibi non mi-*
nùs iuſtitiam, quàm virtutem eſſe perfpe-
ctam. Falli eos, qui proditionis ab eo præ-
mium expectent. Violatæ fidei neminem a-
criorem fore vindicem, ultoremque.

CAPUT XXII.

Darius ultimùm ſalutato Artabazo, dilapſis
cuſtodibus, dimiſſis fpadonibus, per no-
ctem à Beſſo vincitur, & captivus à ſuis
curru abducitur.

JAmque nox appetebat, cum Perſæ more ſolito armis poſitis, ad neceſſaria
ex proximo vico ferenda difcurrunt.
At Bactriani (ut imperatum erat à Beſſo) armati ſtabant. Inter hæc Darius Artabazum acciri jubet. Expoſitifque, quæ
Patron detulerat, haud dubitare Artabazus, quin tranſeundum eſſet in caſtra
Græcorum: Perſas quoque, periculo vulgato, fequuturos. Deſtinatus forti ſuæ,
& jam nullius falubris conſilii patiens, u-
nicam in illa fortuna openr, Artabazum,
ultimùm illum viſurus, amplectitur; per-
fufufque mutuis lacrymis, inhærentem ſibi
avelli jubet. Capite deinde velato, ne inter gemitus digredientem velut à tergo
intueretur, in humum pronum corpus ab-
jecit. Tum verò cuſtodiæ ejus aſſueti,
quos Regis falutem vel periculo vitæ tueri oportebat, dilapſi ſunt, armatis, quos
jam

Jam adventare credebant, haud rati se futuros pares. Ingens ergo in tabernaculo solitudo erat, paucis spadonibus (quia quò descenderent, non habebant) circunstantibus Regem. At ille, remotis arbitris, diu aliud, atque aliud consilium animo volutabat. Jamque solitudinem, quam paulò antè pro solatio petiverat, perosus, Bubacem vocari jubet. Quem intuens, *Ite*, inquit, *consulite vobis, ad ultimum Regi vestro (ut decebat) fide exhibita. Ego hìc legem fati mei expecto. Forsitan mireris, quòd vitam non finiam. Alieno scelere, quàm meo, mori malo.* Post hanc vocem, spado gemitu non modò tabernaculum, sed etiam castra complevit. Irrupere deinde alii, laceratisque vestibus, lugubri, & barbaro ululatu Regem deplorare cœperunt. Persæ, ad illos clamore perlato, attoniti metu, nec arma capere, ne in Bactrianos inciderent, nec quiescere audebant, ne impiè deserere Regem viderentur. Varius, ac dissonus clamor, sine duce, ac sine imperio, totis castris referebatur. Besso, & Nabarzani nuntiaverant sui, Regem à semetipso interemptum esse. Planctus eos deceperat. Itaque citatis equis advolant, sequentibus, quos ad ministerium sceleris delegerant. Et, cùm tabernaculum intrassent, quia Regem vivere spadones indicabant, comprehendi, vincirique jusserunt. Rex curru paulò ante vectus, & Deorum à suis honoribus cultus, nulla externa ope admota, captivus servorum suorum, in sordidum vehiculum pellibus undique contectum imponitur. Pecunia Regis, & supelpellex, quaſi jure belli , diripitur . Omne ſtique præda per ſcelus ultimum parta , fugam intendunt. Artabazus cum iis, qui imperio parebant , Græciſque militibus Parthienem petebat, omnia tutiora parricidarum contuitu ratus . Perſæ promiſſis Beſſi onerati , maximè , quia nemo alius erat , quem ſequerentur , conjunxere ſe Bactrianis , agmen eorum tertio aſſequuti die . Ne tamen honos Regi non haberetur, aureis compedibus Darium vinciunt, nova ludibria ſubinde excogitante fortuna. Et, ne fortè cultu Regio poſſet agnoſci , ſordidis pellibus vehiculum intexerant . Ignoti jumenta agebant , ne percontantibus in agmine monſtrari poſſet , cuſtodes procul ſequebantur .

CAPUT XXIII.

Alexander Darium perſequitur .

13. ALexander , audito , Darium moviſſe ab Ecbatanis , omiſſo itinere , quod patebat in Mediam , fugientem inſequi pergit ſtrenue . Tabas oppidum eſt in Paretacene ultima. Ibi transfugæ nuntiant, præcipitem fuga Bactra petere Darium . Certiora deinde cognoſcit ex Bagyſthene Babylonio , non equidem vinctum Regem, ſed in periculo eſſe aut mortis , aut vinculorum . Rex Ducibus convocatis , *Maximum* , inquit , *opus , ſed labor breviſſimus ſupereſt . Darius haud procul deſtitutus à ſuis , aut vinctus , aut oppreſſus eſt . In illo corpore poſita eſt victoria noſtra . Ea tan-*

honia res celeritatis est præmium . Omnes
pariter conclamant, paratos ipsum sequi,
nec labori , nec periculo parceret. Igitur
raptim agmen cursus magis, quàm itineris
modo ducit , ne nocturna quidem quiete
diurnum laborem relaxante . Itaque quingenta stadia processit . Perventumque erat
in vicum , in quo Darium Bessus compre-
henderat : ibi Melon Darii interpres excipitur . Corpore æger non potuerat agmen
sequi : & deprehensus celeritate Regis ,
transfugam se esse simulabat. Ex hoc acta
cognoscit . Sed fatigatis necessaria quies
erat . Itaque delectis equitum sex millibus,
trecentos, quos Dimachas appellabant, ad-
jungit . Dorso hi graviora arma portabant.
Cæterùm equis vehebantur : cùm res , lo-
cusque posceret, pedestris acies erat. Hæc
agentem Alexandrum adeunt . Orsillos, &
Mythracenes , qui Bessi parricidium exosi
transfugerant . Nuntiabantque , stadia
quingenta abesse Persas: ipsos brevius iter
monstraturos. Gratus Regi adventus transfugarum fuit . Itaque prima vespera ; ducibus iisdem , cum expedita equitum manu,
monstratam viam ingreditur , phalange ,
quantum festinare posset, sequi jussa . Ipse
quadrato agmine incedens , ita cursum regebat, ut primi conjungi ultimis possent .
Trecenta stadia processerant , cum occurrit Brocubelus, Mazæi filius, Syriæ quondam Prætor. Is quoque transfuga nuntiabat, Bessum haud amplius , quàm ducenta
stadia abesse . Exercitum , utpote qui nihil
præcaveret, incompositum , inordinatumque
procedere . Hyrcaniam videri petituros .

Si

Si feftinaret fequi , palantibus fuperventu-
rum. Darium adhuc vivere. Strenuo alioquin cupiditatem confequendi transfuga
injecerat. Itaque, calcaribus fubditis, effufo curfu eunt. Jamque fremitus hoftium
iter ingredientium exaudiebatur : fed prof-
pectum ademerat pulveris nubes. Paulifper
ergo inhibuit curfum , donec confideret
pulvis.

CAPUT XXIV.

Barbari cum Beffo certatim fugiunt. Darius
fugientes fequi recufat: vulneratus ab fuis
relinquitur: à Polyftrato Macedone repe-
ritur ; datis ad Alexandrum mandatis ex-
tinguitur.

Jamque confpecti à Barbaris erant, &
abeuntium agmen confpexerant , ne-
quaquam futuri pares, fi Beffo tantum animi fuiffet ad prælium , quantum ad parricidium fuerat. Namque & numero Barbari præftabant, & robore. Ad hoc refecti
cum fatigatis certamen inituri erant. Sed
nomen Alexandri, & fama , maximum in
bello utique momentum, pavidos in fugam
convertit. Beffus , & cæteri facinoris ejus
participes, vehiculum Darii affequuti, cœperunt hortari eum, ut confcenderet equum,
& fe hofti fuga eriperet. Ille Deos ultores
adeffe teftatur, & Alexandri fidem implorans, negat fe parricidas velle comitari.
Tum verò ira quoque accenfi, tela injiciunt in Regem, multifque confoffum vulneribus relinquunt. Jumenta quoque, ne longiùs

gius profequi poffent, convulnerant, duobus fervis, qui Regem comitabantur, occifis. Hoc edito facinore, ut veftigia fugæ fpargerant, Nabarzanes Hyrcaniam, Beffus Bactra, paucis equitum comitantibus, petebant. Barbari ducibus deftituti, quà quenque aut fpes ducebat, aut pavor, diffipabantur. Quingenti tantùm equites congregaverant fe, incerti adhuc, refiftere ne melius effet, an fugere. Alexander hoftium trepidatione comperta, Nicanorem cum equitum parte ad inhibendam fugam præmittit: ipfe cum cæteris fequitur. Tria fermè millia refiftentium occifa funt: reliquum agmen more pecudum intactum agebatur, jubente Rege, ut cædibus abftineretur. Nemo captivorum erat, qui monftrare Darii vehiculum poffet. Singuli, ut quæque prehenderant, fcrutabantur: nec tamen ullum veftigium fugæ Regis extabat. Feftinantem Alexandrum vix tria millia equitum perfequuta funt. At in eos, qui lentiùs fequebantur, incidebant univerfa fugientium agmina. Vix credibile dictu, plures captivi, quàm qui caperent, erant. Adeò omnem fenfum territis fortuna penitùs excufferat, ut nec hoftium paucitatem, nec multitudinem fuam fatis cernerent. Interim jumenta, quæ Darium vehebant, nullo regente decefferant militari via: & errore delata per quatuor ftadia, in quadam vale conftiterant, æftu, fimulque vulneribus fatigata. Haud procul erat fons, ad quem monftratum à peritis Polyftratus Macedo fiti maceratus acceffit. Ac, dum galea hauftam aquam

foi-

forbet , tela jumentorum deficientium
corporibus infixa confpexit . Miratufque
confofla potiùs , quàm abacta efle femivivi
* (*Quæ fequuntur ab afterifco , ad hujus*
lib. finem , ex Juft. lib. 2. defumpta funt)
hominis corpus , cùm propiùs acceffiflet ,
in fordido vehiculo pellibus contecto fitum
reperit : atque Darium , multis quidem
vulneribus confoflum, adhuc tamen fpiran-
tem, efle cognovit . Qui applicito captivo,
cum civem ex voce cognoviflet , id faltem
præfentis fortunæ folatium fe habere dixit ,
quòd apud intellecturum loquuturus eflet ,
nec incaflum poftremas voces emiflurus .
Hecque Alexandro perferri jubet , fe nullis
in eum meritorum officiis , maximorum
autem illi debitorem mori . Agere tamen
ei maximas gratias pro beneficiis in matrem,
conjungem, liberofque fuos impenfis . Iis
enim vitam , & priftini ftatus reverentiam,
dignitatemque conceflam . Sibi autem à co-
gnatis, atque amicis, quibus & Regna, &
vitam dederit , illa omnia erepta efle .
Precari fe , ut illi victori terrarum omnium Imperium contingat . Ultionem fceleris
erga fe perpetrati , non folùm fua , fed
exempli , omniumque Regum caufa , non
negligere , illi cum decorum , tum utile
futurum . Jamque deficiens, aquam popo-
fcit . Quam allatam poftquam bibit Polyftrato , qui eam tulerat, Quifquis es mortalium , inquit , hoc mihi extremum univerfæ calamitatis genus accidit, ut pro tanto
in me beneficio dignas tibi grates referre
nequeam . At referat Alexander, Alexandro verò Dii , pro ejus fumma in meos
hu-

humanitate , ac clementia . Cui hoc fidei Regiæ unicum dextræ pignus pro me
dabis . Hæc dicentem , accepta Polyſtrati
manu , vita deſtituit . Quibus Alexandro
nuntiatis , ad corpus demortui perveniens,
tam indignam illo faſtigio mortem lacrymis
proſequutus eſt . Demptaque ſibi chlamy-
de , corpus illius contexit : atque Regio
ornatum cultu , ad matrem Syſigambim ,
patrio , Regioque more ſepeliendum , atque Regiis majorum ſuorum tumulis infe
rendum , miſit .

LIBER SEXTUS.

SYNOPSIS

Agis Lacedæmoniorum Rex ab Antipatro bello vincitur. Alexander hortatur militem ad reliquam Asiam subigendam. Fluvius Zioberis describitur. Nabarzanes cum aliis Satrapis veniam impetrat. Alexander Græcis Darianis parcit. In mores Persarum abit. Bessum bello persequitur. Conjuratio Philotæ, & aliorum detegitur. Philotas tortus cum conjuratis occiditur.

CAPUT I.

Deest principium de bello Lacedæmoniorum cum Antipatro Præside Macedoniæ gesto, in quo victor Antipater, cæsus Agis Rex Lacedæmoniorum. Victi Legatos mittunt ad Alexandrum. Antipater cautè, & modestè utitur victoria, ne se oneret invidia apud Alexandrum.

PUgnæ discrimen immisit; obtruncatisque, qui promptiùs resistebant, magnam partem hostium propulit. Cœperant fugere victores; &, donec avidiùs sequentes in planum deduxere, multi cadebant.

Sed,

Sed, ut primùm locus, in quo stare possent, fuit, æquis viribus dimicatum est.
Inter omnes tamen Lacedæmonios Rex
eminebat, non armorum modò, & corporis specie, sed etiam magnitudine animi,
quo unq vinci non potuit. Undique nunc
cominùs, nunc eminùs petebatur : diuque
arma circumferens, alia tela clypeo excipiebat, corpore alia vitabat, donec hasta femora perfossa, plurimo sanguine effuso, destituere pugnantem. Ergo clypeo
suo exceptum armigeri raptim in castra
referebant, jactationem vulnerum haud facilè tolerantem. Nec tamen omisere Lacedæmonii pugnam; &, ut primùm sibi,
quàm hosti æquiorem locum capere potuerunt, densatis ordinibus, effusè fluen-
tem in se aciem excepere. Non aliud discrimen vehementius fuisse, memoriæ proditum est. Duarum nobilissimarum bello
gentium exercitus pari Marte pugnabant.
Lacedæmonii vetera, Macedones præsentia decora intuebantur. Illi pro libertate,
hi pro dominatione pugnabant. Lacedæmoniis Dux, Macedonibus locus deerat. Diei quoque unius tam multiplex casus modò spem, modò metum
utriusque partis augebat, velut de industria inter fortissimos viros certamen æ-
quante fortuna. Cæterùm angustiæ loci,
in quo hæserat pugna, non patiebantur
totis congredi viribus. Spectabant ergo
plures, quàm inierant prælium. Et qui
extra teli jactum erant, clamore invicem
suos accendebant. Tandem Laconum acies
languescere; lubrica arma sudore vix su-

K   sti-

ſtinens; poſtam deinde referre cœpit, vix
gente hoſte, ac aperte ſugere. Inſeque-
batur diſſipatos victor, & emenſus curſu
omne ſpatium, quod acies Laconum obtinuerat, ipſum Agim perſequebatur. Ille, ut fugam ſuorum, & proximos hoſtium conſpexit, deponi ſe juſſit. Exper-
tuſque, membra an impetum animi ſequi
poſſent, poſtquam deficere ſenſit, poplitibus ſemet excepit, galeaque ſtrenue ſum-
pta, clypeo protegens corpus, haſtam
dextra vibrabat, ultro vocans hoſtem, ſi
quis jacenti ſpolia demere auderet. Nec
quiſquam fuit, qui ſuſtineret cominus congredi. Procul miſſilibus appetebatur, ea
ipſa in hoſtem retorquens, donec lancea
nudo pectori infixa eſt. Qua ex vulnere
evulſa, inclinatum, ac deficiens caput clypeo pauliſper excepit: deinde, linquente
ſpiritu pariter, ac ſanguine, moribundus
in arma procubuit. Cecidere Lacedæmoniorum quinque millia, & ccclx. ex Macedonibus haud amplius cɔ. Cæterum vix
quiſquam, niſi ſaucius, revertit in caſtra.
Hæc victoria non Spartam modo, ſocioſ-
que ejus, ſed etiam omnes, qui fortunam
belli ſpectaverant, fregit. Nec fallebat
Antipatrum, diſſentire ab animis gratu-
lantium vultus, ſed bellum finire cupienti
opus erat decipi. Et quanquam fortuna
rerum placebat, invidiam tamen, quia
majores res erant, quàm quas Præfecti
modus caperet, metuebat. Quippe Alexander hoſtes vinci voluerat, Antipatrum
viciſſe, ne tacitus quidem, indignabatur,
ſuæ demptum gloriæ exiſtimans, quidquid
ceſſi-

effudit alienæ. Itaque Antipater, qui prò
bè noffet fpiritum ejus, non eft aufus ipfe
agere arbitria victoriæ, fed confilium Grç
eorum, quid fieri placeret, confuluit. A
quo Lacedæmonii nihil aliud, quàm ut
Oratores mittere ad Regem liceret, precati, non gravatè veniam defectionis,
præter auctores, impetravērunt. Megalo-
politani, quorum urbs obfeffa erat, ad
defectionis ejus multam Achæis, & Æ-
tolis cxx. talenta dare juffi funt. Hic fuit
exitus belli, quod repentè ortum, priùs
tamen finitum eft, quàm Darium Alexander apud Arbellam fuperaret.

CAPUT II.

Alexander victor gentium, à fuis ipfe vi-
tiis, ebrietate, fuperbia, libidine vinci-
tur. Regiæ tamen ftirpis captivis parcis.
Fratrem Darii inter amicos refcribit. Oxy-
datem Media præficis.

SEd, ut primùm inftantibus curis laxa-   1.
tus eft animus, militarium rerum, quàm
quietis, otiique patientior, excepere eum
voluptates. Et quem arma Perfarum non
fregerant, vitia vicerunt. Intempeftiva
convivia, & perpotandi, pervigilandique
infana dulcedo, ludique, & greges pellicum, omnia in externum lapfa funt morem. Quem æmulatus quafi potiorem fuo,
ita popularium animos, oculofque pariter
offendit, ut à plerifque amicorum pro hofte haberetur. Tenaces quippe difciplinæ
fuæ, folitofque parcè, ac parabili victu
K 2   ad

ad implenda naturæ defideria defungi, in
peregrina, & victarum gentium mala im-
pulerat. Hinc fæpiùs comparatæ in caput
ejus infidiæ, feceffio militum, & liberior
inter mutuas querelas dolor; ipfius deinde nunc ira, nunc fufpiciones, quas ex-
citabat inconfultus pavor, cæteraquo his
fimilia, quæ deinde dicentur. Igitur, cum
intempeftivis conviviis dies pariter, no-
ctefque confumeret, fatietatem epularum
ludis interpolabat, non contentus artifi-
cum, quos è Græcia exciverat, turba.
Quippe captivæ fœminarum jubebantur fuo
ritu canere inconditum, & abhorrens peregrinis auribus carmen. Inter quas unam
Rex ipfe confpexit mœftiorem, quàm cæteras, & producentibus eam verecundè re-
luctantem. Excellens erat forma, & formam pudor honeftabat. Dejectis in terram oculis, &, quantum licebat, ore velato, fufpicionem præbuit Regi, nobilio-
rem effe, quàm ut inter convivales ludos
deberet oftendi. Ergo interrogata, quænam eflet, *neptem fe Ochi*, *qui nuper re-*
gnaffet in Perfis, *filio ejus genitam effe*,
refpondit, *uxorem Hiftafpis fuiffe*. Propin-
quus hic Darii fuerat, magni & ipfe exercitus Prætor. Adhuc in animo Regis te-
nues reliquiæ priftini moris hærebant. I-
taque fortunam Regia ftirpe genitæ, &
tam celebre nomen reveritus, non dimit-
ti modò captivam, fed etiam reftitui ei
fuas opes juffit; virum quoque requiri,
ut reperto conjugem redderet. Poftero autem die præcepit Hephæftioni, ut omnes
captivos in Regiam juberet adduci. Ubi
fin-

ſingulorum nobilitate ſpectata , ſecrevit à
vulgo, quorum eminebat genus . Mille hi
fuerunt , inter quos repertus eſt Oxatres
Darii frater , non illius fortuna , quàm indole animi ſui clarior . Oxydates erat nobilis Perſes , qui à Dario capitali ſupplicio deſtinatus , cohibebatur in vinculis .
Huic liberato Satrapæam Mediæ attribuit .
Fratremque Darii recepit in cohortem a-
micorum , omni vetuſtæ claritatis honore
ſervato . XXVI millia talentum proxima
præda redacta erant : è queis xii millia
in congiarium militum abſumpta ſunt. Par
huic pecuniæ ſumma cuſtodum fraude ſub-
tracta eſt .

C A P U T III.

Rex Parthienem , quam poſteà Scythæ occu-
parunt., ingreſſus , tumultuantem militem
oratione ſedat , patriam ſpectantem , ad
nova bella parat .

HInc in Parthienem perventum eſt ,
tunc ignobilem gentem , nunc caput
omnium , qui poſt Euphratem , & Tigrim
amnes ſiti, Rubro mari terminantur . Scythæ regionem campeſtrem , ac fertilem
occupaverunt , graves adhuc accolæ . Sedes habent & in Europa, & in Aſia. Qui
ſuper Boſphorum colunt , aſcribuntur A-
ſiæ : at qui in Europa ſunt, à lævo Thraciæ latere ad Boriſthenem, atque inde ad
Tanaim alium amnem recta plaga pertinent. Tanais Europam , & Aſiam medius
interfluit . Nec dubitatur , quin Scythæ ,

K 3   qui

qui Parthos condidere, non à Bosphoro,
sed ex regione Europæ penetraverint.
Urbs erat ea tempestate clara Hecatom-
pylos, condita à Græcis. Ibi stativa Rex
habuit, commeatibus undique advectis. I-
taque rumor otiosi militis, viritim sine auctore percrebuit, Regem contentum rebus, quas gessisset, in Macedoniam protinùs redire statuisse. Discurrunt lymphatis
similes in tabernaeula, & itineri sarcinas
aptant. Signum datum crederes, ut vasa
colligerent. Totis castris tumultus hinc
contubernales suos requirentium, hinc o-
nerantium plaustra, perfertur ad Regem.
Fecerant fidem rumori temerè vulgato Græci milites, redire jussi domos, quorum e-
quitibus, singulis denariorum sena millia dono dederat. Ipsi quoque finem militiæ adesse credebant. Haud secùs, quàm par é-
rat, territus Alexander, qui Indos, atque
ultima Orientis peragrare statuisset, Præfectos copiarum in Prætorium contrahit.
Obortisque lacrymis, ex medio gloriæ spatio revocari se, victi magis, quàm victoris fortunam in patriam relaturum, conquestus est; nec sibi ignaviam militum obstare, sed Deorum invidiam, qui fortissimis viris subitum patriæ desiderium admo-
vissent, paulò post in eandem cum maje-
re laude, famaque redituris. Tum verò
pro se quisque operam suam offerre, diffi-
cillima quæque poscere, polliceri militum
quoque obsequium, si animos eorum leni,
& apta oratione permulcere voluisset. Nunquam infractos, & abiectos recessisse, quoties ipsius alacritatem, & tanti animi spiritus

nitus haurire potuiſſent . Ita ſe facturum
eſſe reſpondit : illi vulgi aures præparent
ſibi . Satiſque omnibus , quæ in rem videbantur compoſitis , vocari ad concionem
exercitum juſſit , apud quem talem orationem habuit .

CAPUT IV.

Multa docet bello perfeſta , non pauca perfi-
cienda , nondum adeſſe finem laborum .

M Agnitudinem rerum , quas geſſimus , 3.
milites , intuentibus vobis , minimè
mirum eſt , & deſiderium quietis , & ſatietatem gloriæ occurrere . Ut omittam Illyrios ,
Triballos , Bœotiam , Thraciam , Spartam ;
Achæos , Peloponneſum , quorum alia ductu
meo , alia imperio auſpicioque perdomui : ecce orſi bellum ad Helleſpontum , Jonas , Æ-
olidem ſervitio Barbariæ impotentis exemi-
mus ; Cariam , Lydiam , Cappadociam , Phrygiam , Paphlagoniam , Pamphiliam , Piſidiam ,
Ciliciam , Syriam , Phœnicem , Armeniam ,
Perſidem , Medos , Parthienem habemus in
poteſtate . Plures Provincias complexus ſum ,
quàm alii urbes coperunt . Et neſcio , an e-
numeranti mihi quædam ipſarum rerum multitudo ſubduxerit . Itaque , ſi crederem ſatis
certam eſſe poſſeſſionem terrarum , quas tanta velocitate domuimus , ego verò , milites ,
ad Penates meos , ad parentem , ſororeſque ,
& cæteros cives , vel renitentibus vobis , e-
rumperem , ut ibi potiſſimùm parta vobiſcum
laude , & gloria fruerer , ubi nos uberrima
victoriæ præmia expectant , liberorum , con-

K 4 ju-

jugum, parentumque lætitia, pax, quies, rerum per virtutem partarum secura possessio. Sed in novo, & (si verum fateri volumus) precario Imperio, adhuc jugum ejus rigida cervice subeuntibus Barbaris, tempore, milites, opus est, dum mitioribus ingeniis imbuuntur, & efferatos mollior consuetudo permulcet. Fruges, quoque maturitatem statuto tempore expectant. Adeò etiam illa sensus omnis expertia, tamen sua lege mitescunt. Quid? creditis, tot gentes alterius Imperio, ac nomini assuetas, non sacris, non moribus, non commercio linguæ nobiscum cohærentes, eodem prælio domitas esse, quo victæ sunt? Vestris armis continentur, non suis moribus. Et qui præsentes metuunt, in absentia hostes erunt. Cum feris bestiis res est, quæ captas, & inclusas, quia ipsarum natura non potest, longior dies mitigat. Et adhuc sic ago, tanquam omnia subacta sint armis, quæ fuerunt in ditione Darii. Hyrcaniam Nabarzanes occupavit, Bactra non solùm possidet parricida Bessus, sed etiam minatur. Sogdiani, Dahæ, Massagetæ, Sagæ, Indi sui juris sunt. Omnes hi simul, si terga nostra viderint, sequentur. Illi enim ejusdem nationis sunt; nos alienigenæ, & externi. Suis autem quique parent placidiùs, etiam cum is præest, qui magis timeri potest. Proinde aut quæ cepimus, omittenda sunt, aut quæ non habemus, occupanda. Sicut in corporibus ægris, milites, nihil, quod nociturum est, medici relinquunt: sic nos, quidquid obstat Imperio, recidamus. Parva sæpè scintilla contempta magnum excitavit incendium. Nil tutò in hoste despicitur. Quem spreveris,

va-

valentiorem negligentia facies. Ne Darius quidem hæreditarium Persarum accepit Imperium, sed in sedem Cyri beneficio Bagoæ castra-
ti hominis admissus. Ne vos magno labore
credatis Bessum vacuum Regnum occupaturum.
Nos verò peccavimus, milites, si Darium ob
hoc vicimus, ut servo ejus traderemus Imperium, qui ultimum ausus scelus, Regem suum
etiam externæ opis egentem, certè cui nox
victores pepercissemus, quasi captivum in vinculis habuit, ad ultimum, ne à nobis con-
servari posset, occidit. Hunc vos regnare pa-
tiemini? quem equidem cruci affixum videre
festino, omnibus Regibus, gentibusque fidei,
quam violavit, meritas pœnas solventem. At
herculè, si mox eundem Græcorum urbes, aut
Hellespontum vastare nuntiatum erit vobis,
quo dolore afficiemini, Bessum præmia vestræ
occupasse victoriæ? Tunc ad repetendas res
festinabitis, tunc arma capietis. Quantò autem præstat, territum adhuc, & vix mentis
suæ compotem opprimere? Quatridui nobis
iter superest, qui tot proculcavimus nives,
tot amnes superavimus, tot montium juga
transcurrimus. Non mare illud, quod exæ-
stuans iter fluctibus occupat, euntes nos moratur, non Ciliciæ fauces, & angustiæ inclu-
dunt: plana omnia, & prona sunt. In ipso
limine victoriæ stamus. Pauci nobis fugitivi,
& domini sui interfectores supersunt. Egregium meherculè opus, & inter præmia gloriæ vestræ numerandum, posteritati, famæ-
que tradetis, Darii quoque hostis, finito post
mortem ejus odio, parricidas esse vos ultos,
neminem impium effugisse manus vestras. Hoc
perpetrato, quanto creditis Persas obsequen-

K 5 166-

tiores fore, cum intellexerim, vos pia bella
suscipere, & Bessi sceleri, non nomini sua
irasci?

CAPUT V.

Rex movet castra versus Hyrcaniam. Describi-
tur mirum Zioberis fluminis ingenium.

4. SUmma militum alacritate, jubentium,
quocunque vellet, duceret, oratio excepta est. Nec Rex moratus impetum.
Tertioque per Parthienem die ad fines Hyrcaniæ penetrat. Cratero relicto, cum iis
copiis, quibus præerat, & ex manu, quam
Amyntas ducebat, additis sexcentis equitibus, & totidem sagittariis, ut ab incursio-
ne Barbarorum Parthienem tueretur. Erigyum impedimenta, modico præsidio dato,
campestri itinere ducere jubet. Ipse cum
phalange, & equitatu cl. stadia emensus,
castra in valle, qua Hyrcaniam adeunt,
communit. Nemus præaltis, densisque arboribus umbrosum est, pingue vallis solum
rigantibus aquis, quæ ex petris imminen-
tibus manant. Ex ipsa radicibus montium
Zioberis amnis effunditur, qui fere tria stadia in longitudinem universus fluit: deinde
saxo, quod alveolum interpolat, repercus-
sus, duo itinera velut dispensatis aquis a-
perit: inde torrens, & saxorum, per quæ
incurrit, asperitate violentior, terram præceps subit: per ccc stadia conditus labitur:
rursusque velut ex alio fonte conceptus edi-
tur, & novum alveum intendit, priore sui
parte spatiosior, quippe in latitudinem XIII

sta-

ſtadiorum diffunditur : rurſuſque anguſtiori-
bus coercitus ripis iter cogit : tandem in
alterum amnem cadit, cui Rhidago nomen
eſt. Incolæ affirmabant, quæcunque dimiſ-
ſa eſſent in cavernam, quæ propior eſt fon-
ti, rurſus, ubi aliud os amnis aperit, e-
xiſtere. Itaque Alexander duos tauros, quæ
ſubeunt aquæ terram, præcipitari jubet :
quorum corpora, ubi rurſus erumpit, ex-
pulſa videre, qui miſſi erant, ut exciperent.

CAPUT VI.

Nabarzani Beſſi ſocio ſupplici promittit ve-
niam, & publicam fidem.

QUartum jam diem eodem loco quietem militi dederat, cum literas Nabarzanis, qui Darium cum Beſſo interceperat, accipit : quarum ſententia hæc
erat, *Se Dario non fuiſſe inimicum, imo e-*
iam, quæ credidiſſet utilia eſſe, ſuaſiſſe : &
quia fidele conſilium Regi dediſſet, propè oc-
ciſum ab eo. Agitaſſe Darium, cuſtodiam
corporis ſui contra jus, faſque peregrinæ mi-
liti tradere, damnata popularium fide, quam
per ducentos, & triginta annos inviolatam
Regibus ſuis præſtitiſſent Perſæ. Se in præ-
cipiti, & lubrico ſtantem, conſilium à præ-
ſenti neceſſitate repariſſe. Darium quoque,
cum occidiſſet Bagoam, hac excuſatione ſatis-
feciſſe popularibus, quòd inſidiantem interes-
miſſet. Nihil eſſe miſeris mortalibus ſpiritu
charius. Amore ejus ad ultima eſſe propul-
ſum : ſed ea magis eſſe ſequutum, quæ cog-

K 6 giſ-

gisses necessitas, quàm quæ optasset. In communi calamitate suam quenque habere fortunam. Si venire se juberet, sine metu esse venturum. Non timere, ne fidem datam tamen Rex violaret. Deos à Deo falli non solere. Cæterùm si, cui fidem daret, videretur indignus, multa exilia patere fugienti. Patriam esse, ubicunque vir fortis sedem elegerit. Nec dubitavit Alexander fidem, quo Persæ modo accipiebant, dare, inviolatum, si venisset, fore.

CAPUT VII.

Hyrcaniam ingreditur, quam Curtius cum Caspio mari describit.

QUadrato tamen agmine, & composito ibat, speculatores subinde præmittens, qui explorarent loca. Levis armatura ducebat agmen : phalanx eam sequebatur. Post pedites erant impedimenta. Et gens bellicosa, & natura situs difficilis aditu, curam Regis intenderat. Nanque perpetua vallis jacet, usque ad mare Caspium patens. Duo terræ ejus velut brachia excurrunt: media fluxu modico sinum faciunt, Lunæ maximè similem, cum eminent cornua, nondum totum orbem sidere implente. Cercetæ, Mossyni, & Chalybes à læva sunt: ab altera parte Leucosyri, & Amazonum campi: & illos à quâ vergit ad Septentrionem, hos ad occasum conversa prospectat. Mare Caspium dulcius cæteris, ingentis magnitudinis serpentes alit: piscium longè diversus ab aliis color.

Qui-

Quidam Caſpium , quidam Hyrcanum appellant. Alii ſunt, qui Meotim paludem in
id cadere putent ; & argumentum affe-
runt, aquam , quæ dulcior ſit , quàm cætera maria , infuſo paludis humore mite-
ſcere . A Septentrione ingens in littus mare incumbit, longèque agit fluctus, & magna parte exæſtuans ſtagnat . Idem alio
cæli ſtatu recipit in ſe fretum , eodemque
impetu , quo effuſum eſt , relabens , terram naturæ ſuæ reddit. Et quidam credidere , non Caſpium mare eſſe, ſed ex India in Hyrcaniam cadere : cujus faſtigium
(ut ſuprà dictum eſt) perpetua valle ſub-
mittitur . Hinc Rex viginti ſtadia proceſſit , ſemita propemodùm invia , cui ſylva
imminebat , torrenteſque , & eluvies iter
morabantur. Nullo tamen hoſte obvio penetravit , tandemque ad ulteriora perventum eſt . Præter alios commeatus , quorum tum copia regio abundabat , pomorum quoque ingens modus naſcitur ; & u-
berrimum gignendis uvis ſolum eſt . Frequens arbor faciem quercus habet , cujus
folia multo melle tinguntur. Sed , niſi Solis ortum incolæ occupaverint , vel modico tepore ſuccus extinguitur .

Q. CURTII

CAPUT VIII.

Satrapas Perſarum ſupplices in fidem accipit.
Artabazo etiam dextram porrigit. Græcis
ignoſcit, præter Lacedæmonios in cuſtodiam
datos, Democrates Athenienſis ius ſibi gla-
dio dicit.

TRiginta hinc ſtadia proceſſerat, cum
Phrataphernes ei occurrit, ſeque, &
eos, qui poſt Darii mortem profugerant,
dedens. Qnibus benignè exceptis, ad oppidum Arvas pervenit. Hic ei Craterus,
& Erigyus occurrunt. Præfectum Tapyrorum
gentis Phradatem adduxerant. Hic quoque
in fidem receptus, multis exemplo fuit ex-
periendi clementiam Regis. Satrapem deinde Hyrcaniæ dedit Menapim. Exul hic,
regnante Ocho, ad Philippum pervenerat.
Tapyrorum quoque gentem Phradati red-
1. didit. Jamque Rex ultima Hyrcaniæ intraverat, cum Artabazus, quem Dario fidiſ-
ſimum fuiſſe ſuprà diximus, cum propinquis
Darii, ac ſuis liberis, modicaque Græcorum
militum manu, occurrit. Dextram venienti obtulit Rex : quippe & hoſpes Philippi
fuerat, cum, Ocho regnante, exularet,
& hoſpitii pignora in Regem ſuum ad ultimum fides conſervata vincebat. Comiter
igitur exceptus, *Tu quidem*, inquit, *Rex,*
perpetua felicitate floreas. Ego cæteris lætus
hoc uno torqueor, quòd præcipiti ſeneſtute
diu frui tua bonitate non poſſum. Nonageſi-
mum, & quintum annum agebat. Novem
juvenes eadem matre geniti patrem comi-
ta-

tahantur. Hos Artabazus dextræ Regis admovit, precatus, ut tandiu viverent, donec utiles Alexandro essent. Rex pedibus iter plerunque faciebat. Tunc admoveri sibi, & Artabazo equos jussit, ne, ipso ingrediente pedibus, senex equo vehi erubesceret. Deinde, ut castra sunt posita, Græcos, quos Artabazus adduxerat, convocari jubet. At illi, nisi Lacedæmoniis quoque fides daretur, respondent, se, quid agendum ipsis foret, deliberaturos. Legati erant Lacedæmoniorum missi ad Darium : quo victo, applicaverant se Græcis mercede apud Persas militantibus. Rex, omissis sponsionum, fideique pignoribus, venire eos jussit, fortunam, quam ipse dedisset, habituros. Diu cunctantes, plerisque consilia variantibus, tandem venturos se pollicentur. At Democrates Atheniensis, qui maxime Macedonum opibus semper obstiterat, venia desperata, gladio se transfigit. Cæteri, sicut constituerant, ditioni Alexandri seipsos permittunt. Mille, & quingenti milites erant; præter hos Legati ad Darium missi xc. In supplementum distributus miles. Cæteri remissi domum, præter Lacedæmonios, quos tradi in custodiam jussit.

CAPUT IX.

Mardos feram gentem domat.

Mardorum erat gens confinis Hyrcaniæ, cultu vitæ aspera, & latrociniis assueta. Hæc sola nec Legatos miserat, nec

nec videbatur imperata factura. Itaque Rex
indignatus, si una gens posset efficere, ne
invictus esset, impedimentis cum præsidio
relictis, invicta manu comitante, procedit.
Noctu iter fecerat: & prima luce hostis in
conspectu erat. Tumultus magis, quàm prælium fuit. Deturbati ex collibus, quos occupaverant, Barbari profugiunt: proximi-
que vici ab incolis deserti capiuntur. Interiora regionis ejus haud sanè adire sine
magna vexatione exercitus poterat. Juga
montium, præaltæ sylvæ, rupesque inviæ
sepiunt: ea, quæ plana sunt, novo muni-
mènti genere impedierant Barbari. Arbores densæ sunt ex industria consitæ, quarum teneros adhuc ramos manu flectunt,
quos intortos rursùs inserunt terræ : inde
velut ex alia radice lætiores virent trunci :
hos, quà natura fert, adolescere non si-
nunt, quippe alium alii quasi nexu confe-
runt : qui, ubi multa fronde vestiti sunt,
operiunt terram. Itaque occulti nexus ra-
miorum, velut laquei, perpetua sepe iter
cludunt. Una ratio erat, cædendo aperire
saltum. Sed hoc quoque magni operis. Crebri nanque nodi duraverant stipites ; & in
se implicati arborum rami, suspensis circu-
lis similes, lento vimine frustrabantur ictus.
Incolæ autem ritu ferarum virgulta subire
soliti, tum quoque intraverant saltum, oc-
cultisque telis hostem lacessebant. Ille venantium modo latibula scrutatus, plerosque
confodit. Ad ultimum circuire saltum milites jubet, ut, si quà pateret iter, erumperent. Sed ignotis locis plerique oberra-
bant. Excepti sunt quidam, inter quos e-
quus

quus Regis (Bucephalum vocabant) quem
Alexander non eodem, quo cæteras pecu-
des, animo æstimabat. Nanque ille nec in
dorso insidere suo patiebatur alium : & Regem, cum vellet ascendere, sponte sua genua submittens, excipiebat; credebaturque
sentire, quem veheret. Majore ergo, quam
decebat, ira simul, ac dolore stimulatus,
equum vestigari jubet, & per interpretem
pronuntiari, ni reddidissent, neminem esse
victurum. Hac denuntiatione territi, cum
cæteris donis equum adducunt. Sed ne sic
quidem mitigatus, cædi sylvas jubet, ag-
gestaque humo è montibus, planitiem ramis impeditam exaggerari. Jam aliquan-
tùm altitudinis opus creverat, cùm Barbari, desperato, regionem, quam occupaverant, posse retineri, gentem suam dedidere. Rex, obsidibus acceptis, Phradati tradere eos jussit. Inde quinto die in stativa
revertitur. Artabazum deinde, geminato
honore, quem Darius habuerat ei, remittit domum.

CAPUT X.

Nabarzani Præsidi Hyrcaniæ in Bagoæ gra-
tiam ignoscit. Thalestris Amazonum Regi-
na Alexandrum adit, liberisque conceptis
post 13. dies redit ad suos.

JAm ad urbem Hyrcaniæ, in qua Regia
Darii fuit, ventum erat. Ibi Nabarzanes, accepta fide, occurrit, dona ingentia ferens. Inter quæ Bagoas erat, specie singulari spado, atque in ipso flore pue-

ri·

ritiæ, cui & Darius fuerat affuetus, & mox
Alexander affuevit. Ejufque maximè precibus motus, Nabarzani ignovit. Erat, ut
fuprà dictum eft, Hyrcaniæ finitima gens
Amazonum, circa Thermodoonta amnem,
Themifcyræ incolentium campos. Reginam
habebant Thaleftrim, omnibus inter Caucafum montem, & Phafim amnem imperi-
tantem. Hæc cupidine vifendi Regis accenfa, finibus Regni fui exceffit. Et cum
haud procul abeffet, præmifit indicantes,
veniffe Reginam, adeundiejus, cognofcen-
dique avidam. Protinùs, facta poteftate ve-
niendi, cæteris juffis fubfiftere, ccc fœminarum comitatu proceffit. Atque, ut pri-
màm Rex in confpectu fuit, equo ipfa defi-
liit, duas lanceas dextra præferens. Veftis
non toto Amazonum corpore obducitur.
Nam læva pars ad pectus eft nuda; cætera inde velantur. Nec tamen finus veftis,
quem nodo colligunt, infra genua defcendit. Altera papilla intacta fervatur, qua
muliebris fexus liberos alant: aduritur dextera, ut arcus faciliùs intendant, & tela
vibrent. Interrito vultu Regem Taleftris
intuebatur, habitum ejus haudquaquam rerum famæ parem oculis perluftrans. Quippe omnibus Barbaris in corporum majefta-
te veneratio eft: magnorumque operum
non alios capaces putant, quàm quos eximia fpecie donare natura dignata eft. Cæterùm interrogata, num aliquid petere vellet, haud dubitavit fateri, ad communicandos cum Rege liberos fe veniffe; dignam, ex qua ipfe Regni generaret hære-
des, fœminei fexus fe retenturam, marem
red-

reddituram patri . Alexander, an cum ipſe
militare vellet, interrogat. Et illa, cauſata
ſine cuſtode Regnum reliquiſſe, petere per-
ſeverabat, ne ſe irritam ſpei pateretur abire. Acrior ad Venerem fœminæ cupido
quàm Regis , ut paucos dies ſubſiſteret ,
perpulit. Tredecim dies in obſequium deſi-
derii ejus abſumpti ſunt. Tum illa Regnum ſuum, Rex Parthienem petiverunt.

C A P U T XI.

*Alexander mutat leges , totuſque à ſe abit
in vitia .*

HIc verò palàm cupiditates ſuas ſolvit ; 6.
continentiamque , & moderationem ,
in altiſſima quaque fortuna eminentia bona in ſuperbiam, ac laſciviam vertit . Patrios mores , diſciplinamque Macedonum
Regum ſalubriter temperatam , & civilem
habitum, velut leviora magnitudine ſua ducens, Perſicæ Regiæ par Deorum potentiæ
faſtigium æmulabatur . Jacere humi venerabundos pati cœpit ; paulatimque ſervilibus miniſteriis tot victores gentium imbue-
re, & captivis pares facere expetebat . Itaque purpureum diadema diſtinctum albo ,
quale Darius habuerat, capiti circundedit,
veſtemque Perſicam ſumpſit, ne omen quidem veritus , quòd à victoris inſignibus in
devicti tranſiret habitum . Et ille ſe quidem Perſarum ſpolia geſtare dicebat . Sed
cum illis quoque mores induerat , ſuper-
biamque habitus animi inſolentia ſequebatur . Literas quoque , quas in Europam
mit-

mitteret, veteris anuli gemma obsignabat:
iis, quas in Asiam scriberet, Darii anulus
imprimebatur, ut appareret, unum animum duorum non capere fortunam. Amicos vero, & equites, unaque principes militum, adspernantes quidem, sed recusare
non ausos, Persicis ornaverat vestibus. Pellices ccc. & lx. totidem, quot Darii fuerant, Regiam implebant, quas spadonum
greges, & ipsi muliebria pati assueti, sequebantur. Hæc luxu, & peregrinis infe-
cta moribus, veteres Philippi milites, rudis natio ad voluptates, palam aversaban-
tur. Totisque castris unus omnium sensus,
ac sermo erat, plus amissum victoria, quàm
bello quæsitum esse. Tum maximè vinci
ipsos, dedique alienis moribus, & exter-
nis: tantæ moræ pretium, domos quasi in
captivo habitu reversuros: pudere jam sui
Regem, victis, quàm victoribus similiorem,
ex Macedoniæ Imperatore Darii Satrapem
factum. Ille non ignarus & principes amicorum, & exercitum graviter offendi, gratiam liberalitate, donisque recuperare ten-
tabat. Sed, ut opinor, liberis pretium servitutis ingratum est. Igitur, ne in seditionem res verteretur, otium interpellandum
erat bello, cujus materia opportunè dabatur.

CA-

CAPUT XII.

In Bessum movet castra. Satibarzanem in fi-
dem accipit; eundem mox deficientem per-
sequitur. Regem expugnat, Artacaenam oc-
cupat, civibus ignoscit.

NAnque Bessus, veste Regia sumpta,
Artaxerxem appellari se jusserat;
Scythasque, & cæteros Tanais accolas contrahebat. Hæc Satibarzanes nuntiabat.
Quem receptum in fidem regioni, quam
anteà obtinuerat, præfecit. Et cum grave spoliis, apparatuque luxuriæ agmen vix
moveretur, suas primùm, deinde totius
exercitus farcinas, exceptis admodùm ne-
cessariis, conferri jussit in medium. Planities spatiosa erat, in quam vehicula o-
nusta perduxerant. Expectantibus cunctis,
quid deinde esset imperaturus, jumenta
jussit abduci, suisque primùm sarcinis fa-
ce subdita, cæteras incendi præcepit. Fla-
grabant exurentibus dominis, quæ ut intacta ex urbibus hostium raperent, sæpè
flammas restinxerant, nullo sanguinis pretium audente deflere, cum Regias opes
idem ignis exureret. Brevis deinde oratio
mitigavit dolorem. Habilesque militiæ, &
ad omnia parati, lætabantur sarcinarum
potiùs, quàm disciplinæ fecisse jacturam.
Igitur Bactrianam regionem petebant. Sed
Nicanor Parmenionis filius, subita morte
correptus, magno desiderio sui affecerat
cunctos. Rex ante omnes mœstus cupiebat
quidem subsistere funeri assuturus; sed pe-

nuria commeatuum feftinare cogebat. Itaque Philotas cum duobus millibus, & DC relictus, ut jufta fratri perfolveret, ipfe contendit ad Beffum. Iter facienti literæ di afferuntur à finitimis Satraparum. E quibus cognofcit, Beffum quidem hoftili animo occurrere cum exercitu, cæterùm Satibarzanem, quem Satrapem Ariorum ipfe præfeciffet, defeciffe ab eo. Itaque quanquam Beffo imminebat, tamen ad Satibarzanem opprimendum præverti optimum ratus, levem armaturam, & equeftres copias educit : totàque nocte ftrenuè facto itinere, improvifus hofti fupervenit. Cujus cognito adventu, Satibarzanes cum duobus millibus equitum (nec enim plures fubitò contrahi poterant) Bactra perfugit : cæteri proximos montes occupaverunt. Prærupta rupes erat, quà fpectat Occidentem. Eadem, quà vergit ad Orientem, leniore fubmiffa faftigio, multis arboribus obfita, perennem habet fontem, ex quo largæ aquæ manant. Circuitus ejus triginta, & duo ftadia comprehendit : In vertice herbidus campus. In hoc multitudinem imbellem confidere jubent. Ipfi, quà rupes erat, arborum truncos, & faxa obmoliuntur. XIII. millia armata erant. In horum obfidionem Cratero relicto, ipfe Satibarzanem fequi feftinat : Et, quia longiùs eum abeffe cognoverat, ad expugnandos eos, qui edita montium occupaverant, redit. Ac primò repurgari jubet, quidquid ingredi poffet. Deinde, ut occurrebant inviæ cautes, præruptæque rupes, irritus labor videbatur, ob
ftan-

stante natura. Ille, ut erat animi semper
obluctantis difficultatibus, cum & progredi arduum, & reverti periculosum esset,
versabat se ad omnes cogitationes, aliud,
atque aliud (ut solet, ubi prima quæque
damnamus) subjiciente animo. Hæsitanti,
quod ratio non potuit, fortuna consilium
subministravit. Vehemens Favonius erat,
& multam materiam ceciderat miles, aditum per saxa molitus. Hæc vapore torri-
da inaruerat. Ergo aggerari alias arbores
jubet, & igni dari alimenta. Celeriterque
stipitibus cumulatis, fastigium montis æquatum est. Tunc undique ignis injectus cuncta comprehendit. Flammam in ora hostium ventus ferebat: fumus ingens velut
quadam nube absconderat cœlum. Sona-
bant incendio sylvæ, atque ea quoque,
quæ non incenderat miles, concepto igne,
proxima quæque adurebant. Barbari suppliciorum ultimum, si quà intermoreretur
ignis, effugere tentabant. Sed, qua flam-
ma dederat locum, hostis obstabat. Varia
igitur cæde consumpti sunt. Alii in medios ignes, alii in petras præcipitavere se,
quidam manibus hostium se obtulerunt,
pauci semiustulati venere in potestatem.
Hinc ad Craterum, qui Artacacnam obsidebat, redit. Ille, omnibus præparatis,
Regis expectabat adventum, captæ urbis
titulo (sicut par erat) cedens. Igitur A-
lexander turres admoveri jubet. Ipsoque as-
pectu territi Barbari, è muris supinas manus tendentes, orare cœperunt, iram in
Satibarzanem defectionis auctorem reser-
varet, supplicibus semet dedentibus parceret.

ret. Rex, data venia, non obfidionem
modò folvit, fed omnia fua incolis reddidit.

CAPUT XIII.

Supplementum accipit. Drangas adit ; quo-
rum Prætor Barzaentes ad Indos profugit.

AB hac urbe digreſſo, ſupplementum
novorum militum occurrit. Zoilus
quingentos equites ex Græcia adduxerat,
tria. millia ex Illyrico Antipater miſerat,
Theſſali. equites centum, & triginta cum
Philippo erant. Ex Lydia duo millia, &
fexcenti, peregrinus miles, advenerant:
tercenti. equites gentis ejuſdem ſequebantur. Hac manu adjecta, Grangas pervenit.
Bellicoſa natio eſt. Satrapes erat Barzaentes, ſceleris in Regem ſuum particeps
Beſſo. Is ſuppliciorum, quæ meruerat,
metu, profugit in Indiam.

CAPUT XIV.

Coniuratio in Alexandrum per Nicomachum,
& Ceballinum detegitur. Dymnus ſei-
pſum ferro induit.

7. JAm nonum diem ſtativa erant, cum
externa vi non tutus modò Rex, ſed
invictus inteſtino facinore petebatur. Dymnus modicæ apud Regem auctoritatis,
& gratiæ, exoleti, cui Nicomacho erat
nomen, amore flagrabat, obſequio uni ſibi dediti corporis victus. Is, quod ex vultu

tu quoque perspici poterat . similis attonito, remotis arbitris, cum juvene secessit in templum, arcana se, & silenda afferre præfatus. Suspensumque expectatione, per mutuam charitatem, & pignora utriusque animi rogat, ut affirmet jurejurando, quæ commisisset, silentio esse tecturum . Et ille ratus, nihil, quod etiam cum perjurio detegendum foret, indicaturum, per præsentes Deos jurat . Tum Dymnus aperit, in tertium diem insidias Regi comparatas, seque ejus consilii fortibus viris, & illustribus esse participem. Quibus juvenis auditis, se verò fidem in parricidio dedisse constanter abnuit, nec ulla religione, ut scelus tegat, posse constringi . Dymnus & amore, & metu amens, dextram exoleti complexus, & lacrymans orare primùm, ut particeps consilii, operisque fieret. Si id sustinere non posset, attamen ne proderet se, cujus erga ipsum benevolentiæ præter alia hoc quoque haberet fortissimum pignus, quòd caput suum permisisset fidei adhuc inexpertæ. Ad ultimum aversari scelus perseverantem, metu mortis terret, ab illo capite conjuratos pulcherrimum facinus inchoaturos . Aliàs deinde effœminatum, & muliebriter timidum, aliàs proditorem amatoris appellans, nunc ingentia promittens, interdumque Regnum quoque, versabat animum tanto facinore procul abhorrentem . Strictum deinde gladium modò illius, modò suo admovens jugulo, supplex idem, & infestus expressit, ut tandem non solùm silentium, sed etiam operam polliceretur. Namque abundè constan-

L   vie

tis animi, & dignus, qui pudicus effet, nihil ex priftina voluntate mutaverat, fed fe
captum Dymni amore fimulabat nihil recufare. Scifcitari deinde pergit, cum quibus tantæ rei focietatem iniffet. Plurimùm
referre, quales viri tam memorabili ope-
ti admoturi manus effent. Ille & amore,
& fcelere malè fanus, fimul gratias agit,
fimul gratulatur, quòd fortiffimis juvenum
non dubitaffet fe jungere, Demetrio corporis cuftodi, Peucolao, Nicanori. Adjicit his Aphœbetum, Loceum, Dioxenum,
Archepolim, & Amyntam. Ab hoc fermone dimiffus Nicomachus, ad fratrem
(Ceballino erat nomen) quæ acceperat,
defert. Placet ipfum fubfiftere in tabernaculo, ne, fi Regiam intraffet, non affuetus adire Regem, conjurati proditos fe
effe refcifcerent. Ipfe Ceballinus ante veftibulum Regiæ (neque enim propiùs aditus ei patebat) confiftit, opperiens aliquem ex prima cohorte amicorum, ut in-
troduceretur ad Regem. Forte, cæteris
dimiffis, unus Philotas Parmenionis filius,
incertum, quam ob caufam, fubftiterat in
Regia. Huic Ceballinus ore confufo magnæ perturbationis notas præ fe ferens,
aperit, quæ ex fratre compererat; & fine
cunctatione nuntiari Regi jubet. Philotas,
laudato eo, protinus intrat ad Alexandrum : multoque invicem de aliis rebus
confumpto fermone, nihil eorum, quæ ex
Ceballino cognoverat, nuntiat. Sub vefpe-
ram eum prodeuntem in veftibulo Regiæ
excipit juvenis, an mandatum exequutus
foret, requirens. Ille non vacaffe fermoni
suo

ſuo Regem cauſatus, diſceſſit. Poſtero die
Ceballinus venienti in Regiam præſto eſt.
Intrantemque admonet pridie communica-
tæ cum ipſo rei. Ille curæ ſibi eſſe reſpondit: ac ne tum quidem Regi, quæ audierat, aperit. Cœperat Ceballino eſſe ſuſpectus. Itaque non ultrà interpellandum
ratus, nobili juveni (Metron erat ei nomen) ſuper armamentarium poſito, quod
ſcelus pararetur, indicat. Ille, Ceballino
in armamentario abſcondito, protinùs Regi corpus forte curanti, quid ei index detuliſſet, oſtendit. Rex, ad comprehenden-
dum Dymnum miſſis ſatellitibus, armamentarium intrat. Ibi Ceballinus gaudio elatus, *Habeo te*, inquit, *incolumem ex impio-*
rum manibus ereptum. Percontatus deinde
Alexander, quæ noſcenda erant, ordine
cuncta cognoſcit. Rurſuſque inſtitit quærere, quotus dies eſſet, ex quo Nicomachus
ad eum detuliſſet indicium. Atque illo fa-
tente, jam tertium eſſe, exiſtimans haud
incorrupta fide tantò poſt deferre, quæ
audierat, vinciri eum juſſit. Ille clamita-
re cœpit, eodem temporis momento, quo
audiſſet, ad Philotam decurriſſe: ab eo
percontaretur. Rex item quærens, an Philotam adiſſet, an inſtitiſſet ei, ut perveni-
ret ad ſe, perſeverante eo affirmare, quæ
dixerat, manus ad cœlum tendens, manantibus lacrymis, hanc ſibi à chariſſimo
quondam amicorum relatam gratiam querebatur. Inter hæc Dymnus, haud ignarus, quam ob cauſam accerſeretur à Rege, gladio, quo forte erat cinctus, graviter ſe vulnerat: occurſuque ſatellitum in-

hi-

hibitus , perfertur in Regiam . Quem intuens Rex, *Quod*, inquit, *in te*, *Dymne*,
tantum cogitavi nefas , *ut tibi Macedonum
Regno dignior Philotas me quoque ipso videretur ?* Illum jam defecerat vox . Itaque
edito gemitu , vultuque à confpectu Regis
averfo, fubinde collapfus extinguitur .

CAPUT XV.

*Philotæ accerfito , & fe de conjurationis fuf-
picione purganti Rex primùm ignofcit ; fed
amicorum confilio mox comprehendi jubet .*

REx, Philota venire in Regiam juffo,
Ceballinus, inquit, *ultimum fupplicium
meritus* , *fi in caput meum præparatas infidias biduo texit* , *hujus criminis reum Philotam fubftituit* , *ad quem protinus indicium
detuliffe fe affirmat* . *Quo propiore gradu a-
micitiæ me contingis , hoc majus eft diffimu-
lationis tuæ facinus* . *Et ego Ceballino magis* , *quàm Philotæ id convenire fateor* . *Fa-
ventem habes judicem* , *fi , quod admitti non
oportuit* , *faltem negari poteft*. Ad hæc Philotas , haud fanè trepidus , fi animus vultu æftimaretur , Ceballinum quidem fcorti
fermonem ad fe detuliffe , fed ipfum tam
levi auctori nihil credidiffe , refpondit , ve-
ritum , ne jurgium inter amatorem , & exo-
letum non fine rifu aliorum detuliffet : cum
Dymnus interemerit feipfum , qualiacuoe-
que erant, non fuiffe reticenda . Comple-
xufque Regem , orare cœpit , ut præteri-
tam vitam potiùs , quàm culpam , filentii
tamen , non facti ullius , intueretur . Haud
faci-

facilè dixerim , crediderit ne ei Rex , an
altiùs iram suppresserit . Dextram reconci-
liatæ gratiæ pignus obtulit, & contemptum
magis , quàm celatum indicium esse , videri sibi dixit . Advocato tamen consilio a- 8.
micorum , cui tum Philotas adhibitus non
est, Nicomachum introduci jubet . Is eadem , quæ detulerat ad Regem , ordine
exposuit . Erat Craterus Regi charus in
paucis , & eò Philotæ ob æmulationem di-
gnitatis adversus. Neque ignorabat, sæpe
Alexandri auribus nimia jactatione virtutis ,
atque operæ gravem fuisse , & ob ea non
quidem sceleris , sed contumaciæ tamen
suspectum . Non aliam premendi inimici
occasionem aptiorem futuram ratus , odio
suo pietatis præferens speciem , *Utinam ,*
inquit *, in principio quoque hujus rei nobis-*
cum deliberasses. Suasissemus, si Philotæ vel-
les ignoscere, paterere potiùs ignorare eum,
quantum deberet tibi , quàm usque ad mor-
tis metum adductum cogeres potiùs de peri-
culo suo , quàm de tuo cogitare beneficio .
Ille enim semper insidiari tibi poterit : tu
non semper Philotæ poteris ignoscere . Nec
est, quòd existimes , eum , qui tantum faci-
nus ausus est, venia posse mutari. Scit eos,
qui misericordiam consumpserunt , ampliùs
sperare non posse . At ego , etiamsi ipse vel
pœnitentia , vel beneficio tuo victus quiesce-
re volet, patrem ejus Parmenionem , tanti
Ducem exercitus, & inveterata apud milites
suos auctoritate , haud multùm infra magni-
tudinis tuæ fastigium positum , scio non æquo
animo salutem filii sui debiturum tibi . Quæ-
dam beneficia odimus . Meruisse mortem ,

L. 3   rou-

confiteri pudet. Supereft, ut malit videri in-
juriam accepiffe, quàm vitam. Proinde fcio,
tibi cum illis de falute effe pugnandum. Sa-
tis hoftium fupereft, ad quos perfequendos i-
turi fumus. Latus à domefticis hoftibus mu-
ni. Hos fi fubmoves, nihil metuo ab exter-
nq. Hæc Craterus. Nec cæteri dubitabant,
quin conjurationis indicium fuppreffurus
non fuiffet, nifi auctor, aut particeps.
Quem enim pium, & bonæ mentis, non
amicum modò, fed ex ultima plebe, au-
dítis, quæ ad eum delata erant, non protinùs ad Regem fuiffe curfurum ? Nec Ce-
ballini quidem exemplo, qui ex fratre
comperta ipfi nuntiaffet. Parmenionis filium, Præfectum equitatus, omnium arca-
norum Regis arbitrum, fimulaffe etiam non
vacaffe fermoni fuo Regem, ne index a-
lium internuntium quæreret. Nicomachum
religione quoque Deum adftrictum, con-
fcientiam fuam exonerare properaffe. Philotam, confumpto per ludum, jocumque
penè toto die, gravatum effe, pauca verba ad caput Regis pertinentia, tam longo,
& forfitan fupervacuo inferere fermoni. At
enim non credidiffet talia deferentibus pueris. Cur igitur extraxiffet biduum, tanquam indicio haberet fidem ? Dimittendum
fuiffe Ceballinum, fi delationem ejus damnabat. In fuo quemque periculo magnum
animum habere : cum de falute Regis timeretur, credulos effe debere, vana quoque deferentes admittere. Omnes igitur
quæftionem de eo, ut participes fceleris indicare cogeretur, habendam effe decernunt.
Rex admonitos, ut confilium filentio pre-

me-

merent, dimittit . Pronuntiari deinde iter
in posterum diem jubet, ne qua novi initi
confilii daretur nota . Invitatus eft etiam
Philotas ad ultimas ipfius epulas . Et non
cœnare modò , fed etiam familiariter colloqui cum eo, quem damnaverat, fuftinuit.
Secunda deinde vigilia , luminibus extin-
ctis , cum paucis in Regiam coeunt Hephæstion, & Craterus, & Cœnus, & Erigyus. Hi ex amicis. Ex armigeris autem,
Perdiccas, & Leonatus . Per hos imperatum , ut , qui ad Prætorium excubabant ,
armati vigilarent . Jam ad omnes aditus
difpofiti equites , itinera quoque obfidere
juffi , ne quis ad Parmenionem , qui tum
Mediæ , magnifque copiis præerat , occul-
tus evaderet. Attarras autem cum trecentis armatis intraverat Regiam . Huic decem fatellites traduntur : quorum fingulos
deni armigeri fequebantur . Ii ad alios conjuratos comprehendendos diftributi funt .
Attarras cum trecentis ad Philotam miffus,
claufum aditum domus moliebatur , quinquaginta juvenum promptiffimis ftipatus ,
Nam cæteros cingere undique domum jufferat , ne occulto aditu Philotas poffet e-
labi. Illum five fecuritate animi , five fatigatione refolutum , fomnus opprefferat .
Quem Attarras torpentem adhuc occupat.
Tandem ei fopore difcuffo, cum injiceren-
tur catenæ, *Vicit*, inquit, *bonitatem tuam*,
Rex , *inimicorum meorum acerbitas* . Nec
plura loquutum, capite velato, in Regiam
abducunt .

CAPUT XVI.

Rex Philotam apud milites coniurationis accusat.

POstero die Rex edixit, ut omnes armati convenirent . Sex millia ferè militum venerant : præterea turba lixarum , calonumque impleverant Regiam . Philotam armigeri agmine suo tegebant, ne antè conspici posset à vulgo , quàm Rex alloquutus milites esset. De capitalibus rebus vetusto Macedonum modo inquirebat exercitus, in pace erat vulgi : nihil potestas Regum valebat, nisi priùs valuisset auctoritas. Igitur primùm Dymni cadaver infertur , plerisque, quid patrasset, quoque casu extinctus esset, Ignaris. Rex deinde in concionem procedit , vultu præferens dolorem animi . Amicorum quoque mœstitia expectationem haud parvam fecerat . Diu demisso in terram vultu, attonito, stupentique similis stetit. Tandem recepto animo, *Pené*, inquit, *milites, paucorum hominum scelere vobis ereptus sum . Deum providentia, & misericordia vivo. Conspectusque vester venerabilis coegit , ut vehementius parricidis irascerer : quoniam spiritus , imo unus vita mea fructus est , tot fortissimis viris de me optimè meritis referre adhuc gratiam posse .* Interrupit orationem militum gemitus ; obortæque sunt omnibus lacrymæ . Tum Rex, *Quantó*, inquit, *majorem in animis vestris motum excitabo, cum tanti sceleris auctores ostendero , quorum mentionem adhuc*

adhuc reformido, & tanquam salvi esse pos-
sint, nominibus abstineo? Sed vincenda est
memoria pristinæ charitatis, & conjuratio
impiorum civium detegenda. Quomodo au-
tem tantum nefas sileam? Parmenio illa æ-
tate, tot meis, tot parentis mei meritis de-
vinctus, omnium nobis amicorum vetustis-
simus, ducem tanto sceleri se præbuit. Mi-
nister ejus Philotas Peucolaum, & Deme-
trium, & hunc Dymnum, cujus corpus as-
picitis, cæterosque ejusdem amentiæ in caput
meum subornavit. Fremitus undique indignantium, querentiumque tota concione
obstrepebat, qualis solet esse multitudinis,
& maximè militaris, ubi aut studio agitur,
aut ira. Nicomachus deinde, Metron, &
Ceballinus producti, quæ quisque detulerat, exponunt. Nullius eorum indicio Philotas particeps sceleris destinabatur. Itaque indignatione pressa, vox indicum silentio excepta est. Tum Rex, *Qualis,* inquit,
ergo animi vobis videtur, qui hujus rei de-
latum indicium idipsum suppressit? quod non
fuisse vanum, Dymni exitus declarat. Incer-
tam rem deferens, tormenta non timuit. Ce-
ballinus ne momentum quidem temporis di-
stulit exonerare se, ut eò, ubi lavabar, ir-
rumperet. Philotas solus nihil timuit, nihil
credidit. O magni animi virum! Iste Regis
periculo, cum moneretur, vultum non muta-
ret? indicem tantæ rei solicitus non audiret?
Subest nimirùm silentio facinus, & avida
spes Regni præcipitem animum ad ultimum
nefas impulit. Pater Mediæ præest, ipse a-
pud multos copiarum Duces meis præpotens
viribus, majora, quàm capit, sperat. Orbi-

ias quoque mea, quòd sine liberis sum, sper-
nitur. Sed errat Philotas . In vobis liberos,
parentes, consanguineos habeo : vobis salvis
orbus esse non possum . Epistolam deinde
Parmenionis interceptam , quam ad filios
Nicanorem , & Philotam scripserat , recitat , haud sanè indicium gravioris consilii
præferentem . Nanque summa ejus hæc e-
rat. *Primùm vestri curam agite, deinde ve-*
strorum . Sic enim , quæ destinavimus , ef-
ficiemus . Adjecitque Rex, *Sic esse scriptam ,*
ut, sive ad filios pervenisset, à consciis pos-
set intelligi , sive intercepta esset , falleret
ignaros. At enim Dymnus, cum cæteros par-
ticipes sceleris indicaret , Philotam non no-
minavit. Hoc quidem illius non innocentiæ ,
sed potentiæ indicium est , quòd sic ab iis ti-
metur etiam , à quibus prodi potest , ut cum
de se fateantur , illum tamen celent . Cæte-
rùm Philotam ipsius indicat vita . Hic A-
myntæ , qui mihi consobrinus fuit , & in
Macedonia capiti meo impias comparavit in-
sidias , socium se, & conscium adjunxit. Hìc
Attalo, quo graviorem inimicum non habui,
sororem suam in matrimonium dedit . Hic,
cum scripsissem ei pro jure tam familiaris u-
sus , atque amicitiæ , qualis sors edita esset
Jovis Ammonis Oraculo; sustinuit rescribere
mihi , se quidem gratulari, quòd in nume-
rum Deorum receptus essem, cæterùm misere-
ri eorum , quibus vivendum esset sub eo, qui
modum hominis excedebat . Hæc sunt etiam
animi pridem alienati à me , & invidentis
gloriæ meæ, indicia. Quæ equidem, milites,
quandiu licuit , in animo meo pressi . Vide-
bar enim mihi partem viscerum meorum ab-

rum-

temporo, fi in quos tam magna contuleram, viliores mihi facerem. Sed jam non verba punienda funt. Lingua temeritas pervenit ad gladios: hos (fi mihi creditis) Philotas in me acuit. Si ipfum dimifero, quò me conferam, milites? cui caput meum credam? Equitatui, optimæ exercitus parti, principibus nobiliffimæ iuventutis, unum præfeci: falutem, fpem, victoriam meam fidei ejus, tutelæque commifi. Patrem in idem faftigium, in quo me ipfi pofuiftis, admovi. Mediam, qua nulla opulentior regio eft, tot civium, fociorumque millia, imperio ejus, ditionique fubjeci. Unde præfidium petieram, periculum exiftit. Quàm feliciter in acie occidiffem, potius hoftis præda, quàm civis victima? Nunc fervatus ex periculis, qua fola timui, in hæc incidi, quæ timere non debui. Soletis identidem à me, milites, petere, ut faluti meæ parcam. Ipfi mihi præftare poteftis, quod fuadetis, ut faciam. Ad veftras manus, ad veftra arma confugio. Invitis vobis, falvus effe nolo: volentibus, non poffum, nifi vindicor. Tum Philotam, religatis poft tergum manibus, obfoleto amiculo velatum, juffit induci.

C A P U T XVII.

Miles afpectu Philotæ vincti ad commiferationem motus, ab Amynta, & Cœno ad indignationem inflammatur.

FAcilè apparebat, motos effe tam miferabili habitu, non fine invidia paulò ante confpecti. Ducem equitatus pridie

vi-

viderant, sciebant Regis interfuisse convivio : repente non reum modò, sed etiam
damnatum, imò vinctum intuebantur. Subibat animos Parmenionis quoque tanti Ducis, tam clari civis fortuna, qui modò
duobus filiis Hectore, & Nicanore orba-
tus, cum eo, quem reliquum calamitas fecerat, absens diceret causam . Itaque A-
myntas Regis Prætor, inclinantem ad misericordiam concionem, rursùs aspera in-
Philotam oratione commovit, *Proditos eos*
esse Barbaris, neminem ad conjugem suam,
neminem in patriam, & ad parentes fuisse
rediturum, velut truncum corpus, dempto
capite, sine spiritu, sine nomine, in aliena
terra ludibrium hostis futuros . Haudquam-
pro re ipsius Amyntæ oratio grata Regi fuit,
quòd conjugum, quòd patriæ admonitos,
pigriores ad cætera munia exequenda feciss-
set . Tunc Cœnus, quanquam Philotæ sororem matrimonio secum conjunxerat, tamen acriùs, quàm quisquam, in Philotam
invectus est, parricidam esse Regis, patriæ, exercitus clamitans . Saxumque,
quod fortè ante pedes jacebat, arripuit,
emissurus in eum, ut plerique credidere,
tormentis subtrahere cupiens . Sed Rex
manum ejus inhibuit, dicendæ priùs causæ
debere fieri potestatem, nec aliter judica-
ri passurum se affirmans .

C A·

CAPUT XVIII.

Philotas primùm metu exanimatus, mox re-
cepto animo causam suam tam luculenter
egit, Regisque argumenta diluit, ut quæ-
stionem planè ambiguam feceris.

TUm dicere rursùs permissus Philotas,
five conscientia sceleris, five periculi magitudine amens, & attonitus, non
attollere oculos, non hiscere audebat.
Lacrymis deinde manantibus, linquente
animo, in eum, à quo tenebatur, incu-
buit. Abstersifque amiculo ejus oculis,
paulatim recipiens spiritum, ac vocem,
dicturus videbatur. Jamque Rex, intuens
eum, *Macedones*, inquit, *de te judicaturi*
funt : quæro, an patrio sermone sis apud
eos usurus ? Tum Philotas, *Præter Macedo-*
nas, inquit, *plerique adsunt, quos facilius,*
quæ dicam, percepturos arbitror, fi eadem
lingua fuero usus, qua tu egisti, non ob a-
liud, credo, quàm ut oratio tua intelligi
posses à pluribus. Tunc Rex, Ecquid ? videtis odio etiam sermonis patrii Philotam
teneri? solus quippe faftidit eum dicere. Sed
dicat sanè, utcunque cordi est, dum memi-
neritis, æquè illum à nostro more, atque
sermone abhorrere. Atque ita concione excessit. Tum Philotas, *Verba*, inquit, *in-*
nocenti reperire facile est; modum verbo-
rum misero tenere difficile. Itaque inter o-
ptimam conscientiam, & iniquissimam for-
tunam destitutus, ignoro, quomodo & ani-
mo meo, & tempori paream. Abest quidem
                                            opti-

10

optimus causa mea judex : qui cur me ipse
audire noluerit, non mehercule excogito,
cum illi utique, cognita causa, tam damnare me liceat, quàm absolvere . Non cognita verò, liberari ab absente non possum,
qui à præsente damnatus sum . Sed quanquam vincti hominis non supervacua solùm,
sed etiam invisa defensio est, quæ judicem
non docere videtur, sed arguere ; tamen,
utcunque licet dicere, memet ipse non dese-
ram, nec committam, ut damnatus etiam
mea sententia videar. Equidem, cujus criminis reus sim, non video. Inter conjuratos nemo me nominat. De me Nicomachus
nihil dixit . Ceballinus plus, quàm audierat, scire non potuit. Atqui conjurationis
caput me fuisse credit Rex. Potuit ergo Dymnus eum præterire, quem sequebatur ? præsertim cum quærenti socios vel falsò fuerim
nominandus, quò faciliùs, qui temtabatur,
posset impelli. Non enim detecto facinore
nomen meum præteriit, ut posset videri scio pepercisse. Nicomachus, quem taciturnum
arcana de semetipso credebat, confessus, a-
liis nominatis, me unum subtrahebat. Quæso, commilitones, si Ceballinus me non adis-
set, nihil me de conjuratis scire voluisset ;
num hodie dicerem causam nullo me nomi-
nante ? Dymnus sanè & vivat adhuc, &
velit mihi parcere : quid cæteri, qui de se
confitebuntur ? me videlicet subtrahent ? Maligna calamitas, & verè noxia, cum quis
suo supplicio acquiescis, pro alio cruciatus.
Tot conscii ne in equuleum quidèm impositi
verum fatebuntur ? Atqui nemo parcit morituro, nec cuiquam moriturus, ut opinor.

Ad

Ad verum crimen, & ad unum revertendum mihi est. Cur rem delatam ad te tacuisti? cur tam securus audisti? Hoc qualecunque est, confesso mihi, ubicunque es, Alexander, remisisti. Dexteram tuam amplexus, reconciliati pignus animi, convivio quoque interfui. Si credidisti mihi, absolutus sum; si pepercisti, dimissus. Vel judicium tuum serva. Quid hac proxima nocte, qua digressus sum à mensa tua, feci? quod novum facinus delatum ad te mutavit animum tuum? Gravi sopore acquiescebam, cum me malis indormientem meis, inimici vinciendo excitarunt. Unde & parricidæ, & proditori tam alti quies somni? Scelerati conscientia obstrepente cum dormire non possint, agitant eos furiæ, non consummato modo, sed & cogitato parricidio. At mihi securitatem primùm innocentia mea, deinde dextera tua obtulerat. Non timui, ne plus alienæ crudelitati apud te liceret, quàm clementiæ tuæ. Sed, ne te mihi credidisse pœniteat, rès ad me deferebatur à puero, qui non testem, non pignus indicii exhibere poterat, impleturus omnes metu, si cœpisset audiri. Amatoris, & scorti jurgio interponi aures meas credidi infelix; & fidem ejus suspectam habui, quòd non ipse deferret, sed fratrem potiùs subornaret. Timui, ne negaret mandasse se Ceballino, & ego viderer multis amicorum Regis fuisse periculi causa. Sic quoque cum læserim neminem, inveni, qui mallet perire me, quàm incolumem esse. Quid inimicitiarum credis excepturum fuisse, si insontes lacessissem? At enim Dymnus se occidit. Num igitur facturum

tum hoc divinare potui? Minimè. Ita quod
solum indicio fidem fecit, id me, cum à Ce-
ballino interpellatus sum, movere non po-
tuit. At herculè, si conscius Dymno tanti
sceleris fuissem, biduo illo proditos esse nos,
dissimulare non debui. Ceballinus ipse tolli
de medio nullo negotio potuit. Denique post
delatum indicium, quo periturus eram, cu-
biculum Regis solus intravi, ferro quidem
cinctus. Cur distuli facinus? An sine, Dy-
mno non sum ausus? Ille igitur princeps con-
jurationis fuit. Sub illius umbra Philotas
latebam, qui Regnum Macedonum affecto.
Ecquis è vobis corruptus est donis? quem Ducem,
quem Prafectum impensiùs colui? Mihi qui-
dem objicitur, quòd societatem patrii sermo-
nis aspernor, quòd Macedonum mores fasti-
diam. Sic ego Imperio, quod dedignor, im-
mineo? Jampridem nativus ille sermo com-
mercio aliarum gentium exolevit: tam victo-
ribus, quàm victis peregrina lingua discen-
da est. Non mehercule ista me magis la-
dunt, quàm quòd Amyntas Perdicca filius
insidiatus est Regi. Cum quo quòd amicitia
fuerit mihi, non recuso defendere, si fra-
trem Regis non oportuit diligi à nobis. Sin
autem in illo fortuna gradu positum etiam ve-
nerari necesse erat, utrùm quaso, quòd non
divinavi, reus sum? An impiorum amicis
insontibus quoque moriendum est? Quod si
aquum est, cur tandiu vivo? si injustum,
cur nunc demùm occidor? At enim scripsi,
Misereri me eorum, quibus vivendum es-
set sub eo, qui se Jovis filium crederet.
Fides amicitia, veri consilii periculosa liber-
tas, vos me decepistis: vos, qua sentiebam,

ne

me reticerem , impuliſtis . Scripſiſſe me hoc
fateor Regi , non de Rege . Non enim fa-
ciebam invidiam , ſed pro eo timebam . Dignior mihi Alexander videbatur , qui Jovis
ſtirpem tacitus agnoſceret , quàm qui præ-
dicatione jactaret . Sed quoniam Oraculi fides certa eſt , ſit Deus cauſæ meæ teſtis . Re-
tinete me in vinculis , dum conſulitur Ham-
mon in arcanum , & occultum ſcelus . Interim qui Regem noſtrum dignatus eſt filium ,
neminem eorum , qui ſtirpi ſuæ inſidiati
ſunt , latere patietur . Si certiora Oraculis
creditis eſſe tormenta , ne hanc quidem ex-
hibendæ veritatis fidem deprecor . Solent rei
capitis adhibere vobis parentes . Duos fratres ego nuper amiſi ; patrem nec oſtendere poſſum , nec invocare audeo , cum & ipſe tanti criminis reus ſit . Parum eſt enim tot modo liberorum parentem , in unico filio ac-
quieſcentem , eo quoque orbari , ni ipſe in
rogum meum imponitur . Ergo , chariſſime
pater , & propter me morieris , & mecum ?
Ego tibi vitam adimo , ego ſenectutem tuam
extinguo . Quid enim me procreabas infeli-
cem adverſantibus Diis ? an , ut hos ex me
fructus perciperes , qui te manent ? Neſcio ,
adoleſcentia mea miſerior ſit , an ſenectus
tua . Ego in ipſo robore ætatis eripior : tibi
carnifex ſpiritum adimet , quem , ſi fortuna
expectare voluiſſet , natura repoſcebat . Admonuit me patris mei mentio , quàm timidè ,
& cunctanter , quæ Cebalinus detulerat ad
me , indicare debuerim . Parmenio enim ,
eum audiſſet venenum à Philippo medico Regi parari , deterrere eum voluit epiſtola ſcri-
pta , quò minùs medicamentum biberet , quod
medi-

medicus dare conftituerat. Num creditum eft patri meo ? num ullam auctoritatem ejus litera habuerunt ? Ego ipfe, quoties, quæ audieram, detuli, cum ludibrio credulitatis repulfus fum. Si, & cum indicamus, invifi, & , cum tacemus, fufpecti fumus; quid facere nos oportet ? Cumque unus è circumftantium turba exclamaffet, *Benemeritis non infidiari,* Philotas, *Recte,* inquit, *quifquis es, dicis. Itaque, fi infidiatus fum, pœnam non deprecor. Et finem facio dicendi, quoniam ultima verba gravia funt auribus veftris.* Abducitur deinde ab iis, qui cuftodiebant eum.

CAPUT XIX.

Oratio Belonis ducis in Philotam, qui vitam ejus, & delicias, fuperbiam, & contemptum aliorum oftendit, totamque concionem jam quietam, & hærentem in illum accendit.

11. ERat inter Duces manu ftrenuus Belon quidam, pacis artium, & civilis habitus rudis, vetus miles, ab humili ordine ad eum gradum, in quo tunc erat, promotus ; qui, tacentibus cæteris, ftolidâ audacia ferox, admonere eos cœpit, quoties fuis quifque diverforiis, quæ occupaffent, deturbatus effet, ut purgamenta fervorum Philotæ reciperentur eo unde commilitones expuliffet. Auro, argentoque vehicula ejus onufta totis vicis ftetiffe. Ac ne in vicina quidem diverforii quenquam commilitonum receptum effe, fed

per

per difpofitos , quos ad fomnum habebat , omnes procul relegatos , ne fremitu
ullo murmurantium inter fe filentio verius,
quàm fomno excitaretur . Ludibrio ei fuiffe rufticos homines, Phrygafque, & Paphla-
gonas appellatos , qui non erubefceret ,
Macedo natus , homines linguæ fuæ per
interpretem audire . Cur Hammonem con-
fuli vellet ? eundem Jovis arguitæ menda-
cium Alexandrum filium agnofcentis , fcilicet verùm , ne invidiofum effet , quod Dii
offerrent . Cum infidiaretur capiti Regis ,
& amici , non confuluiffe eum Jovem .
Nunc ad Oraculum mittere , dum pater
ejus folicitetur , qui præfit in Media , &
pecunia , cujus cuftodia commiffa fit , perdi-
tos homines ad focietatem fceleris impel-
lat . Ipfos miffuros ad Oraculum, non qui
Jovem interrogent , quod ex Rege cognove-
rint, fed qui gratias agant , qui vota pro
infolumitate Regis optimi perfolvant . Tum
verò univerfa concio accenfa eft , & à
corporis cuftodibus initium factum , clamantibus , difcerpendum effe parricidam manibus eorum . Id quidem Philotas , qui graviora fupplicia metueret , haud fanè iniquo animo audiebat .

C A·

CAPUT XX.

Philotas torquetur, scelus fatetur, cum con-
juratis saxis obruitur.

REx in concionem reversus, sive ut in
custodia quoque torqueretur, sive
ut diligentiùs cuncta cognosceret, concilium in posterum diem distulit. Quanquam
in vesperam inclinabat dies; tamen amicos
convocari jubet. Et cæteris quidem placebat, Macedonum more obrui saxis : Hephæstion autem, & Craterus, & Cœnus
tormentis veritatem exprimendam esse dixerunt. Et illi quoque, qui aliud suaserant,
in horum sententiam transeunt. Concilio
ergo dimisso, Hephæstion cum Cratero,
& Cœno ad quæstionem de Philota habendam consurgunt. Rex, Cratero accersito,
& sermone habito, cujus summa non edita
est, in intimam diversorii partem secessit,
& remotis arbitris, in multam noctem
quæstionis expectavit eventum. Tortores
in conspectu Philotæ omnia crudelitatis tormenta proponunt. Et ille ultrò, *Quid ces-*
satis, inquit, *Regis inimicum, interfecto-*
rem, confitentem occidere? quid quæstione
opus est? Cogitavi, volui. Craterus exigere, ut quæ confiteretur, in tormentis
quoque diceret. Dum corripitur, dum ob-
ligantur oculi, dum vestis exuitur, gentium jura, Deos patrios nequicquam apud
surdas aures invocabat. Per ultimos deinde cruciatus, utpote damnatus, & inimicis
in gratiam Regis torquentibus, laceratur.

Ac

Ac primò quanquam hinc ignis, illinc verbera jam non ad quæstionem, sed ad pœnam ingerebantur, non vocem modò, sed etiam gemitus habuit in potestate. Sed postquàm intumescens corpus ulceribus, flagellorum ictus nudis ossibus incussos ferre non poterat ; si tormentis adhibituri modum essent, dicturum se, quæ scire expeterent ; pollicetur. Sed finem quæstioni fore, jurare eos per Alexandri salutem volebat, removeriquè tortores. Et utroque impetrato, Cratero inquit, *Dic, quid me velis dicere.* Illo indignante, ludificari eum, rursusque revocante tortores, tempus petere cœpit, dum reciperet spiritum, cuncta, quæ sciret, indicaturus. Interim equites, nobilissimus quisque, & ii maximè, qui Parmenionem propinqua cognatione contingebant, posteaquàm Philotam torqueri fama vulgaverat, legem Macedonum veriti, qua cautum erat, ut propinqui eorum, qui Regi insidiati erant, cum ipsis necarentur, alii se interficiunt, alii in devios montes, vastasque solitudines fugiunt, ingenti per tota castra terrore diffuso, donec Rex, tumultu cognito, legem se supplicii conjunctis sontium remittere edixit. Philotas vero ne, an mendacio liberare se à cruciatu voluerit, anceps conjectura est ; quoniam & vera confessis, & falsa dicentibus, idem doloris finis ostenditur. Cæterum, Pater, inquit, meus Hegelocho quàm familiariter usus sit, non ignoratis. Illum dico Hegelochum, qui in acie cecidit. Ille omnium malorum nobis causa fuit. Nam, cum primùm Jovis filium se

salu-

salutari juffit Rex, id indignè ferens ille,
Hunc igitur Regem agnofcimus, inquit,
qui Philippum dedignatur patrem ? Actum
eft de nobis, fi ista perpeti poffumus. Non
homines folum, fed etiam Deos defpicit,
qui poftulat Deus credi. Amifimus Alexandrum, amifimus Regem, incidimus in
fuperbiam, nec Diis, quibus fe exæquat, nec
hominibus, quibus fe eximit, tolerabilem.
Noftrone fanguine Deum fecimus, qui nos
faftidiat ? qui gravetur mortalium adire concilium ? Credite mihi, & nos, fi viri fumus,
à Diis adoptabimur. Quis proavum ejus
Alexandrum, quis deinde Archelaum,
quis Perdiccam occifos ultus eft ? Hic quidem interfectoribus patris ignovit. Hæc
Hegelochus dixit fuper cœnam. Et poftero
die prima luce à patre accerfor. Triftis
erat, & me mœftum videbat. Audieramus
enim, quæ folicitudinem incuterent. Itaque, ut experiremur, utrumne vino gravatus effudiffet illa, an altiore concepta
confilio, accerfiri eum placuit, ac venire.
Eodemque fermone ultro repetito, adjecit,
fe, five auderemus duces effe, proximas
nobis partes vindicaturum, five deeffet animus, confilium filentio effe tecturum. Parmenioni, vivo adhuc Dario, intempeftiva
res videbatur. Non enim fibi, fed hofti
effe occifuros Alexandrum. Dario vero
fublato, præmium Regis occifi Afiam, &
totum Orientem interfectoribus effe cefu-
rum. Approbatoque confilio, in hæc fides
data eft, & accepta. Quod ad Dymnum
pertinet, nihil fcio. Et hæc confeffus, intelligo, non prodeffe mihi, quod prorsus

sùs fceleris expers fum . Illi rursùs tormentis admotis , cum ipfi quoque haftis
os , oculofque ejus everberarent , ut hoc
quoque crimen confiteretur , expreffere .
Exigentibus deinde , ut ordinem cogitati
fceleris exponeret , cum diu Bactra reten-
tura. Regem viderentur, timuiffe refpondit,
ne pater LXX. natus annos , tanti exercitus dux , tantæ pecuniæ cuftos , interim
extingueretur , ipfique fpoliato tantis viribus, occidendi Regis caufa non effet. Fe-
ftinaffe ergo fe, dum præmium haberet in
manibus . Repræfentaffe confilium : cujus
patrem fuiffe auctorem fi crederent , tormenta , quanquam tolerare non poffet ,
tamen non recufare . Illi colloquuti , fatis
quæfitum videri , ad Regem revertuntur ,
qui poftero die , & , quæ confeffus erat
Philotas, recitari , & ipfum , quia ingredi non poterat , juffit afferri . Omnia a-
gnofcente eo, Demetrius, qui proximi fceleris particeps effe arguebatur , producitur , multa affirmatione, animique pariter
conftantia , & vultu abnuens, quidquam fibi in Regem cogitatum effe . Tormenta etiam depofcebat in femetipfum . Cum Philotas circumlatis oculis incideret in Calin
quendam haud procul ftantem , propiùs
eum juffit accedere . Illo perturbato ,
& recufante tranfire ad eum , *Patieris* ,
inquit , *Demetrium mentiri , rursùfque me*
excruciari ? Calin vox , fanguifque defecerant . Et Macedones Philotam inquinare
innoxios velle fufpicabantur , quia nec à
Nicomacho, nec ab ipfo Philota, cum torqueretur , nominatus effet adolefcens. Qui

ut

ut Præfectos Regis circunstantes se vidit, Demetrium, & semetipsum id facinus cogitasse confessus est. Omnes ergo à Nicomacho nominatos, more patrio, dato signo, saxis obruerunt. Magno non modò salutis, sed etiam vitæ periculo liberatus erat Alexander: quippe Parmenion, & Philotas principes amicorum, nisi palàm sontes, sine indignatione totius exercitus non potuissent damnari. Itaque anceps quæstio fuit. Dum inficiatus est facinus, crudeliter torqueri videbatur, post confessionem Philotas ne amicorum quidem misericordiam meruit.

LIBER SEPTIMUS.

SYNOPSIS.

Lynceſtem Alexander majeſtatis damnat : Amyntham, & Sy- mam, ac Polemonem fratres ſuſpe- ctos abſolvit : Parmenionem per Po- lydamanta occidit . Alios, atque a- lios populos bello domat. Caucaſum ſuperat . Beſſum tyrannum dolo ca- ptum Oxatri necandum tradit. Bran- cidarum urbem funditus evertit. Ad Tanaim, ut putatur, accedit ; Ale- xandriam ibi condit. Scythis bellum facere cogitat . Menedemus cum ſuis copiis caditur . Scytharum Legatus perorat ad Alexandrum ; qui traje- cto flumine Scythas vincit, victis par- cit . Saga deduntur. Sogdiani juve- nes victi triumphant ; ſupplicio li- berantur . Beſſus mactatur . Petra expugnatur . Arimazes in crucem agitur .

M CA.

CAPUT I.

Serò Macedones desiderant, quem occide-
rant. Fiunt alii rei ; partim damnantur,
partim absolvuntur.

PHilotam, sicut recentibus sceleris ejus
vestigiis, jure affectum supplicio cen-
suerant milites : ita, posteaquam desierat
esse, quem odissent, invidia in misericordiam vertitur. Moverat & claritas juvenis, & patris ejus senectus, atque orbi-
tas. Primus. Asiam aperuerat Regi. O-
mnium periculorum ejus particeps, semper alterum in acie cornu defenderat :
Philippo quoque ante omnes amicus, &
ipsi Alexandro tam fidus, ut occidendi Attalum non alio ministro uti mallet. Horum cogitatio subibat exercitum. Seditio-
saeque voces referebantur ad Regem: queis
ille haud sanè motus, satisque prudens ;
otii vitia negotio discuti, edicit, ut omnes
in vestibulo Regiae prestò afforent. Quos
ubi frequentes adesse cognovit, in concionem processit. Haud dubiè ex composito
Aphatias postulare coepit, ut Lyncestes A-
lexander, qui multò antè, quàm Philotas,
Regem voluisset occidere, exhiberetur. A
duobus indicibus (sicut suprà diximus)
delatus, tertium jam annum custodiebatur
in vinculis. Eundem in Philippi quoque
caedem conjurasse cum Pausania, pro comperto fuit : sed, quia primus Alexandrum
Regem salutaverat, supplicio magis, quàm
crimini fuerat exemptus. Tum quoque An-
tipa-

tipatri soceri ejus preces juftam Regis i-
ram morabantur. Cæterùm recruduit fo-
poratus dolor. Quippe veteris periculi memoriam, præfentis cura renovabat. Igitur
Alexander ex cuftodia educitur. Juffufque
dicere, quanquam toto triennio meditatus
erat defenfionem, tamen hæfitans, & trepidus, pauca ex iis, quæ compofuerat,
protulit, ad ultimum non memoria folùm,
fed etiam mens eum deftituit. Nulli erat
dubium, quin trepidatio confcientiæ indicium effet, non memoriæ vitium. Itaque
ex iis, qui proximè aftiterant, obluctan-
tem adhuc oblivioni, lanceis confoderunt.
Cujus corpore fublato, Rex introduci juffit Amyntam, & Symam. Polemon verò
minimus ex fratribus, eum Philotam torqueri comperiffet, profugerat. Omnium
Philotæ amicorum hi chariffimi fuerant,
ad magna, & honorata minifteria illius
maximè fuffragatione producti. Memine-
ratque Rex fummo ftudio ab eo conciliatos
tos fibi. Nec dubitabat hujus quoque ultimi confilii fuiffe participes. Igitur olim
effe fibi fufpectos matris fuæ literis, quibus effet admonitus, ut ab his falutem
fuam tueretur. Cæterùm fe invitum deteriora credentem, nunc manifeftis indiciis
victum juffiffe vinciri. Nam pridie, quàm
detegeretur Philotæ fcelus, quin in fecreto cum ipfo fuiffent, non poffe dubitari.
Fratrem verò, qui profugerit, cum Philotas torqueretur, aperuiffe fugæ caufam.
Nuper præter confuetudinem, officii fpecie, amotis longiùs cæteris, admoviffe femetipfos lateri fuo, nulla probabili caufa.

M 2 Se-

Seque mirantem, quòd non vice sua tali
fungerentur officio, & ipsa trepidatione eo-
rúm perterritum, strenuè ad armigeros,
qui proximè sequebantur, recessisse. Ad
hoc accedere, quòd cum Antiphanes scriba equitum Amyntæ denuntiasset, pridie,
quàm Philotæ scelus deprehensum esset,
ut ex suis equis, more solito, daret iis,
qui amisissent suos, superbè respondisse,
nisi incœpto desisteret, brevi sciturum,
quis ipse esset. Jam linguæ violentiam,
temeritatemque verborum, quæ in semetipsum jacularentur, nihil aliud esse, quàm
scelesti animi indicem, ac testem: quæ si
vera essent, idem meruisse eos, quod
Philotam, si falsa, exigere ipsum, ut re-
fellant. Productus deinde Antiphanes de
equis non traditis, & adjectis etiam superbè minis indicat. Ac tum Amyntas, facta
dicendi potestate, *Si nihil*, inquit, *interest*
Regis, peto, ut dum dico, vinculis liber.
Rex solvi utrunque jubet. Desideranti-
que Amyntæ, ut habitus quoque redderε-
tur, armigero lanceam dare jussit ei. Quam
ut læva comprehendit, evitato ea loco, in
quo Alexandri corpus paulò ante jacuerat,
Qualiscunque, inquit, *exitus nos manet, Rex,*
confitemur, prosperum tibi debituros, tristio-
rem fortunæ imputaturos. Sine præjudicio di-
cimus causam, liberis corporibus, animisq́;
Habitum etiam, in quo te comitari solemus,
reddidisti. Causam non possumus, fortunam
timere desinemus. Et, quæso, permittas mi-
hi id primùm defendere, quod à te ultimùm
objectum est, Nos, Rex, sermonis adversùs
majestatem tuam habiti nullius conscii sumus,
nobis.

nobis. Dicerem, jam pridem vicisse te invidiam, nisi periculum esset, ne alia maligna
dicta crederes blanda oratione purgari. Ca-
verùm etiamsi militis tui vel in agmine deficientis, & fatigati, vel in acie periclitan-
tis, vel in tabernaculo ægri, & vulnera cu-
rantis aliqua vox asperior esset accepta, me-
rueramus fortibus factis, ut malles ea tempa-
ri nostro imputare, quàm animo. Cum quid
accidit tristius, omnes rei sunt. Corporibus
nostris, quæ utique non odimus, infestas ad-
movemus manus: parentes, liberis si occi-
rant, & ingrati, & invisi sunt. Contrà,
cum donis honoramur, cum præmiis onusti re-
vertimur, quis ferre nos potest? quis illam a-
nimorum alacritatem continere? Militantium
nec indignatio, nec lætitia moderata est. Ad
omnes affectus impetu rapimur, vituperamus,
laudamus, miseremur, irascimur, uscunque
præsens movet affectio. Modò Indiam adire,
& Oceanum libet; modò conjugum, & liberorum, patriæque memoria occurrit. Sed has
cogitationes, has inter se colloquentium voces,
signum tuba datum finit. In suos ordines quisque currimus; &, quidquid irarum in tabernaculo conceptum est, in hostium effunditur
capita. Utinam Philotas quoque intra verba
peccasset. Proinde ut ad id revertar, propter
quod rei sumus, amicitiam, quæ nobis cum
Philota fuit, adeò non inficior, ut expetisse
quoque nos, magnosque ex ea fructus percepis-
se confitear. An verò Parmenionis, quem tibi proximum esse voluisti, filium, omnes penè amicos tuos dignatione vincentem, cultum
à nobis esse miraris? Tu hercule (si verum
audire vis) Rex, hujus nobis periculi causa es.

Quis

*Quis enim alius effecit, ut ad Philotam decurrerent, qui placere vellent tibi? Ab illo
traditi, ad hunc gradum amicitiæ tuæ ascendimus. Is apud te fuit, cujus gratiam expetere, & iram timere possemus. An non propemodum in tua verba, tui omnes, te præeunte, juravimus, eosdem nos inimicos, amicosque habituros esse, quos tu haberes? Hoc
sacramento pietatis obstricti adversaremur scilicet, quem tu omnibus præferebas? Igitur,
si hoc crimen est, tu paucos innocentes habes,
imò hercule neminem. Omnes enim Philotæ
amici esse voluerunt: sed totidem, quot volebant, esse non poterant. Ita si à consciis amicos non dividis; nec ab amicis quidem separabis illos, qui idem esse voluerunt. Quod
igitur conscientia affertur indicium? ut opinor, quia pridie familiariter, & sine arbitris
loquutus est nobiscum. At ego purgare non possem, si pridie quidquam ex vetere vita, ac
more mutassem. Nunc verò, si ut omnibus
diebus, illo quoque, qui suspectus est, fecimus; consuetudo diluet crimen. Sed equos Antiphani non dedimus. Et pridie, quàm Philotas detectus est, hæc mihi cum Antiphane
res erat. Quis si nos suspectos facere vult, quòd
illo die equos non dedimus, semetipsum, quòd
eos desideraverit, purgare non poterit. Anceps
enim crimen est inter retinentem, & exigentem, nisi quòd melior est causa suum non tradentis, quàm poscentis alienum. Cæterùm
Rex, equos decem habui, è queis Antiphanes
octo jam distribueras iis, qui amiserant suos.
Omninò duos ipse habebam: quos cum velles
abducere homo superbissimus, serie iniquissimus, nisi pedes militare vellem, retinere coge-*

gebar. Nec inficias eo, liberi hominis animo
loquutum esse me cum ignavissimo, & hoc u-
num militiæ suæ usurpante, ut alienos equos
pugnaturis distribuat. Huc enim malorum
ventum est, ut verba mea eodem tempore &
Alexandro excusem, & Antiphani. At herculè mater de nobis inimicis tibi scripsit, U-
tinam prudentius esset solicita pro filio, &
non inanes quoque species anxio animo figu-
raret. Quare enim non adscribit metus sui
causam? Denique non ostendit auctorem, quo
facto, dictove nostro mota, tam trepidas tibi literas scripsit, O miseram conditionem meam,
cui forsitan non periculosius est tacere, quàm
dicere! Sed, uscunque cessura res est, malo
tibi defensionem meam displicere, quàm causam. Agnosces autem, quæ dicturus sum.
Quippe meministi, cum me ad perducendos ex
Macedonia milites mitteres, dixisse te, multos integros iuvenes in domo tuæ matris abs-
condi. Præcepisti igitur mihi, ne quem præter te intuerer, sed detrectantes militiam per-
ducerem ad te. Quod equidem feci, & liberius, quàm expediebat mihi, exequutus sum
imperium tuum. Gorgiam, & Hecateum, &
Gorgatam, quorum bona opera uteris, inde
perduxi. Quid igitur iniquius est, quàm me,
qui, si tibi non paruissem, iure daturus sui
pœnas, nunc perire, quia parui? Neque enim
ulla alia matri tuæ persequendi nos causa est,
quàm quod utilitatem tuam muliebri præpo-
suimus gratiæ. Sex millia Macedonum peditum, & DC. equites adduxi: quorum pars
sequtura me non erat, si militiam detrectan-
tibus indulgere voluissem. Sequitur ergo, ut,
quia illa propter hanc causam irascitur nobis,

in mitiges matrem, qui iræ ejus nos obtulisti.

2. Dum hæc Amyntas agit, forte supervenerunt, qui fratrem ejus Polemonem, de quo ante dictum est, fugientem consequuti, vinctum reducebant. Infesta concio vix inhiberi potuit, quin protinùs suo more saxa in eum jaceret. Atque ille sanè interritus, *Nihil*, inquit, *pro me deprecor, modò ne fratrum innocentiæ fuga imputetur mea. Hæc si defendi non potest, meum crimen sit. Horum ob idipsum melior est causa, quòd ego, qui profugi, suspectus sum.* Hæc eloquuto universa concio assensa est. Lacrymæ deinde omnibus manare cœperunt, adeò in contrarium repentè mutatis, ut solum pro eo esset, quod maximè læserat. Juvenis erat primo ætatis flore pubescens, quem inter equites tormentis Philotæ conturbatos alienus terror abstulerat. Desertum eum à comitibus, & hæsitantem inter revertendi, fugiendique consilium, qui sequuti erant, occupaverunt. Is tum flere cœpit, & os suum converberare, mœstus non suam vicem, sed propter ipsum periclitantium fratrum. Moveratque jam Regem, non concionem modò. Sed unus erat implacabilis frater, qui terribili vultu intuens eum, *Tum*, ait, *demens lacrymare debueras, cum equo calcaria subderes, fratrum desertor, & desertorum comes. Miser, quò, & unde fugiebas? Effecisti, ut reus capitis, accusatoris merer verbis.* Ille peccasse se, sed graviùs in fratres, quàm in semetipsum, fatebatur. Tum verò neque lacrymis, neque acclamationibus, quibus studia sua multitudo profitetur, temperaverunt. Una vox erat

pari emissa consensu, ut infontibus, & fortibus viris parceret. Amici quoque, data misericordiæ occasione, consurgunt, flentesque Regem deprecantur. Ille, silentio facto, *Et ipse*, inquit, *Amyntam mea sententia, fratresque eius absolvo. Vos autem iuvenes malo beneficii mei oblivisci, quàm periculi vestri meminisse. Eadem fide redite in gratiam mecum, qua ipse vobiscum revertor. Nisi, quæ delata essent, excussissem, valde dissimulatio mea suspecta esse potuisset. Sed satius est purgatos esse, quàm suspectos. Cogitate, neminem absolvi posse, nisi qui dixerit causam. Tu, Amynta, ignosce fratri tuo: eris hoc simpliciter etiam mihi reconciliati animi tui pignus.*

CAPUT II.

Polydamas mittitur ad occidendum Parmenionem. Tumultus à cæde compositus, Parmenionis studiosi separantur.

Concione deinde dimissa, Polydamanta vocari jubet. Longè acceptissimus Parmenioni erat, proximus lateri in acie stare solitus. Et quanquam conscientia fretus in Regiam venerat; tamen, ut jussus est fratres suos exhibere admodum juvenes, & Regi ignotos ob ætatem, fiducia in solicitudinem versa, trepidare cœpit, sæpius, quæ nocere possent, quàm, quibus eluderetur, reputans. Jam armigeri, quibus imperatum erat, produxerant eos, cum exanguem metu Polydamanta propius accedere jubet. Submotisque omnibus, *Scelere,*

in-

inquit, *Parmenionis omnes pariter apposti̇* *sumus, maximè ego, ac tu, quas amicitia* *specie fefellis. Ad quem persequendum, pu̇* *niendumque (vide, quantum fidei tuæ crė* *dam) te ministro usi statui. Obsides, dum hoc* *peragis, erunt fratres tui. Proficiscere in Mė* *diam, & ad Præfectos meas literas scriptas* *manu mea perfer. Velocitate opus est, quâ celeri̇* *tatem famæ antecedas. Noctu pervenire illuc* *te volo: postero die, quæ scripta erunt, exė* *qui. Ad Parmenionem quoque epistolas fė* *res, unam à me, alteram Philotæ nomine* *scriptam. Signum annuli ejus in mea potestate* *est. Si pater credat à filio impressum, cum* *te videris, nihil metuet.* Polydamas tanto
liberatus metu, impensiùs etiam, quàm ė
xigebatur, promittit operam. Collaudatuḟ
que, & præmiis oneratus, deposita veste,
quam habebat, Arabica induitur. Duo
Arabes, quorum interim conjuges, ac li̇
beri vinculum fidei obsides apud Regem ė
rant, dati comites. Per deserta etiam ob
siccitatem loca camelis, undecima die, quò
destinaverat, pervenit. Et priusquam ipsius
nuntiaretur adventus, rursùs Polydamas vė
stem Macedonicam sumit, & in tabernȧ
culum Cleandri (Prætor hic Regius erat)
quarta vigilia pervenit. Redditis deinde li̇
teris, constituerunt prima luce ad Parmė
nionem coire. Namque cæteri quoque, qui̇
bus literas Regis attulerat, ad eum veṅ
turi erant. Jam Parmenioni Polydamanta
venisse nuntiatum erat : qui dum lætatur
adventu amici, simulque noscendi, quæ Rex
ageret, avidus (quippe longo intervallo
nullam ab eo epistolam acceperat) Polydȧ
man-

manta requiri jubet. Diverforia regionis illius magnos receſſus habent , amœnoſque
nemoribus manu conſitis. Ea præcipuè Regum , Satraparumque voluptas erat . Spa-
tiabatur in nemore Parmenion, medius inter Duces, quibus erat imperatum literis
Regis, ut occiderent. Agendæ autem rei
conſtituerant tempus , cum Parmenion à
Polydamante literas traditas legere cœpiſ-
ſet. Polydamas procul veniens, ut à Parmenione. conſpectus eſt , vultu lætitiæ ſpeciem præferente , ad complectendum eum
cucurrit . Mutuaque gratulatione functi ,
Polydamas epiſtolam à Rege ſcriptam ei
tradidit. Parmenion vinculum epiſtolæ ſol-
vemus; quidnam Rex ageret, requirebat.
Ille ex ipſis literis cogniturum eſſe, reſpondit . Quibus Parmenion lectis, Rex, inquit,
expeditionem paras in Arachoſios. Strenuum
hominem , & nunquam ceſſantem ! Sed tempus ſaluti ſuæ, tanta jam parta gloria, parcere . Alteram deinde epiſtolam Philotæ
nomine ſcriptam , lætus, quod ex vultu no-
tari poterat, legebat. Tum ejus latus gladio haurit Cleander, deinde jugulum ferit:
cæteri exanimem quoque confodiunt . Et
armigeri, qui ad aditum nemoris aſtiterant,
cognita cæde, cujus cauſa ignorabatur, in
caſtra perveniunt, & tumultuoſo nuntio milites concitant . Illi armati ad nemus , in
quo perpetrata cædes erat, coeunt, &, ni
Polydamas, cæterique ejuſdem noxæ participes dedantur , murum circumdatum ne-
mori everſuros denuntiant , omniumque
ſanguine Duci parentaturos. Cleander primores eorum intromitti jubet , literaſque

Regis scriptas ad milites recitat, quibus
infidiæ Parmenionis in Regem, precesque,
ut ipfum vindicarent, continebantur. Igitur, cognita Regis voluntate, non quidem
indignatio, fed tamen feditio compreffa
eft. Dilapfis pluribus pauci remanferunt,
qui faltem ut corpus ipfius fepelire permitteret, precabantur. Diu id negatum eft
Cleandri metu, ne offenderet Regem. Per-
tinaciùs deinde precantibus, materiam confternationis fubtrahendam ratus, capite de-
cifo, truncum humare permifit. Ad Regem caput miffum eft. Hic exitus Parmenionis fuit, militiæ, domique clari viri.
Multa fine Rege profperè, Rex fine illo
nihil magnæ rei geſferat. Feliciffimo Regi,
& omnia ad fortunæ fuæ exigenti modum
fatisfecit, lxx natus annos. Juvenis, ducis, & fæpè etiam gregarii militis munia
explevit, acer confilio, manu ftrenuus,
charus principibus, vulgo militum acce-
ptior. Hæc impulerint illum ad Regni cupiditatem, an tantùm fufpectum fecerint,
ambigi poteft: quia Philotas ultimis crucia-
tibus victus, vera ne dixerit, quæ facta
probari non poterant, an falfis tormento-
rum petierit finem, re quoque recenti,
cum magis poffet liquere, dubitatum eft.
Alexander, quos mortem Parmenionis con-
queftos effe compererat, fperandos à cætero exercitu ratus; in unam cohortem fe-
crevit, ducemque his Leonidam dedit, &
ipfum Parmenioni quondam intima familiaritate conjunctum. Ferè iidem erant,
quos alioqui Rex habuerat invifos. Nam,
cum experiri vellet militum animos, ad-
mo-

monuit, qui literas in Macedoniam ad suos
scripsisset, iis, quos ipse mittebat, perla-
turis cum fide, traderet. Simpliciter ad
necessarios suos quisque scripserat, quæ
sentiebat. Aliis gravis erat, plerisque non
ingrata militia. Ita & agentium gratias,
& querentium literæ exceptæ sunt. Et qui
forte tædium laboris per literas erant que-
sti, hanc seorsum cohortem à cæteris tendere ignominiæ causa jubet, fortitudine u-
surus in bello, libertatem linguæ ab auribus credulis remoturus. Et consilium temerarium forsitan (quippe fortissimi juvenes contumeliis irritati erant) sicut omnia
alia, felicitas Regis excipit. Nihil illis ad
bella promptius fuit. Incitabat virtutem &
ignominiæ demendæ cupido, & quia for-
tiora facta in paucis latere non poterant.

CAPUT III.

Evergetas laudat Curtius. Rex Satibarzanem
proditorem persequitur. Evergetis pecuniam
donat. Arachosios subigit. Parmenionis
exercitum recipit.

HIs ita compositis, Alexander Ariano-
rum Satrape constituto, iter pronuntiari jubet in Agriaspas, quos jam tunc
mutato nomine Evergetas appellabant, ex
quo frigore, victusque penuria Cyri exercitum affectum, tectis, & commeatibus ju-
verant. Quintus dies erat, ut in eam regionem pervenerat. Cognoscit Satibarzanem, qui ad Bessum defecerat, cum equitum manu irrupisse rursus in Arios. Itaque

que Caranum, & Erigyum cum Artabazo,
& Andronico, & fex millibus Græcorum
peditum, DC equites fequebantur. Ipfe
fexaginta diebus gentem Evergetarum or-
dinavit, magna pecunia ob egregiam in
Cyrum fidem donata. Relicto deinde, qui
iis præeffet, Amenide (fcriba is Darii fuerat) Arachofios, quorum regio ad Ponticum mare pertinet, fubegit. Ibi exercitum, qui fub Parmenione fuerat, occupavit. Sex millia Macedonum erant, & cc
nobiles, & v millia Græcorum, cum equitibus ducentis, haud dubie robur omnium
virium Regis. Arachofiis datus Meninon
Prætor, quatuor millibus peditum, & DC
equitibus in præfidium relictis.

CAPUT IV.

Paropamifadas barbariſſimam gentem deſcri-
bit, quos exercitus adiens, pene frigore,
& inopia periit.

IPfe Rex nationem, ne finitimis quidem
fatis notam, quippe nullo commercio
colentem mutuos ufus, cum exercitu intravit. Paropamifadæ appellantur, agrefte
hominum genus, & inter Barbaros maxime inconditum. Locorum afperitas hominum quoque ingenia duraverat. Gelidiffi-
mum Septentrionis axem ex magna parte
fpectant. Bactrianis ad Occidentem con-
juncti funt: meridiana regio ad mare Indicum vergit. Tuguria latere primò ftruunt,
&, quia fterilis eft terra materiæ, in nudo etiam montis dorfo ufque ad fummum
ædi-

ædificiorum faſtigium eodem laterculo utun-
tur. Cæterùm ſtructura latior ab imo, paulatim incremento operis in arctius cogitur,
ad ultimum in carinæ maximè modum coit.
Ibi foramine relicto, ſupernè lumen accipiunt. Ad medium vites, & arbores, ſi
quæ in tanto terræ rigore durare potuerunt, obruunt: penitùs hyeme defoſſæ la-
tent: cum, nive diſcuſſa, aperiri humus
cœpit, cœlo, Solique redduntur. Cæterùm
adeò altæ nives premunt terram, gelu, &
perpetuo penè rigore conſtrictæ, ut ne a-
vium quidem, feræve ullius veſtigium ex-
ſtet. Obſcura cœli veriùs umbra, quàm
lux nocti ſimilis premit terram, vix ut, quæ
propè ſunt, conſpici poſſint. In hac tamen
omnis humani cultus ſolitudine deſtitutus
exercitus, quidquid malorum tolerari poteſt, pertulit, inopiam, frigus, laſſitudi-
nem, deſperationem. Multos exanimavit
rigor inſolitus nivis, multorum aduſſit pedes, plurimorum oculis præcipuè pernicia-
bilis fuit. Fatigati quippe in ipſo gelu de-
ficientia corpora ſternebant: quæ cum moveri deſiſſent, vis frigoris ita aſtringebat,
ut rursùs ad ſurgendum conniti non pof-
ſent. A commilitonibus torpentes excitabantur. Neque aliud remedium erat, quàm
ut ingredi cogerentur. Tum demum vitali
calore moto, membris aliquis redibat vigor. Siqui tuguria Barbarorum adire potuerunt, celeriter refecti ſunt. Sed tanta
caligo erat, ut ædificia nulla alia res,
quàm fumus, oſtenderet. Illi, nunquam
antè in terris ſuis advena viſo, cum armatos repentè conſpicerent, exanimati me-

tu,

tu, quidquid in tuguriis erat, afferebant,
ut corporibus ipsorum parceretur, orantes. Rex agmen circuibat pedes, jacentes
quosdam erigens, & alios, cùm ægrè sequerentur, adminiculo corporis sui excipiens. Nunc ad prima signa, nunc in medium, nunc in ultimo agmine itineris multiplicato labore aderat.

CAPUT V.

Ad Caucasum, quem cum Tauro describit
Curtius, accedit Rex. Alexandriam ad
montis radices ponit.

TAndem ad cultiora loca perventum est,
commeatuque largo recreatus exercitus; simul & qui consequi non poterant,
in illa castra venerunt. Inde agmen processit ad Caucasum montem, cujus dorsum Asiam perpetuo jugo dividit. Hin simul mare, quod Ciliciam subit: illinc Caspium fretum, & amnem Araxem, aliaque
regionis Scythiæ deserta spectat. Taurus
secûdæ magnitudinis mons committitur Caucaso: à Cappadocia se attollens Ciliciam
præterit, Armeniæque montibus jungitur:
Sic inter se tot juga velut serie cohæren-
tia, perpetuum habent dorsum: ex quo A-
siæ omnia ferè flumina, alia in Rubrum,
alia in Caspium mare, alia in Hyrcanum,
& Ponticum decidunt. XVII. dierum spatio
Caucasum superavit exercitus. Rupes in eo
x in circuitu stadia complectitur, quatuor
in altitudinem excedit, in qua vinctum Pro-
methea fuisse antiquitas tradit. Condendæ
in

In radicibus montis urbi fedes electa est.
VII. millibus feniorum Macedonum, &
præterea militibus, quorum opera uti de-
fiffet, permiffum in novam urbem confidere. Hanc quoque Alexandriam incolæ ap-
pellaverunt.

CAPUT VI.

Beffus fuper menfam debellat Alexandrum :
applaudunt ebrii adulatores . Cobares Me-
dus, & Magus fuadet Beffo deditionem :
fugit ad Alexandrum . Beffus copias actu-
rus cum fuis trans Oxum ad Sogdianos fe
confert .

AT Beffus Alexandri celeritate perterri- 4.
tus, Diis patriis facrificio ritè facto,
ficut illis gentibus mos eft, cum amicis,
ducibufque copiarum inter epulas de bello
confultabat. Graves mero fuas vires ex-
tollere, hoftium nunc temeritatem, nunc
paucitatem fpernere. Præcipuè Beffus ferox verbis, & parto per fcelus Regno fu-
perbus, ac vix potens mentis, dicere, fo-
cordia Darii creviffe hoftium famam. Oc-
curriffe enim in Ciliciæ anguftiffimis fauci-
bus, cum retrocedendo poffet perducere
incautos in loca natura, & fitu invia, tot
fluminibus objectis, tot montium latebris,
inter quas deprehenfus hoftis, ne fugæ
quidem, nedum refiftendi occafionem fuerit habiturus. Sibi placere in Sogdianos re-
cedere. Oxum amnem velut murum obje-
cturum hofti, dum ex finitimis gentibus valida auxilia concurrerent. Venturos autem
Cho-

Chorafmios, & Dahas, Sagafque, & Indos, & ultra Tanaim amnem colentes Scythas; quorum neminem adeo humilem esse, ut humeri ejus non poslent Macedonis militis verticem æquare. Conclamant temulenti, unam hanc fententiam falubrem esse. Et Besfus circumferri merum largiùs jubet, debellaturus fuper menfam Alexandrum. Erat in eo convivio Cobares natione Medus, sed Magicæ artis (si modò ars est, non vanissimi cujusque ludibrium) magis professione, quàm scientia celeber, alioquin moderatus, & probus. Is cum præfatus esset, scire, servo esse utilius parere dicto, quàm afferre consilium, cùm illos, qui pareant, idem, quod cæteros maneat, qui verò fuadeant, proprium periculum: poculum ei, quod habebat in manu, tradidit. Quo accepto Cobares, *Natura*, inquit, *mortalium hoc quoque nomine prava, & finistra dici potest, quòd in suo quisque negotio habetior est, quàm in alieno. Turbida factu sunt consilia eorum, qui fibi suadent. Obstat aliis metus, aliis cupiditas, nonnunquam naturalis eorum, quæ cogisnxeris, amor. Nam in te superbia non cadit. Expertus es, unnnquenque, quod ipse repereris, aut folum, aut optimum ducere. Magnum onus suftines capite, Regium insigne. Hoc aut moderatè perferendum est, aut (quod abominor) in te ruet. Consilio, non impetu opus est.* Adjicit deinde, quod apud Bactrianos vulgò ufurpabant, *Canem timidum vehementius latrare, quàm mordere. Altissima quaque flumina minimo fono labi.* Quæ inferui, ut qualifcunque inter Barbaros

ros potuit esse prudentia , traderetur. In
his audientium suspenderat expectationem.
Tum consilium aperit, utilius Besso , quàm
gravius . *In vestibulo ,* inquit , *Regiæ tuæ*
velocissimus consistit Rex . Antè ille agmen,
quàm tu mensam istam movebit . Nunc ab
Tanai exercitum accerses, armis flumina op-
pones. Scilicet , quà tu fugiturus es , hostis
sequi non potest ? Iter utrique commune est ,
victori tutius . Licèt strenuum metum putes
esse , velocior tamen spes est . Quin validia-
ris occupas gratiam , dedisque te ? utcunque
cesserit , meliorem fortunam deditus , quàm
hostis , habiturus . Alienum habes Regnum ,
quò faciliùs eo careas . Incipies forsitam ju-
stus esse Rex , cum ipse feceris , qui tibi &
dare potest Regnum , & eripere . Consilium
habes fidele , quod diutiùs exequi superva-
caneum est . Nobilis equus umbra quoque
virga regitur ; ignavus ne calcari quidem
concitari potest . Bessus , & ingenio , &
multo mero ferox adeò exarsit , ut vix ab
amicis , quò minùs occideret eum (nam
strinxerat quoque acinacem) contineretur.
Certè è convivio prosiluit , haudquaquam
potens mentis. Cobares inter tumultum e-
lapsus, ad Alexandrum transfugit . Octo
millia Bactrianorum habebat armata Bessus, quæ, quandiu propter cœli intempe-
-riem Indiam potiùs Macedonas petituros
crediderant, obedienter imperata fecerunt :
postquam adventare Alexandrum compertum est, in suos quisque vicos dilapsi Bessum reliquerunt. Ille cum clientum manu,
qui non mutaverant fidem, Oxo amne superato, exustisque navigiis, quibus transie-
                                          rat-

rat, ne iifdem hoftis uteretur, novas copias in Sogdianis contrahebat.

CAPUT VII.

*Inopia commeatus in copiis Alexandri. Ba-
ctrianos defcribit.*

ALexander Caucafum quidem (ut fuprà dictum eft) tranfierat : fed inopia frumenti propè ad famem ventum erat.
Succo ex fefama expreffo, haud fecùs,
quàm oleo artus perungebant. Sed hujus
fucci ducenis quadragenis denariis ampho-
ræ fingulæ, mellis denariis trecenis nona-
genis, trecenis vini æftimabantur. Tritici
nihil, aut admodùm exiguum reperiebatur.
Syros vocabant Barbari ; quos ita folerter
abfcondunt, ut, nifi qui defoderunt, in-
venire non poffint. In iis conditæ fruges
erant. In quarum penuria milites fluvia-
tili pifce, & herbis fuftinebantur. Jamque
hæc ipfa alimenta defecerant, cùm jumenta, quibus onera portabant, cædere juffi
funt. Horum carne, dum in Bactrianos
perventum, traxere vitam. Bactrianæ terræ multiplex, & varia natura eft. Alibi
multa arbor, & vitis largos, mitefque fructus alit. Solum pingue crebri fontes rigant. Quæ mitiora funt, frumento con-
feruntur : cætera armentorum pabulo cedunt. Magnam deinde partem ejufdem terræ fteriles arenæ tenent. Squalida ficcitate
regio non hominem, non frugem alit.
Cùm verò venti à Pontico mari fpirant ;
quidquid fabuli in campis jacet, conver-
runt.

runt. Quod ubi cumulatum eſt, magnorum
collium procul ſpecies eſt, omniaque priſtini itineris veſtigia intereunt. Itaque, qui
tranſeunt campos, navigantium modo noctu ſidera obſervant, ad quorum curſum
iter dirigunt. Et propemodùm clarior eſt
noctis umbra, quàm lux. Ergo interdiù invia eſt regio, quia nec veſtigium, quod ſe-
quantur, inveniunt, & nitor ſiderum caligine abſconditur. Cæterùm ſi quos ille
ventus, qui à mari exoritur, deprehendit, arena obruit. Sed, quà mitior terra
eſt, ingens hominum, equorumque multitudo gignitur. Itaque Bactriani equites triginta millia expleverant. Ipſa Bactra, regionis ejus caput, ſita ſunt ſub monte Pa-
ropamiſſo. Bactrus amnis præterit mœnia.
Is urbi, & regioni dedit nomen.

CAPUT VIII.

Lacedæmoniorum defectio. Erigyi Monoma-
chia cum Satibarzane, & victoria.

HIc Regi ſtativa habenti nuntiatur ex
Græcia Peloponnenſium, Laconum-
que defectio. Nondum enim victi erant,
cum proficiſcerentur, tumultus ejus principia nuntiaturi. Et alius præſens terror affertur, Scythas, qui ultra Tanaim amnem
colunt, adventare, Beſſo ferentes opem.
Eodem tempore, quæ in gente Ariorum
Caranus, & Erigyus geſſerant, perferun-
tur. Commiſſum erat prælium inter Macedonas, Arioſque. Transfuga Satibarzanes
Barbaris præerat: qui cum pugnam ſegnem
utrin-

utrinque æquis viribus ftare vidiffet, in primos ordines adequitavit, demptaque galea, inhibitis, qui tela jaciebant, fi quis viritim dimicare vellet, provocavit ad pugnam, nudum fe caput in certamine habiturum. Non tulit ferociam Barbari Dux exercitus Erigyus, gravis quidem ætate, fed & animi, & corporis robore nulli juvenum poft ferendus. Is galea dempta canitiem oftentans, *Venit*, inquit, *dies*, *quo aut victoria, aut morte honeftiffima, quales amicos, & milites Alexander habeat, oftendam*. Nec plura eloquutus, equum in hoftem egit. Crederes imperatum, ut acies utræque tela cohiberent. Protinus certè recefferunt, dato libero fpatio, intenti in eventum non duorum modò, fed etiam fuæ fortis, quippe alienum difcrimen fequuturi. Prior Barbarus emifit haftam, quam Erigyus modica capitis declinatione vitavit. At ipfe infeftam fariffam, equo calcaribus concito, in medio Barbari gutture ita fixit, ut per cervicem emineret. Præcipitatus ex equo Barbarus, adhuc tamen repugnabat. Sed ille extractam ex vulnere haftam rursùs in os dirigit. Satibarzanes haftam manu complexus, quò maturiùs interiret, ictum hoftis adjuvit. Et Barbari, Duce amiffo, quem magis neceffitate, quàm fponte fequuti erant, tunc haud immemores meritorum Alexandri, arma Erigyo tradunt. Rex his quidem lætus, de Spartanis haudquaquam fecurus, magno tamen animo defectionem eorum tulit, dicens, non ante aufos confilia nudare, quàm ipfum ad fines Indiæ perveniffe co-

gno-

gnoviſſent. Ipſe Beſſum perſequens copias
movit; cui Erigyus ſpolia Barbari, ceu o-
pimum belli decus, præferens occurrit.

CAPUT IX.

Alexander Beſſum perſequendo in aquarum
penuriam incidit. Ejuſdem patientia, &
miranda ſitis tolerantia.

IGitur Bactrianorum regione Artabazo §.
tradita, ſarcinas, & impedimenta ibi
cum præſidio relinquit: ipſe cum expedito
agmine loca deſerta Suſitanorum intrat, nocturno itinere exercitum ducens. Aquarum
(ut antè dictum eſt) penuria: priùs deſperatione, quàm deſiderio bibendi ſitim
accendit. Per cccc ſtadia ne modicus quidem humor exiſtit. Arenas vapor æſtivi
Solis accendit, quæ ubi flagrare cœperunt,
haud ſecùs, quàm continenti incendio,
cuncta torrentur. Caligo deinde immodico
terræ fervore excitata, lucem tegit. Cam-
porumque non alia, quàm vaſti, & pro-
fundi æquoris, ſpecies eſt. Nocturnum iter
tolerabile videbatur, qnia rore, & matu-
tino frigore corpora levabantur. Cæterùm, cum ipſa luce æſtus oritur, omnemque naturalem abſorbet humorem ſiccitas,
ora, viſceraque penitus uruntur. Itaque
primùm animi, deinde corpora deficere cœperunt. Pigebat & conſiſtere, & progredi.
Pauci à peritis regionis admoniti præpa-
rant aquam. Hæc pauliſper repreſſit ſitim.
Deinde, creſcente æſtu, rurſùm deſiderium
humoris accenſum eſt. Ergo, quidquid
vini,

vini, oleique erat, hominibus ingerebatur;
Tantaque dulcedo bibendi fuit, ut in po-
fterum fitis non timeretur. Graves deinde
avidè haufto humore, non fuftinere arma,
non ingredi poterant, & feliciores videbantur, quos aqua defecerat, cùm ipfi fine modo infufam vomitu cogerentur rege-
rere. Anxium Regem tantis malis, cir-
cumfufi amici, ut meminiffet fui, orabant,
animi fui magnitudinem unicum remedium
deficientis exercitus effe; cùm ex iis, qui
praceflerant ad capiendum locum caftris,
duo occurrunt, utribus aquam geftantes,
ut filiis fuis, quos in eodem agmine effe,
& agrè pati fitim non ignorabant, occur-
rerent. Qui cùm in Regem incidiffent, alter ex iis, utre refoluto, vas, quod fimul
ferebat, implet, porrigens Regi. Ille
percontatus, quibus portarent, filiis ferre
cognofcit. Tunc poculo pleno (ficut oblatum eft) reddito, *Nec folus*, inquit, *bibere fuftineo, nec tam exiguum dividere o-
mnibus poffum. Vos currite, & liberis veftris, quod propter illos attuliftis ? date.*

CAPUT X.

*Multi avidiùs bibentes intereunt. Regis cu-
ra pro exercitu. Oxi trajectus.*

TAndem ad flumen Oxum ipfe pervenit prima ferè vefpera. Sed exercitus
magna pars non potuerat confequi. In edito monte ignes jubet fieri, ut ii, qui a-
grè fequebantur, haud procul caftris fe abeffe cognofcerent. Eos autem, qui primi
agmi-

agminis erant, maturè cibo, ac potioné
firmatos, implere alios utres, alios vafa,
quibuscunque aqua posset portari, jussit,
ac suis opem ferre. Sed qui intemperan-
tiùs hauserant, interclufo spiritu extincti
sunt. Multoque major horum numerus fuit,
quàm ullo amiserat prælio. At ille thoracem adhuc indutus, nec aut cibo refectus,
aut potu, qua veniebat exercitus, constitit. Nec ante ad curandum corpus reces-
fit, quàm præterierant, qui agmen sequebantur. Totamque eam noctem cum magno animi motu perpetuis vigiliis egit.
Nec postero die lætior erat, quia nulla navigia habebat, nec pons erigi poterat, circunquaque amnem nudo folo, & materia
maximè sterili. Consilium igitur, quod u-
num neceffitas subjecerat, init. Utres
quàm plurimos stramentis refertos dividit.
His incubantes transnavere amnem. Quique primi transierant, in statione erant,
dum trajicerent cæteri. Hoc modo sexto
demùm die in ulteriore ripa totum exercitum expofuit.

CAPUT XI.

Spitamenes cum conjuratis Beffum vinctum
ducis ad Alexandrum.

JAmque ad persequendum Beffum statuerat progredi, cum ea, quæ in Su-
fianis erant, cognofcit. Spitamenes erat
inter omnes amicos præcipuo honore cultus à Beffo. Sed nullis meritis perfidia mitigari potest. Quæ tamen jam minùs in eo

N   invi-

thorifa effe poterat, quia nihil ulli nefas
tunc in Beſtum interfectorem Regis ſui
videbatu. Titulus facinoris ſpecioſus præferebatur, vindicta Darii. Sed fortunam,
non ſcelus oderat Beſſi. Nam, ut Alexandrum flumen Oxum ſuperaſſe cognovit,
Dataphernem, & Catenem, quibus à Beſſo maxima fides habebatur, in ſocietatem
cogitatæ rei aſciſcit. Illi promptiùs adeunt,
quam rogabantur: aſſumptiſque octo fortiſ-
ſimis juvenibus, talem dolum intendunt.
Spitamenes pergit ad Beſſum, & remotis
arbitris, comperiſſe ait ſe, inſidiari ei Dataphernem, & Catenem, ut vivum Alexandro traderent, agitantes, à ſemet oc-
cupatos eſſe, & vinctos teneri. Beſſus tanto merito (ut credebat) obligatus, partim gratias agit, partim avidus explendi
ſupplicii, adduci eos jubet. Illi, manibus
ſua ſponte religatis, à participibus conſilii
trahebantur. Quos Beſſus truci vultu intuens, conſurgit, manibus non tempera-
turus. At illi ſimulatione omiſſa circunſi-
ſtunt eum, & fruſtrà repugnantem vinciunt,
direpto ex capite Regni inſigni, lacerata-
que veſte, quam ſpolium occiſi Regis induerat. Ille Deos ſui ſceleris ultores adeſſe confeſſus, adjecit, non Dario iniquos
fuiſſe, quem ſic ulciſcerentur, ſed Alexandro propitios, cujus victoriam ſemper etiam hoſtis adjuviſſet. Multitudo an vindi-
catura Beſſum fuerit, incertum eſt, niſi illi, qui vinxerant, juſſu Alexandri feciſſe
ipſos ementiti, dubios adhuc animi ter-
ruiſſent. In equum impoſitum Alexandro
tradituri ducunt.

C A-

CAPUT XII.

Miſſo veteranis data . Brancidarum exci-
dium .

INter hæc Rex, quibus matura erat mif-
fio, electis nongentis ferè , equiti bina
talenta dedit , pediti terna denarium millia' : monitoſque , ut liberos generarent ,
remiſit domum . Cæteris gratiæ actæ, quòd
ad reliqua belli navaturos operam pollicebantur . Tum Beſſus perducitur . Perventum erat in parvulum oppidum . Brancidæ
ejus incolæ erant . Mileto quondam , juſſu
Xerxis , cum è Græcia rediret , tranſie-
rant, & in ea ſede conſtiterant; quia templum , quod Didymæon appellatur, in gratiam Xerxis violaverant . Mores patrii nondum exoleverant; ſed jam bilingues erant ,
paulatim à domeſtico , externoque ſermone
degeneres . Magno igitur gaudio Regem excipiunt, urbem, ſeque dedentes . Ille Mi-
leſios , qui apud ipſum militarent , convocari jubet . Vetus odium miles gerebat in
Brancidarum gentem , proditionis ergo .
His , ſive injuriæ , ſive originis meminiſſe
mallent, liberum de Brancidis permittit arbitrium . Variantibus deinde ſententiis, ſei-
pſum conſideraturum , quid optimum factu eſſet , oſtendit . Poſtero die occurrenti-
bus , Brancidas ſecum procedere jubet .
Cùmque ad urbem ventum eſſet , ipſe cum
expedita manu portam intrat . Phalanx mœnia oppidi circumire juſſa, & dato ſigno diripere urbem, proditorum receptaculum ,

N 2 ipſol-

ipſoſque ad unum cædere . Illi inermes paſſim trucidantur . Nec aut commercio linguæ, aut ſupplicum velamentis , precibuſ-
que inhiberi crudelitas poteſt. Tandem ut
dejicerent , fundamenta murorum ab imo
moliuntur ; ne quod urbis veſtigium exſta-
ret. Nec mora , lucos quoque ſacros non
cædunt modò , ſed etiam extirpant, ut vaſta ſolitudo, & ſterilis humus, excuſſis etiam radicibus, linqueretur . Quæ ſi in ipſos
proditionis auctores excogitata eſſent , juſta ultio eſſe , non crudelitas videretur .
Nunc culpam majorum poſteri luere , qui
ne viderant quidem Miletum : adeò Xerxi
non potuerant prodere .

CAPUT XIII.

*Spitamenes adducit nudum Beſſum , qui in
crucem agendus ad ſagittas pro meta deſti-
natur. Catenis ſagittarii laus .*

INde proceſſit ad Tanaim amnem : quò
perductus eſt Beſſus, non vinctus modò , ſed etiam omni velamento corporis
ſpoliatus. Spitamenes eum tenebat , collo
inſerta catena , tam Barbaris , quàm Macedonibus gratum ſpectaculum . Tum Spitamenes, *Et te,* inquit , *& Darium Reges
meos ultus , interfectorem domini ſui adduxi, eo modo captum , cujus ipſe ſecit exemplum . Aperias ad hoc ſpectaculum oculos
Darius : exiſtat ab Inferis , qui illo ſupplicio indignus ſuit , & hoc ſolatio dignus eſt .*
Alexander, multùm collaudato Spitamene,
converſus ad Beſſum , *Cujus ,* inquit ſera-

ra-

rabies occupavit animum tuum, cùm Regem
de te optimè meritum, priùs vincire, dein-
de occidere suftinuifti? Sed hujus parricidii
mercedem falfo Regis nomine perfolvifti. I-
bi ille facinus purgare non aufus, Regis
titulum fe ufurpaffe dixit, ut gentem fuam
tradere ipfi poffet: qui fi ceffaffet, alium
fuiffe Regnum occupaturum. At Alexander Oxatrem fratrem Darii quem inter
corporis cuftodes habebat, propiùs juffit
accedere, tradique Beffum ei, ut cruci affixum, mutilatis auribus, naribufque, fagittis configerent Barbari, affervarentque
corpus, ut ne aves quidem contingerent.
Oxatres cætera fibi curæ fore pollicetur,
aves non ab alio, quàm à Catene poffe
prohiberi adjicit, eximiam ejus artem cupiens oftendere. Nanque adeò certo ictu
deftinata feriebat, ut aves quoque exciperet. Nam etfi forfitan fagittandi tam ce-
lebri ufu minùs admirabilis videri hæc ars
poffit: tamen ingens vifentibus miraculum,
magnoque honori Cateni fuit. Dona deinde omnibus, qui Beffum adduxerant, data
funt. Cæterùm fupplicium ejus diftulit, ut
eo loco, in quo Darium ipfe occiderat,
necaretur.

C A P U T XIV.

Ex Macedonibus nonnulli pabulatores oppref-
fi à Barbaris capiuntur. Rex dimicans vul-
neratur. Barbari deduntur.

INtereà Macedones ad petendum pabu-   6.
lum incompofito agmine egreffi, à Bar-
N 3   ba-

baris, qui de proximis montibus decurre-
runt, opprimuntur. Pluresque capti sunt,
quàm occisi. Barbari autem, captivos præ
se agentes, rursùs in montem recesserunt.
Viginti millia latronum erant. Fundis, sa-
gittisque pugnam invadunt. Quos dum obsidet Rex, inter promptissimos dimicans
sagitta ictus est, quæ in medio crure fixa
reliquerat spiculum. Illum quidem mœsti,
& attoniti Macedones in castra referebant.
Sed nec Barbaros fefellit subductus ex acie
Rex : quippe ex edito monte cuncta pros-
pexerant. Itaque postero die misere Legatos ad Regem. Quos ille protinùs jussit
admitti ; solutisque fasciis magnitudinem
vulneris dissimulans, crus Barbaris ostendit.
Illi jussi considere, affirmant, non Macedonas, quàm ipsos fuisse tristiores, cognito
vulnere ipsius : cujus, si auctorem reperis-
sent, dedituros fuisse. Cum Diis enim pugnare sacrilegos tantùm. Cæterùm se gentem in fidem dedere, superatos virtute illius. Rex, fide data, & captivis receptis,
gentem in deditionem accepit.

CAPUT XV.

Certamen elegans peditum, & equitum su-
per gestando Rege; quod Rex amebaum es-
se voluit. Maracanda occupat. Scytharum
Legatos audit. Locum urbi ad Tanaim de-
signat.

Castris inde motis, lectica militari ferebatur, quam pro se quisque eques,
pedesque subire certabant. Equites, cum
qui-

quibus Rex prælia inire solitus erat, sui
muneris id esse censebant. Pedites contrà,
cum saucios commilitones ipsi gestare as-
suevissent, eripi sibi proprium officium tum
potissimùm, cùm Rex gestandus esset, querebantur. Rex in tanto utriusque partis
certamine, & sibi difficilem, & præteritis
gravem electionem futuram ratus, invicem
subire eos jussit. Hinc quarto die ad urbem
Maracanda perventum est. LXX. stadia
murus urbis amplectitur. Arx nullo cingitur muro. Præsidio urbi relicto, proximos
vicos depopulatur, atque urit. Legati deinde Abiorum Scytharum superveniunt, liberi, ex quo decesserat Cyrus, tum imperata facturi. Justissimos Barbarorum constabat. Armis abstinebant, nisi lacessiti. Libertatis modico, & æquali usu, principibus
humiliores pares fecerant. Hos benignè al-
oquntus, ad eos Scythas, qui Europam
incolunt, Penidam quendam misit ex amicis, qui denuntiaret eis, ne Tanaim amnem
regionis, injussu Regis, transirent. Eidem
mandatum, ut contemplaretur locorum si-
tum, & illos quoque Scythas, qui super
Bosphorum incolunt, viseret. Condendæ
urbis sedem super ripam Tanais elegerat,
claustrum & jam perdomitorum, & quos
deinde adire decreverat.

CAPUT XVI.

Sogdianorum, & Bactrianorum defectio.
Cyropolis, & Memacena urbes cum Regis
periculo eruuntur. Spitamenes obsidetur.

SEd confilium diftulit Sogdianorum nuntiata defectio, quæ Bactrianos quoque
traxit. Septem millia equitum erant, quorum auctoritatem cæteri fequebantur. Alexander Spitamenem, & Catenem, à quibus ei traditus erat Beffus, haud dubius,
quin eorum opera redigi poffent in poteftatem, coercendo, qui novaverant, juffit
accerfiri. At illi defectionis, ad quam coer-
cendam evocabantur, auctores, vulgaverant famam, Bactrianos equites à Rege o-
mnes, ut occiderentur, accerfiri, idque
imperatum ipfis non fuftinuiffe tamen exequi, ne inexpiabile in populares facinus
admitterent: non magis Alexandri fævi-
tiam, quàm Beffi parricidium ferre potuif-
fe. Itaque fua fponte jam motos, metu
pœnæ haud difficulter concitaverunt ad arma. Alexander, transfugarum defectione
comperta, Craterum obfidere Cyropolim
jubet. Ipfe aliam urbem regionis ejufdem
corona capit. Signoque, ut puberes interficerentur, dato, reliqui in prædam ceffe-
re victoris. Urbs diruta eft, ut cæteri cladis exemplo continerentur. Memaceni,
valida gens, obfidionem, non ut honeftio-
rem modò, fed etiam ut tutiorem ferre
decreverant. Ad quorum pertinaciam mi-
tigandam Rex L. equites præmifit, qui
cle-

clementiam ipsius in deditos , simulque
inexorabilem animum in devictos oftende-
rent. Illi nec de fide, nec de potentia Regis ipsos dubitare respondent , equitesque
tendere extra munimenta urbis jubent .
Hospitaliter deinde exceptos, gravesque e-
pulis , & somno , intempesta nocte adorti
interfecerunt. Alexander haud secùs, quàm
par erat, motus , urbem corona circundedit , munitiorem , quàm ut primo impetu
capi posset. Itaque Meleagrum, & Perdiccam in obsidionem jungit , Cyropolim (ut
antè dictum est) obsidentes. Statuerat autem parcere urbi conditæ à Cyro. Quippe
non alium gentium illarum magis admiratus est ; quàm hunc Regem , & Semira-
mim, in queis & magnitudinem animi, &
claritatem rerum longè emicuisse credebat.
Cæterùm pertinacia oppidanorum ejus iram
accendit . Itaque captam urbem diripi jussit. Deleta , Memacenis haud injuria infestus, ad Meleagrum, & Perdiccam redit .
Sed non alia urbs fortiùs obsidionem tulit . Quippe & militum promptissimi cecidere , & ipse Rex ad ultimum periculum
venit. Nanque cervix ejus saxo ita icta
est , ut oculis caligine offusa collaberetur,
ne mentis quidem compos . Exercitus certè velut erepto eo ingemuit . Sed invictus
adversùs ea , quæ cæteros terrent , nondum percurato vulnere , acriùs obsidioni
institit , naturalem celeritatem ira conci-
tante . Cuniculo ergo suffossa mœnia , ingens nudavere spatium. Per quod irrupit,
victorque urbem dirui jussit . Hinc Menedemum cum tribus millibus peditum, & o-

ctingentis equitibus , ad urbem Maracanda mifit . Spitamenes transfuga , præsidio Macedonum inde dejecto, muris urbis ejus incluserat se, haud oppidanis consilium defectionis approbantibus . Sequi tamen videbantur , quia prohibere non poterant .

APUT XVII.

Ad Tanaim Alexandriam ponit , quam Scytha nequicquam diruere conatur .

INterim Alexander ad Tanaim amnem redit ; & , quantum soli occupaverant castris , muro circundedit . Sexaginta stadiorum urbis murus fuit . Hanc quoque urbem Alexandriam appellari juffit . Opus tanta celeritate perfectum est , ut decimo septimo die , quàm munimenta excitata erant , tecta quoque urbis absolverentur. Ingens militum certamen inter ipsos fuerat, ut suum quisque munus [nam divisum erat] primus ostenderet . Incolæ novæ urbi dati captivi, quos , reddito pretio dominis, liberavit. Quorum posteri nunc quoque nondum apud eos tam longa ætate propter memoriam Alexandri exoleverunt . Rex
7. Scytharum, cujus tum ultra Tanaim Imperium erat, ratus eam urbem, quam in ripa amnis Macedones condiderant, suis impositam esse cervicibus , fratrem Carthasim nomine , cum magna equitum manu misit ad diruendam eam; proculque amne submovendas Macedonum copias .

C A.

CAPUT XVIII.

Scytharum descriptio . Cura Alexandri de valetudine, & hoste. Ejusdem superstitio.

BActrianos Tanais ab Scythis, quos Europæos vocant, dividit. Idem Asiam, & Europam finis interfluit . Cæterùm Scytharum gens haud procul Thracia sita, ab Oriente ad Septentrionem se vertit . Sarmatarumque , ut quidam credidere , non finitima , sed pars est . Recta deinde regionem aliam ultra Istrum jacentem colit : ultima Asiæ , quæ Bactra sunt , stringit.. Quæ Septentrioni proxima sunt, profundæ inde sylvæ, vastæque solitudines excipiunt : rursus, quæ Tanaim , & Bactra spectant, humano cultu haud disparia sunt . Primus cum hac gente non provisum bellum Alexander gesturus, cum in conspectu ejus obequitaret hostis , adhuc æger ex vulnere , præcipuè voce deficiens, quam & modicus cibus, & cervicis extenuabat dolor , amicos in consilium advocari jubet . Terrebat eum non hostis , sed iniquitas temporis . Bactriani defecerant : Scythæ etiam lacessebant . Ipse non insistere in terra, non equo vehi , non docere , non hortari suos poterat. Ancipiti periculo implicitus, Deos quoque incusans , querebatur , se jacere segnem, cujus velocitatem nemo anteà valuisset effugere. Vix suos credere , non simulari valetudinem . Itaque qui post Darium victum Ariolos , & Vates consulere desierat; rursus ad superstitionem humana-

N 6 rum

rum mentium ludibria revolutus, Aristandrum, cui credulitatem suam addixerat,
explorare eventum rerum sacrificiis jubet.
Mos erat Aruspicibus exta sine Rege spectare, &, quæ portenderentur, referre :
Inter hæc Rex, dum fibris pecudum ex-
ploratur eventus latentium rerum, propius
ipsum considere amicos jubet, ne contentione vocis cicatricem infirmam adhuc rumperet. Hephæstion, Craterus, & Erigyus
erant cum custodibus in tabernaculum ad-
missi.

CAPUT XIX.

Consilium ponit de inferendo Scythis bello.
Dehortantur Erigyus, & Aristander. Va-
tes ab Alexandro reprehensus iterum li-
tat, & perlitatum feliciter nuntiat.

Dscrimen, Inquit, me occupavit, meliore hostium, quàm meo tempore. Sed
necessitas ante rationem est, maximè in bello, quo raro permittitur tempora eligere.
Defecere Bactriani, in quorum cervicibus
stamus, & quantum in nobis animi sit, a-
lieno Marte experiuntur, haud dubia fortuna. Si omiserimus Scythas ultrò arma infe-
rentes, contempti ad illos, qui defecerunt,
revertemur. Si verò Tanaim transierimus,
& ubique invictos esse nos Scytharum pernicie, ac sanguine ostenderimus, quis dubita-
bit patere etiam Europam victoribus ? Falli-
tur, qui terminos gloriæ nostræ metitur spatio, quod transituri sumus. Unus amnis interfluit: quem si trajicimus, in Europam arma

ma proferimus . Et quanti æſtimandum eſt ,
dum Aſiam ſubigimus , in alio quodammodo
orbe trophæa ſtatuere , & quæ tam longo in-
tervallo natura videtur diremiſſe , una vi-
ctoria ſubitò committere ? At herculè, ſi pau-
lulùm ceſſaverimus , in tergis noſtris Scythæ
hærebunt . An ſoli ſumus , qui flumina tranſ-
nare poſſumus ? Multa in noſmetipſos recident,
quibus adhuc vicimus . Fortuna belli artem
victos quoque docet . Utribus amnem traji-
ciendi exemplum fecimus nuper . Hoc ut Scy-
thæ imitari neſciant , Bactriani docebunt .
Præterea unus gentis hujus adhuc exercitus
venit , cæteri xpectantur . Ita bellum vitan-
do alemus , & quod inferre poſſumus , acci-
pere cogemur . Manifeſta eſt conſilii mei ra-
tio . Sed an permiſſuri ſint Macedones animo
uti meo , dubito , quia , ex quo hoc vulnus
accepi , non equo vectus ſum , non pedibus
ingreſſus . Sed , ſi me ſequi vultis , valeo ,
amici . Satis virium eſt ad ſoleranda iſta .
Aut ſi jam adeſt vitæ meæ finis , in quo tan-
dem opere meliùs extinguar ? Hæc , quaſſa
adhuc voce deficiens , vix proximis exau-
dientibus , dixerat ; cum omnes à tam præcipiti conſilio Regem deterrere cœperunt.
Erygius maximè , qui haud ſane auctoritate proficiens apud obſtinatum animum , ſu-
perſtitionem , cujus potens non erat Rex,
incutere tentavit , dicendo , Deos quoque
obſtare conſilio , magnumque periculum ,
ſi flumen tranſſiſſet , oſtendi . Intranti Erigyo tabernaculum Regis , Ariſtander occurrerat , triſtia exta fuiſſe ſignificans . Hæc
ex Vate comperta Erigyus nuntiabat . Quo
inhibito , Alexander non ira ſolùm , ſed etiam

iam pudore confusus, quòd superstitio, quam celaverat, detegebatur, Aristandrum vocari jubet. Qui ut venit, intuens eum, *Non Rex*, inquit, *sed privatus sum. Sacrificium ut faceres, mandavi. Quid eo portenderetur, cur apud alium, quàm apud me professus es? Erigyus arcana mea, & secreta, te prodente, cognovit. Quem certum mehercule habeo extorum interprete uti metu suo. Tibi autem certius, quàm potest, denuntio, ipse mihi indices, quid ex extis cognoveris, ne possis inficiari dixisse, quæ dixeris.* Ille exanguis, attonitoque similis stabat, per metum etiam voce suppressa. Tandemque eodem metu stimulante, ne Regis expectationem moraretur, *Magni*, inquit, *laboris, non irriti discrimen instare prædixi. Nec me ars mea, quàm benevolentia, magis perturbat. Infirmitatem valetudinis tuæ video, &, quantum in te uno sit, scio. Vereor, ne præsenti fortunæ tuæ sufficere non possis.* Rex jussum confidere felicitati suæ remisit. Sibi enim ad aliam gloriam concedere Deos. Consultanti deinde cum iisdem, quonam modo flumen transirent, supervenit Aristander, non aliàs lætiora exta vidisse se affirmans, utique prioribus longe diversa, tum solicitudinis causas apparuisse, nunc prorsus egregiè litatum esse.

C A-

CAPUT XX.

Menedemus Alexandri Præfectus ad Mara-
canda cum copiis à Spitamene deletur. A-
lexander cladem diffimulat.

CÆterùm quæ fubinde nuntiata funt
Regi, continuæ felicitati rerum ejus
impofuerant labem. Menedemum, ut fapra
dictum eft, miferat ad obfidendum Spitamenem Bactrianæ defectionis auctorem.
Qui comperto hoftis adventu, ne muris
urbis includeretur, fimul fretus excipi poffe, qua venturum fciebat, confedit occul-
tus. Sylveftre iter aptum infidiis tegendis
erat. Ibi Dahas condidit. Equi binos armatos vehunt, quorum invicem finguli repentè defiliunt, equeftris pugnæ ordinem
turbant. Equorum velocitati par eft hominum pernicitas. Hos Spitamenes faltum
circuire juffos, pariter & à lateribus, & à
fronte, & à tergo hofti oftendit. Menedemus undique inclufus, ne numero quidem par, diu tamen reftitit, clamitans,
nihil aliud fupereffe locorum fraude deceptis, quàm honeftæ mortis folatium ex hoftium cæde. Ipfum prævalens equus vehebat, quo fæpius in cuneos Barbarorum ef-
fufis habenis evectus, magna ftrage eos fuderat. Sed, cum unum omnes peterent,
multis vulneribus exanguis, Hipfidem quendam ex amicis hortatus eft, ut in equum
fuum afcenderet, & fe fuga eriperet. Hæc
agentem anima defecit; corpufque ex equo
defluxit in terram. Hipfides poterat quidem

dem effugere, sed amisso amico mori statuit. Una erat cura, ne inultus occideret. Itaque subditis calcaribus equo, in
medios hostes se immisit, & memorabili
edita pugna, obrutus telis est. Quod ubi
videre, qui cædi supererant, tumulum paul-
lò, quàm cætera, editiorem capiunt. Quos
Spitamenes fame in deditionem subacturus
obfedit. Cecidere eo prælio peditum duo
millia, trecenti equites. Quam cladem A-
lexander solerti consilio texit, morte de-
nuntiata iis, qui ex prælio venerant, si a-
cta vulgaffent.

CAPUT XXI.

Rex pervigil confultat fecum. Tum militem
alloquitur, & bellum in Scythas pro-
nunciat, rasefque parat. Legatio, & ora-
tio Scytharum.

8. CÆterùm cùm animo disparem vultum
diutiùs ferre non posset, in tabernaculum supra ripam fluminis de industria
locatum seceffit. Ibi fine arbitris singula
animi consulta penfando, noctem vigiliis
extraxit, sæpe pellibus tabernaculi alleva-
tis, ut confpiceret hostium ignes, è quibus conjectare poterat, quanta hominum
multitudo esset. Jamque lux appetebat,
cùm thoracem indutus, procedit ad milites, tùm primùm post vulnus proximè acceptum. Tanta erat apud eos veneratio
Regis, ut facilè periculi, quod horrebant,
cogitationem præfentia ejus excuteret. Læti ergo, & manantibus præ gaudio lacrymis,

mis, confalutant eum, &, quod ante re-
cufaverant bellum, feroces depofcunt. Ille fe ratibus equitem, phalangemque tranf-
portaturum efse pronuntiat : fuper utres
jubet nare leviùs armatos. Plura nec dici
res defideravit, nec Rex dicere per valetudinem potuit. Cæterùm tanta alacritate
militum rates junctæ funt, ut in triduum
ad duodecim millia effectæ fint. Jamque
ad tranfeundum omnia aptaverant, cùm
Legati Scytharum viginti, more gentis,
per caftra equis vecti, nuntiare jubent Regi, velle ipfos ad eum mandata perferre.
Admiffi in tabernaculum, juffique confidere, in vultu Regis defixerant oculos, credo, quia magnitudine corporis animum æ-
ftimantibus modicus animus haudquaquam
famæ par videbatur. Scythis autem, non
ut cæteris Barbaris, rudis, & inconditus
fenfus eft. Quidam eorum fapientiam capere dicuntur, quantamcunque gens capit femper armata. Sicque loquutos efse
apud Regem memoriæ proditum eft. Ab-
horrent forfitan moribus noftris, & tempora, & ingenia cultiora fortitis. Sed ut
poffit oratio eorum fperni, tamen fides
noftra non debet. Quæcunque tradita
funt, incorrupta perferemus. Igitur unum
ex his maximum natu ita loquutum acce-
pimus. *Si Dii habitum corporis tui aviditati*
ti animi parem efse voluiffent, orbis te non
caperet : altera manu Orientem, altera Oc-
cidentem contingeres, & hoc affequutus fci-
re velles, ubi tanti Numinis fulgor conde-
retur. Sic quoque concupifcis, quæ non ca-
pis. Ab Europa petis Afiam, ex Afia tran-

ſis in Europam. Deinde, ſi humanum genus
omne ſuperaveris, cum ſylvis, & nivibus,
& fluminibus, feriſque beſtiis geſturus es
bellum. Quid? tu ignoras, arbores magnas
diu creſcere, una hora extirpari? Stultus
eſt, qui fructus earum ſpectat, altitudinem
non metitur. Vide, ne, dum ad cacumen
pervenire contendis, cum ipſis ramis, quos
comprehenderis, decidas. Leo quoque aliquando minimarum avium pabulum ſit; &
ferrum rubigo conſumit. Nihil tam firmum
eſt, cui periculum non ſit, etiam ab invalido. Quid nobis tecum eſt? nunquam terram
tuam attigimus. Qui ſis, unde venias, licet ne ignorare in vaſtis ſylvis viventibus?
Nec ſervire ulli poſſumus, nec imperare de-
ſideramus. Dona nobis data ſunt, ne Scytharum gentem ignores, jugum boum, ara-
trum, & haſta, & ſagitta, & patera. His
utimur & cum amicis, & adverſus inimicos. Fruges amicis damus, boum labore quæ-
ſitas: patera cum iiſdem vinum Diis liba-
mus: inimicos ſagitta eminùs, haſta cominùs petimus. Sic Syriæ Regem, & poſteà
Perſarum, Medorumque ſuperavimus, pa-
tuitque nobis iter uſque in Aegyptum. At
tu, qui te gloriaris ad latrones perſequen-
dos venire, omnium gentium, quas adiſti,
latro es. Lydiam cepiſti, Syriam occupa-
ſti, Perſidem tenes, Bactrianos habes in poteſtate, Indos petiſti. Jam etiam ad pecora
noſtra avaras, & inſatiabiles manus porrigis. Quid tibi divitiis opus eſt, quæ te e-
ſurire cogunt? Primus omnium ſatietate pa-
raſti famem, ut quò plura haberes, acriùs,
quæ non habes, cuperes. Non ſuccurrit tibi,

bi, quandiu circùm Bactra hæreas? Dum il-
los subigis, Sogdiani bellare cæperunt. Bel-
lum tibi ex victoria nascitur. Nam ut ma-
jor, fortiórque sis, quàm quisquam, tamen
alienigenam dominum pati nemo vult. Tran-
si modò Tanaim; scies, quàm latè pateant,
& unquàm tamen consequeris Scythas. Pau-
pertas nostra velocior erit, quàm exercitus
tuus, qui prædam tot nationum vehit. Rur-
sùs, cum procul abesse nos credes, videbis
in tuis castris. Eadem enim velocitate &
sequimur, & fugimus. SCYTHARUM
SOLITUDINES *Græcis etiam proverbiis*
audio eludi. At nos deserta, & humano
cultu vacua, magis, quàm urbes, & opu-
lentos agros sequimur. Proinde fortunam
tuam pressis manibus tene. Lubrica est, nec
invita teneri potest. Imponè felicitati tuæ
frænos; faciliùs illam reges. Nostri SINE
PEDIBUS *dicunt esse* FORTUNAM, *quæ*
manus, & pinnas tantùm habet. Cum ma-
nus porrigit, pinnas quoque comprehendere
non sinit. Denique, si Deus es, tribuere
mortalibus beneficia debes, non sua eripere:
sin autem homo es, semper esse te cogita.
Stultum est eorum meminisse, propter quæ
tui oblivisceris. Quibus bellum non intule-
ris, bonis amicis poteris uti. Nam & fir-
missima est inter pares amicitia, & viden-
tur pares, qui non secerunt inter se peri-
culum virium. Quos viceris, amicos tibi es-
se, cave, credas. Inter dominum, & ser-
vum nulla amicitia est. Etiàm in pace, bel-
li tamen jura servantur. Jurando gratiam
Scythas sancire ne credideris. Colendo fidem
jurant. Græcorum ista cautio est, qui acta
con

confignant, & Deos invocant. Nos religio-
nem in ipsa fide novimus. Qui non reveren-
tur homines, fallunt Deos. Nec tibi amico
opus est, de cujus benevolentia dubites. Cæterùm nos & Asiæ, & Europæ custodes ha-
bebis. Bactra, nisi dividat Tanais, contin-
gimus. Ultra Tanaim, usque ad Thraciam
colimus. Thraciæ Macedoniam conjunctam
esse fama est. Utrique Imperio tuo finitimos,
hostes, an amicos velis esse, considera. Hæc
Barbarus.

CAPUT XXII.

Rex verbo peracutè respondet. Tanaim tra-
jicit: hostes fundis. Sagas deditos in fi-
dem recipit.

9. **C**Ontrà Rex, fortuna sua, & consiliis
eorum se usurum esse respondet. Nam
& fortunam, cui confidat, & consilium
suadentium, ne quid temerè, & audacter
faciat, sequuturum. Dimissisque Legatis,
in præparatas rates exercitum imposuit.
In protis clypeatos locaverat, jussos in genua subsidere, quò tutiores essent adversùs
ictus sagittarum. Post hos, qui tormenta
intenderent, stabant, & ab utroque latere,
& à fronte circundati armatis. Reliqui,
qui post tormenta constiterant, remigem
lorica indutum scutorum testudine armati
protegebant. Idem ordo in illis quoque
ratibus, quæ equitem vehebant, servatus
est. Major pars à puppe nantes equos
loris trahebat. At illos, quos utres stra-
mento repleti vehebant, objectæ rates
tue-

tuebantur. Ipfe Rex cum delectis primus
ratem folvit, & in ripam dirigi juffit.
Cui Scythæ admotos ordines equitum in
primo ripæ margine opponunt, ut ne applicari quidem terræ rates poffent. Cæterùm præter hanc fpeciem ripis præfidentis
exercitus, ingens navigantes terror inva-
ferat. Nanque curfum gubernatores, cum
obliquo flumine impellerentur, regere non
poterant : vacillantefque milites, & , ne
excuterentur, foliciti, nautarum minifteria
turbaverant. Nec tela quidem conati nifu
vibrare poterant, cùm prior ftandi fine periculo, quàm hoftem laceffendi, cura effet.
Tormenta faluti fuerunt, quibus in confer-
tos, ac temerè fe offerentes haud fruftrà
excuffa funt tela. Barbari quoque ingentem vim fagittarum infudere ratibus. Vixque ullum fuit fcutum, quod non pluribus
fimul fpiculis perforaretur. Jamque terræ
rates applicabantur, cùm acies clypeata
confurgit, & haftas certo ictu, utpote libero nifu, mittit è ratibus. Et, ut territos, recipientefque equos videre, alacres
mutua adhortatione in terram defiliere.
Turbatis acriter pedem inferre cœperunt.
Equitum deinde turmæ; quæ frænatos habebant equos, perfregère Barbarorum a-
ciem. Interim cæteri agmine dimicantium
tecti, aptavere fe pugnæ. Ipfe Rex, quod
vigoris ægro adhuc corpori deerat, animi
firmitate fupplebat. Vox adhortantis non
poterat audiri, nondùm bene obducta cicatrice cervicis: fed dimicantem cuncti vide-
bant. Itaque ipfi quidem Ducum funge-
bantur officio: aliufque alium adhortati, in

. ho-

hostem salutis immemores ruere cœperunt.
Tum verò non ora, non arma, non clamorem hostium Barbari tolerare potuerunt
omnesque effusis habenis (nanque equestris
acies erat) capessunt fugam. Quos Rex,
quanquam vexationem invalidi corporis pati non poterat, per lxxx tamen stadia insequi perseveravit. Jamque linquente animo, suis præcepit, ut, donec lucis aliquid
superesset, fugientium tergis inhærerent :
ipse, exhaustis etiam animi viribus, in castra
se recepit, reliquum substitit. Transierant
jam Liberi Patris terminos, quorum monumenta lapides erant crebris intervallis dis-
positi, arboresque proceræ, quarum stipites hedera contexerat. Sed Macedonas ira
longiùs provexit. Quippe media ferè nocte
in castra redierunt, multis interfectis, pluribus captis: equosque MDCCC abegere.
Ceciderunt autem Macedonum equites LX,
pedites C ferè, M saucii fuerunt. Hæc
expeditio deficientem magna ex parte A-
siam fama tam opportunæ victoriæ domuit.
Invictos Scythas esse crediderant : quibus
fractis nullam gentem Macedonum armis
parem fore confitebantur. Itaque Sagæ
misere Legatos, qui pollicerentur gentem
imperata facturam. Moverat eos Regis
non virtus magis, quàm clementia in devictos Scythas. Quippe captivos omnes sine
pretio remiserat, ut fidem faceret, sibi
cum ferociissimis gentium de fortitudine,
non de ira fuisse certamen. Benignè igitur
exceptis Sagarum Legatis, comitem Escipi-
num dedit, admodum juvenem, ætatis
flore conciliatum sibi : qui cùm specie cor-

ro-

poris æquaret Hephæftionem, lepore haud
fane illi par erat.

C A P U T XXIII.

Spitamenem perfequitur . Sogdianos defcri-
bit ; vaftat. XXX. juvenes damnatos vitæ
donat, & per illos Sogdianos in fide con-
tinet. Bactra petit. Beffum Echatana duci
jubet .

IPfe, Cratero cum majore parte exercitus modicis itineribus fequi juffo , ad
Maracanda urbem pervenit. Ex qua Spitamenes, cognito ejus adventu, Bactra per-
fugerat. Itaque quatriduo Rex longum itineris fpatium emenfus , pervenit in eum
locum, in quo, Menedemo duce , duo
millia peditum , & trecentos equites ami-
ferat. Horum offa tumulo contegi juffit ,
& inferias more patrio dedit. Jam Craterus, cum phalange fubfequi juffus, ad Regem pervenerat . Itaque, ut omnes , qui
defecerant, pariter belli clade premerentur,
copias dividit : urique agros , & interfici
puberes juffit. Sogdiana regio majori ex 10.
parte deferta eft : octingenta fere ftadia
in latitudinem vaftæ folitudines tenent .
Ingens fpatium rectæ regionis eft , per
quam amnis (Polytimetum vocant incolæ)
fertur . Torrentem eum ripæ in tenuem
alveum cogunt , deinde caverna accipit ,
& fub terram rapit curfu. Abfconditi indicium eft aquæ meantis fonus , cum ipfum
folum, fub quo tantus amnis fluit, ne modico quidem refudet humore . Ex captivis
Sog-

Sogdianorum ad Regem triginta nobiliſſimi,
corporum robore eximio, perducti erant.
Qui ut per interpretem cognoverunt, juſſu Regis ipſos ad ſupplicium trahi, carmen lætantium more canere, tripudiiſque,
& laſciviori corporis motu gaudium quoddam animi oſtentare cœperunt. Admiratus
Rex, tanta magnitudine animi oppetere
mortem, revocari eos juſſit, cauſam tam
effuſæ lætitiæ, cum ſupplicium ante oculos
haberent, requirens. Illi, ſi ab alio occiderentur, triſtes morituros fuiſſe reſpondent,
nunc à tanto Rege victore omnium gentium
majoribus ſuis redditos, honeſtam mortem,
quam fortes viri voto quoque expeterent,
carminibus ſui moris, lætitiaque celebrare.
Tum Rex, *Quæro itaque*, inquit, *an vive-*
re velitis non inimici mihi, cujus beneficio
victuri eſtis. Illi nunquam ſe inimicos ei,
ſed bello laceſſitos, hoſtes fuiſſe, reſpondent: ſi quis ipſos beneficio, quàm injuria experiri maluiſſet, certaturos fuiſſe, ne
vincerentur officio. Interrogantique, quo
pignore fidem obligaturi eſſent, *Vitam,*
quam acciperent, pignori futuram eſſe,
dixerunt, *reddituros, quando ipſe repetiſſet.*
Nec promiſſum fefellerunt. Nam qui remiſ-
ſi domos ierant, in fide continuere populares: quatuor inter cuſtodes corporis re-
tenti, nulli Macedonum in Regem charitate ceſſerunt. In Sogdianis Peucolao
cum tribus millibus peditum (neque enim
majori præſidio indigebat) relicto, Bactra
pervenit. Inde Beſſum Ecbatana duci juſſit,
interfecto Dario pœnas capite perſolutu-
rum.

C A-

C A P U T XXIV.

Sedecim millia accipit in supplementum.
Sogdianos reliquos subigit. Ochum, & O-
xum flumina superat. Ad Marginiam ur-
bem sex oppida condit.

Ifdem ferè diebus Ptolemæus , & Menidas peditum tria millia , & equites mille adduxerunt mercede militaturos . Alexander quoque ex Lycia cum pari numero
peditum , & quingentis equitibus venit .
Totidem è Syria Afclepiodorum fequebantur . Antipater Græcorum octo millia , in
queis quingenti equites erant , miferat .
Itaque exercitu aucto , ad ea , quæ defectione turbata erant , componenda proceffit . Interfectifque confternationis auctoribus
quarto die ad flumen Oxum perventum eft.
Hic , quia limum vehit , turbidus femper
& infalubris eft potui . Itaque puteos miles
cœperat fodere , nec tamen humo altè e-
gefta exiftebat humor , cùm in ipfo tabernaculo Regis confpectus eft fons , quem ,
quia tardè notaverant , fubitò extitifle fin-
xerunt . Rexque ipfe credi voluit , donum
Dei id fuifle . Superatis deinde amnibus
Ocho , & Oxo , ad urbem Marginiam pervenit . Circa eam fex oppidis condendis
electa fedes eft . Duo ad meridiem verfa,
quatuor fpectantia Orientem modicis inter
fe fpatiis diftabant , ne procul repetendum
eflet mutuum auxilium . Hæc omnia fita
funt in editis collibus . Tum velut fræni

O   dedomitarum gentium, nunc originis suæ oblita, serviunt, quibus imperaverant.

CAPUT XXV.

Petram Arimazis Sogdianam describit Curtius : Alexander expugnat . Arimazem cum propinquis in crucem tolli jubet.

11. ET extera quidem pacaverat. Una erat Petra , quam Arimazes Sogdianus cum triginta millibus armatorum obtinebat, alimentis antè congestis , quæ tantæ multitudini vel per biennium suppeterent. Petra in altitudinem triginta eminet stadia: circuitu centum , & quinquaginta complectitur. Undique abscissa , & abrupta , semita perangusta aditur . In medio altitudinis spatio habet specum , cujus os arctum, & obscurum est, paulatim deinde ulteriora panduntur, ultima etiam altos recessus habent . Fontes per totum ferè specum manant , è quibus collatæ aquæ per pronum montis flumen emittunt. Rex , loci difficultate spectata , statuerat inde abire : cupido deinde incessit animo naturam quoque fatigandi . Priùs tamen , quàm fortunam obsidionis experiretur, Cophen (Artabazi hic filius erat) misit ad Barbaros , qui suaderet, ut dederent rupem . Arimazes loco fretus, superbè multa respondit: ad ultimum , an Alexander etiam volare possit . interrogat . Quæ nuntiata Regi sic accendere animum, ut adhibitis, cum quibus consultare erat solitus, indicaret insolentiam Barbari illudentis ipsos , quia pinnas

nas non haberent, se autem proxima nocte
effecturum, ut crederet, Macedonas etiam
volare. *Trecentos*, inquit, *perniciſſimos ju-*
venes ex ſuis quiſque copiis perducite ad
me , qui per calles , & penè invias rupes
domi pecora agere conſueverint . Illi præ-
ſtantes & levitate corporum , & ardore a-
nimorum ſtrenuè adducunt. Quos intuens
Rex, *Vobiſcum*, inquit, *ò juvenes, & mei*
æquales urbium invictarum antè munimenta
ſuperavi, montium juga perenni nive obru-
ta emenſus ſum , anguſtias Ciliciæ intravi ,
Indiæ ſine laſſitudine vim frigoris ſum per-
peſſus . Et mei documenta vobis dedi , &
veſtra habeo . Petra , quam videtis , unum
aditum habet , quem Barbari obſident , cæte-
ra negligunt . Nullæ vigiliæ ſunt , niſi quæ
caſtra noſtra ſpectant . Invenietis viam , ſi
ſolerter rimati fueritis aditus ferentes ad ca-
cumen . Nihil tam altè natura conſtituit , quò
virtus non poſſit eniti . Experiendo, quæ cæteri
deſperaverunt, Aſiam habemus in poteſtate .
Evadite in cacumen: quod cum ceperitis ; can-
didis velis ſignum mihi dabitis . Ego , copiis
admotis, hoſtem in nos à vobis convertam .
Præmium erit ei , qui primus occupaverit
verticem , talenta decem : uno minus acci-
piet, qui proximus ei veneris: eademque ad
decem homines ſervabitur portio . Certum
habeo , vos non tam liberalitatem intueri
meam , quàm voluntatem . His animis Regem audierunt, ut jam cepiſſe verticem
viderentur. Dimiſſique ferreos cuneos ,
quos inter ſaxa defigerent , validoſ-
que funes parabant. Rex circumvectus
Petram, quâ minimè aſper, ac præruptus
adi-

aditus videbatur , secunda vigilia (quod
bene verteret) ingredi jubet. Illi alimentis
in biduum sumptis , gladiis modò , atque
hastis armati subire cœperunt . Ac primò
pedibus ingressi sunt : deinde , ut in prærupta perventum est, alii manibus eminentia saxa complexi levavere semet, alii adjectis funium laqueis evasere , cum cuneos
inter saxa defigerent, queis gradus subinde
insisterent. Diem inter metum , laboremque
consumpserunt. Per aspera enixis duriora
restabant ; & crescere altitudo Petræ videbatur . Illa verò miserabilis erat facies ,
cum ii , quos instabilis gradus fefellerat ,
ex præcipiti devolverentur : mox eadem in
se patienda alieni casus, ostendebat exemplum . Per has tamen difficultates enitun-
tur in verticem montis, omnes fatigatione
continuati laboris affecti , quidam mulctati
parte membrorum. Pariterque eos & nox,
& somnus oppressit. Stratis passim corporibus in inviis , & in asperis saxorum ,
periculi instantis obliti , in lucem quieve-
runt . Tandemque velut ex alto sopore ex-
citati , occultas , subjectasque ipsis valles
rimantes, ignari, in qua parte Petræ tanta vis hostium condita esset, fumum infra
se evolutum , & os specus notaverunt. Ex
quo intellectum est , illam hostium late-
bram esse. Itaque hastis imposuere , quod
convenerat signum. Totoque è numero
duos , & triginta in ascensu interiisse cognoscunt . Rex non cupidine magis potiundi
loci , quàm vicem eorum , quos ad tam
manifestum periculum miserat , solicitus ,
toto die cacumina montis intuens restitit.

No-

Noctu demùm, cum obscuritas conspectum
oculorum ademisset , ad curandum corpus
recessit . Postero die nondum satis clara
luce , primus vela , signum capti verticis
conspexit. Sed , ne falleretur acies , dubitare cogebat varietas cœli , nunc interni-
tente lucis fulgore, nunc condito. Verùm,
ut liquidior lux apparuit cœlo , dubitatio
exempta est . Vocatumque Cophen , per
quem Barbarorum animos tentaverat, mittit ad eos, qui moneret, nunc saltem salu-
brius consilium inirent. Sin autem fiducia
loci perseverarent , ostendi à tergo jussit,
qui ceperant verticem . Cophes ad eos missus, suadere cœpit Arimazi Petram tradere , gratiam Regis inituro , si tantas res
molientem in unius rupis obsidione hærère
non coegisset. Ille ferociùs, superbiusque,
quàm anteà loquutus, abire Cophen jubet.
At is prehensum manu Barbarum rogat ,
ut secum extra specum prodeat . Quo impetrato , juvenes in cacumine ostendit ,
ejusque superbiæ haud immeritò illudens ,
Pinnas ait habere milites Alexandri. Jamque è Macedonum castris signorum concen-
tus, & totius exercitus clamor audiebatur.
Ea res, sicut pleraque belli vana, & inania, Barbaros ad deditionem traxit. Quippe occupati metu, paucitatem eorum, qui
à tergo erant , æstimare non poterant .
Itaque Cophen (nam trepidantes reliquerat) strenuè revocant , & cum eo triginta principes mittunt, qui Petram tradant,
& , ut incolumibus abire liceat, pacifcan-
tur . Ille quanquam verebatur, ne conspecta juvenum paucitate deturbarent eos Bar-

baii ; tamen & fortunæ suæ confisus , &
Arimazi superbiæ infensus , nullam se
conditionem deditionis accipere respondit.
Arimazes, desperatis magis , quàm perditis rebus, cum propinquis, nobilissimisque
gentis suæ descendit in castra . Quos omnes verberibus affectos sub ipsis radicibus
Petræ crucibus jussit affigi . Multitudo de-
dititiorum incolis novarum urbium cum pecunia capta dono. data est . Artabazus in
Petræ, regionisque, quæ apposita est ei ,
tutela relictus est .

LIBER OCTAVUS.

SYNOPSIS.

MAſſagetis, Dahis, Sogdianis in
poteſtatem redactis, Rex ve-
nabundus leonem, & quatuor millia
ferarum ſternit. Clytum inclytum
Ducem ſub cœnam temulentus interficit, quod illum ſerò pœnitet. Bactrianos, & Syſimithrem deſertores,
& defectores perſequitur. Philippus,
& Erigyus extinguuntur. Uxorem
Spitamenis viri interfectricem Alexander execratur. In Præfectos provinciarum animadvertit: Provincias, mutatis Prætoribus, ab injuriis
vindicat. Regis humanitas in militem, qui frigore obriguerat. Roxanem ducit uxorem. Calliſthenes adulatores Alexandri reprimit; ipſe in
odium ejuſdem incurrit. Conjurat
Hermolaus; comprehenditur cum
Calliſthene; perorat contra Alexandrum. Reſpondet Hermolao Alexander, & damnatum necari cum Calliſthene jubet. India deſcribitur.
Aornus capitur. Omphis Rex deditur. Porus ab Alexandro ingenti
pralio ſuperatus Regno reſtituitur.

O 4 CA-

CAPUT X.

Barbaros persequitur. Attinas cum 300 ca-
ditur. Craterus offensam belli emendat.

ALexander majore fama, quàm gloriâ
in ditionem redacta Petra, cum propter vagum hostem spargendæ manus essent, in tres partes divisit exercitum. Hephæstionem uni, Cœnon alteri Duces dederat: ipse cæteris præerat. Sed non eadem mens omnibus Barbaris fuit. Armis
quidam subacti: plures ante certamen imperata fecerunt, quibus eorum, qui in
defectione perseveraverant, urbes, agrosque jussit attribui. At exules Bactriani cum
octingentis Massagetarum equitibus proximos vicos vastaverunt. Ad quos coercen-
dos Attinas regionis ejus Præfectus trecentos equites, insidiarum, quæ parabantur,
ignarus, eduxit. Nanque hostis in sylvis,
quæ erant fortè campo junctæ, armatum
militem condidit, paucis propellentibus pecora, ut improvidum ad insidias prædæ
perduceret. Itaque incomposito agmine,
solutisque ordinibus, Attinas prædabundus
sequebatur. Quem prætergressum sylvam,
qui in ea consederant, ex improviso adorti, cum omnibus interemerunt. Celeriter
ad Craterum hujus cladis fama perlata
est, qui cum omni equitatu supervenit.
Et Massagetæ quidem jam refugerant. Dahæ mille oppressi sunt. Quorum clade,
totius regionis finita defectio.

CA.

CAPUT II.

Legati varias gentes dedunt . Scythæ petunt connubia Macedonum . Rex Bazariam ingreditur , quæ deſcribitur . Venatio Alexandri , & epulum .

ALexander quoque , Sogdianis rursùs ſubaêtis, Maracanda repetit. Ibi Berdes , quem ad Scythas ſuper Boſphorum colentes miſerat , cum Legatis gentis occurrit . Phrataphernes quoque , qui Choraſmiis præerat, Maſſagetis , & Dahis regionum confinio adjunêtis , miſerat , qui faêturum imperata pollicerentur . Scythæ petebant , ut Regis ſui filiam matrimonio ſibi jungeret : ſi dedignaretur affinitatem , Principes Macedonum cum primoribus ſuæ gentis connubio coire pateretur . Ipſum quoque Regem venturum ad eum pollicebantur . Utraque legatione benignè audita , Hephæſtionem , & Artabazum opperiens, ſtativa habuit: quibus adjunêtis , in regionem , quæ appellatur Bazaria , pervenit . Barbaræ opulentiæ in illis locis haud ulla ſunt maiora indicia , quàm magnis nemoribus , ſaltibuſque nobilium ferarum greges clauſi . Spatioſas ad hoc eligunt ſylvas , crebris perennium aquarum fontibus amœnas . Muris nemora cinguntur ; turreſque habent venantium receptacula . Quatuor continuis ætatibus intaêtum ſaltum fuiſſe conſtabat. Quem Alexander cum toto exercitu ingreſſus , agitari undique feras juſſit . Inter quas cùm leo magnitudi-

nis raræ ipfum Regem invafurus incurre-
ret, fortè Lyfimachus, qui poftea regnavit proximus Alexandro, venabulum objicere feræ cœperat: Quo Rex repulfo, &
abire juffo, adjecit, tam à femet uno,
quàm à Lyfimacho leonem interfici poffe.
Lyfimachus enim quondam, cùm venaretur in Syria, occiderat eximiæ magnitudinis feram folus, fed lævo humero ufque
ad offa laceratus, ad ultimum periculi
pervenerat. Id ipfum exprobrans ei Rex,
fortiùs, quàm loquutus eft, fecit. Nam
feram non excepit modò, fed etiam uno
vulnere occidit. Fabulam, quæ objectum
leoni à Rege Lyfimachum temerè vulgavit, ab eo cafu, quem fuprà diximus, or-
tam effe crediderim. Cæterùm Macedones, quanquam profpero eventu defunctus
erat Alexander, tamen fcivere, gentis fuæ
more, ne pedes venaretur fine delectis
principum, amicorumque. Ille, quatuor
millibus ferarum dejectis, in eodem faltu
cum toto exercitu epulatus eft.

CAPUT III.

Narratio de Clyto inter epulas ab Alexan-
dro ob linguæ intemperantiam occifo.

INde Maracanda reditum eft. Acceptaque ætatis excufationne ab Artabazo,
provinciam ejus deftinat Clyto. Hic erat,
qui apud Granicum amnem nudo capite
Regem dimicantem clypeo fuo texit, &
Rhofacis manum capiti Regis imminentem gladio amputavit, vetus Philippi miles,

les , multifque bellicis operibus clarus .'
Hellanice , quæ Alexandrum educaverat ,
foror ejus , haud fecùs , quàm mater à
Rege diligebatur . Ob has caufas validiffi-
mam Imperii partem fidei ejus, tutelæque'
commifit . Jamque iter parare in pofte-
rum juffus, folemni , & tempeftivo adhibe-
tur convivio . In quo Rex , cùm multo in-
caluiffet mero , immodicus æftimator fui ,
celebrare, quæ gefferat, cœpit, gravis etiam eorum auribus , qui fentiehant vera
memorari . Silentium tamen habuere fe-
niores, donec Philippi res orfus obterere ,
nobilem apud Cheroneam victoriam fui o-
peris fuiffe jactavit, ademptamque fibi ma-
lignitate , & invidia patris tantæ rei gloriam. Illum quidem , feditione inter Macedonas milites , & Græcos mercenarios
orta , debilitatum vulnere , quod in ea
confternatione acceperat, jacuiffe , non a-
liàs , quàm fimulatione mortis tutiorem ,
fe corpus ejus protexiffe clypeo fuo , ru-
entéfque in illum fua manu occifos. Quæ
patrem nunquam æquo animo effe confeffum, invitum filio debentem falutem fuam.
Itaque poft expeditionem , quam fine eo
feciffet ipfe in Illyrios , victorem fcripfiffe
fe patri , fufos , fugatofque hoftes , nec
affuiffe ufquam Philippum . Laude dignos
effe , non qui Samothracium initia vife-
rent , cùm Afiam uri , vaftarique oporte-
ret ; fed eos , qui magnitudine rerum fidem anteceffiffent. Hæc, & his fimilia læti audiere juvenes , ingrata fenioribus e-
rant, maximè propter Philippum, fub quo
diutiùs vixerant. Tum Clytus, ne ipfe qui-

dem

dem fatis fobrius, ad eos, qui infra ipfum
cubabant, converfus, Euripidis retulit carmen, ita, ut fonus magis, quàm fermo
exaudiri poffet à Rege, quo fignificaba-
tur, malè inftituiffe Græcos, quòd tro-
phæis Regum duntaxat nomina infcribe-
rentur. Alieno enim fanguine partam gloriam intercipi. Itaque Rex, cum fufpica-
retur malignius habitum effe fermonem,
percontari proximos cœpit, quid ex Clyto audiffent. Et illis ad filentium obftina-
tis, Clytus paulatim majore voce Philippi
acta, bellaque in Græcia gefta commemo-
rat, omnia præfentibus præferens. Hinc
inter juniores, fenefque orta contentio
eft. Et Rex, velut patienter audiret,
queis Clytus obterebat laudes ejus, ingentem iram conceperat. Cæterùm cum
animo videretur imperaturus, fi finem pro-
caciter orto fermoni Clytus imponeret,
nihil eo remittente, magis exafperabatur.
Jamque Clytus etiam Parmenionem defendere audebat, & Philippi de Athenienfibus victoriam Thebarum præferebat excidio, non vino modò, fed etiam animi
prava contentione provectus. Ad ultimum,
Si moriendum, inquit, eft pro te, Clytus eft
primus: at, cum victoriæ arbitrium agis,
præcipuum ferunt præmium, qui procaciffi-
mè patris tui memoria illudunt. Sogdianam
regionem mihi attribuis, toties rebellem,
& non modò indomitam, fed quæ ne fubigi
quidem poffis. Mittor ad feras beftias præci-
pitia ingenia fortitas. Sed, quæ ad me per-
tinent, tranfeo. Philippi milites fpernis,
oblitus, nifi hic Atharias fenex juniores pu-
gnam

gnam deirectantes revocasset, adhuc nos cir-
ca Halicarnassum hasuros fuisse. Quomodo
ergo Asiam etiam cum istis iunioribus sub-
jecisti? Verum est, ut opinor, quod avun-
culum tuum in Italia dixisse constat, Ipsum
in viros incidisse, te in fœminas. Nihil ex
omnibus inconsultè, ac temerè actis Regem magis moverat, quàm Parmenionis
cum honore mentio illata. Dolorem tamen Rex pressit, contentus jussisse, ut
convivio excederet. Nec quidquam aliud
adjecit, quàm forsitan eum, si diutiùs loquutus foret, exprobraturum sibi fuisse vitam à semetipso datam : hoc enim superbè sæpe jactasse. Atque illum cunctantem
adhuc surgere, qui proximi ei cubuerant,
injectis manibus, jurgantes, monentesque
conabantur abducere. Clytus, cum abstra-
heretur, ad pristinam violentiam ira quoque adjecta, *Suo pectore tergum illius esse*
defensum, nunc, posteaquàm tanti meriti
præteriis tempus, etiam memoriam invisam
esse proclamat. *Astali quoque cædem obji-*
ciebat. Et ad ultimum Jovis, quem patrem
sibi Alexander assereret, Oraculum eludens,
veriora se Regi, quàm patrem ejus respon-
disse dicebat. Jam tantum iræ conceperat
Rex, quantum vix sobrius ferre potuisset.
Enimverò mero sensibus victis ex lecto repentè profiluit. Attoniti amici, ne positis
quidem, sed abjectis poculis, consurgunt,
in eventum rei, quam tanto impetu acturus esset, intenti. Alexander, rapta lancea ex manibus armigeri, Clytum adhuc
eadem linguæ intemperantia furentem per-
cutere conatus, à Ptolemæo, & Perdicca
inhi-

inhibetur. Medium complexi, & obluctari perseverantem morabantur. Lysimachus, & Leonatus etiam lanceam abstulerant. Ille militum fidem implorans, comprehendi se à proximis amicorum, quod Dario nuper accidisset, exclamat : signumque tuba dari, ut ad Regiam armati coirent, jubet. Tum verò Ptolemæus, & Perdiccas genibus advoluti orant, ne in tam præcipiti ira perseveret, spatiumque potiùs animo det, omnia postero die justiùs exequuturum. Sed clausæ erant aures obstrepente ira. Itaque impotens animi percurrit in Regiæ vestibulum, & vigili excubanti hasta ablata, constitit in aditu, quo necesse erat iis, qui simul coenaverant, egredi. Abierant cæteri : Clytus ultimus sine lumine exibat. Quem Rex quisnam esset, interrogat. Eminebat etiam in voce, sceleris, quod parabat, atrocitas. Et ille jam non suæ, sed Regis iræ memor, Clytum se esse, & de convivio exire respondit. Hæc dicentis latus hasta transfixit, morientisque sanguine aspersus, *I nunc*, inquit, *ad Philippum, & Parmenionem, & Attalum.*

CAPUT IV.

Sera Regis pœnitentia non pœnitendo ingenio, & stylo describitur.

2. MAlè humanis ingeniis natura consuluit, quòd plerunque non futura, sed transacta perpendimus. Quippe Rex, posteaquàm ira mente decesserat, etiam ebrie-

ebrietate difcuſſa, magnitudinem facinoris
fera æſtimatione perfpexit . Videbat tunc
immodica libertate abufum, fed alioqui e-
gregium bello virum , &, niſi erubefceret
fateri, fervatorem fui occiſum . Deteſtabi-
le carnificis miniſterium occupaverat Rex ,
verborum licentiam, quæ vino poterat im-
putari, nefanda cæde ultus . Manabat toto veſtibulo cruor paulò antè convivæ .
Vigiles attoniti, & ſtupentibus fimiles procul ſtabant . Liberioremque pœnitentiam
folitudo exciebat. Ergo haſtam ex corpore jacentis evulfam retorfit in femet. Jamque admoverat pectori, cùm advolant vigiles, & repugnanti è manibus extorquent,
allevatumque in tabernaculum deferunt .
Ille humi proſtraverat corpus, gemitu, e-
julatuque miferabili tota perfonante Regia. Laniare deinde os unguibus , & cir-
cunſtantes rogare , ne fe tanto dedecori
fuperſtitem eſſe paterentur . Inter has preces tota nox exacta eſt . Scrutantemque ,
num ira Deorum ad tantum nefas actus
eſſet, fubit, anniverfarium facrificium Libero Patri non eſſe redditum ſtato tempore : itaque inter vinum , & epulas cæde
commiſſa , iram Dei fuiſſe manifeſtam .
Cæterùm magis eò movebatur , quòd o-
mnium amicorum animos videbat attoni-
tos : neminem cum ipfo fociare fermonem
poſtea auſurum : vivendum eſſe in folitudine , velut feræ beſtiæ terrenti alias , a-
lias timenti . Prima deinde luce tiberna-
culo corpus, ficut adhuc cruentum erat ,
juſſit inferri. Quo pofito , ante ipfum lacrymis obortis , *Hanc,* inquit, *nutrici meæ*

g 4

gratiam retuli, cujus duo filii apud Miletum pro mea gloria occubuere mortem? hic
frater, unicum orbitatis folatium, à me inter epulas occifus eft. Quo nunc fe conferet
mifera? Omnibus ejus unus fuperfum, quem
folum æquis oculis videre non poterit. Et
ego fervatorum meorum latro revertar in
patriam, ut ne dexteram quidem nutrici fine memoria calamitatis ejus offerre poffim?
Et, cum finis lacrymis, querelifque non
fieret, juffu amicorum corpus ablatum eft.
Rex triduum jacuit inclufus. Quem ut armigeri, corporifque cuftodes ad moriendum obftinatum effe cognoverunt, univerfi in tabernaculum irrumpunt, diuque precibus ipforum reluctatum ægrè vicerunt,
ut cibum caperet. Quoque minùs cædis
puderet, jure interfectum Clytum Macedones decernunt, fepultura quoque pro-
hibituri, ni Rex humari juffiffet.

CAPUT V.

*Xenipporum defcriptio. Amyniæ cruenta vi-
ctoria de Bactrianis exulibus, in gratiam
tamen ab Alexandro receptis.*

IGitur decem diebus, maxime ad confir-
mandum pudorem, apud Maracanda
confumptis, cum parte exercitus Hephæftionem in regionem Bactrianam mifit,
commeatus in hyemem paraturum. Quam
Clyto autem deftinaverat provinciam, A-
myntæ dedit. Ipfe Xenippæ pervenit. Scythiæ confinis eft regio, habitaturque pluribus, ac frequentibus vicis, quia ubertas
ter-

terræ non indigenas modò detinet, sed
etiam advenas invitat. Bactrianorum exu-
lum, qui ab Alexandro defecerant, receptaculum fuerat. Sed, posteaquàm Regem
adventare compertum est, pulsi ab incolis, duo millia ferè, & ducenti congre-
gantur. Omnes equites erant, etiam in
pace latrociniis assueti. Tum ferocia ingenia non bellum modò, sed etiam veniæ desperatio efferaverat. Itaque ex improviso
adorti Amyntam Prætorem Alexandri, diu
anceps prælium fecerant. Ad ultimum
DCC. suorum amissis, quorum ccc hostis
cepit, dedere terga victoribus, haud sanè
inulti. Quippe lxxx Macedonum interfecerunt, præterque eos trecenti, & quinquaginta saucii facti sunt. Veniam tamen
etiam post alteram defectionem impetraverunt.

C A P U T VI.

Syfimithris deditio, & ardua Petra adum-
bratio.

HIs in fidem acceptis, in regionem,
quam Naura appellant, Rex cum
toto exercitu venit. Satrapes erat Sysimi-
thres, duobus ex sua matre filiis genitis.
Quippe apud eos parentibus stupro coire
cum liberis fas est. Duobus millibus armatis popularibus, fauces regionis, qua in
arctissimum cogitur, valido munimento sepserat. Præterfluebat torrens amnis, qui
terga Petræ claudebat. Hanc manu per-
viam incolæ fecerant. Sed aditu specus
acci-

accipit lucem : interiora , niſi illato lumine, obſcura ſunt. Perpetuus cuniculus-iter
præbet in campos ignotum, niſi indigenis.
At Alexander , quanquam anguſtias naturali ſitu munitas , valida manu Barbari
tuebantur , tamen arietibus admotis , munimenta, quæ manu adjuncta erant , con-
cuſſit , fundiſque , & ſagittis propugnan-
tium pleroſque dejecit . Quos ubi diſperſos fugavit , ruinas munimentorum ſuper-
greſſus , ad Petram admovit exercitum .
Cæterùm interveniebat fluvius coeuntibus
aquis ex ſuperiore faſtigio in vallem. Ma-
gnique operis videbatur tam vaſtam vora-
ginem explere . Cædi tamen arbores , &
ſaxa congeri juſſit. Ingenſque Barbaros pavor rudes ad talia opera concuſſerat , ex-
citatam molem ſubitò cernentes . Itaque
Rex ad deditionem metu poſſe compelli
ratus ; Oxarten miſit nationis ejuſdem ,
ſed ditionis ſuæ , qui ſuaderet Duci , ut
traderet Petram . Interim ad augendam
formidinem & turres admovebantur , &
excuſſa tormentis tela emicabant . Itaque
verticem Petræ omni alio præſidio damna-
to , petiverunt . At Oxartes trepidum ,
diffidentemque rebus ſuis Syſimithrem cœpit hortari , ut fidem, quàm vim Macedonum mallet experiri , neu moraretur feſti-
nationem victoris exercitus in Indiam ten-
dentis: cui quiſquis ſemet offerre , in ſuum
caput alienam cladem eſſe verſurum . Et ipſe
quidem Syſimithres deditionem annuebat :
Cæterùm mater , eademque conjux mori-
turam ſe ante denuntians, quàm in ullius
veniret poteſtatem , Barbari animum ad
                                                    ho-

honeſtiora, quàm tutiora converterat. Pu-
debatque, libertatis majus eſſe apud fœminas, quàm apud viros pretium. Itaque
dimiſſo internuncio pacis, obſidionem ferre decreverat. Sed, cùm hoſtis vires, ſuaſ-
que penſaret, rursùs muliebris conſilii,
quod præceps magis, quàm neceſſarium
eſſe credebat, pœnitere eum cœpit. Re-
vocatoque ſtrenuè Oxarte, futurum ſe in
Regis poteſtate reſpondit, unum precatus, ne voluntatem, & conſilium matris
ſuæ proderet, quo faciliùs venia illi quoque impetraretur. Præmiſsum igitur O-
xarten cum matre, liberiſque, & totius
cognationis grege, ſequebatur, ne expectato quidem fidei pignore, quod Oxartes promiſerat. Rex, equite præmiſso,
qui reverti eos juberet, opperirique præ-
ſentiam ipſius, ſupervenit, & victimis Minervæ, ac Victoriæ cæſis, Imperium Syf-
mithri reſtituit, ſpe majoris etiam provinciæ facta, ſi cum fide amicitiam ipſius co-
luiſset. Duos illi juvenes patre tradente,
ſecum militaturos ſequi juſſit.

C A P U T VII.

Defectores per ardua viarum perſequitur,
fugaſque. Philippi fratris Lyſimachi, &
Erigyi funera plorantur.

RElicta deinde phalange, ad ſubigendos, qui defecerant, cum equite proceſſit. Arduum, & impeditum ſaxis iter
primò utcunque tolerabant. Mox equorum
non ungulis modò attritis, ſed corporibus etiam

Iam fatigatis, sequi plerique non poterant, & rarius subinde agmen fiebat, pudorem (ut ferè sit) immodico labore vincente. Rex tamen subinde equos mutans, sine intermissione fugientes insequebatur . Nobiles juvenes comitari eum soliti defecerant, præter Philippum. Lysimachi erat frater, tùm primùm adultus, & , quod facilè appareret, indolis raræ . Is pedes , incredibile dictu , per D. stadia vectum Regem comitatus est , sæpè equum suum offerente Lysimacho : nec tamen , ut digrederetur à Rege , effici potuit , cùm lorica indutus arma gestaret. Idem , cùm perventum esset in saltum, in quo se Barbari abdiderant, nobilem edidit pugnam, Regemque cominùs cum hoste dimicantem protexit . Sed , postea quàm Barbari in fugam effusi deseruere sylvas; animus, qui in ardore pugnæ corpus sustentaverat , liquit . Subitoque ex omnibus membris profuso sudore, arboris proximæ stipiti se applicuit, Deinde , ne illo quidem adminiculo sustinente, manibus Regis exceptus est , inter quas collapsus extinguitur . Mœstum Regem alius haud levis dolor excepit . Erigyus inter claros duces fuerat, quem extinctum esse paulò, antequàm reverteretur in castra, cognovit. Utriusque funus omni apparatu, atque honore celebratum est.

CAPUT VIII.

Spitamenis ab uxore caput præcisum fertur
ad Alexandrum. Dataphernes à Dahis
vinctus traditur. Prætores rei deferuntur,
puniuntur, & mutantur.

DAhas deinde statuerat petere. Ibi nanque Spitamenem esse cognoverat .
Sed hanc quoque expeditionem, ut pleraque alia, fortuna indulgendo ei nunquam
fatigata, pro absente transegit . Spitamenes uxoris immodico amore flagrabat :
quam ægrè fugam, & nova subinde exilia
tolerantem, in omne discrimen comitem
trahebat . Illa malis fatigata, identidem
muliebres adhibere blanditias, ut tandem
fugam sisteret, victorisque Alexandri clementiam expertus, placaret, quem effugere non posset . Tres adulti erant liberi
ex eo geniti : quos cùm pectori patris ad-
movisset, ut saltem eorum misereri vellet,
orabat . Et, quò efficaciores essent preces, haud procul erat Alexander . Ille se
prodi, non moneri ratus, & formæ profectò fiducia cupere eam quàm primùm
dedi Alexandro, acinacem strinxit, per-
cussurus uxorem, nisi prohibitus eset fratrum ejus occursu. Cæterùm abire è conspectu jubet, addito metu mortis, si se o-
culis ejus obtulisset . Et ad desiderium le-
vandum noctes inter pellices agere cœpit.
Sed penitùs hærens amor, fastidiq præ-
sentium accensus est. Itaque rursùs uni ei
deditus, orare non destitit, ut tali consilio

lio abſtineret, patereturque ſortem, quamcunque ipſis fortuna feciſſet : ſibi mortem
deditione eſſe leviorem . At illa purgare
ſe, quòd, qnæ utilia eſſe cenſebat, muliebriter forſitan, ſed ſida tamen mente,
ſuaſiſſet : de cætero futuram in viri poteſtate . Spitamenes ſimulato captus obſequio, de die convivium apparari jubet .
Vinoque, & epulis gravis ſemiſomnus in
cubiculum fertur. Quem ut alto, & gravi
ſomno ſopitum eſſe ſenſit uxor, gladium,
quem veſte occultaverat, ſtringit ; caputque ejus abſciſſum cruore reſperſa ſervo
ſuo conſcio facinoris tradit. Eodem comitante (ſicut erat cruenta veſte) in Macedonum caſtra pervenit, nuntiarique A-
lexandro jubet, eſſe, quæ ex ipſa deberet agnoſcere. Ille protinùs Barbaram juſſit admitti. Quam ut aſperſam cruore conſpexit, ratus ad deplorandam contumeliam veniſſe, dicere, quæ vellet, jubet .
At illa ſervum, quem ſtare in veſtibulo
juſſerat, introduci deſideravit . Qui, quia
caput Spitamenis veſte tectum habebat,
ſuſpectus, ſcrutantibus, quid occuleret,
oſtendit . Confuderat oris exanguis notas
pallor ; nec, quis eſſet, noſci ſatis poterat. Ergo Rex certior factus, humanum
caput afferre eum, tabernaculo exceſſit,
percontatuſque, quid rei ſit, illo profiten-
te cognoſcit . Variæ hinc cogitationes invicem animum diverſa agitantem commoverant. Meritum ingens in ſemet eſſe credebat, quòd transfuga, & proditor, tantis rebus, ſi vixiſſet, injecturus moram,
interfectus eſſet . Contrà facinus ingens
　　　　　　　　　　　　　　　aver-

averfabatur, cum optimè meritum de ipfa,
communium parentem liberorum , per infidias interemiffet . Vicit tamen gratiam
meriti fceleris atrocitas . Denuntiarique
juffit , ut excederet caftris , neu licentiæ
Barbaræ exemplar in Græcorum mores ,
& mitia ingenia transferret . Dahæ , Spitamenis cæde comperta , Dataphernem defectionis ejus participem vinctum Alexandro , feque dedunt . Ille maxima præfentium curarum parte liberatus , convertit
animum ad vindicandas injurias eorum ,
quibus à Prætoribus fuis avarè , ac fuperbè imperabatur . Ergo Phratapherni Hyrcaniam , & Mardos cum Tapyris tradidit,
mandavitque , ut Phradatem , cui fuccede-
bat , ad fe in cuftodiam mitteret . Arfami
Cariæ Præfecto fubftitutus eft Stafanor .
Arfaces in Mediam miffus , ut Oxidates
inde difcederet . Babylonia , mortuo Mazæo , Deditameni fubjecta eft .

CAPUT IX.

Gabazam petit, & in graviffimam tempefta-
tem incidit, luculenter à Curtio defcriptam,
ut lector ipfe inter tonitrua, grandines, &
fulmina videatur verfari . Regis inde cura
in colligendo, & folando milite laudatur.
Mille tamen perierunt .

His compofitis , tertio menfe ex hyber- 4.
nis movit exercitum , regionem ,
quæ Gabaza appellatur, aditurus. Primus
dies quietum iter præbuit : proximus ei
nondum quidem procellofus, & triftis, ob-
fcu-

ſcurior tamen priſtino, non ſine minis creſcentis mali , præteriit : tertio ab omni parte cœli emicare fulgura , & nunc intermitente luce , nunc condita , non oculos modò meantis exercitus, ſed etiam animos terrere cœperunt . Erat propè continuus cœli fragor, & paſſim cadentium fulminum ſpecies viſebatur, attonitiſque auribus ſtupens agmen , nec progredi , nec conſiſtere audebat , cum repentè imber grandinem incutiens, torrentis modo effunditur . Ac primò quidem armis ſuis tecti exceperant. Sed jam nec retinere arma lubrica rigentes manus poterant, nec ipſi deſtinare , in quam regionem obverterent corpora , cum undique tempeſtatis violentia major, quàm vitabatur , occurreret , Ergo ordinibus ſolutis, per totum ſaltum errabundum agmen ferebatur. Multique priùs metu, quàm labore defatigati , proſtraverant humi corpora , quanquam imbrem vis frigoris concreto gelu aſtrinxerat. Alii ſe ſtipitibus arborum admoverant : id plurimis & adminiculum, & ſuffugium erat . Nec fallebat ipſos, morti locum eligere , cum immobiles vitalis calor linqueret . Sed grata erat pigritia corporum fatigatis , nec recuſabant extingui quieſcendo . Quippe non vehemens modò, ſed etiam pertinax vis mali inſiſtebat: lucemque , naturale ſolatium, præter tempeſtatem haud diſparem nocti , ſylvarum quoque umbræ ſuppreſſerant, Rex unus tanti mali patiens , circuire milites , contrahere diſperſos, allevare proſtratos, oſtendere procul evolutum ex tuguriis ſumum, hortarique, ut proxima quæque ſuf-
ju-

fugia occuparent. Nec ulla res magis faluti fuit, quàm quòd multiplicato labore
sufficientem malis, quibus ipsi cesserant,
Regem deserere erubescebant. Cæterùm
efficacior in adversis necessitas, quàm ratio, frigoris remedium invenit. Dolabris
enim sylvas sternere aggressi, passim acer-
vos, struesque accenderunt. Continenti incendio ardere crederes saltum, & vix inter flammas agminibus relictum locum. Hic
calor stupentia membra commovit, paulatimque spiritus, quem continuerat rigor,
meare liberè coepit. Excepere alios tectâ
Barbarorum, quæ in ultimo saltu abdita
necessitas investigaverat: alios castra, quæ
in humido quidem, sed jam coeli mitescen-
te sævitia locaverunt. Mille militum, atque lixarum, calonumque pestis illa con-
sumpsit. Memoriæ proditum est, quosdam
applicatos arborum truncis, non solùm viventibus, sed & inter se colloquentibus similes esse conspectos, durante adhuc habitu, in quo mors quenque deprehenderat.
Fortè Macedo gregarius miles, seque, &
arma sustentans, tandem in castra pervenerat. Quo viso, Rex, quanquam ipse
tunc maximè admoto igne refovebat artus,
sella sua exsiluit, torpentemque militem,
& vix compotem mentis, demptis armis,
in sua sede jussit considere. Ille diu, nec
ubi quiesceret, nec à quo esset exceptus,
agnovit. Tandem recepto calore vitali, ut
Regiam sedem, Regemque vidit, territus
surgit. Quem intuens Alexander, *Ecquid
intelligis, miles,* inquit, *quanto meliore sor-
te, quàm Persæ sub Rege vivatis? Illis enim*

in sella Regis confedisse capitale foret; tibi
salui fuit.

CAPUT X.

Rex compensat militi amissa. Certat beneficiis
cum Sysimithre . Cohortanus Satrapes se ,
& sua dedit; cujus filiam Roxanem ducis
Alexander uxorem .

POStero die convocatis amicis , copiarumque Ducibus , pronuntiari jussit ,
ipsum omnia, quæ amissa essent, redditurum. Et promisso fides extitit . Nam Sysi-
mithres multa jumenta , & camelorum duo
millia adduxit, pecoraque , & armenta ,
quæ distributa pariter militem & damno ,
& fame liberaverunt. Rex gratiam sibi relatam a Sysimithre præfatus , sex dierum
cocta cibaria ferre milites jussit. Sagas petens, totam hanc regionem depopulatus ,
triginta millia pecorum ex præda Sysimi-
thri dono dat. Inde pervenit in regionem,
cui Cohortanus Satrapes nobilis præerat ;
qui se Regis potestati , fideique permisit .
Ille Imperio ei reddito , haud amplius ,
quàm ut duo ex tribus filiis secum militarent , exegit. Satrapes etiam eum , qui pe-
nes ipsum relinquebatur , tradit . Barbara
opulentia convivium , quo Regem accipie-
bat, instruxerat. Id cum multa comitate
celebraret, introduci triginta nobiles virgines jussit . Inter quas erat filia ipsius ,
Roxane nomine , eximia corporis specie,
& decore habitus in Barbaris raro. Quæ,
quanquam inter electas processerat, omnium
ta-

tamen oculos convertit in se, maxime Regis minùs jam cupiditatibus suis imperantis inter obsequia fortunæ , contra quam non satis cauta mortalitas est. Itaque ille, qui uxorem Darii , qui duas filias virgines , quibus forma præter Roxanem comparari nulla poterat, haud alio animo, quàm parentis aspexerat, tunc in amorem virgunculæ, si Regiæ stirpi compararetur , ignobilis, ita effusus est, ut diceret , ad stabiliendum Regnum pertinere, Persas, & Macedonas connubio jungi . Hoc uno modo & pudorem victis, & superbiam victoribus detrahi posse. Achillem quoque, à quo genus ipse deduceret , cum captiva coisse , ne inferri nefas arbitrarentur , ita matrimonii jure velle jungi . Insperato gaudio lætus pater , sermonem ejus excepit . Et Rex medio cupiditatis ardore jussit afferri patrio more panem (hoc erat apud Macedonas sanctissimum coeuntium pignus) quem divisum gladio uterque libabat . Credo , eos , qui gentis mores condiderunt , parco , & parabili victu ostendere voluisse jungentibus opes, quantulo contenti esse deberent . Hoc modo Rex Asiæ , & Europæ introductam inter convivales ludos matrimonio sibi adjunxit , è captiva geniturus , qui victoribus imperaret . Pudebat amicos, super vinum, & epulas socerum ex deditis esse electum . Sed post Clyti cædem libertate sublata , vultu, qui maximè servit, assentiebantur.

CAPUT XI.

Iter in Indiam adornat. In ipsis CXX. millia recenset. Auro, & argento arma exercitus expoliri jubet.

1. CÆterùm Indiam, & inde Oceanum petiturus, ne quid à tergo, quod destinata impedire posset, moveretur, ex omnibus provinciis triginta millia juniorum legi jussit, & ad se armata perduci, obsides simul habiturus, & milites. Craterum autem ad persequendos Haustanem, & Catenem, qui ab ipso defecerant, misit. Quorum Haustanes captus est, Catenas in prælio occisus. Polypercon quoque regionem, quæ Bubacene appellatur, in deditionem redegit. Itaque omnibus compositis, cogitationes in bellum Indicum vertit. Dives regio habebatur, non auro modò, sed gemmis quoque, margaritisque ad luxum magis, quàm ad magnificentiam exculta. Clypei militares auro, & ebore fulgere dicebantur. Itaque, necubi vinceretur, cum cæteris præstaret, scutis argenteas laminas, equis frænos aureos addidit, loricas quoque alias auro, alias argento adornavit. CXX millia armotorum erant, quæ Regem ad id bellum sequebantur.

CAPUT XII.

Rex vult Deus credi, & coli: in recufan-
tes irarum fulmina jactat. Hages, &
Cleo adulatores Græci Deum pronuntiant,
Callifthenes Philofophus obnunciat.

JAmque omnibus præparatis, quod olim
prava mente conceperat, tunc efle ma-
turum. ratus, quonam modo cœleftes
honores ufurparet, cœpit agitare. Jovis
filium non dici tantùm fe, fed etiam credi
·volebat, tanquam perinde animis imperare poflet, ac linguis. Itaque more Perfarum, Macedonas venerabundos ipfum falutare juffit, profternentes humi corpora.
Non deerat talia concupifcenti pernicio-
fa adulatio, perpetuum malum Regum,
quorum opes fæpiùs aflentatio, quàm hoftis evertit. Nec Macedonum hæc erat culpa (nemo enim illorum quidquam ex patrio more labare fuftinuit) fed Græcorum,
qui profeffionem honeftarum artium malis
corruperant moribus. Hages quidam Argivus, peffimorum carminum poft Chæri-
lum conditor, & ex Sicilia Cleo, hic quidem non ingenii folùm, fed etiam nationis
vitio adulator, & cætera urbium fuarum
purgamenta, quæ propinquis etiam, ma-
ximorumque exercituum Ducibus à Rege
præferebantur, hi tum cœlum illi aperie-
bant, Herculemque, & Patrem Liberum,
& cum Polluce Caftorem novo Numini cef-
furos efle jactabant. Igitur fefto die omni
opulentia convivium exornari jubet; cui

non Macedones modò, & Græci principes
amicorum, sed etiam nobiles adhiberen-
tur. Cum quibus cum discubuisset Rex,
paulisper epulatus, convivio egreditur.
Cleo, sicut præparaverat, sermonem cum
admiratione laudum ejus instituit. Merita
deinde percensuit, quibus uno modo referri gratiam posse, si quem intelligerent
Deum esse, confiterentur, exigua thuris
impensa tanta beneficia pensaturi. Persas
quidem non piè solùm, sed etiam prudenter, Reges suos inter Deos colere. Majestatem enim Imperii, salutis esse tutelam.
Ne Herculem quidem, & Patrem Liberum
priùs dicatos Deos, quàm vicissent secum
viventium invidiam. Tantundem quoque
posteros credere, quantum præsens ætas
spopondisset. Quòd si cæteri dubitent,
semetipsum, cum Rex inisset convivium,
prostraturum humi corpus, debere idem
facere cæteros, & in primis sapientia prædi-
tos. Ab illis enim cultus in Regem esse
prodendum exemplum. Haud perplexè in
Callisthenem dirigebatur oratio. Gravitas
viri, & prompta libertas invisa erat Regi,
quasi solus Macedonas paratos ad tale obsequium moraretur. Is tum, silentio facto,
unum illum intuentibus cæteris, *Si Rex,*
inquit, *sermoni uno affuisset, nullius profectò vox responsuri tibi desideraretur. Ipse e-
nim peteret, ne in peregrinos ritus degene-
rare se cogeres, neu rebus felicissimè gestis
invidiam tali adulatione contraheres. Sed,
quoniam abest, ego tibi pro illo respondeo,
nullum esse eundem & diuturnum, & præ-
cocem fructum, cælestesque honores non da-*
re

re te Regi, sed auferre. Intervallo enim o-
pus est, ut credatur Deus. Semperque hanc
gratiam magnis viris posteri reddunt. Ego
autem seram immortalitatem precor Regi,
ut & vita diuturna sit, & æterna majestas.
Hominem consequitur aliquando, nunquam
comitatur divinitas. Herculem modò & Patrem Liberum, consecrata immortalitatis exempla referebas. Credisne illos unius convivii
decreto Deos factos? Prius ab oculis mortalium amolita natura est, quàm in cœlum fama perveheret. Scilicet ego, & tu, Cleo,
Deos facimus? à nobis divinitatis suæ auctoritatem accepturus est Rex? Potentiam tuam
experiri libet. Fac aliquem Regem, si Deum
potes facere. Facilius est Imperium dare,
quàm Cælum. Dii propitii sine invidia, qua
Cleo dixit, audierint, eodemque cursu, quo
fluxere adhuc res, ire patiantur. Nostris moribus velint nos esse contentos. Non pudet
patriæ, nec desidero, ad quem modum Rex
mihi colendus sit, à Persis discere. Quos e-
quidem victores esse confiteor, si ab illis leges, queis vivamus, accipimus. Æquis auribus Callisthenes, veluti vindex publicæ
libertatis, audiebatur. Expresserat non as-
sensionem modò, sed etiam vocem, senio-
rum præcipuè, quibus gravis erat invete-
rati moris externa mutatio. Nec quidquam
eorum, quæ invicem jactata erant, Rex
ignorabat, cum post aulæa, quæ lectis ob-
duxerat, staret. Igitur ad Agim, & Cleonem misit, ut, sermone finito, Barbaros
tantùm, cum intrasset, procumbere suo more paterentur, Et paulò post, quasi potiora quædam egisset, convivium repetit,

P 4   Quem

Quem venerantibus Perſis , Polypercon ,
qui cubabat ſuper Regem , unum ex his
mento contingentem humum , per ludibrium cœpit hortari , ut vehementiùs id
quateret ad terram . Elicuitque iram Alexandri , quam olim animo capere non poterat . Itaque Rex , *Tu autem* , inquit , *non*
, veneraberis me ? an tibi uni digni videmur
eſſe ludibrio ? Ille nec Regem ludibrio ,
nec ſe contemptu dignum eſſe reſpondit .
Tum detractum eum lecto Rex præcipitat
in terram . Et cum is pronus corruiſſet ,
Videſne , inquit , *idem te feciſſe , quod in*
alio paulò ante ridebas ? Et tradi eo in cuſtodiam juſſo , convivium ſolvit . Polyper-
conti quidem poſteà , priùs caſtigato igno-
6. vit . In Calliſthenem olim contumacia ſuſ-
pectum , pervicacioris iræ fuit , cujus explendæ matura obvenit occaſio .

CAPUT XIII.

Mos principum juventutis excubandi . Honor
eorundem . Hermolai caſtigati in Regem
cum ſociis conjuratio . Periculum Regis.

MOs erat (ut suprà dictum eſt) principibus Macedonum , adultos liberos Regibus tradere ad munia haud multùm ſervilibus miniſteriis abhorrentia . Excubabant ſervatis noctium vicibus proximi
foribus ejus ædis , in qua Rex acquieſce-
bat . Per hos pellices introducebantur alio
aditu , quàm quem armati obſidebant . Iidem acceptos ab agaſonibus equos , cum
Rex aſcenſurus eſſet , admovebant : comi-
ta-

tabanturque & venantem , & in præliis ,
omnibus artibus studiorum liberalium ex-
culti. Præcipuus honor habebatur , quòd
licebat sedentibus vesci cum Rege : Casti-
gandi verberibus eos nulli jus , nisi potestas per ipsum erat. Hæc cohors velut se-
minarium Ducum , Præfectorumque apud
Macedonas fuit. Hinc habuere posteri Reges, quorum stirpi per multas ætates Romani opes ademerunt . Igitur Hermolaus
puer nobilis ex Regia cohorte, cum aprum
telo occupasset , quem Rex ferire destinaverat, jussu ejus verberibus affectus est :
Quam ignominiam ægrè ferens, deflere a-
pud Sostratum cœpit . Ex eadem cohorte
erat Sostratus amore ejus ardens: qui cum
laceratum corpus, in quo deperibat, intueretur, forsitan olim ob aliam quoque causam Regi infestus, juvenem sua sponte jam
motum, data fide , acceptaque perpulit ,
ut occidendi Regem consilium secum iniret . Nec puerili impetu rem exequuti
sunt. Quippe solerter legerunt , quos in
societatem sceleris ascisterent . Nicostra-
tum, Antipatrum , Asclepiodorumque , &
Philotam placuit assumi . Per hos adjecti
sunt Elaptonius , & Epimenes . Cæterum
agendæ rei haud sanè facilis patebat via.
Opus erat eadem omnes conjuratos nocte
excubare, ne ab expertibus consilii impe-
direntur. Fortè autem alius alia nocte excubabat. Itaque in permutandis stationum
vicibus , cæteroque apparatu exequendæ
rei, triginta , & duo dies absumpti sunt .
Aderat nox, qua conjurati excubare debebant, mutua fide læti, cujus documen-

P 5 tum

tum tot dies fuerant. Neminem metus,
fpefve mutaverat. Tanta omnibus vel in
Regem ira, vel fides inter ipfos fuit. Stabant igitur ad fores ædis ejus, in qua Rex
vefcebatur, ut convivio egreffum in cubiculum deducerent. Sed fortuna ipfius, fimulque epulantium comitas, provexit o-
mnes ad largius vinum. Ludi etiam convivales extraxere tempus, nunc lætis conjuratis, quòd fopitum aggreffuri effent,
nunc folicitis, ne in lucem convivium ex-
traheretur. Quippe alios in ftationem o-
portebat prima luce fuccedere, ipforum
poft feptem dies reditura vice: nec fpera-
re poterant, in illud tempus omnibus du-
raturam fidem. Cæterùm, cùm jam lux
appeteret, & convivium folvitur, & conjurati exceperunt Regem, læti occafionem
exequendi fceleris admotam : cùm mulier
attonitæ, ut creditum eft, mentis, conver-
fari in Regia folita, quia inftinctu videbatur futura prædicere, non occurrit modò
abeunti, fed etiam femet objecit, vultuque, & oculis motum præferens animi,
ut rediret in convivium, monuit. Et ille
per ludum, bene Deos fuadere, refpondit. Revocatifque amicis, in horam diei
fermè fecundam convivii tempus extraxit.
Jam alii ex cohorte in ftationem fucceffe-
rant, ante cubiculi fores excubaturi. Adhuc tamen conjurati ftabant, vice officii
fui expleta. Adeò pertinax fpes eft, quam
humanæ mentes, quam ingentes concupi-
fcentiæ devoraverunt. Rex benigniùs,
quàm aliàs alloquutus, difcedere eos ad
curanda corpora, quoniam tota nocte per-
fti-

stitissent, jubet . Data sunt singulis quinquaginta sestertia, collaudatique, quòd et-
jam aliis tradita vice, tamen excubare per-
severassent. Illi tanta spe destituti domos
abeunt. Et cæteri quidem expectabant sta-
tionis suæ noctem.

C A P U T XVI.

Epimenes aperit conjurationem . Vinciuntur
conjurati , & Callisthenes inter hos .

EPimenes , sive comitate Regis , qua
ipsum inter conjuratos exceperat, repentè mutatus , sive quia cœptis Deos obstare credebat, fratri suo Eurylocho , quem
anteà expertèm esse consilii voluerat, quid
pararetur, aperit. Omnibus Philotæ supplicium in oculis erat. Itaque protinus in
jicit fratri manum , & in Regiam pervenit : excitatísque custodibus corporis , ad
salutem Regis pertinere , quæ afferret ,
affirmat . Et tempus , quo venerant, &
vultus haud sane securi animi index , &
mœstitia è duobus alterius , Ptolemæum ,
ac Leonatum excubantes ad cubiculi li-
men excitaverunt . Itaque apertis foribus , & lumine illato , sopitum mero , ac
somno excitant Regem . Ille , paulatim
mente collecta , quid afferrent, interrogat.
Nec cunctatus Eurylochus , non ex toto
domum suam aversari Deos dixit , quia
frater ipsius , quanquam impium facinus
ausus foret , tamen & pœnitentiam ejus
ageret, & per se potissimum profiteretur
indicium , in eam ipsam noctem , quæ de-

P 6   ce-

cederet, infidias comparatas fuisse. Auctores scelesti consilii esse, quos minimè crederet. Tum Epimenes cuncta ordine, consciorumque nomina exponit. Callisthenem, non ut participem facinoris nominatum esse constabat, sed solitum puerorum sermonibus vituperantium, criminantiumque Regem faciles aures præbere. Quidam adjiciunt, cum Hermolaus apud eum quoque verberatum se à Rege quereretur, dixisse Callisthenem, meminisse debere, eos jam viros esse: idque, an ad consolandam patientiam verberum, an ad incitandum juvenum dolorem dictum esset, in ambiguo fuisse. Rex, animi, corporisque sopore discusso, cum tanti periculi imago oculis oberraret, Eurylochum quinquaginta talentis, & cujusdam Tyridatis opulentis bonis protinùs donat, fratremque, antequàm pro salute ejus precaretur, restituit. Sceleris autem auctores, interque eos Callisthenem, vinctos asservari jubet. Quibus in Regiam adductis, toto die, & nocte proxima, mero, ac vigiliis gravis aequievit.

CAPUT XV.

Causa conjuratorum agitatur. Hermolaus contra regem perorat.

POstero autem die frequens concilium adhibuit, cui patres, propinquique eorum, de quibus agebatur intererant, ne de suæ quidem salute securi. Quippe Macedonum more perire debebant, omnium devotis

ca-

capitibus, qui fanguine contigiffent reos.
Rex introduci conjuratos, præter Callifthenem juffit. Atque, quæ agitaverant,
fine cunctatione confeffi funt. Increpanti-
bus deinde univerfis eos ; ipfe Rex, quo
fuo merito tantum in femet cogitaffent facinus, interrogat. Stupentibus cæteris,
Hermolaus, *Nos verò*, inquit, *quoniam,*
quafi nefcias, quæris, occidendi te confilium
inivimus, quia non ut ingenuis imperare
cæpifti, fed quafi in mancipia dominaris.
Primus ex omnibus pater ipfius, Sopolis,
parricidam etiam parentis fui clamitans
effe, confurgit, & ad os manu objecta,
fcelere, & malis infanientem ultrà negat
audiendum. Rex, inhibito patre, dicere
Hermolaum jubet, quæ ex magiftro didi-
ciffet Callifthene. Et Hermolaus, *Utor,*
inquit, *beneficio tuo, & dico, quæ noftris*
malis didici. Quota pars Macedonum fævi-
tiæ tuæ fupereft ? quotufquifque non è vilif-
fimo fanguine ? Attalus, & Philota, & Par-
menio, & Lynceftes Alexander, & Clytus,
quantum ad hoftem pertinent, vivunt, ftant
in acie, te clypeis fuis protegunt, & pro
gloria tua, pro victoria vulnera accipiunt:
quibus tu egregiam gratiam retulifti. Alius
menfam tuam fanguine fuo afperfit : alius
ne fimplici quidem morte defunctus eft. Du-
ces exercituum tuorum in equuleum impofi-
fti, Perfis, quos vicerant, fuere fpectacu-
lo. Parmenio, indicta caufa, trucidatus
eft, per quem Attalum occideras. Invicem
enim miferorum uteris manibus ad expeten-
da fupplicia. Et quos paulò antè miniftros
cædis habuifti, fubitò ab aliis jubes trucida-
ri.

ri. Obſtrepunt ſubinde cuncti Hermolao.
Pater ſupremum ſtrinxerat ferrum , per-
cuſſurus haud dubiè , ni inhibitus eſſet à
Rege . Quippe Hermolaum dicere juſſit ,
petiitque , ut cauſas ſupplicii augentem ,
patienter audirent . Ægrè ergo coercitis ,
rurſùs Hermolaus , *Quàm liberaliter* , inquit, *pueris rudibus ad dicendum agere per-*
mittis ! At Calliſthenis vox carcere incluſa
eſt , quia ſolus poteſt dicere . Cur enim non
producitur , cum etiam confeſſi audiuntur ?
Nempe quia liberam vocem innocentis au-
dire metuis, ac ne vultum quidem pateris.
Atqui nihil eum feciſſe contendo . Sunt hìc ,
qui mecum rem pulcherrimam cogitaverunt.
Nemo eſt , qui conſcium fuiſſe nobis Calli-
ſthenem dicat, cùm morti olim deſtinatus ſit
à juſtiſſimo, & patientiſſimo Rege . Hæc er-
go ſunt Macedonum præmia , quorum ut ſu-
pervacuo, & ſordido abuteris ſanguine . At
tibi triginta millia mulorum captivum au-
rum vehunt, cum milites nihil domum præ-
ter gratuitas cicatrices relaturi ſint . Quæ ta-
men omnia tolerare potuimus, antequam nos
Barbaris dederes , & novo more victores
ſub jugum mitteres . Perſarum te veſtis, &
diſciplina delectat : patrios mores exoſus es .
Perſarum ergo , non Macedonum Regem oc-
cidere voluimus , & te transfugam , belli
jure, perſequimur . Tu Macedonas voluiſti
genua tibi ponere, venerarique te, ut Deum.
Tu Philippum patrem averſaris ; & , ſi quis
Deorum ante Jovem haberetur , faſtidires
etiam Jovem. Miraris, ſi liberi homines ſu-
perbiam tuam ferre non poſſumus ? Quid ſpe-
ramus ex te , quibus aut inſontibus morien-
di.m

dùm eft, aut, quod triftius morte eft, in
fervitute vivendum ? Tu quidem, fi emen-
dari potes, multum mihi debes. Ex me e-
nim fcire cœpifti, quid ingenui homines ferre non poffint. De cætero parce his, eorum
orbam fenectutem fuppliciis ne oneraveris.
Nos iube duci, ut, quod ex tua morte pe-
tieramus, confequamur ex noftra. Hæc Hermolaus.

CAPUT XVI.

*Hermolao refpondet Alexander, qui reos du-
ci iubet, atque inter hos Callifthenem,
cuius mos, genufque mortis æternam Regi peperit invidiam, & infamiam.*

AT Rex, Quàm falfa fint, inquit, quæ **8.**
ifte tradita à magiftro fuo dixit, patientia mea oftendit. Confeffum enim ultimum
facinus, tamen ut vos quoque, non folùm
ipfe, audiretis, expreffi, non imprudens, cùm
permififfem huic latroni dicere, ufurum eum
rabie, qua compulfus eft, ut me, quem parentis loco colere debet, vellet occidere.
Nuper cùm procaciùs fe in venatione geffiffet, more patrio, & ab antiquiffimis Macedoniæ Regum ufurpato, caftigari eum juffi.
Hoc & oportet fieri, &, ut à tutoribus pupilli, à maritis uxores, fervis quoque pueros huius ætatis verberare concedimus. Hæc
eft fævitia in ipfum mea, quam impia cæde
voluit ulcifci. Nam in cæteros, qui mihi
permittunt uti ingenio meo, quàm mitis fim,
non ignoratis : commemorare fupervacuum
eft. Hermolao parricidarum fupplicia non
pro-

probari, cum eadem ipse merueris, minimè hercule admiror. Nam cum Parmenionem, & Philotam laudat, suæ servis causæ. Lyæcestem verò Alexandrum bis insidiatum capiti meo, à duobus indiciis liberavi. Rursùs convictum, per biennium tamen distuli, donec vos postularetis, ut tandem debito supplicio scelus lueret. Attalum, antequàm Rex essem, hostem meo capiti fuisse meministis. Clytus utinam non coegisset me sibi irasci: cujus temerariam linguam probra dicentem mihi, & vobis, diutius tuli, quàm ille eadem me dicentem tulisset. Regum, Ducumque clementia non in ipsorum modò, sed etiam in illorum, qui parent, ingeniis sita est. Obsequio mitigantur Imperia. Ubi verò reverentia excessit animis, & summa imis confundimus, vi opus est, ut vim repellamus. Sed quid ego mirer, istum crudelitatem mihi objecisse, qui avaritiam exprobrare ausus sit? Nolo singulos vestrum excitare, ne invisam liberalitatem meam faciam, si pudori vestro gravem fecero. Totum exercitum aspicite. Qui paulò ante nihil præter arma habebat, nunc argenteis cubat lectis. Mensas auro onerant, greges servorum ducunt, spolia de hostibus sustinere non possunt. At enim Persæ, quos vicimus, in magno honore sunt. Apud me quidem, moderationis meæ certissimum indicium est, quòd ne victis quidem superbè impero. Veni enim in Asiam, non ut funditùs everterem gentes, nec ut dimidiam partem terrarum solitudinem facerem, sed ut illos quoque, quos bello subegissem, victoriæ meæ non pœniteret. Itaque militant vobiscum, pro Imperio

ve-

vestro sanguinem fundam, qui superbè habiti rebellassent. Non est diuturna possessio,
in quam gladio inducimur: beneficiorum
gratia sempiterna est. Si habere Asiam, non
transire volumus, cum his communicanda est
nostra clementia. Horum fides stabile, & æ-
ternum faciet Imperium. Et sanè plus habemus, quàm cupimus. Insatiabilis autem a-
varitia est, adhuc implere velle, quod jam
circumfluit. Verumtamen eorum mores in Macedonas transfundo. In multis enim gentibus
esse video, quæ non erubescamus imitari.
Nec aliter tantum Imperium aptè regi potest, quàm ut quædam & tradamus illis, &
ab iisdem discamus. Illud penè dignum ri-
su fuit, quod Hermolaus postulabat à me,
ut aversarer Jovem, cujus Oraculo agnos-
cor. An etiam quid Dii respondeant, in
mea posestate est? Obtulit nomen filii mihi:
recipere, ipsis rebus, quas agimus, haud
alienum fuit. Utinam Indi quoque Deum
esse me credant. Famâq; enim bella constant.
Et sæpè etiam, quod falsò creditum est, veri vicem obtinuit. An me luxuriæ indulgen-
tem putatis arma vestra auro, argentoque
adornasse? Assuetis nihil vilius hac videre
materia, volui ostendere, Macedonas invictos cæteris, nec auro quidem vinci. Oculos ergo primùm eorum sordida omnia, &
humilia spectantium capiam, & docebo non
non auri, aut argenti cupidos, sed orbem
terrarum subacturos venisse. Quam gloriam
tu parricida intercipere voluisti, & Macedonas, Rege adempto, devictis gentibus dedere. At nunc mones me, ut vestris parentibus parcam. Non oportebat quidem vos
scis

scire, quid de his statuissem, quò tristiores periretis, si qua vobis parentum memoria, & cura est. Sed olim istum morem accidendi cum sceleste insontes propinquos, parentesque solvi: & profiteor. in eodem honore futuros omnes eos, in quo fuerunt.. Jam tuum Callisthenem, cui uni vir videris, quia latro es, scio cur produci velis, ut coram his probra, quæ modò in me jecisti, illius quoque ore referantur. Quem, si Macedo esset, tecum introduxissem, dignissimum te discipulo magistrum. Nunc Olynthio non idem juris est. Post hæc concilium dimisit, tradique damnatos hominibus, qui ex eadem cohorte erant, jussit. Illi, ut fidem suam sævitia Regi approbarent, excruciatos necaverunt. Callisthenes quoque ante tortus interiit, initi consilii in caput Regis innoxius, sed haudquaquam aulæ, & assentantium accommodatus ingenio. Itaque nullius cædes majorem apud Græcos Alexandro excitavit invidiam, quàm quòd præditum optimis moribus, artibusque, à quo revocatus ad vitam erat, cum interfecto Clyto mori perseveraret, non tantùm occiderit, sed etiam torserit, indicta quidem causâ. Quam crudelitatem sera pœnitentia consequuta est.

CAPUT XVII.

In Indiam movet. Indiæ prolixa, & nobilia descriptio, morumque Indorum.

9. SEd, ne otium serendis rumoribus natum aleret, in Indiam movit, semper
bel-

bello, quàm poſt victoriam , clarior . India tota fermè ſpectat Orientem , minùs
in latitudinem , quàm recta regione ſpa-
tioſa . Quæ Auſtrum accipiunt , in altius
terræ faſtigium excedunt . Plana ſunt cætera, multiſque inclytis amnibus , Caucaſo
monte ortis , placidum per campos iter
præbent . Indus gelidior eſt , quàm cæteri . Aquas vehit à colore maris haud multùm abhorrentes . Ganges omnium ab or-
tu maximus , à Meridiana regione decurrit , magnorum montium juga recto alveo
ſtringit . In eum objectæ rupes inclinant
ad Orientem . Uterque Rubro mari acci-
pitur findens ripas, multaſque arbores cum
magna ſoli parte exſorbet . Saxis quoque
impeditus, crebrò reverberatur . Ubi mol-
lius ſolum reperit, ſtagnat, inſulaſque mo-
litur. Aceſines eum auget . Ganges decur-
ſurum in mare intercipit . Magnoque motu amnis uterque colliditur : quippe Ganges aſperum os influenti objicit , nec re-
percuſſæ aquæ cedunt . Dyardenes minùs
celeber auditu eſt , quia per ultima Indiæ
currit . Cæterùm non crocodilos modò ,
uti Nilus , ſed etiam delphines, ignotaſque
aliis gentibus belluas alit . Erimanthus crebris flexibus ſubinde curvatus , ab accolis
rigantibus carpitur. Ea cauſa eſt, cur te-
nues reliquias jam ſine nomine in mare
emittat . Multis præter hos amnibus tota
regio dividitur , ſed ignobilibus, quia non
adeò interfluunt. Cæterùm , quæ propio-
ra ſunt mari, Aquilones maximè deurunt.
Ii cohibiti jugis montium , ad interiora
non penetrant, ita alendis frugibus mitio-

ra . Sed adeò in illa plaga mundus statm
temporum vices mutat, ut, cum alia fervore Solis exæstuant, Indiam nives ob-
ruant, rursùsque, ubi cætera rigent, illic
intolerandus æstus existat . Nec cur, ulli
se naturæ causa ingessit . Mare certè, quò
alluitur, ne colore quidem abhorret à cæteris . Ab Erythro Rege inditum est nomen, propter quod ignari rubere aquas
credunt . Terra lini ferax : inde plerisque
sunt vestes . Libri arborum teneri, haud
secùs quàm ceræ literarum notas capiunt.
Aves ad imitandum humanæ vocis sonum
dociles sunt . Animalia inusitata cæteris
gentibus, nisi invecta . Eadem terra &
rhinocerotas alit, non generat. Elephantorum major est vis, quàm quos in Africa domitant : & viribus magnitudo respondet. Aurum flumina vehunt, quæ leni,
modicoque lapsu segnes aquas ducunt .
Gemmas, margaritasque mare littoribus
infundit . Neque alia illis major opulentiæ
causa est, utique posteaquàm vitiorum
commercium vulgavere in exteras gentes .
Quippe æstimantur purgamenta æstuantis
freti pretio, quod libido constituit . Ingenia hominum, sicut ubique, apud illos
quoque locorum situs format. Corpora usque pedes carbaso velant . Soleis pedes,
capita linteis vinciunt . Lapilli ex auribus
pendent. Brachia quoque, & lacertos auro colunt, quibus inter populares aut no-
bilitas, aut opes eminent . Capillum pe-
ctunt sæpiùs, quàm tondent . Mentum
semper intonsum est : reliquam oris cutem
ad lævitatem exæquant. Regum tamen lu-

xu-

xuria , quam ipfi magnificentiam appellant , fupra omnium gentium vitia . Cum
Rex fe in publico confpici patitur , thu-
ribula argentea miniftri ferunt , totumque
iter, per quod ferri deftinavit , odoribus
complent . Aurea lectica margaritis circumpendentibus recubat . Diftincta funt
auro , & purpura carbafa , quæ indutus
eft . Lecticam fequuntur armati , corporifque cuftodes . Inter quos ramis aves pendent , quas cantu feriis rebus obftrepere
docuerunt . Regia auratas columnas habet ; totas eas vitis auro cælata percurrit . Aviumque, quarum vifu maximè gau-
dent, argenteæ effigies opera diftinguunt.
Regia adeuntibus patet . Cum capillum pe-
ctit, atque ornat, tunc refponfa legationibus, tunc jura popularibus reddit . Demptis foleis, odoribus illinuntur pedes . Ve-
natus maximus labor eft , inclufa vivario
animalia inter vota , cantufque pellicum fi-
gere . Binum cubitorum fagittæ funt, quas
emittunt majore nifu , quàm effectu . Quippe telum, cujus in levitate vis omnis eft ,
inhabili pondere oneratur . Breviora itinera equo conficit . Longior ubi expeditio
eft , elephanti vehunt currum : & tanta-
rum belluarum corpora tota contegunt auro . Ac , ne quid perditis moribus defit ,
lecticis aureis pellicum longus ordo fequitur . Separatum à Reginæ ordine agmen
eft , æquatque luxuria . Fœminæ Epulas
parant. Ad iifdem vinum miniftratur, cujus omnibus Indis largus eft ufus . Regem
mero, fomnoque fopitum in cubiculum pellices referunt, patrio carmine noctium in-
vo-

vocantes Deos. Quis credat, inter hæc
vitia curam esse sapientiæ? Unum agreste,
& horridum genus est, quos Sapientes vocant. Apud hos occupare fati diem, pulchrum : & vivos se cremari jubent, quibus aut segnis ætas, aut incommoda valetudo est. Expectatam mortem pro dedecore vitæ habent. Nec ullus corporibus,
quæ senectus solvit, honos redditur. In-
quinari putant ignem, nisi qui spirantes
recipit. Illi, qui in urbibus publicis moribus degunt, siderum motus scitè spectare
dicuntur, & futura prædicere. Nec quenquam admovere lethi diem credunt, cui
expectare interrito liceat. Deos putant,
quidquid colere cœperunt; arbores maximè, quas violare capitale est. Menses in
quinos denos descripserunt dies. Anni plena spatia servant. Lunæ cursu
notant tempora, non ut plerique, cum
orbem sidus implevit, sed cum se curvare
cœpit in cornua. Et idcircò breviores habent menses, qui spatium eorum ad hunc
Lunæ modum dirigunt. Multa & alia traduntur, quibus morari ordinem rerum
haud sanè operæ pretium videbatur.

C A-

CAPUT XVIII.

Indiam partim deditione, partim vi, & armis occupat.

IGitur Alexandro fines Indiæ ingreſſo, 10. gentium ſuarum Reguli occurrerunt, imperata facturi, illum tertium Jove genitum ad ipſos perveniſſe memorantes. Patrem Liberum, atque Herculem fama cognitos eſſe, ipſum coram adeſſe, cernique. Rex benignè exceptos ſequi juſſit, iiſdem itinerum ducibus uſurus. Cæterùm, cum ampliùs nemo occurreret, Hephæſtionem, & Perdiccam cum copiarum parte præmiſit ad ſubigendos, qui averſarentur Imperium: juſſitque ad flumen Indum procedere, & navigia facere, queis in ulteriora tranſportari poſſet exercitus. Illi, quia plura flumina ſuperanda erant, ſic junxere naves, ut ſolutæ plauſtris vehi poſſent, rurſuſque conjugi. Poſt ſe Cratero cum phalange juſſo ſequi, equitatum, ac levem armaturam eduxit. Eoſque, qui occurrerunt, levi prælio in urbem proximam compulit. Jam ſupervenerat Craterus. Itaque, ut principio terrorem incuteret genti nondum arma Macedonum expertæ, præcepit, ne cui parceretur, munimentis urbis, quam obſidebat, incenſis. Cæterùm, dum obequitabat mœnibus, ſagitta ictus eſt. Cepit tamen oppidum. Et omnibus incolis ejus trucidatis, etiam in tecta ſævitum eſt.

CA.

CAPUT XIX.

Nysæ à Baccho conditæ descriptio, oppugnatio, deditio. Exercitus operatur Libero, & Bacchanalia vivit.

INde domita ignobili gente, ad Nysam urbem pervenit. Forte castris ante mœnia ipsa in sylvestri loco positis, nocturnum frigus vehementiùs, quàm aliàs horrore corpora affecit. Opportunumque remedium ignis oblatum est. Cæsis quippe sylvis flammam excitaverunt : quæ igni alita, oppidanorum sepulchra comprehendit. Vetusta cedro facta erant. Conceptumque ignem latè fudere, donec omnia solo æquata sunt. Et ex urbe primùm canum latratus, deinde etiam hominum fremitus auditus est. Tum & oppidani hostem, & Macedonas ipsos ad urbem venisse cognoscunt. Jamque Rex eduxerat copias, & mœnia obsidebat, cum hostium qui discrimen tentaverant, obruti telis sunt. Aliis ergo deditionem, aliis pugnam experiri placebat. Quorum dubitatione comperta, circunsideri tantùm eos, & abstineri cædibus jussit. Tandemque obsidionis malis fatigati dedidere se. A Libero Patre conditos se esse dicebant. Et vera hæc origo erat. Sita est sub radicibus montis, quem Meron incolæ appellabant. Inde Græci mentiendi traxere licentiam, Jovis semine Liberum Patrem esse cælatum. Rex situ montis cognito ex incolis, cum toto exercitu, præmissis commeati-

bus

bus, verticem ejus afcendit. Multa hedera, vitifque toto gignitur monte. Multæ perennes aquæ manant. Pomorum quoque varii, falubrefque fucci funt, fua fponte fortuitorum feminum fruges humore nutriente. Lauri, bacceque, & multa in illis rupibus agreftis eft fylva. Credo equidem, non divino inftinctu, fed lafcivia effe provectos, ut paffim hederæ, aci vitium folia decerperent, redimtique fronde toto nemore fimiles bacchantibus vagarentur. Vocibus ergo tot millium præfidem nemoris ejus Deum adorantium juga montis, collefque refonabant, cum orta licentia à paucis (ut feré fit) in omnes fe repentè vulgaffet. Quippe velut in media pace, per herbas, congeftamque frondem proftraverant corpora. Et Rex fortuitam licentiam non averfatus, largè ad epulas omnibus præbitis, per decem dies Libero Patri operatum habuit exercitum. Quis neget, eximiam quoque gloriam fæpiùs fortunæ, quàm virtutis effe beneficium? Quippe ne epulantes quidem, & fopitos mero aggredi aufus eft hoftis, haud fecus bacchantium, ululantiumque fremitu perterritus, quàm fi præliantium clamor effet auditus. Eadem felicitas ab Oceano revertentes temulentos, comeffantefque protexit.

CAPUT XX.

Varias urbes, & regiones expugnat : inter
has Mazagas, & Cleophen Reginam. Rex
vulneratus sentit se hominem esse.

HInc ad regionem , quæ Dædala vocatur , perventum eſt . Deſeruerant
incolæ ſedes , & in avios , ſylveſtreſque
montes confugerant . Ergo Acadera tranſit , æquè vaſta , & deſtituta incolentium
fuga . Itaque rationem belli neceſſitas mutavit . Diviſis enim copiis , pluribus ſimul
locis arma oſtendit : oppreſſiſque , & qui
non expectaverant hoſtem , omni clade
perdomiti ſunt . Ptolemæus plurimas urbes , Alexander maximas cepit . Rurſuſque , quas diſtribuerat copias , junxit . Superato deinde Choaſpe amne , Cœnon in
obſidione urbis opulentæ (Beziram incolæ vocant) reliquit : ipſe ad Mazagas venit , nuper Aſſacano (cujus Regnum fuerat) demortuo . Regioni , urbique præerat
mater ejus Cleophes . Triginta millia peditum tuebantur urbem , non ſitu ſolùm ,
ſed etiam opere munitam . Nam, qua ſpectat Orientem , cingitur amne torrenti ,
qui præruptis utrinque rupibus aditum ad
urbem impedit . Ab Occidente , & à Meridie , velut de induſtria , rupes præaltas
admolita natura eſt : infra quas cayernæ ,
& voragines longa vetuſtate in altum ca-
vatæ jacent , quaque deſinunt , foſſa ingentis operis objecta eſt . Triginta quinque
ſtadia murus urbem complectitur , cujus
infe-

inferiora faxo, superiora crudo latere funt
ftructa . Lateri vinculum lapides funt, quos
interpofuere , ut duriori materiæ fragilis
incumberet , fimulque terra humore dilu-
ta , ne tamen univerfa confideret , inter-
pofitæ erant trabes validæ, quibus injecta
tabulata muros tegebant, & pervios fecerant . Hæc munimenta contemplantem A-
lexandrum , confiliique incertum (quia nec
cavernas , nifi aggere , poterat implere,
nec tormenta aliter muris admovere)
quidam è muro fagitta percuffit . Fortè in
furam incidit telum , cujus fpiculo evulfo
admoveri equum juffit : quo vectus, ne o-
bligato quidem vulnere , haud fegnius deftinata exequebatur. Cæterùm , cùm crus
fauciùm penderet , & cruore ficcato fri-
gefcens vulnus aggravaret dolorem , dixiffe fertur , fe quidem Jovis filium dici ,
fed corporis ægri vitia fentire . Non tamen ante fe recepit in caftra , quàm cuncta perfpexit , & , quæ fieri vellet , edixit .
Ergo , ficut imperatum erat , alii extra urbem tecta demoliebantur , ingentemque
vim materiæ faciendo aggeri detrahebant ;
alii magnarum arborum ftipites cumulis ,
ac moles faxorum in cavernas dejiciebant .
Jamque agger æquaverat fummæ faftigium
terræ. Itaque turres erigebantur, quæ o-
pera ingenti militum ardore intra nonum
diem abfoluta funt . Ad ea vifenda Rex,
nondum obducta vulneri cicatrice, proceffit . Laudatifque militibus , admoveri machinas juffit , è quibus ingens vis telorum
in propugnatores effufa eft . Præcipuè rudes talium operum terrebant mobiles tur-

res: tantasque moles nulla ope, quæ cerneretur, adductas, Deorum numine agi credebant. Pila quoque muralia, & excussas tormentis prægraves hastas, negabant convenire mortalibus. Itaque desperata urbis tutela, concessere in arcem. Inde, quia nihil obsessis præter deditionem placebat, Legati ad Regem descenderunt, veniam petituri. Qua imperata, Regina cum magno nobilium fœmmarum grege aureis pateris vina libantium processit. Ipsa genibus Regis parvo filio admoto, non veniam modò, sed etiam pristinæ fortunæ impetravit decus. Quippe appellata est Regina. Et credidere quidam, plus formæ, quàm miserationi datum. Puero quoque certè, posteà ex ea uteunque genito, Alexandro nomen fuit.

CAPUT XXI.

Noram occupat. Petram Aornin describit Curtius, quam obsidet Rex. Fugiunt obsessi, & trucidantur. Usque ad Indum penetrat.

11. HInc Polypercon ad urbem Noram cum exercitu missus, inconditos oppidanos prælio vicit, intra munimenta compulsos sequutus, urbem in deditionem redegit. Multa ignobilia oppida deserta à suis venere in Regis potestatem. Quorum incolæ armati Petram Aornin nomine occupaverunt. Hanc ab Hercule frustrè obsessam esse, terræque motu coactum abstitisse, fama vulgaverat. Inopem con-

consilii Alexandrum , quia undique præceps , & abrupta rupes erat , senior quidam peritus locorum cum duobus filiis a-
diit , si pretium operi esset , aditum se
monstraturum esse promittens . Octoginta
talenta constituit daturum Alexander , &
altero ex juvenibus obside retento , ipsum
ad exequenda , quæ obtulerat , dimisit .
Leviter armatis dux datus est Mullinus scriba Regis. Hos enim circuitu , qui fallerent hostem , in summum jugum placebat
evadere . Petra non , ut pleraque modicis, ac mollibus clivis in sublime fastigium
cre cit, sed in metæ maxime modum ere-
cta est : cujus ima spatiosiora sunt , altio-
ra in arctius coeunt , summa in acutum
cacumen exurgunt . Radices ejus Indus
amnis subit, præaltis utrinque, & asperis
ripis. Ab altera parte voragines , eluvies-
que præruptæ sunt . Nec alia expugnandi
patebat via , quàm ut replerentur . Ad manum sylva erat , quam Rex ita cædi jussit, ut nudi stipites jacerentur . Quippe rami fronde vestiti impedissent ferentes . Ipse
primus truncam arborem jecit ; clamorque
exercitus, index alacritatis, sequutus est,
nullo detrectante munus , quod Rex occupasset . Intra septimum diem cavernas
expleverant, cùm Rex sagittarios , & A-
grianos jubet per ardua niti . Juvenesque
fortissimos ex sua cohorte triginta delegit.
Duces his dati sunt Charus , & Alexander, quem Rex nominis , quod sibi cum
eo commune esset, admonuit . Ac primò,
quia tam manifestum periculum erat, ipsum
Regem discrimen subire non placuit . Sed

ut fignum tuba datum eft, vir audaciæ
promptæ, converfus ad corporis cuftodes,
fequi fe jubet, primufque invadit in rupem. Nec deinde quifquam Macedonum
fubftitit : relictifque ftationibus fua fponte
Regem fequebantur. Multorum miferabilis
fuit cafus, quos ex præruptæ rupe lapfos
amnis præterfluens haufit. Trifte fpectaculum etiam non· periclitantibus. Cùm verò alieno exitio, quid ipfis timendum foret, admonerentur, in metum mifericordia verfa, non extinctos, fed femetipfos
deflebant. Et jam eò perventum erat,
unde fine pernicie, nifi victores redire non
poffent, ingentia faxa in fubeuntes pro-
volventibus Barbaris : qui perculfi, infta-
bili, & lubrico gradu præcipites recidebant. Evaferant tamen Alexander, &
Charus, quos cum triginta delectis præmiferat Rex; & jam pugnare cominùs cœperant. Sed, cùm fuperne tela Barbari in-
gererent, fæpiùs ipfi feriebantur, quàm
vulnerabant. Ergo Alexander & nominis
fui, & promiffi memor, dum acriùs, quàm
cautiùs dimicat, confoffus undique obruitur. Quem ut Charus jacentem refpexit,
ruere in hoftem, omnium præter ultionem immemor, cœpit : multofque hafta,
quofdam gladio interemit. Sed, cum tot
unum inceflerent manus, fuper amici corpus procubuit exanimis. Haud fecùs,
quàm par erat, promptiffimorum juvenum, cæterorumque militum interitu commotus Rex, fignum receptui dedit : Saluti
fuit, quòd fenfim, & intrepide fe receperunt, & Barbari hoftem depuliffe con-

ten-

tenti non inftitere cedentibus . Cæterùm
Alexander , cùm ftatuiffet defiftere ince-
pto, quippe nullaſpes potiundæ Petræ of-
ferebatur , tamen ſpeciem oftendit in obfidione perſeverantis . Nam & itinera obſi-
deri juffit, & turres admoveri , & fatigat
tis alios ſuccedere . Cujus pertinacia cognita, Indi per biduum quidem , ac duas
noctes, cum oftentatione non fiduciæ modò, ſed etiam victoriæ, epulati ſunt, tympana ſuo more pulſantes . Tertia verò nocte tympanorum quidem ftrepitus defie-
rat audiri , cæterùm ex tota Petra faces
refulgebant, quas accenderant Barbari, ut
tutior effet ipfis fuga obfcura nocte per in
via ſaxa curſuris . Rex, Balacro, qui ſpe-
cularetur, præmiffo, cognofcit Petram fuga Indorum effe defertam , Tum dato fi-
gno , ut univerfi conclamarent, incompofi-
tè fugientibus metum incuffit . Multique ,
tanquam adeffet hoftis, per lubrica ſaxa,
perque invias cotes præcipitati occiderunt.
Plures aliqua membrorum parte mulctati ,
ab integris deferti ſunt . Rex locorum magis, quàm hoftium victor , tamen magnæ
victoriæ ſacrificiis , & cultu Deum ſatisfe-
cit . Aræ in Petra locatæ ſunt Minervæ ,
Victoriæque . Ducibus itineris , quos ſubire jufferat leviter armatos, etfi pronuiffis
minora præftiterant, pretium cum fide redditum eft . Petræ , regionifque ei adjun-
ctæ, Soſocofto, tutela permiffa . Inde proceffit Ecbolima . Et , cum anguftias itineris obfideri viginti millibus armatorum ab
Eryce quodam comperiffet, gravius agmen
exercitus Cœno ducendum modicis itineri-

11.

bus tradidit. Ipfe prægreffus cum funditore, ac fagittario, deturbatis, qui obfederant faltum, fequentibus fe copiis viam fecit. Inde five odio Ducis, five gratiam victoris Regis inituri, Erycen fugientem adorti interemerunt, caputque ejus, atque arma ad Alexandrum detulerunt. Ille facto impunitatem dedit, honorem denegavit exemplo.

CAPUT XXII.

Omphin, feu Taxilem Regem in fidem recipit. Certant muneribus, quibus offenfi Macedones.

HInc ad flumen Indum fextis decimis caftris pervenit, omniaque, ut præceperat, ad trajiciendum præparata ab Hephæftione reperit. Regnabat in ea regione Omphis, qui patri quoque fuerat auctor dedendi Regnum Alexandro, & poft mortem parentis Legatos miferat, qui confulerent eum, regnare fe interim vellet, an privatum opperiri ejus adventum: permiffoque, ut regnaret, non tamen jus datum ufurpare fuftinuit. Is benignè quidem exceperat Hephæftionem, gratuitum frumentum copiis ejus admenfus: non tamen ei occurrerat, ne fidem ullius, nifi Regis experiretur. Itaque venienti obviam cum armato exercitu egreffus eft. Elephanti quoque per modica intervalla militum agmini immixti, procul caftellorum fecerant fpeciem. Ac primò Alexander non focium, fed hoftem adventare

tare credebat . Jamque & ipfe arma mi‑
lites capere , & equites difcedere in cor‑
nua jufferat , paratos ad pugnam . At In‑
dus , cognito Macedonum errore , juſſis
ſubſiſtere cæteris , ipfe concitat equum ,
quo vehebatur. Idem Alexander quoque
fecit, ſive hoſtis , ſive amicus occurreret ,
vel ſua virtute , vel illius fide tutus. Coi‑
vere , quod ex utriuſque vultu poſſet in‑
telligi , amicis animis: cæterùm fine inter‑
prete non poterat conferi ſermo . Itaque
adhibito eo , Barbarus occurtiſſe ſe dixit
cum exercitu , totas Imperii vires protinus
traditurum, nec expectaſſe , dum per nun‑
tios daretur fides . Corpus ſuum , & Re‑
gnum permittere illi , quem ſciret gloriæ
militantem, nihil magis , quàm famam ti‑
mere perfidiæ . Lætus ſimplicitate Barbari
Rex, & dexteram fidei ſuæ pignus dedit,
& Regnum reſtituit . LVI. elephanti erant,
quos tradidit Alexandro, multaque pecora
eximiæ magnitudinis , tauros ad tria mil‑
lia , pretioſum in ea regione , acceptum‑
que animis regantium armentum. Quæren‑
ti Alexandro, plures agricultores haberet,
an milites , cùm duobus Regibus bellanti
ſibi, majore militum , quàm agreſtium ma‑
nu opus eſſe reſpondit . Abifares , & Po‑
rus erant. Sed in Poro eminebat auctori‑
tas . Uterque ultra Hydaſpen amnem regna‑
bat. Et belli fortunam, quiſquis arma infer‑
ret, experiri decreverat. Omphis, permit‑
tente Alexandro, & Regium inſigne ſumpſit,
& more gentis ſuæ nomen, quod patris fue‑
rat, Taxilem appellavere populares, ſequen‑
te nomine Imperium , in quemcunque tranſi‑

Q 5 ret.

ret . Ergo , cùm per triduum hospitaliter
Alexandrum accepisset , quarto die , &
quantum frumenti copiis , quas Hephæstion duxerat, præbitum à se esset, ostendit , & aureas coronas ipsi , amicisque o-
mnibus , præter hæc signati argenti octoginta talenta dono dedit . Qua benignita-
te ejus Alexander mirè lætus , & , quæ is
dederat , remisit, & mille talenta ex præda , quam vehebat , adjecit, multaque con-
vivalia ex auro , & argento vasa , plurimum Persicæ vestis , triginta equos ex
suis cum iisdem insignibus , queis assueverant , cùm ipsum veherent . Quæ liberalitas , sicut Barbarum obstrinxerat , ita amicos ipsius vehementer offendit . E quibus
Meleager super cœnam largiore vino usus ,
gratulari se Alexandro dixit , quòd saltem
in India reperisset dignum talentis mille .
Rex haud oblitus , quàm ægrè tulisset ,
quòd Clytum ob linguæ temeritatem occi-
disset , iram quidem tenuit , sed dixit , in-
vidos homines nihil aliud , quàm ipsorum
esse tormenta .

CAPUT XXIII.

Abifares Rex deditur. Porus bellum cogitat.
Defectores quidam capti ducuntur. Ad Hy-
daspen Alexander Porum habet obvium
cum octoginta quinque elephantis, CCC.
Curribus, XXX. millibus peditum. Def-
cribitur ipse Porus, & Hydafpes, & in-
fula in illo.

POstero die Legati Abifarae adiere Re-   13.
gem . Omnia ditioni ejus , ita , ut
mandatum erat , permittebant , firmata-
que invicem fide remittuntur ad Regem .
Porum quoque nominis fui fama ratus ad
deditionem poffe compelli , mifit ad eum
Cleocharem , qui denuntiaret ei , ut fti-
pendium penderet , & in primo finium fuorum aditu occurreret Regi . Porus alterum ex his facturum fefe refpondit , ut intranti Regnum fuum praefto effet , fed armatus . Jam Hydafpen Alexander fuperare decreverat , cùm Barzaentes defectionis Arachofiis auctor , vinctus , triginta-
que elephanti fimul capti , perducuntur ,
opportunum adversùs Indos auxilium ,
Quippe plus in belluis , quàm in exercitu
fpei , aut virium illis erat . Gamaxufque
Rex exiguae partis Indorum , qui Barzaen-
ti fe conjunxerat , vinctus adductus eft .
Igitur transfuga & Regulo in cuftodiam
dato , elephantis autem Taxili traditis , ad
amnem Hydafpen pervenit . In cujus ulteriore ripa Porus confederat , tranfitu
prohibiturus hoftem . Lxxxv elephantos

obje-

objecerat eximio corporum robore, ultra-
que eos currus ccc. & peditum xxx ferè
millia: in queis erant sagittarii (sicut antè dictum est) gravioribus telis, quàm ut
aptè excuti possent . Ipsum vehebat elephantus super cæteras belluas eminens :
armaque auro, & argento distincta corpus
raræ magnitudinis honestabant . Par animus robori corporis , & quanta inter rudes poterat esse sapientia . Macedonas non
conspectu hostium solùm, sed etiam fluminis , quod transeundum erat , magnitudo
deterrebat. Quatuor in latitudinem stadia
diffusum profundo alveo , & nusquam va-
da aperiente, speciem vasti maris fecerat.
Nec pro spatio aquarum latè stagnantium
impetum coercebat , sed quasi in arctum
coeuntibus ripis, torrens, & elisum ferebatur. Occultaque saxa inesse ostendebant
pluribus locis undæ repecussæ . Terribilior
erat facies ripæ, quam equi , virique
compleverant . Stabant ingentes vastorum
corporum moles, & de industria irritatæ
horrendo stridore aures fatigabant . Hinc
hostis, hinc amnis, capacia quidem bonæ
spei pectora , & sæpè se experta improviso tamen pavore percusserant. Quippe in-
stabiles rates nec dirigi ad ripam, nec tutò applicari posse credebant. Erant in medio amne insulæ crebræ, in quas Indi, &
Macedones nantes , levatis super capita
armis, transibant . Ibi levia prælia confe-
rebantur, & uterque Rex parvæ rei discrimine, summæ experiebatur eventum .

Ç A:

CAPUT XXIV.

Duorum iuvenum infelix audacia . Alexander ſtratagemate Hydaſpen ſuperat.

CÆterùm in Macedonum exercitu temeritate, atque audacia inſignes fuere Symmachus, & Nicanor, nobiles juvenes , & perpetua partium felicitate ad ſpernendum omne periculum accenſi : queis ducibus, promptiſſimi iuvenum lanceis modò armati tranavere in inſulam , quam frequens hoſtis tenebat, multoſque Indorum nulla re magis , quàm audacia armati, interemerunt . Abire cum gloria poterant, ſi unquam temeritas felix inveniret modum . Sed , dum ſupervenientes contemptim , & ſuperbè quoque expectant , circumventi ab his , qui occulti enatraverant, eminùs obruti telis ſunt . Qui effugerant hoſtem , aut impetu amnis ablati ſunt , aut vorticibus impliciti . Eaque pugna multùm fiduciam Pori erexit , cuncta cernentis è ripa . Alexander inops conſilii tandem ad fallendum hoſtem talem dolum intendit . Erat inſula in flumine amplior cæteris, ſylveſtris eadem , & tegendis inſidiis apta . Foſſa quoque præalta , haud procul à ripa , quam tenebat ipſe , non pedites modò , ſed etiam cum equis viros poterat abſcondere . Ut igitur à cuſtodia hujus opportunitatis oculos hoſtium averteret, Ptolemæum cum omnibus turmis obequitare juſſit procul inſula , & ſubinde Indos clamore terrere , quaſi flumen

men tranaturus foret. Per complures dies
Ptolemæus id fecit, eoque conſilio Porum
quoque agmen ſuum ei patti , quam ſe
petere ſimulabat , coegit advertere . Jam
extra conſpectum hoſtis inſula erat . Alexander in diverſa parte ripæ ſtatui ſuum
tabernaculum juſſit , aſſuetamque comitari
ipſum cohortem ante id tabernaculum ſtare , & omnem apparatum Regiæ magnifi-
centiæ hoſtium oculis de induſtria oſtendi.
Attalum etiam æqualem ſibi , & haud diſparem habitu oris , & corporis , utique
cùm procul viſeretur, veſte Regia exornat,
præbiturum ſpeciem , ipſum Regem illi
ripæ præſidere , nec agitare de tranſitu .
Hujus conſilii effectum primò morata tem-
peſtas eſt , mox adjuvit , incommoda quoque ad bonos eventus vertente fortuna .
Trajicere amnem cum cæteris copiis in regionem inſulæ, de qua antè dictum eſt ,
parabat , averſo hoſte in eos , qui cum
Ptolemæo inferiorem obſederant ripam ,
cùm procella imbrem vix ſub tectis tolerabilem effudit, obrutique milites nimbo ,
in terram refugerunt, navigiis, ratibuſque
deſertis. Sed tumultuantium fremitus, ob-
ſtrepentibus ripis , ab hoſte non poterat
audiri. Deinde momento temporis repreſ-
ſus eſt imber. Cæterùm adeò ſpiſſæ intendere ſe nubes , ut conderent lucem , vixque colloquentium inter ipſos facies noſci-
taretur . Terruiſſet alium obducta nox cæ-
lo , cùm ignoto amne navigandum eſſet ,
forſitan hoſte eam ipſam ripam, quam cæ-
ci, atque improvidi , & ex periculo gloriam accerſentes petebant , occupante :

obscuritatem, quæ cæteros terrebat, suam
occasionem ratus, dato signo, ut omnes
silentio ascenderent in rates, eam, qua
ipse vehebatur, primam jussit expelli. Vacua erat ab hostibus ripa, quæ petebatur. Quippe adhuc Porus Ptolemæum tantùm intuebatur. Una ergo navi, quam
petræ fluctus illiserat, hærente, cæteræ
evadunt. Armaque capere milites, & ire
in ordinem jussit.

C A P U T XXV.

*Prælium. Alexander cum Poro committit,
vincit, fugientem capit, capto parcit,
majoremque Regem efficit.*

JAmque agmen in cornua divisum ipse
ducebat, cùm Poro nuntiatur, armis,
virisque ripam obtineri, & rerum adesse
discrimen. Ac primò humani ingenii vitio, spei suæ indulgens, Abisarem belli
socium (& ita convenerat) adventare
credebat. Mox liquidiore luce aperiente
hostem, centum quadrigas, & quatuor millia equitum venienti agmini objecit. Dux
erat copiarum, quas præmisit, Hages frater ipsius. Summa virium in curribus. Se-
nos viros singuli vehebant, duos clypeatos, duos sagittarios ab utroque latere
dispositos, cæteri aurigæ erant haud sanè
inermes. Quippe jacula complura, ubi
cominùs præliandum erat, omissis habenis,
in hostem ingerebant. Cæterùm vix ullus
usus hujus auxilii eo die fuit. Nanque (ut
supra dictum est) imber violentiùs, quàm

aliàs

alias fusus, campos lubricos, & inequita-
biles fecerat: graveſque, & propemodùm
immobiles currus illuvie, & voraginibus
hærebant. Contrà Alexander, expedito,
ac levi agmine ſtrenuè invectus eſt. Scythæ, & Dahæ primi omnium invaſere Indos. Perdiccam deinde cum equitibus in
dextrum cornu hoſtium emiſit. Jam undique pugna ſe moverat, cùm ii, qui currus agebant, illud ultimum auxiliorum ſuorum rati, effuſis habenis in medium diſcrimen ruere cœperunt. Anceps id malum
utriſque erat. Nam & Macedonum pedites primo impetu obterebantur, & per
lubrica, atque invia immiſſi currus excu-
tiebant eos, à quibus regebantur. Aliorum turbati equi non in voragines modò,
laeunaſque, ſed etiam in amnem præcipitavere curricula. Pauci tamen hoſtium te-
nus exacti penetravere ad Porum, acerri-
mè pugnam cientem. Is ut diſſipatos tota
acie currus vagari fine rectoribus vidit,
proximis amicorum diſtribuit elephantos.
Poſt eos poſuerat pedites, ac ſagittarios
tympana pulſare ſolitos. Id pro cantu tu-
barum Indis erat: nec ſtrepitu eorum movebantur, olim ad notum ſonum auribus
mitigatis. Herculis ſimulacrum agmini peditum præferebatur. Id maximum erat bellantibus incitamentum: & deſeruiſſe geſtan-
tes militare flagitium habebatur. Capitis
enim ſanxerant pœnam iis, qui ex acie
non retuliſſent, metu, quem ex illo hoſte
quondam conceperant, etiam in religio-
nem, venerationemque converſo. Macedonas non belluarum modò, ſed etiam ipſius
Re-

Regis aspectus parumper inhibuit . Belluæ
dispositæ inter armatos , speciem turrium
procul fecerant . Ipse Porus humanæ magnitudinis propemodùm excesserat formam :
Magnitudini Pori adjicere videbatur bellua, qua vehebatur ; tantum inter cæteras
eminens , quantum aliis ipse præstabat. I-
taque Alexander contemplatus & Regem,
& agmen Indorum, *Tandem* , inquit , *par
animo meo periculum video . Cum bestiis simul , & cum egregiis viris res est.* Intuens-
que Cœnum , *Cùm ego* , inquit , *Ptolemæo ,
Perdiccaque , & Hephæstione comitatus , in
lævum hostium cornu impetum fecero , vide-
risque me in medio ardore certaminis , ipse
dextrum move , & turbatis signa infer. Tu,
Antigone , & tu , Leonnate , & Tauron , in-
vehimini in mediam aciem , & urgebitis
frontem . Hastæ nostræ prælongæ , & validæ , non aliàs magis , quàm adversùs belluas , rectoresque earum usui esse poterunt .
Deturbate eos , qui vehuntur , & ipsas con-
fodite. Anceps genus auxilii est , & in suos
acriùs furit. In hostem enim imperio , in suos
pavore agitur.* Hæc eloquutus , concitat e-
quum primus . Jamque (ut destinatum e-
rat) invaserat ordines hostium , cùm Cœnus ingenti vi in lævum cornu invehitur.
Phalanx quoque in mediam Indorum a-
ciem uno impetu prorupit . At Porus ,
quà equitem invehi senserat , belluas agi
jussit. Sed tardum , & penè immobile animal , equorum velocitatem æquare non
poterat . Nec sagittarum quidem ullus e-
rat Barbaris usus. Quippe longas , & prægraves , nisi priùs in terra statuerent ar-
cum ,

cum, haud fatis aptè, & commodè impo-
nunt : tum humo lubrica , & ob id impe-
diente conatum, molientes ictus, celeritate hoftium occupabantur. Ergo fpreto Regis imperio (quod ferè fit, ubi turbatis a-
criùs metus, quàm Dux imperare cœpit)
totidem erant Imperatores , quot agmina
errabant. Alius jungere aciem, alius dividere, ftare quidam, & nonnulli circumvehi terga hoftium jubebant . Nihil in medium confulebatur . Porus tamen cum paucis, quibus metu potior fuerat pudor, col-
ligere difperfos , obvius hofti ire pergit ,
elephantofque ante agmen fuorum agi jubet . Magnum belluæ injecere terrorem ,
infolitufque ftridor non equos modò, tam
pavidum ad omnia animal, fed viros quoque, ordinefque turbaverat. Jam fugæ cir-
cunfpiciebant locum paulò antè victores ,
cùm Alexander Agrianos , & Thracas leviter armatos ; meliorem concurfatione ,
quàm cominùs militem, emifit in belluas.
Ingentem ii vim telorum injecere & elephantis, & regentibus eos . Phalanx quoque inftare conftanter territis cœpit . Sed
quidam avidiùs perfequuti , belluas in femet irritàvere vulneribus . Obtriti ergo pedibus earum, cæteris, ut parciùs inftarent,
fuere documentum . Præcipuè terribilis illa facies erat , cùm manu arma , virof-
que corriperent, & fuper fe regentibus traderent. Anceps ergo pugna nunc fequen-
tium, nunc fugientium elephantos, in multum diei varium certamen extraxit , donec
fecuribus (id namque genus auxilii præparatum erat) pedes amputare cœperunt . Co-
pidas

pidas vocant gladios leviter curvatos falcibus
similes , queis appetebant belluarum manus . Nec quidquam inexpertum, non mortis modò, sed etiam in ipsa morte novi supplicii timor omittebat. Ergo elephanti vulneribus tandem fatigati , suos impetu ster-
nunt ; & qui rexerant eos , præcipitati in
terram ab ipsis obterebantur . Itaque pecorum modo magis pavidi, quàm infesti , ultra aciem exigebantur, cùm Porus destitutus à pluribus, tela multò antè præparata,
in circunfusos ex elephanto suo cœpit in-
gerere . Multisque eminùs vulneratis , ex-
positus ipse ad ictus undique petebatur .
Novem jam vulnera hinc tergo , illinc pectore exceperat : multoque sanguine profuso , languidis manibus magis elapsa ,
quàm excussa tela mittebat . Nec segniùs
bellua instincta rabie nondum saucia, invehebatur ordinibus , donec rector belluæ
Regem conspexit fluentibus membris, emis-
sisque armis vix compotem mentis . Tum
belluam in fugam concitat , sequente Alexandro . Sed equus ejus multis vulneribus
confossus , deficiensque procubuit , posito
magis Rege , quàm effuso . Itaque , dum
equum mutat , tardiùs insequutus est . Interim frater Taxilis Regis Indorum præmis-
sus ab Alexandro, monere cœpit Porum ,
ne ultima experiri perseveraret , dederet-
que se victori . At ille, quanquam exhau-
stæ erant vires , deficiebatque sanguis , tamen ad notam vocem, excitatus, *Agnosco*,
inquit, *Taxilis fratrem, Imperii , Regisque
sui proditorem* : & telum, quòd unum fortè non effluxerat, contorsit in eum, quòd
per

per medium pectus penetravit ad tergum.
Hoc ultimo virtutis opere edito, fugere acrius coepit. Sed elephantus quoque, qui multa exceperat tela, deficiebat. Itaque fistit fugam, peditemque sequenti hosti objecit. Jam Alexander consequutus erat, & pertinacia Pori cognita, vetabat resistentibus parci: Ergo undique & in pedites, & in ipsum Porum tela congesta sunt, queis tandem gravatus, labi ex bellua coepit. Indus, qui elephantum regebat, descendere eum ratus, more solito elephantum procumbere jussit in genua. Qui ut submisit, caeteri quoque (ita enim instituti erant) demisere corpora in terram. Ea res & Porum, & caeteros victoribus tradidit. Rex spoliari corpus Pori, interemptum esse credens, jussit, & qui detraherent loricam, vestemque, concurrere; cùm bellua dominum tueri, & spoliantes coepit appetere, levatumque corpus ejus rursus dorso suo imponere. Ergo telis undique obruitur, confossoque eo, in vehiculum Porus imponitur. Quem Rex ut vidit allevantem oculos, non odio, sed miseratione commotus, *Quae malum*, inquit, *amensia te coegit, rerum mearum cognita fama, belli fortunam experiri, cùm Taxiles esset in deditos clementiae meae tam propinquum sibi exemplum?* At ille, *Quoniam*, inquit, *parcontaris, respondebo ea libertate, quam interrogando, fecisti. Neminem me fortiorem esse, censibam. Meas enim noveram vires, nondum expertus tuas. Fortiorem esse te, belli docuit eventus. Sed ne sic quidem parum felix sum, secundus tibi. Rursus interrogatus, quid ip-*
se

ſe victorem ſtatuere debere cenſeret, *Quod*
hic, inquit, *dies tibi ſuadet, quo expertus es,*
quàm caduca felicitas eſſet. Plus monendo
profecit, quàm ſi precatus eſſet. Quippe
magnitudinem animi ejus interritam, ac ne
fortuna quidem infractam, non miſericor-
dia modo, ſed etiam honore excipere dignatus eſt. Ægrum curavit haud ſecùs,
quàm ſi pro ipſo pugnaſſet : confirmatum,
contra ſpem omnium, in amicorum numerum recepit : mox donavit ampliore Regno,
quam tenuit. Nec ſane quidquam ingenium
ejus ſolidiùs, aut conſtantius habuit, quam
admirationem veræ laudis, & gloriæ. Sim-
pliciùs tamen famam æſtimabat in hoſte.
Quippe à ſuis credebat magnitudinem
ſuam deſtrui poſſe, eandem clariorem
fore, quò majores fuiſſent, quos, ipſe
viciſſet.

LIBER NONUS.

SYNOPSIS.

INteriorem Indiam, villis paſſim gentibus, peragrat. Claſſem parat. Ingentes in ſaltibus ſerpentes, & rhinocerotas reperit. Canes miro ingenio pro munere accipit. Hortatur militem ad futura bella ſuſcipienda; miles abnuit. Cœnus pro milite cauſam agit. Rex dat manus votis exercitus; aras finium, quos attigerat, monumentum ponit. Cani mors. Nicæam, & Bucephalam urbes condit. Supplementum militum è Græcia accipit. Per flumen Aceſinem portat copias, Oceanum aditurus. Ad Sobios Herculis poſteritatem pervenit. Oxydracas, & Mallos expugnat. Miles in ſeditionem rurſùs vertitur, quam ſedat Rex. In oppido Oxydracarum ultimum vitæ diſcrimen adit; ægreque tandem eripitur. Oppidum excinditur. Rex curatur. Amici hortantur, ne deinceps ſe tantis diſcriminibus objiciat, ab illius vita pendere vitam omnium. Reſpondet Alexander, & gloria ſtudium

dium infinitum præsefert . Grǫci Co-
loni circa Bactra , & Scythas , re-
lictis coloniis , in patriam abeunt .
Legatos duarum gentium se dedentium
audit . Dioxippus athleta provocato-
rem vincit, deinde seipsum interficit .
Variæ gentes se Regis fidei permit-
tunt , aliæ vi subiguntur . Ptolemæi
vulnus, periculum, & curatio . Claſ-
sis in ore fluminis ad Oceanum in-
gens discrimen adit . Adnavigant in-
de proximè Oceanum, & in fluminis
insulis æstu maris inundatis , omnes
vita periclitantur . Rex æstum sequu-
tus , CCCC stadia provehitur in ma-
re , inde redit ad classem , qua ad-
verso flumine revecta militem expo-
nit . Alexander complures urbes con-
dit . Nearchus , & Onesichitus na-
varchi explorant Oceanum . Alexan-
der copias terrestri itinere reducit .
Incidunt in Barbaros , & ultimam
patiuntur famem ; inde in morbos ,
& mortes dantur multi . Rex com-
meatum aliunde curat . Tandem o-
mnis redit felicitas . Imitatur Rex
Bacchi triumphum . Aspasten Carma-
niæ Satrapen interficit .

CAPUT I.

Hortatur milites ad persequendum bellum spe prædæ. Duas urbes ad Hydaspen constituit. Donat fortes præmiis. Abisares deditionem formidat. Rex ad interiorem Indiam transit.

ALexander tam memorabili victoriâ lætus, quâ sibi Orientis fines apertos esse censebat, Soli victimis cæsis, milites quoque, quò promptioribus animis reliqua belli munia obirent, pro concione laudatos docuit, quidquid Indis virium fuisset, illa dimicatione prostratum, cæteram opimam prædam fore, celebratasque opes in ea regione eminere, quam peterent : proinde jam vilia, & obsoleta esse spolia de Persis : gemmis, margaritisque, & auro, atque ebore Macedoniam, Græciamque, non suas tantùm domos, repleturum. Avidi milites & pecuniæ, & gloriæ, simul, quia nunquam affirmatio ejus fefellerat eos, pollicentur operam. Dimissisque cum bona spe, navigia ædificari jubet, ut, cum totam Asiam percurrisset, finem terrarummare inviseret. Multa materia navalis in proximis montibus erat. Quam cædere aggressi, magnitudinis inusitatæ reperere serpentes. Rhinocerotes quoque, rarum alibi animal, in iisdem montibus erant. Cæterùm hoc nomen belluis eis inditum à Græcis, sermonis ejus ignari aliud lingua sua usurpant. Rex duabus urbibus conditis in utraque fluminis, quod superaverat, ripa, copiarum

Du-

Duces coronis, & mille aureis fingulos
donat . Cæteris quoque proportione ,
aut gradu , quem in militia obtinebant ,
aut navatæ operæ , honos habitus eſt .
Abifares , qui priùs , quàm cum Poro
dimicaretur , Legatos ad Alexandrum miferat , rursùs alios mifit , pollicentes omnia facturum , quæ imperaſſet , modò ne
cogeretur corpus ſuum dedere . Neque
enim aut fine Regio Imperio victurum , aut
regnaturum eſſe captivum. Cui Alexander
nuntiari juſſit , fi gravaretur ad fe venire ,
ipſum ad eum eſſe venturum .

CAPUT II.

Interioris Indiæ defcriptio . Rex multas gen-
tes partim vi, partim ultrò deditas reci-
pit .

Hinc Poro, amneque fuperato, ad interiora Indiæ proceſſit . Sylvæ erant
propè in immenfum ſpatium diffuſæ , pro-
ceriſque, & in eximiam altitudinem editis
arboribus umbroſæ . Plerique rami inſtar
ingentium ſtipitum flexi in humum, rurſus
quà fe curvaverant, erigebantur, adeò, ut
ſpecies eſſet non rami refurgentis , fed
arboris ex fua radice generatæ . Cœli temperies falubris . Quippe & vim Solis umbræ levant, & aquæ large manant è fontibus . Cæterùm hic quoque ferpentium
magna vis erat, fquamis fulgorem auri red-
dentibus . Virus haud ullum magis noxium
eſt . Quippe morfum præfens mors fequebatur , donec ab incolis remedium obla-

R   tum

tum eſt . Hinc per deſerta ventum eſt ad
flumen Hydraoten . Junctum erat flumini
nemus opacum arboribus alibi inuſitatis ,
agreſtiumque pavonum multitudine frequens . Caſtris inde motis , oppidum haud
procul poſitum corona capit , obſidibuſque
acceptis , ſtipendium imponit . Ad magnam
deinde (ut in ea regione) urbem pervenit ,
non muro ſolùm , ſed etiam palude munitam.
Cæterum Barbari vehiculis inter ſe junctis
dimicaturi occurrerunt . Aliis tela , aliis
haſtæ , aliis ſecures erant . Tranſiliebantque
in vehicula ſtrenuo ſaltu , cùm ſuccurrere la-
borantibus ſuis vellent . Ac primò inſolitum
genus pugnæ Macedonas terruit, cùm eminùs
vulnerarentur . Deinde ſpreto tam incondito
agmine , ab utroque latere vehiculis cir-
cumfuſi , repugnantes fodere cœperunt .
Et vincula , queis conſerta erant , juſſit
incidi , quo faciliùs ſingula circumvenirentur . Itaque octingentis ſuorum amiſſis , in
oppidum refugerunt . Poſtero die ſcalis undique admotis , muri occupantur . Paucis
pernicitas ſaluti fuit , qui cognito urbis excidio , paludem tranavere , & in vicina
oppida ingentem intulere terrorem , invictum exercitum , & Deorum profectò , ad-
veniſſe , memorantes . Alexander , ad va-
ſtandam eam regionem , Perdicca cum
expedita manu miſſo , partem copiarum
Eumeni tradit , ut is quoque Barbaros ad
deditionem compelleret . Ipſe cæteros ad
urbem validam , in quam aliarum quoque
confugerant incolæ , duxit . Oppidani ,
miſſis , qui Regem deprecarentur , nihilo-
minùs bellum parabant . Quippe orta ſe-

di-

ditio in diversa consilia diduxerat vulgum.
Alii omnia deditione potiora, quidam nullam opem in ipsa esse ducebant. Sed dum
nihil in commune consulitur, qui deditioni imminebant, apertis portis hostem recipiunt. Alexander, quanquam belli auctoribus jure poterat irasci, tamen omnibus
venia data, & obsidibus acceptis, ad proximam deinde urbem castra movit. Obsides ducebantur ante agmen : quos cùm è
muris agnovissent, utpote gentis ejusdem,
in colloquium convocaverunt. Illi clementiam Regis, simulque vim commemorando,
ad deditionem eos compulere. Cæterasque
urbes simili modo deditas in fidem accepit.

C A P U T III.

Sophitis Regnum deditur. De canibus venaticis admiranda.

HInc in Regnum Sophitis perventum
est. Gens, ut Barbari, sapientia excellit, bonisque moribus regitur. Genitos
liberos non parentum arbitrio tollunt, aluntque, sed eorum, quibus spectandi infantium habitum cura mandata est. Si quos
segnes, aut aliqua membrorum parte inutiles notaverunt, necari jubent. Nuptiis
coeunt, non genere, ac nobilitate conjunctis, sed electa corporum specie : quia eadem æstimatur in liberis. Hujus gentis oppidum, cui Alexander admoverat copias,
ab ipso Sophite obtinebatur. Clausæ erant
portæ, sed nulli in muris, turribusque se
armati ostendebant. Dubitabantque Mace-

R 2   do-

dones , deseruissentne urbem incolæ , in
fraude se occulerent : cùm subitò patefacta
porta , Rex Indus cum duobus adultis filiis occurrit , multùm inter omnes Barbaros eminens corporis specie . Vestis erat
auro , purpuraque distincta , quæ etiam
crura velabat . Aureis soleis insuerat gemmas . Lacerti quoque , & brachia margaritis ornata erant . Pendebant ex auribus insignes candore , & magnitudine lapilli . Baculum aureum berylli distinguebant.
Quo tradito , precatus , ut sospes acciperet , se , liberosque , & gentem suam dedidit . Nobiles ad venandum canes in ea
regione sunt . Latratu abstinere dicuntur ,
cùm videre feram , leonibus maximè infesti . Horum vim ut ostenderet Alexandro ,
in conspectu leonum eximiæ magnitudinis
Jussit emitti , & quatuor omninò admoveri
canes . Qui celeriter occupaverunt feram :
cùm ex iis , qui assueverant talibus ministe-
riis , unus canis leoni cum aliis inhærentis
crus avellere , & , quia non sequebatur ,
ferro amputare cœpit . nec sic quidem per-
tinatia victa , rursùs aliam partem secare
instituit , & inde non segniùs inhærentem,
ferro subinde cædebat. Ille in vulnere ferè
dentes moribundus quoque infixerat. Tantam in illis animalibus ad venandum cupiditatem ingenerasse naturam memoriæ proditum est . Equidem plura transcribo , quàm
credo . Nam nec affirmare sustineo , de
quibus dubito , nec subducere , quæ accepi .

C A·

CAPUT IV.

Phegeles Rex deditur . Natura loci defcribitur , & Ganges fluvius , & Agrammes Rex potensiffimus . Dubius Rex de milite , an effet fequuturus , concionem habet .

RElicto igitur Sophite in suo Regno , ad fluvium Hypasin proceffit, Hephæstione , qui diverfam regionem fubegerat, conjuncto . Phegeles erat gentis proximæ Rex , qui popularibus suis colere agros , ut affueverant , juffis, Alexandro cum donis occurrit, nihil, quod imperaret, detrectans . Biduum apud eum fubftitit Rex : tertio die amnem fuperare decreverat , tranfitu difficilem, non spatio solum aquarum , fed etiam faxis impeditum . Percontatus igitur Phegelem , quæ nofcenda erant, undecim dierum ultra flumen per vaftas folitudines iter effe cognofcit, excipere deinde Gangem maximum totius Indiæ fluminum , ulteriorem ripam colere gentes Gangaridas, & Pharrafios, eorumque Regem effe Agrammen, viginti millibus equitum , ducentifque peditum obfidentem vias, ad hæc quadrigarum duo millia trahere , & præcipuum terrorem elephantos , quos trium millium numerum explere dicebat. Incredibilia Regi omnia videbantur . Igitur Porum (nam cum eo erat percontantur , an vera effent, quæ dicerentur . Ille vires quidem gentis , & Regni haud falsò jactari affirmat , cæterùm qui regna-

ret, non modò ignobilem effe, fed etiam
ultimæ fortis : quippe patrem ejus tonfo-
rem vix diurno quæftu propulfantem famem,
propter habitum haud indecorum, cordi
fuiffe Reginæ, ab ea in propiorem ejus,
qui tum regnaffet, amicitiæ locum admotum,
interfecto eo per infidias, fub fpecie tutel-
læ liberum ejus, invafiffe Regnum, neta-
tifque pueris, hunc, qui nunc re-
gnat, generaffe, invifum, vilemque popularibus, magis paternæ fortunæ, quàm
fuæ memorem. Affirmatio Pori multiplicem
animo Regis injecerat curam. Hoftem,
belluafque fpernebat, fitum locorum, &
vim fluminum extimefcebat. Relegatus in
ultimum penè rerum humanarum perfequi
terminum, & eruere, arduum videbatur.
Rursùs avaritia gloriæ, & infatiabilis cupido famæ, nihil invium, nihil remotum videri finebat. Et interdum dubitabat, an
Macedones tot emenfi fpatia terrarum, in
acie, & in caftris fenes facti, per objecta
flumina, per tot naturæ obftantes difficultates, fequuturi effent. Abundantes, o-
nuftofque præda, magis parta frui velle,
quàm acquirenda fatigari. Non idem fibi,
& militibus animi effe. Se totius orbis imperium mente complexum, adhuc in operum fuorum primordio ftare, militem labore defatigatum, proximum quemque fructum finito tandem periculo expetere. Vicit ergo cupido rationem: & ad concionem
vocatis militibus, ad hunc maximè modum
differuit.

C A-

CAPUT V.

Suadet militi ultimum restare bellum . orvat conceptam de hostis potentia opinionem , laudat virtutem suorum . Nec tamen persuadet. Oritur omnium fletus.

Non ignoro , milites , multa , quæ terrere vos possent , ab incolis Indiæ per hos dies de industria esse jactata . Sed non est improvisa vobis mentientium vanitas . Sic Ciliciæ fauces , sic Mesopotamiæ campos , Tigrim , & Euphratem , quorum alterum vado transivimus , alterum ponte , terribilem fecerant Persæ . Nunquam ad liquidum fama perducitur : omnia , illa tradente , majora sunt vero . Nostra quoque gloria , cùm sit ex solido , plus tamen habet nominis , quàm operis . Modò quis belluas offerentes mœnium speciem , quis Hydaspen amnem , quis cætera auditu majora , quàm vero , sustinere posse credebat ? Olim hercule fugissemus ex Asia , si vos fabulæ debellare potuissent . Creditisne elephantorum greges majores esse , quàm usquam armentorum sunt ? cùm & rarum sit animal , nec facilè capiatur , multoque difficiliùs mitigetur . Atqui eadem vanitas copias peditum , equitumque numeravit . Nam flumen quò latiùs fusum est , hoc placidiùs stagnat . Quippe angustis ripis coercita , & in arctiorem alveum elisa , torrentes aquas invehunt : contra spatio alvei segnior cursus est . Præterea in ripa omne periculum est , ubi applicantes navigia hostis expectat . Ita quantumcunque flumen

intervenit, idem futurum discrimen eft eva-
dentium in terram. Sed omnia ifta vera ef-
fe fingamus. Utrumne vos magnitudo bel-
luarum, an multitudo hoftium terret? Quod
pertinet ad elephantos, præfens habemus ex-
emplum: in fuos vehementius, quàm in nos
incurrerunt. Tam vafta corpora fecuribus,
falcibufque mutilata funt. Quid autem in-
tereft, totidem fint, quot Porus habuit, an
tria millia, cùm, uno, aut altero vulnera-
tis, cæteros in fugam declinare videamus?
Deinde paucos quoque commodè regunt :
congregata verò tot millia ipfa fe elidunt,
ubi nec ftare, nec fugere potuerint, inhabi-
les vaftorum corporum moles. Equidem fic
animalia ifta contempfi, ut, cùm haberem,
ipfe non oppofuerim, fatis gnarus, plus fuis,
quàm hoftibus periculi inferre. At enim e-
quitum, peditumque multitudo vos commo-
vet. Cum paucis enim pugnare foliti eftis,
& nunc primùm inconditam fuftinebitis tur-
bam. Teftis adverfus multitudinem invicti
Macedonum roboris Granicus amnis, & Ci-
licia inundata cruore Perfarum, & Arbel-
la, cujus campi devictorum à nobis offibus
ftrati funt. Serò hoftium legiones numerare
cœpiftis, pofteaquam folitudinem in Afia vin-
cendo feciftis. Cùm per Hellefpontum navi-
garemus, de paucitate noftra cogitandum
fuit. Nunc nos Scythæ fequuntur, Bactria-
na auxilia præfto funt, Dahæ, Sogdianique
inter nos militant. Nec tamen illi turbæ
confido. Veftras manus intueor, veftram vir-
tutem, rerum, quas gefturus fum, vadem,
prædemque habeo. Quandiu vobifcum in a-
cie ftabo, nec meos, nec hoftium exercitus

nume-

numeravero . Vos modò animos mihi plenos
alacritatis, ac fiducia adhibete . Non in limine operum , laborumque nostrorum , sed
in exitu stamus . Pervenimus ad Solis ortum, & Oceanum, nisi obstat ignavia, inde
victores, perdomito fine terrarum, revertemur in patriam . Nolite (quod pigri agri-
colæ faciunt) maturos fructus per inertiam
amittere è manibus . Majora sunt periculis
præmia . Dives eadem , & imbellis est regio . Itaque non tam ad gloriam vos duco ,
quàm ad prædam . Digni estis , qui opes ,
quas illud mare littoribus invehit , refera-
tis in patriam . Digni , qui nihil inexpertum , nihil metu omissum relinquatis . Per
vos, gloriamque vestram, qua humanum fastigium exceditis , perque & mea in vos ,
& in me vestra merita, quibus invicti con-
tendimus , oro , quæsoque , ne humanarum
rerum terminos adeuntem , alumnum , com-
militonemque vestrum , ne dicam Regem ,
deseratis . Cætera vobis imperavi , hoc u-
num debiturus sum . Et is vos rogo , qui nihil umquam vobis præcepi , quin primus me
periculis obtulerim , qui sæpe aciem clypeo
meo texi , ne infringeretis in manibus meis
palmam , qua Herculem , Liberumque Patrem , si invidia abfuerit , æquabo . Date hoc
precibus meis , & tandem obstinatum silentium rumpite . Ubi est ille clamor , alacritatis vestræ index ? ubi est ille meorum Macedonum vultus ? Non agnosco vos , milites,
nec agnosci videor à vobis . Surdas jandu-
dum aures pulso . Aversos animos , & infractos excitare conor . Cùmque illi in terram demissis capitibus tacere persevera-

rent,

rent, *Nescio quid*, inquit, *imprudens in vos deliqui*, *quòd me ne intueri quidem vultis*. *In solitudine mihi videor esse*. *Nemo respondet*, *nemo saltem negat*. *Quos alloquor? quid autem postulo? vestram gloriam*, & *magnitudinem vindicamus*. *Ubi sunt illi*, *quorum certamen paulo ante vidi*, *contendentium*, *qui potissimùm vulnerati Regis corpus exciperent? Desertus*, *destitutus sum*, *hostibus deditus*. *Sed solus quoque ire perseverabo*. *Objicite me fluminibus*, & *belluis*, & *illis gentibus*, *quarum nomina horretis*. *Inveniam*, *qui desertum à vobis sequantur: Scythæ*, *Bactrianique erunt mecum*, *hostes paulo ante*, *nunc milites nostri*. *Mori præstat*, *quàm precariò Imperatorem esse*. *Ite reduces domos*, *ite deserto Rege orantes*. *Ego hic à vobis desperatæ victoriæ*,
3. *aut honestæ morti locum inveniam*. Nec sic quidem ulli militum vox exprimi potuit. Expectabant, ut Duces, principesque ad Regem perferrent, vulneribus, & continuo labore militiæ fatigatos, non detrectare munia, sed sustinere non posse. Cæterùm illi metu attoniti in terram ora defixerant. Igitur primò fremitus sua sponte, deinde gemitus quoque oritur, paulatimque liberius dolor erigi cœpit, manantibus lacrymis, adeò ut Rex, ira in misericordiam versa, ne ipse quidem, quanquam cuperet, temperare oculis potuerit.

CAPUT VI.

Cœnus respondet orationi Regis, & depreca-
tur loco exeri itus longiorem militiam. Sol-
vitur lacrymis concio. Rex indignatus in-
cluditur.

TAndem universa concione effusius flen-
te, Cœnus ausus est, cunctantibus
cæteris, propius tribunal accedere, signi-
ficans se loqui velle. Quem ut videre milites detrahentem galeam capiti (ita enim
Regem alloqui mos est) hortari cœperunt,
ut causam ageret exercitus. Tum Cœnus,
Dii prohibeant, inquit, *à nobis impias men-*
tes, & profectò prohibent. Idem animus est
tuis, qui fuit semper, ire, quo iusseris,
pugnare, periclitari, sanguine nostro commen-
dare posteritati tuum nomen. Proinde si per-
severas, inermes quoque, & nudi, & exan-
gues, utcunque tibi cordi est, sequimur, vel
antecedimus. Sed, si audire vis non fictas
tuorum militum voces, verùm necessitate ul-
tima expressas, præbe, quæso, propitias au-
res, imperium, atque auspicium tuum con-
stantissimè sequimis, &, quocunque pergis,
sequuturis. Vicisti, Rex, magnitudine rerum
non hostes modò, sed etiam milites. Quid-
quid mortalitas capere poterat, implevimus.
Emensis maria, terrasque, melius nobis,
quàm incolis omnia nota sunt. Penè in ulti-
mo mundi fine consistimus. In alium orbem
paras ire, & Indiam quæris, Indis quoque
ignotam. Inter feras, serpentesque degentes
eruere ex latebris, & cubilibus suis expetis,

ut plura, quàm Sol videt, victoria lustres.
Digna prorsus cogitatio animo tuo, sed altior
nostro. Virtus enim tua semper in incremen-
to erit; nostra vis in fine jam est. Intuere cor-
pora exanguia, tot perfossa vulneribus, tot ci-
catricibus turpia. Jam tela hebetia sunt,
jam arma deficiunt. Vestem Persicam indui-
mus, quia domestica subvehi non potest. In
externum degeneravimus cultum. Quoto cui-
que lorica est? quis equum habet? Jube quæ-
ri, quàm multos servi ipsorum persequuti
sint, quid cuique supersit ex præda. Omnium
victores, omnium inopes sumus. Nec luxu-
ria laboramus, sed bello instrumenta belli
consumpsimus. Hunc tu pulcherrimum exerci-
tum nudum objicies belluis? Quarum ut mul-
titudinem augeant de industria Barbari, ma-
gnum tamen esse numerum etiam ex menda-
cio intelligo. Quòd si adhuc penetrare in
Indiam certum est, Regio à Meridie minùs
vasta est. Qua subacta, licebit decurrere in
illud mare, quod rebus humanis terminum
voluit esse natura. Cur circuitu petis glo-
riam, quæ ad manum posita est? Hìc que-
que occurrit Oceanus. Nisi mavis errare,
pervenimus, quo tua fortuna ducit. Hæc te-
cum, quàm sine te cum his loqui malui,
non ut inirem circumstantis exercitus gra-
tiam, sed ut vocem loquentium potius, quam
ut gemitum murmurantium audires. Ut finem orationi Cœnus imposuit, clamor undique cum ploratu oritur, Regem, patrem,
dominum, confusis appellantium vocibus.
Jamque & alii Duces, præcipueque seniores, queis ob ætatem & excusatio hone-
stior erat, & auctoritas major, eadem pre-
ca-

cabantur. Ille nec castigare obstinatos, nec
mitigare poterat iratos. Itaque inops consilii desiluit e tribunali, claudique Regiam
jussit, omnibus, præter assuetos, adire pro-
hibitis.

CAPUT VII.

Signat terminos expeditionis. Rediit, qua ve-
nerat. Cœni mors. Ad Acesinem flumen
novum supplementum accipit. Duos Reges
conciliat. Duo oppida candit. Classis ad
Sobios devenit.

Biduum iræ datum est, tertio die processit. Erigique duodecim aras ex quadrato saxo, monumentum expeditionis suæ,
munimenta quoque castrorum jussit extendi, cubiliaque amplioris formæ, quàm pro
corporum habitu, relinqui, ut speciem o-
mnium augeret, posteritati fallax miraculum præparans. Hinc repetens, quæ emensus erat, ad flumen Acesinem locat castra.
Ibi forte Cœnus morbo extinctus est. Cujus morte ingemuit Rex quidem, adjecit
tamen, propter paucos dies longam orationem eum exorsum, tanquam solus Macedoniam visurus esset. Jam in aqua classis, quam ædificari jusserat, stabat. Inter hæc Memnon ex Thracia in supplementum equitum VI millia, præter eos ab Harpalo peditum septem millia adduxerat, armaque viginti quinque millia auro, & argento cælata pertulerat: queis distributis,
vetera cremari jussit, mille navigiis aditurus Oceanum. Discordes, & vetera odia
re-

retractantes Porum, & Taxilem Indiæ Reges, firmata per affinitatem gratiæ, reliquit in suis Regnis, summo in ædificanda classe amborum studio usus. Oppida quoque duo condidit, quorum alterum Nicæam appellavit, alterum Bucephalon, equi, quem amiserat, memoriæ, ac nomini dedicans urbem. Elephantis deinde, & impedimentis terra sequi jussis, secundo amne defluxit, quadraginta ferme stadia singulis diebus procedens, ut opportunis locis exponi subinde copiæ possent.

CAPUT VIII.

Sobios describit. Rex oppida vi occupat. Per fluminum concursum in vortices abripitur, & tantùm non hauritur.

4. PErventum erat in regionem, in qua Hydaspes amnis Acesini committitur. Hinc decurrit in fines Sobiorum. Hi de exercitu Herculis majores suos esse commemorant, ægros relictos esse, cepisse sedem, quam ipsi obtinebant. Pelles ferarum pro veste, clavæ pro telo erant. Multaque, etiam cùm Græci mores exolevissent, stirpis ostendebant vestigia. Hinc exscensione facta, CCL stadia processit. Depopulatusque regionem, oppidum caput ejus corona cepit. XL peditum millia alia gens in ripa fluminis opposuerat, quæ, amne superato, in fugam compulit, inclusosque mœnibus expugnat. Puberes interfecti sunt, cæteri venierunt. Alteram deinde urbem expugnare adortus, magnaque vi defenden-

dentium pulfus, multos Macedonum ami-
fit. Sed, cùm in obfidione perfeveraffet,
oppidani, defperata falute, ignem fubje-
cere tectis, fe quoque, ac liberos, conju-
gefque incendio cremant. Quod cùm ipfi
augerent, hoftes extinguerent, nova forma pugnæ erat. Delebant incolæ urbem,
hoftes defendebant. Adeò etiam naturæ jura bellum in contrarium mutat. Arx erat
oppidi intacta, in qua præfidium dereli-
quit. Ipfe navigio circumvectus eft arcem.
Quippe tria flumina tota India præter Gangem maxima, munimento arcis applicant
undas. A Septentrione Indus alluit, à
Meridie Acefines Hydafpi confunditur.
Cæterùm amnium coitus maritimis fimiles
fluctus movet. Multoque, ac turbido limo, quod aquarum concurfu fubinde turbatur, iter, quà meant navigia, in tenuem
alveum cogitur. Itaque, cùm crebri fluctus
fe inveherent, & navium hinc portas, hinc
latera pulfarent, fubducere nautæ cœperunt. Sed minifteria eorum hinc metu,
hinc prærapida celeritate fluminum occupantur. In oculis duo majora omnium navigia fubmerfa funt: leviora, cùm & ipfa
nequirent regi, in ripam tamen innoxia ex-
pulfa funt. Ipfe Rex in rapidiffimos vortices incidit, quibus intorta navis obliqua,
& gubernaculi impatiens agebatur. Jam
veftem detraxerat corpori, projecturus femet in flumen, amicique, ut exciperent
eum, haud procul nabant. Apparebatque
anceps periculum tam nataturi, quàm navigare perfeverantis. Ergo ingenti certamine concitant remos, quantaque vis hu-
ma-

mana esse poterat, admota est, ut fluctus,
qui se invehebant, everberarentur. Findi
crederes undas, & retrò gurgites cedere.
Quibus tandem navis erepta, non tamen
ripæ applicatur, sed in proximum vadum
illiditur. Cum amne bellum fuisse crederes. Ergo, aris pro numero fluminum positis, sacrificioque facto, triginta stadia
processit.

CAPUT IX.

*Ad Oxydracas, & Mallos accedit. Seditio-
nem militarem compescit.*

INde ventum est in regionem Oxydracarum, Mallorumque. Quos aliàs bellare
inter se solitos, tunc periculi societas junxerat. Novem millia juniorum peditum in
armis erant, præter hos equitum decem
millia, nongentæque quadrigæ. At Macedones, qui omni discrimine jam defunctos
se se esse crediderant, postea quàm inte-
grum bellum cum ferocissimis Indiæ gentibus superesse cognoverunt, improviso metu territi, rursùs seditiosis vocibus Regem
increpare cœperunt. Gangem amnem, &
quæ ultra essent, coactos transmittere,
non tamen finisse, sed mutasse bellum. In-
domitis gentibus se objectos, ut sanguine
suo aperirent ei Oceanum. Trahi extra sidera, & Solem, cogique adire, quæ
mortalium oculis natura subduxerit. Novis
identidem armis novos hostes existere.
Quos ut omnes fundant, fugentque, quod
præmium ipsos manere? caliginem, ac te-
ne-

nebras, & perpetuam noctem profundo in-
cubantem, repletum immanium belluarum
gregibus fretum, immobiles undas, in quibus emoriens natura defecerit. Rex non
sua, sed militum solicitudine anxius, concione advocata, docet, imbelles esse, quos
metuant. Nihil deinde præter has gentes
obstare, quò minùs terrarum spatia emensi, ad finem simul mundi, laborumque per-
veniant. Cessisse illis metuentibus Gangem,
& multitudinem nationum, quæ ultra a-
mnem essent, declinasse iter eò, ubi par
gloria, minus periculum esset. Jam prospi-
cere se Oceanum, jam perflare ad ipsos
auram maris. Ne inviderent sibi laudem,
quam peteret, Herculis, & Liberi Patris
terminos transituro. Ipsos Regi suo parvo
impendio immortalitatem famæ daturos.
Paterentur se ex India redire, non fugere. Omnis multitudo, & maximè militaris,
mobili impetu fertur. Ita seditionis non
remedia, quàm principia majora sunt.
Non aliàs tam alacer clamor ab exercitu
est redditus, jubentium, duceret Diis secundis, & æquaret gloria, quos æmulare-
tur. Lætus his acclamationibus ad hostes
protinùs castra movit.

CAPUT XI.

Hoſtes fugat. Oppidum obſidet. Ultimum vi-
tæ diſcrimen, contempto Vate, adit. So-
lus in oppidum hoſtile deſiliens ægrè tan-
dem per ſuos jam ſaucius eripitur. Ho-
ſtes internecione delentur.

VAlidiſſimæ Indorum gentes erant, &
bellum impigrè parabant. Ducemque
ex natione Oxydracarum ſpectatæ virtutis
elegerant, qui ſub radicibus montis caſtra
poſuit, latèque ignes, ut ſpeciem multitudinis augeret, oſtendit, clamore quoque,
ac ſui moris ululatu identidem acquieſcentes
Macedonas fruſtrà terrere conatus. Jam
lux appetebat, cum Rex fiduciæ, ac ſpei
plenus, alacres milites arma capere, &
exire in aciem jubet. Sed metu, ne, an
ſeditione oborta inter ipſos, ſubitò profu-
gerunt Barbari. Certè avios montes, &
impeditos occupaverunt. Quorum agmen
Rex fruſtra perſequutus, impedimenta cepit. Perventum deinde eſt ad oppidum O-
xydracarum, in quod plerique confugerant,
haud majore fiducia mœnium, quàm armorum. Jam admovebat Rex, cùm Vates
monere eum cœpit, ne committeret, aut
certè differret obſidionem : vitæ ejus periculum oſtendi. Rex Demophoonta (is nanque Vates erat) intuens, *Si quis*, inquit,
te arti tuæ intentum, & exta ſpectantem ſic
interpellet, non dubitem, quin incommodus,
ac moleſtus videri tibi poſſit. Et, cum ille
ita prorſùs futurum reſpondiſſet, *Cenſeſne,*
                                    in-

inquit , *tantas res* , *non pecudum fibras* ,
ante oculos habenti , *ullum esse majus im-*
pedimentum , *quàm Vatem superstitione ca-*
ptum ? Nec diutiùs , quàm respondit , moratus , admoveri jubet scalas : cunctantibusque
cæteris , evadit in murum . Angusta muri
corona erat . Non pinnæ , sicut alibi , fastigium ejus distinxerant , sed perpetua lorica
obducta transitum sepserat . Itaque Rex hærebat magis , qnàm stabat in margine , clypeo undique incidentia tela propulsans .
Nam ubique eminùs ex turribus petebatur.
Nec subire milites poterant , quia supernè
vi telorum obruebantur . Tandem magnitudinem periculi pudor vicit . Quippe cernebant cunctatione sua dedi hostibus Regem.
Sed festinando morabantur auxilia . Nam ,
dum pro se quisque certat evadere , onera-
vere scalas : queis non sufficientibus , de-
voluti , unicam spem Regis fefellerant .
Stabat enim in conspectu tanti exercitus ,
velut in solitudine destitutus . Jamque lævam , qua clypeum ad ictus circumferebat,
lassaverat , clamantibus amicis , ut ad ipsos
desiliret , stabantque excepturi , cùm ille rem
ausus est incredibilem , atque inauditam ,
multoque magis ad famam temeritatis ,
quàm gloriæ , insignem . Nanque in urbem
hostium plenam præcipiti saltu semet ipse
immisit , cùm vix sperare posset , dimicantem certè , & non inultum esse moriturum.
Quippe , antequam assurgeret , opprimi poterat , & capi vivus . Sed fortè ita libra-
verat corpus , ut se pedibus exciperet . Itaque stans init pugnam . Et , ne circuiri posset , fortuna providerat . Vetusta arbor haud
pro-

procul muro ramos multa fronde veſtitos,
velut de induſtria Regem protegentes,
objecerat. Hujus ſpatioſo ſtipiti, ne corpus
circuiri poſſet, applicuit, clypeo tela, quæ
ex adverſo ingerebantur, excipiens. Nam,
cùm unum procul tot manus peterent, nemo tamen audebat propiùs accedere. Miſ-
ſilia ramis plura, quam clypeo incidebant.
Pugnabat pro Rege primùm celebrati nominis fama, deinde deſperatio, magnum
ad honeſtè moriendum incitamentum. Sed,
cùm ſubinde hoſtis afflueret, jam ingentem
vim telorum exceperat clypeo, jam galeam
ſaxa perfregerant, jam continuo labore
gravia genua ſucciderant. Itaque contemptim, & incautè, qui proximi ſteterant,
incurrerunt. E quibus duos gladio ita excepit, ut ante ipſum exanimes procumberent. Nec cuiquam deinde propiùs inceſ-
ſendi eum animus fuit. Procul jacula, ſa-
gittaſque mittebant. Ille ad omnes ictus
expoſitus, ægrè jam exceptum poplitibus
corpus tuebatur, donec Indus duorum
cubitorum ſagittam (nanque Indis ut antè
diximus, hujus magnitudinis ſagittæ erant)
ita excuſſit, ut per thoracem paulùm ſuper latus dexterum infigeretur. Quo vulnere afflictus, magna vi ſanguinis emicante,
remiſit arma moribundo ſimilis, adeoque
reſolutus, ut ne ad vellendum quidem telum ſufficeret dextera. Itaque ad expolian-
dum corpus, qui vulneraverat, alacer gaudio accurrit. Quem ut injicere corpori ſuo
manus ſenſit, credo, ultimi dedecoris indi-
gnitate commotus, linquentem revocavit animum, & nudum hoſtis latus ſubjecto mu-
cro-

crone haufit . Jacebant circá Regem tria
corpora, procul ftupentibus cæteris . Ille ,
ut, antequam ultimus fpiritus deficeret ,
dimicans jam extingueretur , clypeo fe allevare conatus eft : & , poftea quàm ad
connitendum nihil fupererat virium , dextera impendentes ramos complexus , ten-
tabat affurgere . Sed ne fic quidem potens
corporis, rursùs in genua procumbit, manu provocans hoftes , fi quis congredi auderet. Tandem Peuceftes per aliam oppidi
partem, deturbatis propugnatoribus muri ,
veftigia perfequens Regis fupervenit. Quo
confpecto , Alexander jam non vitæ fuæ ,
fed mortis folatium fuperveniffe ratus, clypeo fatigatum corpus excepit . Subit inde
Timæus , & paulò poft Leonatus : huic
Ariftonus fupervenit . Indi quoque , cum
intra mœnia Regem effe comperiffent , omiffis cæteris, illùc concurrerunt, urgebantque
protegentes . Ex quibus Timæus , multis adverfo corpore vulneribus acceptis , egregia-
que edita pugna, cecidit . Peuceftes quoque tribus jaculis confoffus, non fe tamen
fcuto , fed Regem tuebatur . Leonatus ,
dum avidè ruentes Barbaros fubmovet ,
cervice graviter icta , femianimis procubuit
ante Regis pedes . Jam & Peuceftes vulneribus fatigatus fubmiferat clypeum . In
Ariftono fpes ultima hærebat. Hic quoque
graviter faucius tantam vim hoftium ultrà
fuftinere non poterat. Inter hæc ad Macedonas, Regem cecidiffe, fama perlata eft.
Terruiffet alios, quod illos incitavit . Nanque periculi omnis immemores dolabris per-
fregere murum , & , quà moliti erant aditum,

um, irrupêre in urbem; Indofque plures
fugientes, quàm congredi aufos, occiderunt.
Non fenibus, non fœminis, non infanti-
bus parcitur. Quifquis occurreret, ab illo
vulneratum Regem effe credebant. Tandemque internecione hoftium juftæ iræ paren-
tatum eft. Ptolemæum, qui poftea regnavit, huic pugnæ affuiffe, auctor eft Clitarchus, & Timagenes. Sed ipfe, fcilicet gloriæ fuæ non refragatus, abfuiffe fe miffum
in expeditionem, memoriæ tradidit. Tanta
componentium vetufta rerum monumenta
vel fecuritas, vel, par huic vitium, cre-
dulitas fuit.

CAPUT XI.

Vulnus curat non fine cura deploratæ vitæ.
Nec omnìnò curatus pergit rursùs in hof-
tes.

REge in tabernaculum relato, medici
lignum haftæ corpori infixum, ita,
ne fpiculum moveretur, abfcindunt. Corpore deinde nudato, animadvertunt ha-
mos ineffe telo, nec aliter id fine pernicie corporis extrahi poffe, quàm ut fe-
cando vulnus augerent. Cæterum, ne fe-
cantes profluvium fanguinis occuparet, ve-
rebantur. Quippe ingens telum adactum
erat, & penetraffe in vifcera videbatur.
Critobulus inter medicos artis eximiæ, fed
in tanto periculo territus, manus admovere metuebat, ne in ipfius caput parùm
profperæ curationis recideret eventus. La-
crymantem eum, ac metuentem, & folici-
tu-

tudine propemodùm exanguem Rex con:
spexerat. *Quid*, inquit, *quodve tempus ex-*
pectas, *& non quàm primùm hoc dolore me*
faltem moriturum liberas ? An times, *ne*
reus fis, *cum infanabile vulnus acceperim?*
At Critobulus tandem vel finito, vel diffimulato metu hortari. eum cœpit, ut fe
continendum præberet, dum fpiculum e-
velleret, etiam levem corporis motum noxium fore. Rex, cùm affirmaffet nihil o-
pus effe iis, qui femet continerent, ficut
præceptum erat, fine motu præbuit corpus. Igitur, patefacto latiùs vulnere, &
fpiculo evulfo, ingens vis fanguinis manare cœpit, linquíque animo Rex, & caligine oculis offufa, veluti moribundus extendi. Cùmque profluvium medicamenta
fruftrà inhiberent, clamor fimul, atque
ploratus amicorum oritur, Regem expiraf-
fe credentium. Tandem conftitit fanguis;
paulatimque animum recepit, & circun-
ftantes cœpit agnofcere. Toto eo die, ac
nocte, quæ fequuta eft, armatus exercitus
Regiam obfedit, confeffus omnes unius fpiritu vivere. Nec priùs recefferunt, quàm
compertum eft, fomno paulifper acquie-
fcere. Hinc certiorem fpem falutis ejus in
caftra retulerunt. Rex, feptem diebus cu- 6.
rato vulnere, necdum obducta cicatrice,
cùm audiffet convaluiffe apud Barbaros famam mortis fuæ, duobus navigiis junctis,
ftatui in medium undique confpicuum tabernaculum juffit, ex quo fe oftenderet
periiffe credentibus. Cofpectufque ab incolis, fpem hoftium falfo nuntio conceptam inhibuit. Secundo deinde amne de-
flu-

fluxit, aliquantum intervalli à cætera claſ
ſe præcipiens, ne quies corpori invalido
adhuc neceſſaria, pulſu remorum impediretur. Quarto, poſteaquàm navigare cœperat, die, pervenit in regionem, deſertam
quidem ab incolis, ſed frumento, & pecoribus abundantem. Placuit is locus & ad
ſuam, & ad militum requiem.

CAPUT XII.

Monent amici Regem, ne ſe in poſterum tantis committat periculis: nullam ſequi gloriam ex ignobili hoſte petitam. Reſpondei Rex, ubique laudis materiam offerri, ubi liceat fortiter agere: ipſi Regem ſuum à domeſticis inſidiis defendant, de hoſte ne ſint ſoliciti.

MOs erat principibus amicorum, &
cuſtodibus corporis excubare ante
Prętorium, quoties Regi adverſa valetudo
incidiſſet. Hoc tum more quoque ſervato,
univerſi cubiculum ejus intrant. Ille ſolicitus, ne quid novi afferrent, quia ſimul venerant, percontatur, num hoſtium recens
nuntiaretur adventus. At Craterus, cui
mandatum erat, ut amicorum preces perferret ad eum, *Crediſne*, inquit, *adventu
magis hoſtium, ut jam in vallo conſiſterent,
quàm cura ſalutis tuæ, ut nunc eſt, tibi vilis, nos eſſe ſolicitos? Quantalibet vis omnium gentium conſpiret in nos, impleat armis,
viriſque totum orbem, claſſibus maria conſternat, inuſitatas belluas inducat, tu nos
præſtabis invictos. Sed quis Deorum hoc Ma-*

ce-

cedoniæ *columen* , *ac fidus diuturnum fore*
polliceri poteß ? cum tam avidè manifeßis
periculis offeras corpus , oblitus tot civium
animas trahere te in cafum ? Quis enim ti-
bi fuperßes aut optas eße , aut poteß ? Eo
pervenimus , auspicium , atque Imperium fe-
qui tuum , unde , nifi te reduce , nulli ad
Penates fuos iter eß. Qui fi adhuc de Per-
fidis Regno cum Dario dimicares, etfi nemo
vellet , tamen ne admirari quidem poßet ,
tam prompta eße te ad omne difcrimen au-
dacia. Nam ubi paria funt periculum , ac
præmium , & fecundis rebus amplior fruĉus
eß , & adverfis folatium majus . Tuo verè
capite ignobilem vicum emi , quis ferat non
tuorum modò militum, fed ullius etiam gen-
tis barbaræ , qui tuam magnitudinem norit?
Horret animus cogitatione rei , quam paulo
ante vidimus. Eloqui timeo, invĉi corporis
fpoliis inertiffimos manus fuiße injeĉuros ,
nifi te interceptum mifericors in nos fortuna
fervaßet. Totidem proditores , totidem de-
fertores fumus , quot te non potuimus perfe-
qui. Univerfos licèt milites ignominia notes,
nemo recufabit luere id , quod ne admitte-
res , præßare non potuit. Patere nos , quæ-
fo, alio modo eße viles tibi. Quocunque inf-
feris, ibimus. Obfcura bella , & ignobiles
pugnas nobis depofcimus : temetipfum ad ea
ferva, quæ magnitudinem tuam capiunt. Ci-
tò gloria obfolefcit in fordidis hoßibus : nec
quidquam indignius eß , quàm confumi eam,
ubi non poßit oßendi . Eadem ferè Ptole-
mæus, & fimilia iis cæteri. Jamque confufis vocibus flentes eum orabant , ut tandem exfatiatæ laudi modum faceret , ac fa-

S   lu-

luti suæ, ideſt publicæ, parceret. Grata
erat Regi pietas amicorum. Itaque ſingulos familiarius amplexus conſidere jubet,
altiuſque ſermone repetito, *Vobis quidem*,
inquit, ò fidiſſimi, piiſſimique civium, atque
amicorum, grates ago, haboque, non ſolum
eo nomine, quòd hodie ſalutem meam veſtræ
præponitis, ſed quod à primordiis belli, nullum erga me benevolentiæ pignus, atque indicium omiſiſtis, adeò, ut confitendum ſit,
nunquam mihi vitam meam fuiſſe tam cha-
ram, quàm eſſe cœpit, ut vobis diu frui
poſſim. Cæterùm non eadem eſt cogitatio. eorum, qui pro me mori optant, & mea, qui
quidem hanc benevolentiam veſtram virtute
meruiſſe me judico. Vos enim diuturnum fru-
tium ex me, forſitan etiam perpetuum, per-
cipere cupitis; ego me metior non ætatis
ſpatio, ſed gloria. Licuit paternis opibus
contento, intra Macedoniæ terminos per o-
tium corporis expectare obſcuram, & ignobilem ſenectutem. Quanquam ne pigri quidem ſibi fata diſponunt, ſed unicum bonum
diuturnam vitam æſtimantes ſæpe acerba mors
occupat. Verùm ego, qui non annos meos,
ſed victorias numero, ſi munera fortunæ benè computo, diu vixi. Orſus à Macedonia
Imperium, Græciamteneo, Thraciam, & Illyrios ſubegi, Triballis, Mediſque imperi-
to, Aſiam, qua Helleſponto, qua Rubro
mari alluitur, poſſideo. Jamque haud procul abſum à fine mundi. Quem egreſſus, a-
liam naturam, alium orbem aperire mihi ſtatui. Ex Aſia in Europæ terminos momento u-
nius horæ tranſivi. Victor utrinſque regionis
poſt nonam. Regni mei, poſt XXVIII ætatis

an-

annum, videorne vobis in excolenda gloria,
cui me uni devovi, posse cessare? Ego vero
non deero, & ubicunque pugnabo, in theatro
terrarum orbis esse me credam. Dabo nobili-
tatem ignobilibus locis, aperiam cunctis gentibus terras, quas natura longe submoverat.
In his operibus extingui me, si sors ita feret,
pulchrum est. Ea stirpe sum genitus, ut multam prius, quàm longam vitam debeam optare. Obsecro vos, cogitate nos pervenisse in terras, quibus fœmina ob virtutem celeberrimum
nomen est. Quas urbes Semiramis condidit?
quas gentes redegit in potestatem? quanta o-
pera molita est? Nondum fœminam æquavi-
mus gloria, & jam nos laudis satietas capit?
Dii faveant, majora adhuc restant. Sed ita
nostra erunt, quæ nondum attigimus, si nihil
parvum duxerimus, in quo magnæ gloriæ locus est. Vos modo me ab intestina fraude, &
domesticorum insidiis præstate securum, &
Martisque discrimen impavidus subibo. Philippus in acie tutior, quàm in theatro fuit.
Hostium manus sæpe vitavit; suorum effugere non valuit. Aliorum quoque Regum exitus
si reputaveritis, plures à suis, quàm ab hoste
interemptos numerabitis. Cæterùm, quoniam
olim rei agitata in animo meo, nunc promen-
dæ occasio oblata est, mihi maximus laborum,
atque operum meorum erit fructus, si Olympias mater immortalitati consecretur, quandocunque excesserit vita. Hoc si licuerit, ipse
præstabo: si me præceperit fatum, vobis mandasse mementote. Ac tum quidem amicos dimisit. Cæterùm per complures dies ibi stativa habuit.

CAPUT XIII.

Colonia Græcorum Bactriana deficit, & re-
lictis Barbaris Græciam repetit.

7. HÆc dum in India geruntur, Græci
milites, nuper in colonias à Rege
deducti Garabactra, orta inter ipsos seditione, defecerant, non tam Alexandro in-
fensi, quàm metu supplicii. Quippe occisis quibusdam popularium, qui validiores
erant, arma spectare cœperunt, & Bactriana arce, quæ casu negligentiùs asservata
erat, occupata, Barbaros quoque in societatem defectionis impulerant. Athenodorus
erat princeps eorum, qui Regis quoque
nomen assumpserat, non tam Imperii cupidine, quàm in patriam revertendi cum
iis, qui auctoritatem ipsius sequebantur.
Huic Bicon quidam nationis ejusdem, sed
ob æmulationem infestus, comparavit insidias, invitatumque ad epulas, per Boxum
quendam Macerianum in convivio occidit.
Postero die concione advocata, Bicon ultrò insidiatum sibi Athenodorum plerisque
persuaserat. Sed aliis suspecta fraus erat
Biconis, & paulatim in plures cœpit manare suspicio. Itaque Græci milites arma capiunt, occisuri Biconem, si daretur occasio. Cæterùm principes eorum iram multitudinis mitigàverunt. Præter spem suam
Bicon præsenti periculo ereptus, paulò post
insidiatus auctoribus salutis suæ est. Cujus
dolo cognito, & ipsum comprehenderunt,
& Boxum. Cæterùm Boxum protinùs placuit

cuit interfici , Biconem etiam per crucia-
tum necari. Jamque corpori tormenta admovebantur, cùm Græci milites, incertum,
ob quam causam, lymphatis similes ad arma discurrunt. Quorum fremitu exaudito,
qui torquere Biconem jussi erant, omisere,
veriti, ne id facere tumultuantium vocife-
ratione prohiberentur. Ille , sicut nudatus
erat, pervenit ad Græcos , & miserabilis
facies supplicio destinati in diversum animos repentè mutavit. Dimittique eum jus-
ferunt. Hoc modo pœna bis liberatus ,
cum cæteris, qui colonias à Rege attribu-
tas reliquerunt, revertit in patriam. Hæc
circa Bactra , & Scytharum terminos ge-
sta .

CAPUT XIV.

Oxydracæ, & Malli gentes se dedunt Regi.
Legati adhibentur convivio. Dioxippus pro-
vocatus duello adversarium vincit : sura
per invidiam falsò simulatus in se manus
vertit.

INterim Regem duarum gentium (de quibus antè dictum est) 100 Legati adeunt.
Omnes curru vehebantur , eximia magnitudine corporum , decore habitu : lineæ
vestes intextæ auro, purpuraque distinctæ.
Ei se dedere ipsos , urbes , agrosque referebant , per tot ætates inviolatam libertatem, illius primùm fidei , ditionique per-
missuros. Deos sibi deditionis auctores ,
non metum: quippe intactis viribus jugum
excipere. Rex , concilio habito , deditos

in fidem accipit, stipendio, quod Aracho-
fis utraque natio penfitabat, impofito. Prę-
terea duo millia, & D equites imperati.
Et omnia obedienter à Barbaris facta. Ir-
ritatis deinde ad epulas Legatis gentium,
Regulifque, exornari convivium juffit.
Centum aurei lecti modicis intervallis po-
fiti erant. Lectis circundederat aulæa, purpura, auroque fulgentia, quidquid aut a-
pud Perfas vetere luxu, aut apud Macedonas nova immutatione corruptum erat,
confufis utriufque gentis vitiis in illo convivio oftendens. Intererat epulis Dioxippus
Athenienfis pugil nobilis, & ob eximiam
virtutem virium jam Regi pernotus, & gratus. Invidi, malignique increpabant per
feria, & ludum, faginati corporis fequi in-
utilem belluam, cum ipfi prelium inirent,
oleo madentem præparare ventrem epulis.
Eadem igitur in convivio Horratas Macedo
jam temulentus exprobrare ei cœpit, &
poftulare, ut, fi vir effet, poftero die fecum ferro decerneret, Regem tandem vel
de fua temeritate, vel de illius ignavia ju-
dicaturum. Et à Dioxippo contemptim militarem eludente ferociam, accepta condi-
tio eft. Ac poftero die Rex, cùm etiam
acriùs certamen expofcerent, quia deterrere non poterat, deftinata exequi paffus
eft. Ingens huc militum, inter quos erant
Græci, qui Dioxippo ftudebant, convenerat multitudo, Macedo jufta arma fum-
pferat, æreum clypeum, haftam, quam fariffam vocant, læva tenens, dextra lanceam, gladioque tinctus, velut cum pluribus fimul dimicaturus : Dioxippus oleo ni-

reas,

tens, & coronatus, læva puniceum amiculum, dextra validum, nodofumque ftipitem præferebat. Ea ipfa res omnium animos expectatione fufpenderat : quippe armato congredi nudum, dementia, non temeritas videbatur. Igitur Macedo haud dubius eminùs interfici poffe, lanceam emifit, quam Dioxïppus cùm exigua corporis
declinatione vitaffet, antequàm ille haftam
transferret in dextram, affiluit, & ftipite
mediam fregit. Amiffo utroque telo, Macedo gladium cœperat ftringere: quem oc-
cupatum complexui, pedibus repentè fub-
ductis, Dioxippus arietavit in terram, e-
reptoque gladio, pedem fuper cervicem
jacentis impofuit, ftipitem intentans, eli-
furufque eo victum, ni prohibitus effet à
Rege. Triftis fpectaculi eventus non Macedonibus modò, fed etiam Alexandro fuit,
maximè, quia Barbari affuerant : quippe
celebratam Macedonum fortitudinem ad
ludibrium recidiffe verebatur. Hinc ad cri-
minationem invidorum adapertæ funt aures Regis. Et poft paucos dies inter epulas aureum poculum ex compofito fubduci-
tur: miniftríque, quafi amififfent, quod a-
moverant, Regem adeunt. Sæpè minùs
eft conftantiæ in robore, quàm in culpa.
Conjectum oculorum, quibus ut fur deftinabatur, Dioxippus ferre non potuit. Et,
cùm exceffiffet convivio, literis confcriptis,
quæ Regi redderentur, ferro fe interemit.
Graviter mortem ejus tulit Rex, exifti-
mans indignationis effe, non pœnitentiæ
teftem, utique, pofteaquàm falsò infimulatum
eum, nimium invidorum gaudium oftendit.

S 4 CA-

CAPUT XV.

Gentium duarum Legati dimissi, & reversi ferunt munera. Rex varias gentes, & oppida expugnat.

8. INdorum Legati dimissi domos paucis post diebus cum donis revertuntur. ccc erant equi, Mxxx. currus, quos quadrijugi equi ducebant, lineæ vestis aliquantum, mille scuta Indica, & ferri candidi talenta centum, leonesque raræ magnitudinis, & tigres, utrunque animal ad mansuetudinem domitum, lacertarum quoque ingentium pelles, & dorsa testudinum. Cratero deinde imperat Rex, haud procul amne, per quem erat ipse navigaturus, copias duceret: eos autem, qui comitari eum solebant, imponit in naves. Et in fines Mallorum secundo amne devehitur. Inde Sabracas adiit, validam Indiæ gentem, quæ populi, non Regum imperio regebatur. LX. peditum habebant, equitum VI. millia: has copias currus D. sequebantur. Tres Duces spectatos virtute bellica elegerant. At, qui in agris erant proximi flumini (frequentes autem vicos maximè in ripa habebant) ut videre totum amnem, quà prospici poterat, navigiis constratum, & tot militum arma fulgentia, territi nova facie, Deorum exercitum, & alium Liberum Patrem, celebre in illis gentibus nomen, adventare credebant. Hinc militum clamor, hinc remorum pulsus, variæque nautarum voces hortantium, pavidas au-

tea

res impleverant. Ergo universi ad eos, qui
in armis erant, currunt, furere clamitan-
tes, & cum Diis prælium inituros . Navigia non posse numerari, quæ invictos veherent . Tantumque in exercitum suorum
intulere terroris, ut Legatos mitterent,
gentem dedituros. His in fidem acceptis,
ad alias deinde gentes quarto die pervenit. Nihilo plus animi his fuit, quàm cæteris fuerat . Itaque oppido ibi condito,
quod Alexandriam appellari jusserat, fines
eorum, qui Musicani appellantur, intravit.
Hìc de Teriolte Satrape, quem Paropa-
misadis præfecerat, iisdem arguentibus,
cognovit, multaque avarè, ac superbè fecisse convictum, interfici jussit . Oxatres
Prætor Bactrianorum non absolutus modò,
sed etiam jure amplioris Imperii donatus
est. Finibus Musicanis deinde in deditionem redactis, urbi eorum præsidium imposuit. Inde Præstos, & ipsam Indiæ gentem, perventum est. Oxycanus Rex erat,
qui se munitæ urbi cum magna manu popularium incluserat. Hanc Alexander, tertio die, quam cœperat obsidere, expugnavit. Et Oxycanus, cùm in arcem confu-
gisset, Legatos de conditicne deditionis misit ad Regem. Sed, antequàm adirent eum,
duæ turres cum ingenti fragore procide-
rant, per quarum ruinas Macedones evasere in arcem: qua capta, Oxycanus cum
paucis repugnans occiditur . Diruta igitur
arce, & omnibus captivis venundatis, Sabi Regis fines ingressus est . Multisque oppidis in fidem acceptis, validissimam gentis urbem cuniculo cepit . Barbaris simul

monſtri viſum eſt, rudibus militarium opė-
rum . Quippe in media fermė urbe ė terrà exiſtebant, nullo ſuffoſſi ſpecus ante ve-
ſtigio facto. Octoginta millia Indorum in
ea regione cæſa , Clitarchus eſt auctor ,
multoſque captivos ſub corona veniſſe .
Rursùs Muſicani defecerunt , ad quos op-
primendos miſſus eſt Pithon . Qui captum
Principem gentis , eumdenque defectionis
auctorem, adduxit ad Regem . Quo Alexander in crucem ſublato, rursùs amnem,
in quo claſſem expectare ſe juſſerat, repetit. Quarto deinde die ſecundo amne pervenit ad oppidum , quà iter in Regnum
erat Sabi. Nuper ſe ille deſiderat; ſed oppidani detrectabant imperium , & clauſe-
rant portas . Quorum paucitate contempta, Rex D Agrianos mœnia ſubire juſſerat, & ſenſim recedentes elicere extra muros hoſtem, ſequuturum profecto, ſi fugere eos crederet. Agriani (ſicut imperatum
erat) lacceſſito hoſte , ſubitò terga verterunt : quos Barbari effuſe ſequentes , in
alios, inter quos ipſe Rex erat, incidunt.
Renovato ergo prælio, ex tribus miſſibus
Barbarorum ſexcenti cæſi ſunt, mille capti,
cæteri mœnibus urbis incluſi. Sed non, ut
prima ſpecie læta victoria, ita eventu quoque fuit . Quippe Barbari veneno tinxe-
rant gladios . Itaque ſaucii ſubinde expira-
bant. Nec cauſa tam ſtrenuæ mortis excogitari poterat à medicis , cùm etiam leves
plagæ inſanabiles eſſent . Barbari autem
ſperaverant, incautum, & temerarium Regem excipi poſſe. Et forte inter promptiſ-
ſimos dimicans, intactus evaſerat . Præci-
puė

pue Ptolemæus lævo humero leviter quidem faucius, fed majore periculo, quàm
vulnere affectus, Regis folicitudinem in fe
converterat. Sanguine conjunctus erat, &
quidam Philippo genitum effe credebant.
Certè pellice ejus ortum conftabat. Idem
corporis cuftos, promptiffimufque bel'ator,
& pacis artibus, quàm militiæ major, &
clarior, modico, civilique cultu, liberalis
in primis, adituque facilis, nihil ex faftu
Regio affumpferat. Ob hæc Regi, an popularibus charior effet, dubitari potèrat,
tum certè primùm expertus fuorum animos,
adeò ut fortunam, in quam poftea afcendit, in illo periculo Macedones ominati effe videantur. Quippe non levior illis Ptolemæi fuit cura, quàm Regis. Qui & prælio, & folicitudine fatigatus cum Ptolemæo
affideret, lectum, in quo ipfe acquiefceret,
juffit inferri. In quem ut fe recepit, protinùs altior infequutus eft fomnus. Ex quo
excitatus, per quietem vidiffe fe exponit
fpeciem draconis oblatam herbam ferentis
ore, quam veneni remedium effe monftraf-
fet. Colorem quoque herbæ referebat, a-
gniturum, fi quis reperiffet, affirmans. In-
ventamque deinde, quippe à multis erat
requifita, vulneri impofuit. Protinùfque dolore finito, intra breve fpatium cicatrix
quoque obducta eft. Barbaros ut prima
fpes fefellerat, feipfos, urbemque dedide-
runt. Hinc in proximam gentem Pathaliam
perventum eft. Rex erat Moeris, qui urbe
deferta, in montes profugerat. Itaque A-
lexander oppido potitur, agrofque popula-
tur. Magnæ inde prædæ actæ funt pec-

S 6   rum,

rum, armentorumque, magna vis reperta frumenti.

CAPUT XVI.

Per amnem ad Oceanum pervenit. Ex æstu maris classis ultimum discrimen adit. Jubet explorari Oceani naturam. Oppida condis.

DUcibus deinde sumptis amnis peritis, defluxit ad insulam medio fermè alveo enatam. Ibi diutiùs subsistere coactus, quia duces socordiùs asservati profugerant, misit, qui conquirerent alios: nec repertis, pervicax cupido visendi Oceanum, adeundique terminos mundi adegit sine regionis peritis flumini ignoto caput suum, totque fortissimorum virorum salutem permittere. Navigabant ergo omnium, per quæ ferebantur, ignari. Quantum inde abesset mare, quæ gentes colerent, quàm placidum amnis os, quàm patiens longarum navium esset, anceps, & cæca æstimatio augurabatur. Unum erat temeritatis solatium, perpetua felicitas. Jam cccc. stadia processerant, cùm gubernatores agnoscere ipsos auram maris, & haud procul videri sibi Oceanum abesse, indicant Regi. Lætus ille hortari nauticos cœpit, *incumberent remis. Adesse finem laboris omnium votis expetitum. Jam nihil gloriæ deesse, nihil obstare virtuti. Sine ullo Martis discrimine, sine sanguine orbem terræ ab illis capi. Nec naturam quidem longiùs posse procedere. Brevi incognita, nisi immortalibus, esse visuros.* Pau-

eos tamen navigio emifit in ripam , qui a-
greftes vagos exciperent, è quibus certiora
nofci pofle fperabat . Illi fcrutati omnia
tuguria , tandem latentes reperere . Qui
interrogati , quàm procul abeffet mare ,
refponderunt, nullum ipfos mare ne fama
quidem accepifle , cæterùm tertio die per-
veniri pofle ad aquam amaram , quæ corrumperet dulcem. Intelleftum eft mare de-
ftinari ab ignaris naturæ ejus . Itaque ingenti alacritate nautici remigant , & proximo quoque die, quò propiùs fpes adme-
vebatur, crefcebat ardor animorum. Tertio jam die miftum flumini fubibat mare ,
leni adhuc æftu confundente difpares undas. Tum aliam infulam medio amni fi-
tam evefti paulò leniùs , quia curfus æftu
reverberabatur , applicant claflem , & ad
commeatus petendos difcurrunt, fecuri cafus ejus, qui fupervenit ignaris. Tertia fermè hora erat , cùm ftata vice Oceanus e-
xæftuans invehi cœpit, & retrò flumen urgere. Quod primò coercitum , deinde vehementiùs pulfum , majore impetu adverfum agebatur, quàm torrentia præcipiti alveo incurrunt . Ignota vulgo freti natura
erat, monftraque , & iræ Deum indicia
cernere videbantur , identidem intumefce-
re mare, & in campos paulò antè ficcos
defcendere fuperfufum. Jamque levatis navigiis , & tota claffe difperfa, qui expofiti
erant, undique ad naves trepidi, & improvifo malo attoniti recurrunt. Sed in tumultu feftinatio quoque tarda eft. Hi con-
tis navigia appellebant, hi , dum confide-
rent, remos aptari prohibebant, Quidam
ena-

enavigare properantes, sed non expecta-
ris, qui simul esse debebant, clauda, & in-
habilia navigia languidè moliebantur, a-
liæ navium inconsultè ruentes non recepe-
rant. Pariterque & multitudo, & paucitas
festinantes morabatur. Clamor hinc expectare, hinc ire jubentium. Dissonæque voces nusquam idem, ac unum tendentium,
non oculorum modò usum, sed etiam aurium abstulerant. Ne in gubernatoribus
quidem quidquam opis erat, quorum nec
exaudiri vox à tumultuantibus poterat, nec
imperium à territis, incompositisque servari. Ergo collidi inter se naves, abster-
gerique invicem remi, & alii aliorum navigia urgere cœperunt. Crederes non u-
nius exercitus classem vehi, sed duorum
navale inisse certamen. Incutiebantur pup-
pibus proræ, premebantur à sequentibus,
qui antecedentes turbaverant. Jurgantium
ira perveniebat etiam ad manus. Jamque
æstus totos circa flumen campos inundave-
rat, tumulis duntaxat eminentibus, velut
insulis parvis, in quos plerique trepidi o-
missis navigiis, enare cœperunt. Dispersa
classis partim in præalta aqua stabat, quà
subsederant valles, partim in vado hærebat, utcunque inæquale terræ fastigium
occupaverant undæ, cùm subitò novus, &
pristino major terror incutitur. Reciproca-
re cœpit mare, magno tractu aquis in
suum fretum recurrentibus; reddebatque
terras paulò ante profundo salo mersas.
Igitur destituta navigia, alia præcipitantur
in proras, alia in latera procumbunt. Stra-
ti erant campi sarcinis, armis, avulsarum

na-

tabularum, remorumque fragmentis. Miles nec egredi in terram, nec in nave subsistere audebat, identidem præsentibus graviora, quæ sequerentur, expectans. Vix,
quæ perpetiebantur, videre ipsos posse credebant : in sicco naufragia, in amni mare. Nec finis malorum. Quippe æstum
paulo post mare relaturum, quo navigia
allevarentur, ignari, famem, & ultima fi-
bimet ominabantur. Belluæ quoque fluctibus destitutæ, terribiles vagabantur. Jamque nox appetebat, & Regem quoque desperatio salutis ægritudine affecerat. Non
tamen invictum animum curæ obruunt,
quin tota nocte præsideret in speculis, e-
quitesque præmitteret ad os amnis, ut,
cùm mare rursùs exæstuare sensissent, procederent. Navigia quoque lacerata refici,
& eversa fluctibus erigi jubet, paratosque
esse, & intentos, cùm rursùs mare terras
inundasset. Tota ea nocte inter vigilias,
adhortationesque consumpta, celeriter e-
quites ingenti cursu refugere. Et sequutus
est æstus. Qui primò, aquis leni tractu
subeuntibus, cœpit levare navigia, mox
totis campis inundans, etiam impulit classem. Plaususque militum, nauticorumque
insperatam salutem immodico celebrantium
gaudio, littoribus, ripisque resonabat. Unde tantum rediisset subitò mare, quò pridie
refugisset, quænam esset ejusdem elementi
natura, modò discors, modò imperio temporum obnoxia, mirabundi requirebant.
Rex, cùm ex eo, quod acciderat, conje-
ctaret, post Solis ortum statum tempus esse, media nocte, ut æstum occuparet,
       cum

cum paucis navigiis secundo amne defluxit. Evectufque os ejus, cccc. stadia processit in mare. Tandem voti sui compos, praesidibus & maris, & locorum Diis sacri-
10. ficio facto, ad classem rediit. Hinc adversum flumen subiit classis. Et altero die appulsa est haud procul lacu salso : cujus ignota natura p'erosque decepit temere ingressos aquam. Quippe scabies corpora invasit, & contagium morbi etiam in alios vulgatum est. Oleum remedio fuit. Leonato deinde praemisso, ut puteos foderet, quà terrestri itinere ducturus exercitum videbatur (quippe sicca erat regio) ipse cum copiis subsistit, vernum tempus expectans. Interim urbes plerasque condidit. Nearcho, atque Onesicrito, nauticae rei peritis, imperavit, ut validissimas navium deducerent in Oceanum, progressique, quoad tutò possent, naturam maris noscerent: vel eodem amne, vel Euphrate subire eos posse, cum reverti ad se vellent.

CAPUT XVII.

Varias gentes recipit in fidem. Oppidum constituit. Maritimos Indos adit. Esuris : simul exercitus pestilitate laborat.

JAmque mitigata hyeme, & navibus, quae inutiles videbantur, crematis, terrà ducebat exercitum. Nonis castris in regionem Abaritarum, inde totidem diebus in Gedrosiorum regionem perventum est. Liber hic populus, concilio habito, dedidit se. Nec quidquam deditis praeter
com-

commeatus imperatum eſt . Quinto hinc die
venit ad flumen, Arabon incolæ appellant.
Regio deſerta, & aquarum inops excipit ,
quam emenſus in Horitas tranſit . Ibi majorem exercitus partem Hephæſtioni tradidit : levem armaturam cum Ptolemæo, Leo-
natoque partitus eſt . Tria ſimul agmina
populabantur Indos : magnæque prædæ a-
ctæ ſunt . Maritimos Ptolemæus , cæteros
ipſe Rex, & ab alia parte Leonatus urebant. In hac quoque regione urbem condidit, deductique ſunt in eam Arachoſii .
Hinc pervenit ad maritimos Indos . Deſertam, vaſtamque regionem latè tenent ,
ac ne cum finitimis quidem ullo commer-
cii jure miſcentur . Ipſa ſolitudo natura
quoque immitia efferavit ingenia . Prominent ungues nunquam reciſi , comæ hirſu-
tæ, & intonſæ ſunt. Tuguria conchis , &
cæteris purgamentis maris ſtruunt . Ferarum pellibus tecti, piſcibus Sole duratis ,
& majorum quoque belluarum , quas fluctus ejicit, carne veſcuntur. Conſumptis i-
gitur alimentis, Macedones primò inopiam,
deinde ad ultimum famem ſentire cœperunt, radices palmarum (nanque ſola ea
arbor gignitur) ubique rimantes . Sed ,
cùm hæc quoque alimenta defecerant, jumenta cædere aggreſſi , ne equis quidem
abſtinebant. Et, cum deeſſent, quæ ſarcinas veherent, ſpolia de hoſtibus, propter
quæ ultima Orientis peragraverant , cre-
mabant incendio. Famem deinde peſtilentia ſequuta eſt . Quippe inſalubrium cibo-
rum novi ſucci, ad hoc itineris labor, &
ægritudo animi , vulgaverant morbos . Et

nec

nec manere fine clade , nec progredi poterant . Manentes fames, progreſſos acrior
peſtilentia urgebat. Ergo ſtrati erant campi penè pluribus ſemivivis, quàm cadaveri-
bus. At ne leviùs quidem ægri ſequi poterant : quippe agmen raptum agebatur ,
tantum ſingulis ad ſpem ſalutis ipſos profi-
cere credentibus, quantum itineris feſtinan-
do præciperent. Igitur qui defecerant ,
notos, ignotoſqué , ut allevarentur , orabant. Sed nec jumenta erant , quibus excipi poſſent, & miles vix arma portabat ,
imminentiſque etiam ipſis facies mali ante
oculos erat. Ergo ſæpiùs revocati, ne re-
ſpicere quidem ſuos ſuſtinebant, miſericor-
dia in formidinem verſa . Illi relicti Deos
teſtes, ſacra communia , Regiſque implo-
rabant opem. Cumque fruſtrà ſurdas aures
fatigarent , in rabiem deſperatione verſi ,
parem ſuo exitum , ſimileſque ipſis amicos, & contubernales precabantur . Rex
dolore ſimul, & pudore anxius, quia cauſa tantæ cladis ipſe eſſet, ad Phratapher-
nem Parthiænorum Satrapen miſit, qui juberet camelis cocta cibaria afferre . Alios
quoque finitimarum regionum Præfectos,
certiores neceſſitatis ſuæ fecit . Nec ceſſa-
tum eſt ab his . Itaque fame duntaxat vin-
dicatus exercitus, tandem in Gedroſiæ fines perducitur. Omnium rerum ſolo ferti-
li regio eſt, in qua ſtativa habuit, ut ve-
xatos milites quiete firmaret.

C A.

CAPUT XVIII.

Defectores victi, & puniti. Rex damna re-
farcit exercitus. Bacchi triumphum æmu-
latur.

HIc Leonati literas accipit, conflixisse
ipsum cum octo millibus peditum, &
cccc. equitibus Oritarum, prospero eventu. A Cratero quoque nuntius venit, O-
zinem, & Zariaspen nobiles Persas defectionem molientes oppressos à se, in vinculis esse. Præposito igitur regioni Sibur-
tio (nanque Memnon Præfectus ejus nuper interierat morbo) in Carmaniam ipse
processit. Aspastes erat Satrapes gentis,
suspectus res novare voluisse, dum in India Rex esset. Quem occurrentem, dissi-
mulata ira, comiter allocutus, dum ex-
ploraret, quæ delata erant, in eodem honore habuit. Cum Indiæ Præfecti (sicut
imperatum erat) equorum, jumentorum-
que jugalium vim ingentem ex omni, quæ
sub Imperio erat, regione misissent, quibus deerant impedimenta, restituit. Arma
quoque ad pristinum refecta sunt cultum.
Quippe haud procul à Perside aberant,
non pacata modò, sed etiam opulenta.
Igitur (ut suprà dictum est) æmulatus Patris Liberi non gloriam solum, quam ex
illis gentibus deportaverat, sed etiam famam, sive illud triumphus fuit ab eo primùm institutus, sive bacchantium lusus,
statuit imitari, animo super humanum fastigium elato. Vicos, per quos iter erat,
flori-

floribus, coronifque fterni jubet, liminibus
ædium crateras vino repletos, & alia eximiæ magnitudinis vafa difponi, vehicula
deinde conftrata, ut plures capere milites poffent, in tabernaculorum modum or-
nari, alia candidis velis, alia vefte pre-
tiofa. Primi ibant amici, & cohors Regia,
variis redimita floribus, coronifque. Alibi tubicinum cantus, alibi lyræ fonus audiebatur. Ibat in vehiculis pro copia cujufque adornatis, comeffabundus exercitus, armis, quæ maximè decora erant,
circumpendentibus. Ipfum, convivafque
currus vehebat, cratenis aureis, ejufdem-
que materiæ ingentibus poculis prægravis.
Hoc modo per dies feptem bacchabundum
agmen inceffit, parata præda, fi quid victis faltem adverfus comeffantes animi fuiffet. Mille herculè, viri modò, & fobrii,
feptem dierum crapula graves in fuo triumpho capere potuerunt. Sed fortuna,
quæ rebus famam, pretiumque conftituit,
hic quoque militiæ probrum vertit in gloriam. Et præfens ætas, & pofteritas deinde mirata eft, per gentes nondum fatis
domitas inceffiffe temulentos, Barbaris,
quod temeritas erat, fiduciam effe credentibus. Hunc apparatum carnifex fequebatur. Quippe Satrapes Afpaftes (de quo
ante dictum eft) interfici juffus eft. Adeò
nec luxuriæ quidquam crudelitas, nec crudelitati luxuria obftat.

L l.

LIBER DECIMUS.

SYNOPSIS.

Prætores Cleander, & Sitalces
accusantur, & vinciuntur suo
loco interficiendi. Earum satellites
scelerum sexcentos mox duci jubet.
Nearchus, & Onesicritus ab Oceano
redeunt, & maris ingenium descri-
bunt. Alexander de Africa, & Europa aggredienda deliberat. Orsines
Pasargadarum Satrapes dona fert
Alexandro, circumvenitur Bagoæ
scorti insidiis, occiditur. Phradates
reus majestatis è medio tollitur. A-
lexander in crudelitatem degenerat.
Zopyrio Thraciæ Prætor cum omnibus copiis perit. Rex Athenas cogitat, qua exules rejecerant: Harpa-
li nece audita mutat consilium. Ve-
teranos dimittit in patriam, quindecim millia servat. Æs alienum sui
militis dissolvit. Seditionem exercitus paucorum supplicio sedat. Craterum Macedoniæ Prætorem loco Antipatri ad se evocati designat. Hephæstion alter Alexander, morbo extinguitur, cui Alexander ambitiosis-
sime,

fíme , ut Patroclo Achilles , paren-
tat . Rex Babylone veneno abſumi-
tur. Inter Duces varia ſeditiones na-
ta : Aridæus Rex jubetur : Meleager
occiditur : Provincia dividuntur . A-
lexandri corpus in Ægyptum defer-
tur , tota illius ſtirps deletur .

CAPUT I.

Cleandri , Sitalcis , & aliorum accuſationes,
crimina , vincula , mortes .

IIſdem ferè diebus Cleander , & Sitalces ,
& cum Agathone Eracon ſuperveniunt ,
qui Parmenionem juſſu Regis occiderant ,
quinque millia peditum cum equitibus mille . Sed & accuſatores eos è provincia ,
cui præfuerant , ſequebantur . Nec tot fa-
cinora , quot admiſerant , compenſare poterant cædis perquàm gratæ Regi miniſte-
rio . Quippe cum omnia profana ſpoliaſ-
ſent , ne ſacris quidem abſtinuerant : vir-
gineſque , & principes fœminarum ſtupra
perpeſſæ , corporum ludibria deflebant . In-
viſum Macedonum nomen avaritia eorum ,
ac libido Barbaris fecerat . Inter omnes
tamen eminebat Cleandri furor , qui nobilem virginem conſtupratam ſervo ſuo pel-
licem dederat . Plerique amicorum Alexandri , non tam criminum , quæ palàm obji-
ciebantur , atrocitatem , quàm memoriam
occiſi per eos Parmenionis , quod tacitum
prodeſſe reis apud Regem poterat , intuebantur , læti recidiſſe iram in iræ miniſtros ,

nec

nec ullam potentiam scelere quæsitam cuiquam esse diuturnam. Rex, cognita causa, pronuntiavit, ab accusatoribus unum,
& id maximum crimen esse præteritum,
desperationem salutis suæ. Nunquam e-
nim talia ausuros, qui ipsum ex India so-
spitem aut optassent reverti, aut credidissent reversurum. Igitur hos quidem vin-
xit : DC autem militum, qui sævitiæ eorum ministri fuerant, interfici jussit. Eodem die sumptum est supplicium de his
quoque, quos auctores defectionis Persarum Craterus adduxerat.

CAPUT II.

Explorati Oceani natura explicatur. Insulæ
. descriptio. Regis infinitæ molitiones.

HAud multò post Nearchus, & Onesicritus, quos longiùs in Oceanum procedere jusserat, supervenerunt. Nuntiabant
autem quædam audita, alia comperta.
Insulam ostio amnis subjectam auro abundare, inopem equorum esse. Singulos e-
quos ab iis, qui ex continenti trajicere auderent, singulis talentis emi. Plenum esse
belluarum mare, æstu secundo eas ferri,
magnarum navium corpora æquantes, truci cantu deterritas sequi classem, cum magno æquoris strepitu, velut demersa navigia, subisse aquas. Cætera incolis crediderant : inter quæ Rubrum mare non à
colore undarum, ut plerique crederent;
sed ab Erythro Rege appellari. Esse haud
procul à continenti insulam palmetis fre-
quen-

quentibus confitam , & in medio ferè nemore columnam eminere , Erythri Regis
monumentum , literis gentis ejus fcriptam .
Adjiciebant , navigia , quæ lixas , merca-
torefque vexiffent , famam auri fequutis
gubernatoribus, in infulam effe tranfmiffa ,
nec deinde ab iis pofteà vifa . Rex cogno-
fcendi plura cupidine accenfus, rursùs eos
terram legere jubet, donec ad Euphratem
appellerent claffem , inde adverfo amne
Babylonem fubituros . Ipfe animo infinita
complexus , ftatuerat, omni ad Orientem
maritima regione perdomita, ex Syria petere Africam , Carthagini infenfus , inde
Numidiæ folitudinibus peragratis , curfum
Gades dirigere (ibi nanque columnas Herculis effe, fama vulgaverat) Hifpaniam deinde, quam Iberiam Græci à flumine Ibe-
ro vocabant, adire, & prætervehi Alpes ,
Italiæque oram , unde in Epirum brevis
curfus eft . Igitur Mefopotamiæ Prætoribus
imperavit, materia in Libano monte cæfa ,
devectaque ad urbem Syriæ Tapfacum , ingentium carinas navium ponere , feptire-
mes omnes effe , deducique Babylonem .
Cypriorum Regibus imperatum, ut æs , ftu-
pamque, & vela præberent. Hæc agenti,
Pori, & Taxilis Regum literæ traduntur ,
Abifarem morbo , Philippum Præfectum
ipfius ex vulnere interiiffe, oppreffofque ,
qui vulneraffent eum. Igitur Philippo fubftituit Eudæmonem . Dux erat Thracum ,
Abifaris Regnum filio ejus attribuit.

C A-

C A P U T III.

Orfinis Perſæ laudes, liberalitas, crimina-
tio, indigniſſima cædes.

VEntum eſt deinde Paſargadas. Perſica
eſt gens, cujus Satrapes Orſines e-
rat, nobilitate, ac divitiis inter omnes Barbaros eminens. Genus ducebat à Cyro
quondam Rege Perſarum. Opes & à majoribus traditas habebat, & ipſe longa Imperii poſſeſſione cumulaverat. Is Regi cum
omnis generis donis, non ipſi modò ea,
ſed etiam amicis ejus daturus occurrit. E-
quorum domiti greges ſequebantur, cur-
ruſque argento, & auro adornati, pretio-
ſa ſupellex, nobiles gemmæ, aurea magni
ponderis vaſa, veſteſque purpureæ, & ſi-
gnati argenti talentum quatuor miſſia. Cæterùm tanta benignitas Barbaro cauſa mortis fuit. Nam, cùm omnes amicos Regis
donis ſuper ipſorum vota coluiſſet, Bagoæ
ſpadoni, qui Alexandrum obſequio corporis devinxerat ſibi, nullum honorem habuit.
Admonituſque à quibuſdam, quàm Alexandro cordi eſſet, reſpondit, amicos Regis,
non ſcorta, ſe colere, nec moris eſſe Perſis, mares ducere, qui ſtupro effœmina-
rentur. His auditis, ſpado potentiam fla-
gitio, & dedecore quæſitam, in caput nobiliſſimi, & inſontis exercuit. Nanque gentis ejuſdem leviſſimos falſis criminibus aſtru-
xit, monitos tum demùm ea deferre, cùm
ipſe juſſiſſet. Interim, quoties ſine arbitris erat, credulas Regis aures implebat,

dissimulans causam iræ, quò gravior crimi-
nantis auctoritas esset . Nondum suspectus
erat Orsines , jam tamen vilior . Reus e-
nim in secreto agebatur , latentis periculi
ignarus. Importunissimum scortum , ne in
stupro quidem , & dedecoris patientia ,
fraudis oblitum, quoties amorem Regis in
se accenderat , Orsinem modò avaritiæ ,
interdum etiam defectionis arguebat. Jam
matura erant in perniciem innocentis men-
dacia, & fatum, cujus inevitabilis sors est,
appetebat . Forte enim sepulchrum Cyri
Alexander jussit aperiri , in quo erat conditum ejus corpus , cui dare volebat inferias. Auro, argentoque repletum esse crediderat . Quippe ita fama Persæ vulgaverant. Sed præter clypeum ejus putrem , &
arcus duos Scythicos , & acinacem , nihil
reperit. Cæterùm corona aurea imposita ,
amiculo, cui assueverat ipse , solium , in
quo corpus jacebat, velavit, miratus tanti nominis Regem , tantis præditum opibus, haud pretiosiùs sepultum esse , quàm
si fuisset è plebe. Proximus erat lateri spado, qui Regem intuens, Quid mirum, inquit , est , inania sepulchra esse Regum ,
cùm Satraparum domus aurum inde ege-
stum capere non possint? Quod ad me attinet, ipse hoc bustum anteà non videram,
sed ex Dario ita accepi, tria millia talentum condita esse cum Cyro. Hinc illa benignitas in te , ut , quod impunè habere
non poterat Orsines, donando etiam gratiam iniret . Concitaverat jam animum in
iram, cùm hi, quibus negotium idem dederat , superveniunt . Hinc Bagoas , hinc
                                        ab

ab ea sibornati, falsis criminibus occupant aures. Antequàm accusari se suspicaretur Orsines, in vincula traditus est. Non contentus supplicio insontis spado, ipse morituro manum injecit. Quem Orsines intuens, *Audieram*, inquit, *in Asia olim regnasse foeminas, hoc verò novum est, regnare castratum*. Hic fuit exitus nobilissimi Persarum, nec insontis modò, sed eximiae quoque benignitatis in Regem.

CAPUT IV.

Curtius Regis credulitatem, & crudelitatem carpit. Europae, Asiae, & Graciae statum exponit.

EOdem tempore Phradates Regnum affectasse suspectus occiditur. Cœperat esse præceps ad repræsentanda supplicia, idem ad deteriora credenda. Scilicet res secundæ valent commutare naturam: & rarò quisquam erga bona sua satis cautus est. Idem enim paulò antè Lyncesten Alexandrum, delatum à duobus indicibus, damnare non sustinuerat, humiliores quoque reos, contra suam voluntatem, quia cæteris videbantur insontes, passus absolvi. Hostibus victis regna reduxerat. Ad ultimum à semetipso degeneravit usque adeò, ut adversùs libidinem animi, arbitrio scorti aliis Regna daret, aliis adimeret vitam. Iisdem ferè diebus literas à Cœno accipit de rebus in Europa gestis, dum ipse Indiam subigit. Zopyrio Thraciæ præpositus, dum expeditionem in Getas faceret,

T 2   ret,

ret, tempeſtatibus, procelliſque ſubitò coor-
tis, cum toto exercitu oppreſſus erat. Qua
cognita clade, Seuthes Odryſas populares
ſuos ad defectionem compulerat. Amiſſa
propemodùm Thracia, ne Græcia quidem
2. erat in fide. ** Igitur triginta navium
Sunium tranſmittunt, Promontorium eſt At-
ticæ terræ, unde portum urbis petere decreverant. His cognitis, Rex Harpalo, A-
thenienſibuſque juxtà infeſtus, claſſem parari jubet, Athenas protinùs petiturus.
Quod conſilium dum agitat, clam literæ ei
redduntur, Harpalum intraſſe quidem A-
thenas, pecunia conciliaſſe ſibi principum
animos, mox concilio plebis habito, juſ-
ſum urbe excedere, ad Græcos milites perveniſſe, à quibus interceptum, & trucida-
tum à quodam viatore per inſidias. His
lætus in Europam trajiciendi conſilium o-
miſit. Sed exules, præter eos, qui civili
ſanguine aſperſi erant, recipi ab omnibus
Græcorum civitatibus, queis pulſi erant,
juſſit. Et Græci haud auſi imperium aſper-
nati, quanquam ſolvendarum legum id
principium eſſe cenſebant, bona quoque,
quæ extarent, reſtituere damnatis. Soli A-
thenienſes non ſuæ modò, ſed etiam publicæ vindices libertatis, colluvionem hominum, quia ægrè ſerviebant, non Regio
Imperio, ſed legibus, moribuſque patriis
regi aſſueti, prohibuere finibus, omnia potius toleraturi, quàm purgamenta quondam urbis ſuæ, tunc etiam exilii, admitterent.

A-

CAPUT V. ᐧ

Rex partem copiarum dimittere parat . Dif-
solvit æs alienum sui exercitus, decem mil-
lia talentum, hoc est sexagies centena mil-
lia aureorum, sen philippicorum.

Alexander, senioribus militum in patriam remissis, tredecim millia peditum, & duo millia equitum , quæ in Asiâ,
retineret, eligi juffit , existimans , modico
exercitu contineri posse Asiam , quia pluribus locis præsidia disposuisset , nuperque
conditas urbes, quas colonis replesset, res
renovare cupientibus obstare . Cæterùm ,
priusquam excerneret , quos erat retenturus, edixit , ut omnes milites æs alienum
profiterentur .. Grave plerisque esse compererat. Et, quanquam ipsorum luxu con-
tractum erat, dissolvere tamen ipse decreverat. Illi tentari ipsos rati , quò facilius
ab integris sumptuosos discerneret, prola-
tando aliquantum extraxerant temporis .
Et Rex satis gnarus , professioni æris pudorem, non contumaciam obstare, mensas
totis castris poni jussit, & decem millia talentorum proferri. Tum demùm fide factâ
professi funt. Nec amplius ex tanta pecunia, quàm C, & XXX talenta superfuere.
Adeò ille exercitus , tot ditissimarum gentium victor , plus tamen victoriæ , quàm
prædæ deportavit ex Asia .

CAPUT VI.

Seditionem militarem primùm frustrà conatur oratione sedare, quam mox paucorum nece reprimit. Macedones supplices rejicit, peregrinos, spretis Macedonibus, alloquitur, admittit. Seditiosos mergit aqua, ac tandem popularibus ignoscit.

CÆterùm, ut cognitum est, alios remitti domum, alios retineri, perpetuam eum regni sedem in Asia habiturum rati, vecordes, & disciplinæ militaris immemores, seditiosis vocibus castra complent, Regemque ferociùs, quàm aliàs adorti, omnes simul missionem postulare cœperunt, deformia ora cicatricibus, canitiemque capitum ostentantes. Nec aut Præfectorum castigatione, aut verecundia Regis deterriti, tumultuoso clamore, & militari violentia volentem loqui inhibebant, palam professi, nusquàm inde, nisi in patriam vestigium esse moturos. Tandem silentio facto, magis, quia motum esse credebant, quàm quia ipsi moveri poterant, quidnam acturus esset, expectabant. Ille, *Quid hæc,* inquit, *repens consternatio, & tam procax, atque effusa licentia denuntiat? Eloqui timeo. Palam certè rupistis imperium, & precariò Rex sim, cui non alloquendi, non noscendi, monendique, aut in vendi vos jus reliquistis. Equidem cùm alios dimittere in patriam, alios mecum paulò post deportare statuerim, tam illos reclamantes video, qui abituri sunt, quàm hos,*
cùm

eùm quibus præmissos subsequi statui. Quid
hoc est rei ? Dispari in causa idem omnium
clamor est : Pervelim scire, utrùm, qui di-
scedunt , an qui retinentur, de me queran-
tur. Crederes uno ore omnes sustulisse clamorem : ita pariter ex tota concione responsum est, *Omnes queri.* Tum ille, *Non*
hercule, inquit , *potest fieri , ut adducar ,*
querendi simul omnibus hanc causam esse,
quam ostenditis, in qua major pars exercitus
non est, utpote cùm plures dimiserim, quàm
retenturus sum . Subest nimirùm altius ma-
lum , quod omnes averiis à me . Quando e-
nim Regem universus exercitus deseruit ? Ne
servi quidem uno grege profugiunt dominos,
sed est quidam in illis pudor à cæteris desti-
tutos relinquendi . Verùm ego sam furiosæ
consternationis oblitus , remedia insanabili-
bus conor adhibere . Omnem hercule spem ,
quam ex vobis conceperam, damno : nec ut
cum militibus meis (jam enim esse desiistis)
sed ut cum ingratissimis Civibus porrò age-
re decrevi . Secundis rebus , quæ circum-
fluunt vos, insanire cœpistis, obliti status e-
ius , quem beneficio exuistis meo . Digni her-
culè , qui in eodem consenescatis , quoniam
facilius est vobis adversam, quàm secundam
regere fortunam . En tandem Illyriorum pau-
lo ante, & Persarum tributariis, Asia, &
vos gentium spolia fastidio sunt . Modè sub
Philippo seminudis , amicula ex purpura sor-
dent : aurum, & argentum oculi ferre non
possunt. Lignea enim vasa desiderant, & ex
cratibus scuta, rubiginemque gladiorum. Hoc
cultu nitentes vos accepi , & quingenta ta-
lenta æris alieni, cùm omnis Regia supellex

haud amplius , quàm sexaginta talentorum
esset , meorum mox operum fundamenta . Quibus tamen (absit invidia) imperium maximæ terrarum partis imposui . Asiæne persæ-
sum est , quæ vos gloria rerum gestarum Diis
pares fecit ? In Europam ire properatis , Rege deserto , cùm pluribus vestrum defuturum
viaticum fuerit , ni æs alienum luissem , nempe ex Asiatica præda . Nec pudet profundo
ventre devictarum gentium spolia circumfe-
rentes reverti velle ad liberos , conjugesque ,
quibus pauci præmia victoriæ potestis ostendere . Nam cæterorum , dum etiam spei vestra obviam istis , arma quoque pignori sunt .
bonis verò militibus cariturus sum , pellicum suarum concubinis : quibus hoc solum ex
tantis opibus superest , quod impenditur .
Proinde fugientibus me pateant limites : fa-
cessite hinc ocyùs . Ego cum Persis abeuntium
terga tutabor . Neminem teneo : liberate oculos meos , ingratissimi cives . Læti vos exci-
pient parentes , liberique , sine vestro Rege
redeuntes , obviam ibunt desertoribus , trans-
fugisque . Triumphabo mehercule de fuga vestra , & , ubicunque ero , expetam pœnæs ,
hos , cum quibus me relinquitis , colendo ,
præferendoque vobis . Jam autem scitis , &
quantum sine Rege valeat exercitus , & quid
opis in me uno sit . Desiluit deinde fren-
dens de tribunali , & in medium armatorum agmen se immisit . Notatos quoque ,
qui ferocissimè obloquuti erant , singulos
manu corripuit ; nec ausos repugnare , tredecim asservandos custodibus corporis tra-
3. didit . Quis crederet sævam paulo ante
concionem obtorpuisse subito metu , & ,

cum

cum ad fupplicium videret trahi, nihilo
aufos graviora, quàm cæteros, * tam ef-
fufam antea licentiam, atque feditiofam
militum violentiam ita comprefsam, ut non
modo nullus ex omnibus irruenti Regi re-
ftiterit, verùm etiam cuncti pavore exanimati, attonitis fimiles, quid de ipfis quoque Rex ftatuendum cenferet, fufpenfa
mente expectarent? Itaque * five Regii
nominis, quod gentes, quæ fub Regibus
funt, inter Deos colunt, five propria ipfius
veneratio, five fiducia tanta vi exercentis
imperium, conterruit eos: fingulare certè
ediderunt patientiæ exemplum. Adeoque
non funt accenfi fupplicio commilitonum,
cùm fub noctem interfectos efse nofsent,
ut nihil omiferint, quod finguli magis o-
bedienter, at piè facèrent. Nam, cùm poftero die prohibiti aditu venifsent, Afiati-
cis modò militibus admiffis, lugubrem totis caftris edidere clamorem, denuntian-
tes, protinus efse morituros, fi Rex per-
feveraret irafci. At ille pervicacis ad o-
mnia, quæ agitafset, animi, peregrino-
rum militum concionem advocari jubet,
Macedonibus intra caftra cohibitis. Et
cùm frequentes coifsent, adhibito interprete, talem orationem habuit. *Cùm ex Europa trajicerem in Afiam, multas nobiles
gentes, magnam vim hominum Imperio meo
me additurum effe fperabam. Nec deceptus
fum, quòd de his credidi famæ. Sed ad illa hoc quoque acceffit, quòd video fortes viros erga Reges fuos pietatis invicta. Luxu
omnia fluere credideram, & nimia felicitate mergi in voluptates. At hercule munia
militibus*

T 3

militiæ hoc animorum, corporumque robore
impigrè toleratis. Et, cùm fortes viri sitis,
non fortitudinem magis, quàm sedem colitis.
Hoc ego nunc primùm profiteor, sed olim
scio. Itaque & delectum è vobis iuniorum
habui, & vos meorum militum corpori im-
miscui. Idem habitus, eadem arma sunt vobis: obsequium verò, & patientia imperii
longè præstantior est, quàm cæteris. Ergo
ipse Oxatris Persæ filiam mecum in matrimonio junxi, non dedignatus ex captiva liberos tollere. Mox deinde, cùm stirpem generis mei latiùs propagare cuperem, uxorem
Darii filiam duxi: proximisque amicorum
auctor fui ex captivis generandi liberos, ut
hoc sacro fœdere omne discrimen victi, &
victoris excluderem. Proinde genitos esse vos
mihi, non ascitos milites credite. Asia, &
Europæ unum, atque idem Regnum est. Macedonum vobis arma do. Inveteravi peregri-
nam novitatem: & cives mei estis, & milites. Omnia eundem ducunt colorem. Nec
Persis Macedonum mores adumbrare, nec
Macedonibus Persarum imitari indecorum est.
Ejusdem juris esse debent, qui sub eodem Rege victuri sunt. * Hac oratione habita,
Persis corporis sui custodiam credidit, Persas satellites, Persas apparitores fecit. Per
quos cùm Macedones, qui huic seditioni
occasionem dedissent, vincti ad supplicia
traherentur, unum ex iis, auctoritate, &
ætate gravem, ad Regem ita loquutum ferunt. * Quousque, inquit, animo tuo, etiam per supplicia, & quidem externi moris
obsequeris? Milites tui, cives tui, incognita causa captivis suis ducentibus trahuntur
ad

4.

ad pænam . Si mortem meruisse judicas ,
saltem ministros supplicii muta. Amico animo, si veri patiens fuisset, admonebatur.
Sed in rabiem ira pervenerat . Itaque rursus
(nam parumper, quibus imperatum erat, du-
bitaverant) mergi in amnem, sicut vincti e-
rant, jussit. Nec hoc quidem supplicium seditionem militum movit. Nanque copiarum
Duces, atque amicos ejus manipuli adeunt,
petentes, ut si quos adhuc pristina noxa ju-
dicaret esse contactos, juberet interfici, offerre se corpora iræ, trucidaret. * Postquàm
verò cognitum est , Persis Ducatus datos,
Barbaros in varios ordines distributos, atque
Macedonica iis imposita nomina, se verò igno-
miniosè penitus rejectos esse, non jam amplius conceptum animi dolorem perferre
potuerunt. Sed concursu in Regiam facto,
interiori duntaxat retenta tunica, arma
ante januam, pœnitentiæ signum, proje-
cerunt, ac præ foribus stantes intromitti se, sibique ignosci suppliciter, atque
flentes orabant, utque Rex suppliciis suis
potiùs saturet se, quàm contumeliis, ipsos, nisi venia impetrata, non discessuros.
Quæ cum Alexandro nuntiata essent, apertis Regiæ foribus ad ipsos est egressus .
Postquàm verò ipsorum ejulatum, atque
pœnitentiam, nec non miserandum, atque afflictum habitum vidisset, diu quoque
collacrymatus est. Eaque modestia, ut ipsis
ignosceret, obtinuerunt. Eis deinde nunc
modestè incusatis, nunc comiter appellatis,
complures bello inutiles exauctoravit, ma-
gnificentissimeque donatos dimisit. Scribens
quoque ad Antipatrum Macedoniæ Præfe-

T 6   ctum,

Ctum, eis ad spectanda certamina priores in theatro sedes assignari, coronatosque sedere jussit. Defunctorum quoque liberos pupillos paterna contrahere stipendia voluit, Cratero iis præposito: quem etiam Antipatri loco, Macedonibus, Thessalis, Tracibusque præesse jussit. Antipatrumque eum supplemento tyronum in Crateri locum vocavit. Jampridem quidem Alexandro literæ & ab Olympiade matre, & ab Antipatro redditæ erant, ex quibus mutuam inter ipsos simultatem perceperat. Mater Antipatrum affectati Regni insimulabat: Antipater Olympiadem multa præter ipsius decorum gerere scripserat. Itaque evocari se valde iniquo ferens animo, Alexandrum veneno interficere statuit. Peractis his rebus omnibus, Alexander ad Ecbatana Mediæ profectus, Regni necessaria disposuit: spectacula denuo, & solemnes indixit dies. Illis forte diebus Hepheftion, quem Rex unicè, ac fratris loco diligebat, febricitans moritur. Ex quo Alexander incredibili affectus dolore, multa, quæ Regiam majestatem minime decerent, admisisse dicitur. Miserum quippe medicum, tanquam in curando negligentior fuisset, suspendi jussit. Super amici corpus exanime ejulans procubuit; vixque inde ab amicis abstractus est. Diem, atque noctem luctum continuavit. Aliaque nonnulla feruntur, quæ quidem ego minimè credo. Illud tamen verum est, quòd Alexander Hephæstioni, tanquam Heroi, sacrificari jusserit. In funus, atque monumentum ei faciendum, plus, quàm duodecim millia talentorum impensa sunt. Reververtenti Babylonem Chaldæi Vates occurrerunt, monentes, ne Babylonem ingrederetur. Profectionem enim ejus per id tempus vitæ periculum ei portendere. Quibus spretis, quo destinaverat ire, pergit. Nuntiabatur enim ei, Legatos ex diversis terrarum orbis partibus undique Babylonem confluxisse, ejusque adventum expectare. Adeò totum orbem nominis ejus terror invaserat, ut cunctæ gentes, velut destinato sibi Regi, adularentur. Igitur tanquam conventum universi orbis acturus, Babylonem pervenire festinabat. Quò cùm venisset, Legatos omnes benignè susceptos domum remisit. Iisdem ferè diebus convivium apud Thessalum medicum institutum est: ad quod Rex quoque cum sodalibus vocatus venit. Ibi nondum Herculis scypho epoto, repentè velut telo confixus, ingemuit. Elatus è convivio semianimis, tanto dolore cruciatus est, ut ferrum in remedia posceret. Amici causam morbi intemperiem ebrietatis divulgarunt. Revera autem insidiæ fuerunt, quarum infamiam successorum potentia oppressit. Antipater enim præparatum venenum Cassandro filio, qui cum fratribus Philippo, & Jolla Regi ministrare solebat, dederat, præmonito eo, ne aliis, quàm Thessalo, & fratribus crederet. Philippus itaque, & Jollas, potum Regis prægustare soliti, in aqua frigida venenum habentes, eam prægustatæ potioni Regis supermiserunt. Quarto deinde die, cum milites partim mortuum suspicarentur, idque celari crederent, partim ejus desiderium ferre non possent, mæsti sese in Regiam contulerunt,

ut

ut sibi Regis videndi copia fieret, orantes. Atque à custodibus ex mandato Regis intromissi sunt. *

CAPUT VII.

Rex Babylonem reversus, propinato sibi per Cassandrum, & Jollam veneno, moriturus salutat exercitum. Perdiccæ tradit anulum. Respondet amicis, supremaque mandata edit, & extinguitur.

5. INtuentibus lacrymæ obortæ præbuere speciem jam non Regem, sed funus ejus visentis exercitus. Mœror tamen circunstantium lectum eminebat. Quos ut Rex aspexit, *Invenietis,* inquit, *cùm excessero, dignum talibus viris Regem?* Incredibile dictu, audituque, in eodem habitu corporis, in quem se composuerat, cùm admissurus milites esset, durasse, donec à toto exercitu illo ad ultimum persalutatus est. Dimissoque vulgo, velut omni vitæ debito liberatus, fatigata membra rejecit. Propiusque adire jussis amicis (nam & vox deficere jam cœperat) detractum anulum digito Perdiccæ tradidit, adjectis mandatis, ut corpus suum ad Hammonem ferri juberet. Quærentibusque his, cui relinqueret Regnum, respondit, *Ei, qui esset optimus:* cæterum prævidere jam se ob id certamen magnos funebres ludos parari sibi. Rursus, Perdicca interrogante, *Quando cœlestes honores haberi sibi velles,* dixit, *Tùm velle, cùm ipsi felices essent.* Suprema hæc vox fuit Regis ; & paulò post extinguitur.

C A-

CAPUT VIII.

Luctus omnium immensus per totam Asiam
Purpuratorum, Praetoriae cohortis, Exerci-
tus, Perfarum. Sysigambis ex luctu mors.

AC primò ploratu, lamentifque, &
planctibus tota Regia perfonabat .
Mox , velut in vafta folitudine , omnia
trifti filentio muta torpebant, ad cogitationes , quid deinde futurum effet , dolore
converfo . Nobiles pueri cuftodiæ corporis
ejus affueti , nec doloris magnitudinem ca-
pére , nec feipfos intra veftibulum Regiæ
retinere potuerunt: vagique, & furentibus
fimiles , totam urbem luctu , ac mœrore
compleverant, nullis queftibus omiffis , quos
in tali cafu dolor fuggerit . Ergo qui extra Regiam adftiterant, Macedones pariter,
Barbarique concurrunt . Nec poterant victi à victoribus in communi dolore difcer-
ni . Perfæ juftiffimum , ac mitiffimum Dominum , Macedones optimum , ac fortiffi-
mum Regem invocantes , certamen quoddam mœroris edebant . Nec mœftorum
folùm, fed etiam indignantium voces exaudiebantur, tam viridem , & in flore ætatis,
fortunæque , invidia Deum ereptum effe
rebus humanis . Vigor ejus , & vultus
educentis in prælium milites , obfidentis
urbes , evadentis in muros , fortes viros
pro concione donantis , occurrebant oculis.
Tum Macedonas divinos honores negaffe
ei pœnitebat, impiofque , & ingratos fuiffe fe confitebantur , quòd aures ejus debi-

ta

ta appellatione fraudaffent . Et , cùm diu
nunc in veneratione, nunc in defiderio Regis hæfiffent, in ipfos verfa miferatio eft .
Macedonia profecti ultra Euphratem , me-
diis hoftibus novum Imperium afpernantibus, deftitutos fe effe cernebant : fine certo Regis hærede, fine hærede Regni, pu-
blicas vires ad se quenque tracturùm .
Bella deinde civilia , quæ fequuta funt ,
mentibus augurabantur . Iterùm non de
Regno Afiæ, fed de Rege, ipfis fanguinem
effe fundendum . Novis vulneribus veteres
rumpendas cicatrices . Senes debiles modò
petita miffione à jufto Rege , nunc morituros pro potentia forfitan fatellitis alicu-
jus ignobilis . Has cogitationes volventibus nox fupervenit , terroremque auxit .
Milites in armis vigilabant : Babylonii, a-
lius è muris, alius è culmine fui quifque tecti
profpectabant, quafi certiora vifuri . Nec
quifquam lumina audebat accendere . Et,
quia oculorum ceffabat ufus , fremitus ,
vocefque auribus captabant . Ac plerumque vano metu territi , per obfcuras fe-
mitas alii occurfantes , invicem fufpecti ,
foliciti ferebantur . Perfæ , comis fuo more detonfis , in lugubri vefte cum conjugibus, ac liberis, non ut victorem , & modo hoftem , fed ut gentis fuæ juftiffimum
Regem , vero defiderio lugebant . Affueti
fub Rege vivere, non alium, qui imperaret ipfis, digniorem fuiffe confitebantur .
Nec muris urbis luctus continebatur , fed
proximam regionem, ab ea deinde magnam
partem Afiæ cis Euphratem , tanti mali fama pervaferat . Ad Darii quoque matrem

cele-

celeriter perlata eſt . Abſciſſâ ergo veſte ,
qua induta erat , lugubrem ſumpſit: laceratiſ-
que crinibus, humi corpus, abiecit . Aſſi-
debat et altera ex neptibus , nuper amiſſum Hephæſtionem, cui nupſerat, lugens,
propriaſque cauſas doloris in communi mœ-
ſtitia retractabat . Sed omnium ſuorum
mala Syſigambis una capiebat . Illa ſuam ,
illa neptium vicem flebat . Recens dolor
etiam præterita revocaverat . Crederes modò amiſſum Darium , & pariter miſeræ duorum filiorum exequias eſſe ducendas . Flebat mortuos ſimul, vivoſque . Quem enim
puellarum acturum eſſe curam ? quem alium
futurum Alexandrum ? Iterum eſſe ſe captas,
iterùm excidiſſe Regno. Qui mortuo Dario ip-
ſas tueretur, reperiſſe : qui poſt Alexandrum
reſpiceret , utique non reperturas . Subibat inter hæc animum , octoginta fratres
ſuos eodem die ab Ocho ſæviſſimo Regum
trucidatos , adjectumque ſtragi tot filiorum
patrem , è ſeptem liberis , quos genuiſſet
ipſa , unum ſupereſſe , ipſum Darium floruiſ-
ſe pauliſper, ut crudelius poſſet extingui .
Ad ultimum dolori ſuccubuit , obvolutoque
capite aſſidentes genibus ſuis neptem , ne-
potemque averſata , cibo pariter abſtinuit,
& luce . Quinto, poſtquam mori ſtatuerat,
die extincta eſt . Magnum profectò Alexandri indulgentiæ in eam , juſtitiæque in o-
mnes captivos, documentum eſt mors hujus,
quæ cùm ſuſtinuiſſet poſt Darium vivere ,
Alexandro eſſe ſuperſtes erubuit .

CAPUT IX.

Laudatio funebris, virtutes, fortunam, fa-
mam, gloriam Regis, vitiis extenuatis,
complexa.

ET herculè justè æstimantibus Regem liquet, bona naturæ ejus fuisse, vitia *vel*
fortunæ, vel ætatis. Vis incredibilis animi, laboris patientia propemodùm nimia,
fortitudo non inter Reges modò excellens,
sed inter illos quoque, quorum hæc sola
virtus fuit, liberalitas sæpè majora tribuen-
tis, quàm à Diis petuntur, clementia in
devictos, tot Regna aut reddita, quibus
ea dempserat bello, aut dono data, mortis, cujusmetus cæteros exanimat, perpetua contemptio, gloriæ, laudisque ut justo major cupido, ita ut juveni, & in tantis admittenda rebus, jam pietas erga parentes, quorum Olympiada immortalitati
consecrare decreverat, Philippum ultus erat,
jam in omnes ferè amicos benignitas, erga milites benevolentia, consilium par magnitudini animi, &, quantam vix poterat
ætas ejus capere, solertia, modus immo-
dicarum cupiditatum, Veneris intra naturale desiderium usus, nec ulla, nisi ex per-
misso, voluptas, ingentes profectò dotes
erant. Illa fortunæ, Diis æquare se, cœlestes honores accersere, & talia suaden-
tibus Oraculis credere, & dedignantibus
venerari ipsum vehementiùs, quàm par esset, irasci, in externum habitum mutare
corporis cultum, imitari devictarum gentium

tium mores , quas ante victoriam spreverat.
Nam iracundiam , & cupidinem vini , sicut
juventa irritaverat , ita senectus mitigare potuisset . Fatendum est tamen , cùm plurimum
virtuti debuerit, plus debuisse fortunæ , quam
solus omnium mortalium in potestate habuit .
Quoties illum à morte revocavit ? quoties
temerè in pericula vectum perpetua felicitate protexit ? Vitæ quoque finem eundem
illi , quem gloriæ statuit . Expectavere eum
sata , dum , Oriente perdomito , aditoque
Oceano , quidquid mortalitas capiebat ,
impleret . Huic Regi , Ducique sucessor quæ-
rebatur . Sed major moles erat , quàm ut
unus subire eam posset . Itaque nomen quoque ejus , & fama rerum , in totum propemodùm orbem Reges , ac Regna diffudit:
clarissimique sunt habiti , qui etiam minimæ
parti tantę fortunæ adhæserunt .

C A P U T X.

Vocato Principum cœtu Perdicca perorat apud
militem , & agit de Rege subrogando ,
quem nominat Roxanis filium nondum
genitum .

CÆterùm Babylone (inde enim divertit
oratio) corporis ejus custodes , in
Regiam principes amicorum , Ducesque copiarum advocavere. Sequuta est militum turba cupientium scire , in quem Alexandri
fortuna esset transitura . Multi duces fre-
quentia militum exclusi , Regiam intrare
non poterant , cum præco , exceptis , qui
nominatim citarentur , adire prohibuit . Ac
pri-

6.

primùm ejulatus ingens, ploratufque renovatus eft. Deinde futuri expectatio, inhibitis lacrymis, filentium fecit. Tunc Perdicca, Regia fella in confpectum vulgi data, in qua diadema, vestifque Alexandri cum
armis erant, anulum fibi pridie traditum à
Rege, in eadem fede pofuit. Quorum
afpectu rurfus obortę omnibus lacrymæ in-
tegravere luctum. Et Perdicca, *Ego quidem*, inquit, *anulum, quo ille Regni, atque Imperii vires obfignare erat folitus, traditum ab ipfo mihi, reddo vobis. Caterum,
quanquam nulla clades huic, qua affecti
fumus, par ab iratis Diis excogitari poteft :
tamen magnitudinem rerum, quas egit, intuentibus, credere licet, tantum virum Deos ac-
commodaffe rebus humanis, quarum forte
completa, citò repeterent eum fuæ ftirpi.
Proinde, quoniam nihil aliud ex eo fupereft,
quàm quod femper ab immortalitate feduci-
tur, corpori, nominique quàm primùm jufta folvamus, haud obliti, in qua urbe, inter quos fimus, quali Rege, ac Præfide fpo-
liati. Tractandum eft, commilitones, cogitan-
dumque, ut victoriam partam inter hos, de
quibus parta eft, obtinere poffimus. Capite opus
eft. Hocne uno, an pluribus, in veftra poteftate eft. Illud fcire debetis, militarem fine
Duce, turbam ; corpus effe fine fpiritu. Sex-
tus menfis eft, ex quo Roxane prægnans eft.
Optamus, ut marem enitatur. Cuius Regnum
Diis approbantibus futurum, quando adole-
verit, interim, à quibus regi velitis, de-
ftinate.* Hæc Perdicca.

C A-

CAPUT XI.

Nearchus Barfinæ filium dicit Regem . Pto-
lemæus Aristocratiam suadet . Aristonus
Perdiccam conatur coronare: quod Perdic-
ca cupit, nec audet. Meleager ad aurum
properans movet seditionem. Gregarius A-
ridæum fratrem Alexandri designat, Py-
thon dissuadet, concio jubet.. Adducitur ,
& Rex salutatur à milite. Refragantur O-
ptimates , & in Perdiccæ sententiam con-
cedunt .

TUm Nearchus, Alexandri sanguinem,
ac stirpem, Regiæ majestati convenire, neminem, ait, posse mirari: cæterùm
exspectari nondum ortum Regem, &, qui
jam sit, præteriri, nec animis Macedonum
convenire, nec tempori rerum: esse è Bar-
sine filium Regis, huic diadema dandum .
Nulli placebat oratio . Itaque suo more
hastis scuta quatientes , obstrepere perseverabant . Jamque prope seditionem pervenerant, Nearcho pervicacius tuente sententiam . Tum Ptolemæus , *Digna prorsus*
est soboles , inquit , *quæ Macedonum impe-*
ret genti, Roxanes, vel Barsines filius , cu-
jus nomen quoque Europam dicere pigebit ,
majore ex parte captivi. Cur Persas viceri-
mus, ut stirpi eorum serviamus ? quod ju-
sti illi Reges Darius , & Xerses tot millium
agminibus , tantisque classibus nequicquam
petiverunt . Mea sententia hæc est , ut sede
Alexandri in Regia posita, qui consiliis ejus
adhibebantur , coeant , quoties in commune
con-

confulto opus fueris, eoque, quod major pars
eorum decreverit, ſtatur, Duces, Præſecti-
que copiarum his pareant. Ptolemæo quidam, pauciores Perdiccæ aſſentiebantur.
Tum Ariſtonus orſus eſt dicere, Alexandrum conſultum, cui relinqueret Regnum,
voluiſſe optimum deligi; judicatum autem
ab ipſo optimum Perdiccam, cui anulum
tradidiſſet. Neque enim unum eum aſſe-
diſſe morienti, ſed circumferentem oculos
ex turba amicorum delegiſſe, cui traderet.
Placere igitur ſummam Imperii ad Perdiccam deferri. Nec dubitavere, quin vera
cenſeret. Itaque univerſi procedere in medium Perdiccam, & Regis anulum tollere
jubebant. Hærebat inter cupiditatem, pu-
doremque, & quò modeſtiùs, quod expectabat, appeteret, pervicaciùs oblaturos
eſſe credebat. Itaque cunctatus, diuque,
quid ageret, incertus, ad ultimum tamen
receſſit, & poſt eos, qui ſederant proximi, conſtitit. At Meleager unus è Ducibus, confirmato animo, quem Perdiccæ
cunctatio erexerat, *Nec Dii ſiverint*, inquit, *ut Alexandri fortuna, tantique Regni
faſtigium in iſtos humeros ruat: homines certè non ferent. Nihil dico de nobilioribus,
quàm hic eſt, ſed de viris tantùm, quibus
invitis nihil perpeti neceſſe eſt. Nec verò
intereſt, Roxanes filium, quandocunque genitus erit, an Perdiccam Regem habeatis,
cùm iſte ſub tutelæ ſpecie Regnum occupatu-
rus ſit. Itaque nemo ei Rex placet, niſi qui
nondum natus eſt. Et in tanta omnium feſti-
natione, non juſta modò, ſed etiam neceſſaria, exactos menſes ſolus expectat, & jam
diui-*

divinas marem esse conceptum , quem vos
dubitatis paratum esse vel subdere ? Si me-
dius fidius Alexander hunc nobis Regem pro
se reliquisset , id solum ex his , quæ impe-
rasset, non faciendum esse censerem . Quin
igitur ad diripiendos thesauros discurritis ?
harum enim opum Regiarum utique populus
est hæres. Hæc eloquutus, per medios armatos erupit . Et qui abeunti viam dede-
rant , ipsum ad prænuntiatam prædam fequebantur . Jamque armatorum circa Me- **7.**
leagrum frequens globus erat , in feditio-
nem, ac difcordiam verfa concione , cùm
quidam plerifque Macedonum ignotus ex
infima plebe, *Quid opus est ,* inquit, *armis,*
civilique bello , habentibus Regem , quem
quaritis ? Aridæus Philippo genitus , Ale-
xandri paulo ante Regis frater , facrorum,
cæremoniarumque confors modò , nunc folus
hæres, præteritur à vobis. Quo merito fuo ?
quidve fecit , cur etiam gentium communi
jure fraudetur ? Si Alexandro fimilem quæ-
ritis, nunquam reperietis : fi proximum , hic
folus est. His auditis , concio primò filen-
ti um velut juffa habuit. Conclamant deinde pariter, Aridæum vocandum effe , mortemque meritos , qui concionem fine eo
habuiffent . Tum Pithon , plenus lacryma-
rum, orditur dicere , nunc vel maximè mi-
ferabilem effe Alexandrum , qui tam bo-
norum civium, militumque fructu , & præfentia fraudatus effet . Nomen enim, me-
moriamque Regis fui tantùm intuentes ,
ad cætera caligare eos . Haud ambiguè in
juvenèm , cui Regnum deftinabatur , im-
penfa probra , quæ * magis ipfi odium .
                                    quàm

quàm Aridæo contemptum attulerunt.
Quippe, dum miserentur, etiam favere
cœperunt. Igitur non alium se, quàm
eum, qui ad hanc spem genitus esset, regnare passuros, pertinaci acclamatione de-
clarant, vocarique Aridæum jubent. Quem
Meleager infestus, invisusque Perdiccæ,
strenue perducit in Regiam, & milites Philippum consalutatum Regem appellant.
Cæterum hæc vulgi erat vox, Principum
alia sententia. E quibus Pithon consilium
Perdiccæ exequi cœpit, tutoresque desti-
nat filio ex Roxane futuro, Perdiccam, &
Leonatum stirpe Regia genitos. Adjecit,
ut in Europa Craterus, & Antipater res
administrarent. Tum jusjurandum à singulis exactum, futuros in potestate Regis geniti Alexandro.

CAPUT XII.

Meleager Aridæum revocat, qui insignia ca-
pit Regia. Perdicca cum equitatu, & Re-
gia cohorte, Regia cedit. Meleager ten-
dit Perdiccæ insidias, in quas mox ipse
incidit. Perdicca occupat Babyloniæ cam-
pos, annonam intercipit. Mittuntur Lega-
ti ad Perdiccam de concordia. Aridæus
deponit insignia Regia, meliori porrigen-
da: jubetur illa recipere. Perdicca simu-
lat amicitiam erga Meleagrum. Curtius
excurrit in statum, & felicitatem sui æ-
vi. Meleager circumvenitur, & occiditur.

MEleager haud injuria metu supplicii
territus, cum suis secesserat. Rursùs
Phi-

Philippum trahens secum, irrupit in Regiam, clamitans suffragari Reipubl. de novo Rege paulò ante concepto, robur ætatis experirentur, modò stirpem Philippi, & filium, ac fratrem Regum duorum sibimet ipsis potissimùm crederent. Nullum profundum mare, nullum vastum fretum, & procellosum tantos ciet fluctus, quantos multitudo motus habet, utique si nova, & brevi duratura libertate luxuriat. Pauci Perdiccæ modò electo, plures Philippo, quàm speraverat, Imperium dabant. Nec velle, nec nolle quidquam diu poterant, pœnitebatque modò consilii, modò pœnitentiæ ipsius. Ad ultimum tamen in stirpem Regiam inclinavere studiis. Cesserat ex concione Aridæus Principum auctoritate conterritus: & abeunte illo conticuerat magis, quàm languerat militaris favor. Itaque revocatus, vestem fratris, eam ipsam, quæ in sella posita fuerat, induitur. Et Meleager, thorace sumpto, capit arma, novi Regis satelles. Sequitur phalanx hastis clypeos quatiens. Expleturam se sanguine illorū, qui affectaverant nihil ad ipsos pertinens Regnum, minabatur, in eadem domo, familiaque Imperii vires remansuras, hæreditarium imperium stirpem Regiam vindicaturam, assuetos esse nomen ipsum colere, venerarique, nec quenquam id capere, nisi genitum, ut regnaret. Igitur Perdicca territus, conclave, in quo Alexandri corpus jacebat, obserari jubet. Sexcenti cum ipso erant spectatæ virtutis. Ptolemæus quoque se adjunxerat ei, puerorumque Regia cohors. Cæterùm haud difficulter à tot millibus armatorum

V dau-

clauſtra perfracta ſunt. Et Rex quoque ir-
ruperat, ſtipatus ſatellitum turba, quorum
princeps erat Meleager. Iratuſque Perdicca,
hos, qui Alexandri corpus tueri vellent,
ſevocat. Sed qui irruperant, eminùs tela
in ipſum jaciebant. Multiſque vulneratis,
tandem ſeniores, demptis galeis, quò faciliùs noſci poſſent, precari, qui cum Perdicca erant, cœpere, ut abſtinerent bello,
Regique, & pluribus cederent. Primus
Perdicca arma depoſuit, cæterique idem
fecere, Meleagro deinde ſuadente, ne à
corpore Alexandri diſcederent, inſidiis locum quæri rati, diverſa Regiæ parte ad Euphratem fugam intendunt. Equitatus, qui
ex nobiliſſimis juvenum conſtabat, Perdiccam, & Leonatum frequens ſequebatur,
placebatque excedere urbe, & tendere in
campis. Sed Perdicca ne pedites quidem
ſequuturos ipſum deſperabat. Itaque, ne
adducendo equites à cætero exercitu vide-
8. retur, in urbe ſubſtitit. At Meleager Regem monere non deſtitit, jus imperii Perdiccæ morte ſanciendum eſſe, ni occupetur
impotens animus, res novaturum, meminiſſe eum, quid de Rege meruiſſet, neminem autem ei ſatis fidum eſſe, quem
metuat. Rex patiebatur magis, quàm
aſſentiebatur. Itaque Meleager ſilentium
pro imperio habuit, miſitque Regis nomine, qui Perdiccam accerſerent. Iiſdem mandatum, ut occiderent, ſi venire dubitaret. Perdicca, nuntiato ſatellitum
adventu, ſexdecim omninò pueris Regiæ
cohortis comitatus, in limine domus ſuæ
conſtitit: caſtigatoſque, & Meleagri manci-
                                        pia

pia identidem appellans, fic animi, vultufque conftantia terruit, ut vix mentis compotes fugerent . Perdicca pueros juffit equos confcendere, & eum paucis amicorum
ad Leonatum pervenit, jam firmiore præfidio vim propulfaturus, fi quis inferret .
Poftero die indigna res Macedonibus videbatur, Perdiccam ad mortis periculum adductum ; & Meleagri temeritatem armis
ultum ire decreverant. Atque illi feditione
profeffa, cum Regem adiffent, interrogare
eum cœpere , an Perdiccam comprehendi
ipfe juffiffet. Ille Meleagri inftinctu fe juffiffe refpondit, cæterùm non debere tumultuari eos, Perdiccam enim vivere . Igitur
concione dimiffa, Meleager, equitum maximè defectione perterritus, inopfque confilii (quippe in ipfum periculum reciderat,
quod inimico paulo ante intenderat) triduum fere confumpfit incerta confilia volvendo . Et priftina quidem Regiæ fpecies
manebat. Nam & Legati gentuum Regem
adibant, & copiarum Duces aderant, &
veftibulum fatellites, armatique compleverant . Sed ingens fua fponte mœftitia, ultimæ defperationis index erat. Sufpectique
invicem, non adire propiùs, non colloqui
audebant, fecretas cogitationes intra fe
quoque volventes. Et ex comparatione Regis novi defiderium excitabatur amiffi. Ubi ille effet, cujus imperium, cujus aufpicium fequuti erant, requirebant . Deftitutos fe inter infeftas, indomitafque gentes . Expetituras tot cladium fuarum pœnas, quandocunque oblata effet occafio .
His cogitationibus animos exedebant, cùm

annuntiatur, equites, qui sub Perdicca essent, occupatis citra Babylonem campis,
frumentum, quod in urbem invehebatur,
retinuisse. Itaque inopia primùm, deinde
fames esse cœpit. Et, qui in urbe erant,
aut reconciliandam gratiam cum Perdicca,
aut armis certandum esse censebant. Fortè acciderat, ut qui in agris erant, popu-
lationem villarum, vicorumque veriti, con-
fugerent in urbem, oppidani, cùm ipsos
alimenta deficerent, urbe excederent, &
utrique generi tutior aliena sedes, quàm
sua videretur. Quorum consternationem
Macedones veriti, in Regiam coeunt,
quæque ipsorum sententia esset, exponunt.
Placebat autem Legatos ad equites mitti,
de finienda discordia, armisque ponendis.
Igitur à Rege legatur Pasas Thessalus, &
Amissas Megalopolitanus, & Perilaus. Qui
cùm mandata Regis edidissent, non aliter
posituros arma equites, quàm si Rex discordiæ auctores dedidisset, tulere responsum. His renuntiatis, sua sponte milites
arma capiunt. Quorum tumultu è Regia
Philippus excitus, *Nihil*, inquit, *seditione*
est opus. Nam inter se certantium præmia,
qui quieverint, occupabunt. Simul memer-
tose rem esse cum civibus, quibus spem gra-
tiæ citò abrumpere, ad bellum civile pro-
perantium est. Altera legatione, an miti-
gari possint, experiamur. Et credo nondum
Regis corpore sepulto ad præstanda ei justa
omnes esse coituros. Quod ad me attinet,
reddere hoc Imperium malo, quàm exerce-
re civium sanguine. Et, si nulla alia con-
cordiæ spes est, oro, quæsoque, eligite po-
tio-

morem : Obortis deinde lacrymis, diadema
detrahit capiti, dextram, qua id tenebat,
protendens, ut, si quis se digniorem profiteretur, acciperet. Ingentem spem indolis ante eum diem fratris claritate suppres-
sam, ea moderata excitavit oratio. Itaque
cuncti instare coeperunt, ut, quæ agitasset,
exequi vellet. Eosdem rursùs legat, petituros, ut Meleagrum tertium Ducem acciperent. Haud ægrè id impetratum est.
Nam & abducere Meleagrum Perdicca à
Rege cupiebat, & unum duobus imparem
futurum esse censebat. Igitur Meleagro cum
phalange obviam egresso, Perdicca equitum turmas antecedens occurrit. Utrunque agmen, mutua salutatione facta, coit,
in perpetuum (ut arbitrabantur) concordia, & pace firmata. Sed jam fatis admovebantur Macedonum genti bella civilia. Nam & insociabile est Regnum, & à
pluribus expetebatur. Primùm ergo colle-
gère vires, deinde disperserunt, &, cùm
pluribus corpus, quàm capiebat, oneras-
sent, cætera membra deficere coeperunt.
Quodque Imperium sub uno stare potuisset, dum à pluribus sustinetur, ruit. Proinde jure, meritoque Populus Romanus salutem se Principi suo debere profitetur,
cui noctis, quam penè supremam habuimus, novum sidus illuxit. Hujus herculè,
non Solis ortus, lucem caliganti reddidit
mundo, cùm sine suo capite discordia membra
trepidarent. Quot ille tum extinxit faces? quot condidit gladios? quantam tem-
pestatem subita serenitate discussit? Non
ergo revirescit solùm, sed etiam floret Im-

perium. Abſit modò invidia, excipiet hujus ſæculi tempora ejuſdem domus, utinam perpetua, certè diuturna poſteritas. Cæterùm, ut ad ordinem, à quo me contemplatio publicæ felicitatis averterat, redeam, Perdicca unicam ſpem ſalutis ſuæ in Meleagri morte deponebat, vanum eundem, & infidum, celeriterque res novaturum, & ſibi maximè infeſtum, occupandum eſſe. Sed alta diſſimulatione conſilium premebat, ut opprimeret incautum. Ergo clam quoſdam ex copiis, quibus præerat, ſubornavit, ut quaſi ignoraret ipſe, conquererentur palam, Meleagrum æquatum eſſe Perdiccæ. Quorum ſermone Meleager ad ſe relato, furens ira, Perdiccæ, quæ comperiſſet, exponit. Ille, velut nova re exterritus, admirari, queri, dolentiſque ſpeciem oſtentare ei cœpit. Ad ultimum convenit, ut comprehenderentur tam ſeditioſæ vocis auctores. Agit Meleager gratias, amplexuſque Perdiccam, fidem ejus in ſe, ac benevolentiam collaudat. Tum communi conſilio rationem opprimendi noxios ineunt. Placet exercitum patrio more luſtrari: & probabilis cauſa videbatur præterita diſcordia. Macedonum Reges ita luſtrare ſoliti erant milites, ut diſciſſæ canis viſcera ultimo in campo, in quem deduceretur exercitus, ab utraque abjicerentur parte, intra id ſpatium armati omnes ſtarent, hinc equites, illinc phalanx. Itaque eo die, quem huic ſacro deſtinaverant, Rex cum equitibus, elephantiſque conſtiterat contra pedites, queis Meleager præerat. Jam eque-
ſtre

Ære agmen movebatur, & pedites subita
formidine, ob recentem discordiam haud
sanè pacati quidquam expectantes, parumper addubitavere, an in urbem subduce-
rent copias. Quippe pro equitibus planities erat. Cæterùm veriti, ne temerè commilitonum fidem damnarent, substitere,
præparatis ad dimicandum animis, si quis
vim inferret. Jam agmina coibant, par-
vumque intervallum erat, quod aciem
utranque divideret. Itaque Rex cum una
ala obequitare peditibus cœpit, discordiæ
auctores, quos tueri ipse debebat, instin-
ctu Perdiccæ ad supplicia deposcens, mi-
nabaturque, omnes turmas cum elephantis
inducturum se in recusantes. Stupebant
improviso malo pedites: nec plus in ipso
Meleagro erat aut consilii, aut animi. Tutissimum ex præsentibus videbatur expectare potius, quam movere fortunam. Tum
Perdicca, ut torpentes, & obnoxios vidit,
trecentos ferè, qui Meleagrum erumpen-
tem ex concione, quæ prima habita est
post mortem Alexandri, sequuti erant, à
cæteris discretos, elephantis in conspectu
totius exercitus objicit. Omnesque belluarum pedibus obtriti sunt, nec prohibente
Philippo, nec auctore. Apparebatque,
id modo pro suo vindicaturum, quod ap-
probasset eventus. Hoc bellorum civilium
Macedonibus & omen, & principium fuit.
Meleager, serò intellecta fraude Perdiccæ,
tum quidem, quia ipsius corpori vis non
afferebatur, in agmine quietus stetit: at
mox, damnata spe salutis, cùm ejus nomine, quem ipse fecerat Regem, in perni-

ciem fuam abutentes videret inimicos, confugit in templum. Ac ne loci quidem religione defenfus, occiditur.

CAPUT XIII.

Perdicca, fumma rerum Aridæo fratri Alexandri commiffa, dividit Principibus copiarum provincias.

10. PErdicca, perducto in urbem exercitu, concilium Principum virorum habuit. In quo Imperium ita dividi placuit, ut Rex quidem fummam ejus obtineret, Satrapes Ptolemæus Ægypti, & Africæ gentium, quæ in ditione erant. Laomedonti Syriæ cum Phœnice data eft: Philotæ Cilicia deftinata: Lyciam cum Pamphilia, & majore Phrygia obtinere juffus Antigonus: in Cariam Caffander, Menander in Lydiam miffi: Phrygiam minorem Hellefponto adjunctam Leonati provinciam effe jufferunt: Cappadocia Eumeni cum Paphlagonia ceffit. Præceptum eft, ut regionem eam ufque ad Trapezunta defenderet, bellum cum Arbate gereret. Solus hic detrectabat Imperium. Pithon Mediam, Lyfimachus Thraciam, appofitafque Thraciæ Ponticas gentes obtinere juffi. Qui Indiæ, Bactris, & Sogdianis, cæterifque aut Oceani, aut Rubri maris accolis præerant, quibus quifque finibus habuiffet, Imperii etiam jus obtineret. Decretum eft, ut Perdicca cum Rege effet, copiifque præeffet, quæ Regem fequebantur. Credidere quidam, teftamento Alexandri diftributas effe provincias:

cias : Sed famam ejus rei (quanquam ab
auctoribus tradita est) vanam fuisse comperimus . Et quidem suas quisque opes ,
divisis Imperii partibus , tuebantur , quas
ipsi fundaverant , si unquam adversùs immodicas cupiditates terminus staret . Quippe paulò antè Regis ministri , specie Imperii alieni procurandi , singuli ingentia
invaserant Regna , sublatis certaminum cau-
sis , cùm & omnes ejusdem gentis essent ,
& à cæteris sui quisque Imperii regione
discreti. Sed difficile erat eo contentos esse , quod obtulerat occasio : quippe sordent
prima , cùm majora sperantur . Itaque omnibus expeditius videbatur augere Regna ,
quam fuisset accipere .

CAPUT XIV.

*Proceres septimo post die , quàm Alexander
obierat , versi ad curandum corpus Alexandri , reperiunt incorruptum , & tantùm non spirans , ut pollinctores vereren-
tur manus admovere. Post purgatum , &
inunctum , aromatisque repletum , Regio
insigni exornant , & in aureo solio , seu
feretro collocant . Narratur quoque genus
mortis ; quam vim habeat Stygia aqua :
demùm ut tota stirps Alexandri sublata ,
corpusque in Aegyptum translatum sit.*

SEptimus diés erat , ex quo corpus Regis jacebat in solio , curis omnium ad
formandum publicum statum à tam sole-
mni munere aversis . Et non aliis , quàm
Mesopotamiæ regioni fervidior æstus exi-
V 5 stit,

fit, adeò, ut pleraque animalia, quæ in
nudo folo deprehendit, extinguat. Tantus
eft vapor Solis, & Cœli, quo cuncta, velut igne, torrentur. Fontes aquarum & rari funt, & incolentium fraude celantur.
Ipfis ufus patet, ignotus eft advenis. Ut
tandem curare corpus exanimum amicis
vacavit, nulla tabe, ne minimo quidem li-
vore corruptum videre, qui intraverant.
Vigor quoque, qui conftat ex fpiritu, non
deftituerat vultum. Itaque Ægyptii, Chaldæi-
que juffi corpus fuo more curare, primò non
funt aufi admovere, velut fpiranti, manus:
deinde precati, ut jus, fafque effet mortalibus attrectare eum, purgavere corpus.
Repletumque eft odoribus. Aureum fo-
lium, & capiti adjecta fortunæ ejus infi-
gnia. Veneno necatum effe credidere :
plerique, filium Antipatri inter miniftros,
Jollam nomine, patris juffu dediffe. Sæpè
certè audita erat vox Alexandri, Antipatrum Regium affectare faftigium, majoremque effe Præfecti opibus, ac titulo Spar-
tanæ victoriæ inflatum, omnia à fe data
afferentem fibi. Credebant etiam, Craterum cum veterum militum manu ad inter-
ficiendum eum miffum. Vim autem veneni, quod in Macedonia gignitur, talem
effe conftat, ut ferrum quoque exurat,
ungulæ jumenti duntaxat patiens. Stygem
appellant fontem, ex quo peftiferum virus
emanat. Hoc per Caffandrum allatum,
traditumque fratri Jollæ, & ab eo fupre-
mæ Regis potioni inditum. Hæc, utcunque funt tradita, eorum, quos rumor a-
fperferat, mox potentia extinxit. Regnum
enim

enim Macedoniæ Antipater, & Græciam quoque invasit. Soboles deinde excepit, interfectis omnibus, quicumque Alexandrum etiam longinqua cognatione contingerent. Cæterùm corpus ejus à Ptolemæo, cui Ægyptus cesserat, Memphin, & inde paucis post annis Alexandriam translatum est. Omnisque memoriæ, ac nomini honos habetur.

F I N I S.

ADMONITIO AD LECTOREM.

Quædam in hoc Decimo Libro stellulis notata sunt, ut constet, ea non Q. Curtii esse, sed addita ab iis, qui de industria locum correxerunt.

V 6   STN.

SYNOPSIS

Rerum ab Alexandro gestarum per Olympiades,
& annos digesta, juxta Chronolo-
giam Saliani.

Alexander nascitur ex Philippo, & Olympiade, die sexto Mensis Hecatombeo-
nis, qui Junio nostro extremo respondet.
Coss. M. Popilio Lenate II. contra Tybur-
tes, & M. Fab. Ambusto contra Faliscos.

Ab Anaximene, postea ab Aristotele erudi-
tur. Coss. Cornelio in Campanos, & M.
Valerio in Samnites.

Pugnat ad Cheroneam adversùs Athenienses.
Sub ejusdem anni Juliani finem Cleopatram
uxorem ducit. Coss. Mænio, & Camillo.

Philippus Regnum Alexandro relinquit. Ro-
mæ jam Dictatore C. Claudio Regillensi
contra Sedicinos.

Alexander Illirium, Triballos, Thraces armis domat, Thebas evertit. M. Valerio
Corvino IV. Cos. contra Sedicinos.

In Asiam contendit, ad Granicum 6000. Persarum profligat.

Occupata minori Asia, Darium vincit. Da-
mascus cum thesauris Alexandro traditur.

Tyrum expugnat, post bimestre Gazam, Ju-
dæam adit, Jaddum Pontificem veneratur,
Hierosolymis Deo litat.

Ægyptum invadit, Templum Hammonis petit, Alexandriæ fundamenta jacit. Quincti-
lio Dictatore.

Ad Arbellam 40. millia hostium sternit, Babylonem occupat, Persepolim flammis abo-
let. Darius à proditoribus capitur, vincitur,

		Anno ætat. Alex.	Anno Peri. Jul.	Anno Olympiad.	Anno Urbis condit.	Anno ante Chr.	Anno Mundi.
		I	4359	106 / I	397	355	3698
		14	4372	109	410	342	3711
		18	4377	110 / 3	415	337	3716
Anno Reg.		19	4377	110 / 3	415	337	3716
	I	20	4379	111 / I	417	335	3718
	2	21	4380	111 / 2	418	334	3719
	3	22	4381	111 / 3	419	333	3720
	4	23	4382	111 / 4	420	332	3721
	5	24	4383	112 / I	421	331	3722
Anno Imp. Alex.	6	25	4384	112 / 2	422	330	3723
I	7	26	4385	112 / 3	423	329	3724

tur, occiditur, ab Alexandro reperitur, regiè sepelitur.

Mardos, Myrcanos adit, Philotam cum Parmenione, Eurylocum, & Attalum conjuratos interficit. Coff. Mamerto contra Gallos, & Plautio contra Privernates.

In Sogdianos, Scythas, Bactrianos copias ducit. Clytum hastâ trajicit, Hermolaum ephebum, & Callisthenem Philosophum diu excruciatum interficit.

Aornim expugnat, ad Indos proficiscitur : Taxiles Rex in Alexandri fidem concedit. Harphalus Athenas profugit, inde in Cretam, ubi à Tribone occiditur. Coff. Publ. contra Palep. Corn. contra Samnites.

Porum Regem victum, & captum, Regno ampliori donatum, suo restituit. Bucephalon urbem condit, Oxyd. & Mal. expugnat. Coff. qui sup.

Alexander Coffæis victis, omni Indiâ armis peragratâ, ad Oceanum usque ultra Gangê progreffus, aris expeditionis monumento, terminoque positis, Susa, Ecbatana reversus, Statyram Darii filiam uxorem ducit. Coff. Brut. contra Vest. & Camil. contra Samnium.

Babylonem redit, ubi omnium propè gentium Legatos præstolantes offendit : ipse vel crapulâ, & vino, vel morbo, vel stigiæ aquæ veneno extinguitur, vix dimidium vitæ suæ curriculum emensus, anno videlicet ætatis 32. expleto, & 33. inchoato. Natus quippe est Olympiade 106. ineunte, & mortuus sub initio 114. Dictatore L. Papyrio Cursore, & Magist. Equitum Fabio, contra Samnites.

- CON-

2	8	27	4386	112	424	328	3725
3	9	28	4387	113 1	425	327	3726
4	10	29	4388	113 2	426	326	3727
5	11	30	4389	113 3	427	325	3728
6	12	31	4390	113 4	428	324	3729
7	13	32	4391	114 1	429	323	3730

CONCIONUM , atque ORATIONUM
omnium, quæ in Libris Hiſtoriarum
Q. Curtii Ruſi occurrunt,

INDEX,

Ad communem omnium generum ſcribendi ,
docendique facultatem comparandam .

Alexandri cum Dario primùm pugnaturi ad Milites . pag. 72. Cum Dario ad Arbellam dimicaturi , ad Milites. 150. Ad Macedonas Milites, dimiſſionem petentes. 223. ad Milites , de inſidiis ſibi paratis. 249. & 250. Ad Macedonas in Philotam. 253. ad Polydamanta, ut Parmenionem è medio tollat . 274. Vulnerati ad amicos. 300. Ad trecentos electos Milites. 315. Cum Poro pugnantis , ad unumquenque Ducum . 377. Ad Milites , ut audacter Indiæ interiora petant . 391. & ſeqq. Ad Milites miſſionem petentes , quà graviſſimè Macedonibus ſuccenſet. 438. & ſeqq. Ad peregrinos Milites. 441. & ſeqq. Morbi vim magnitudine animi vincentis , ad amicos, & medicos. 58.

Amintæ pro ſeipſo ad Alexandrum . 268. & ſeqq.

Ariſtonis de Rege eligendo , poſt mortem Alexandri . 454.

Artabazi ad Darium. 200.

Beſſi ad Convivas, quà Darium deprimit . 281. & ſeqq.

Calliſthenis ad Cleonem, ne Alexandro viven-

venti,tanquam Deo,facrificetur.342.& feq.
Charidemi ad Darium fana confilia repudian-
tem. 48. & 49.
Chyri in Alexandrum rebus patris detrahen-
tem. 324. & 325.
Cæni pro Militibus ad Alexandrum. 395
& feq.
Crateri Philotam accufantis ad Alexandrum.
245. Pro cæteris Macedoniæ Principibus,
ad Alexandrum. 408. & feq.
Darii Legatorum ad Alexandrum. 136. in Ar-
bella dimicaturi, ad Milites. 151.& feq.
Satrapas fuos ad extremum prælium adhor-
tantis. 198. 199.
Euthymonis Græci ad focios à Perfis mutila-
tos. 189.
Macedonis cujufdam de eligendo in Regem
Aridæo poft mortem Alexandri. 455.
Meleagri de Rege eligendo poft Alexandri
obitum. 454. & feq.
Nabarzanis ad Darium. 200. & feq.
Nearchi ad commilitones, Alexandro mor-
tuo. 453.
Patronis ad Darium. 206.
Perdiccæ ad Commilitones, poft mortem A-
lexandri. 452.
Philippi Aridæi Regis ad Milites, ne tu-
multuentur. 461.
Philotæ vincti pro feipfo, ad Macedonas.
253. & feqq.
Pythonis ad Macedonas de Rege, qui Ale-
xandro mortuo fuccedat, eligendo. 455.
Ptolemæi ad Commilitones, mortuo Ale-
xandro. 453.
Scytharum Legatorum ad Alexandrum. 305.
& feqq.

Spi-

474

Spitamenis Beßum tradentis, ad Alexandrum.
292.
Syßgambis captivæ ad Alexandrum . . 83.
Theæteti ad focios à Perßs mutilatos . 190.

SUASIO

Parmenionis ad Alexandrum . 137.
Cobaris ad Beßum . 282.

DISSUASIO

Philotæ ad Alexandrum . 277.

ADHORTATIO

Alexandri ad Parmenionem . 155. Ad Duces . 210. Ad Critobulum Medicum , ut telum extrahat. 407.
Parmenionis ad Milites . 161.

PRECATIO

Darii pro Alexandro . 135. Ad Solem , & Martem . 145.

GRATIARUM ACTIO

Darii morituri ad Alexandrum . 214.
Alexandri ad Macedoniæ Principes suæ valetudinis folicitos. 410. & feq.

DEPRECATIO

Philotæ ad Alexandrum . 244.
Polemonis ad Macedonas . 272.

IN-

Alexandri ad Abdolonymum . 91. Ad Dymum . 244. ad Beffum . 293. Ad triginta nobiles Sogdianos . 312. Ad Demophoonta vatem . 401. & 403.
Darii ad Tyriotem fpadonem . 134.
Parmenionis ad Alexandrum . 147.

RESPONSIO

Alexandri ad Parmenionem . 147. Ad Legatos Darii . 138. Ad Craterum . 410. & feq.
Abdolonymi ad Alexandrum . 91.
Tyriotis fpadonis ad Darium . 135.
Darii ad Patrona . 207.
Ariftandri ad Alexandrum . 302.
Sogdianorum triginta nobilium ad Alexandrum . 312.
Philippi Medici ad Alexandrum . 60.
Pori Regis ad Alexandrum . 380.

COMMINATIO

Alexandri ad Polypercontz . 144. ad Tyrios . 95. Ad Betim . 118. Ad Ariftandrum . 302.
Amyntæ ad Polemonem fratrem . 272.
Darii ad Tyriotem fpadonem . 135.

EXCLAMATIO

Darii in Alexandrum . 135. Ad fuos . 209.
Erygii cum Satibarzane duello dimicaturi . 286.

476

Menedemi morituri. 303.

EXCUSATIO

Alexandri ad Syſigambin Darii matrem.
178. & ſeqq.
Beſſi ad Darium, quem poſteà tradidit. 208.

QUERELA

Alexandri ſuper mortem Clyti. 328.
Cleonis ad convivas, quòd nondum Alexandro thure ſacrificaſſent. 342.

INVECTIVA

Hermolai conjurati ad Alexandrum. 349. &
ſeqq.
Orſinis Satrapæ in Bagoam Spadonem. 435.

SENTENTIÆ

Ex Q. CURTII libris collectæ , & ordine
Alphabetico difpofitæ .

A

ABfolutio . *Abfolvi nemo poteft , nifi qui
dixerit caufam .*   pag. 273

Acclamationes . *Acclamationibus ftudia fua
multitudo profitetur .*   ibid.

Adverfa . *In adverfis rebus id folet fieri , ut
alius in alium culpam referat .* 101. *Non
fpeciofa dictu , fed ufu neceffaria , in rebus
adverfis fequenda funt .*   168

Adulatio . *Perpetuum malum Regum .*   341

Affectus . *Ad omnes affectus impetu rapimur :
vituperamus , laudamus , miferemur , ira-
fcimur .*   269

Agmen . *Agmen & ftare paratum , & fequi
nec turba , nec farcinis prægrave , intentum
ad Ducis non fignum modo , fed etiam nutum .*   53

Ambitio . *Gloriæ avaritiæ , & infatiabilis cupido famæ nihil invium , nihil remotum videri finit .* 390. *Sordent prima , cum majora fperantur .*   461

Amicitia . *Firmiffima eft inter pares amicitia .*
307

Amici . *Quos viceris , amicos tibi effe , cave
credas .* ibid. *Nec fibi amico opus eft , de
cujus benevolentia dubites .*   308

Amor fui ipfius . *Unufquifque , quod ipfe reperit aut folum , aut optimum ducit .*   282

Ani-

An.mus . *Animus magnus fpernit fceptrum, quod alii per ignes, ferrumque peterent* 90

Affentatio . *Regum opes fæpiùs affentatio, quàm hoftis evertit.* 341

Avaritia . *Avaritiæ nihil nefas eft.* 133. *Infatiabilis avaritia eft adhuc implere velle, quod jam circumfluit.* 353

B

BElla . *Ferro bella geruntur, non auro, viris., non urbium tectis. Omnia fequuntur armatos.* 168

Bellum . *Rarò permittitur in bello tempora eligere.* 300. *Fortuna belli artem victos quoque docet.* 301. *Naturæ iura bellum in contrarium mutat.* 399. *Spem gratiæ civibus citò abrumpere., ad bellum civile properantium eft.* 460

Beneficium . *Beneficiorum gratia fempiterna eft.* 353

C

CAlamitas . *Sæpè calamitatis folatium eft, noffe fortem fuam.* 134. *Calamitas querula eft, & fuperba felicitas.* 189. *Maligna calamitas, & verè noxia, cùm quis fuo fupplicio acquiefcit, pro alio cruciatus.* 254

Clementia . *Regum, Ducumque clementia, non in ipforum modò, fed etiam in illorum, qui parent, ingeniis fita eft.* 352

Confilia . *Turbida facta funt confilia eorum, qui fibi fuadent. Obftat aliis metus, aliis cupiditas, nonnunquam naturalis eorum, quæ cogitaveris, amor.* 284

Conftantia . *Sæpe minùs eft conftantia in robore,*

bure, quam in culpa. 415

Consuetudo. *Consuetudo natura potentior.* 191.
Efferatos mollior consuetudo permulcet. 224

Continentia. *Continentia, & moderatio in altissima quaque fortuna eminentia bona.* 238

Copiæ. *Quis aut in victoria, aut in fuga copias numerat?* 77

Crudelitas. *Nec luxuriæ quidquam crudelitas, nec crudelitati luxuria obstat.* 428

Curæ. *Anxium de instantibus curis agitant etiam per somnum species imminentium rerum, sive illas ægritudo, sive divinatio præsagientis animi accersit.* 10

D

DEfensio. *Vincti hominis non supervacua solùm, sed etiam invisa defensio est, qua Judicem non docere videtur, sed arguere.* 254

Desperatio. *Desperatio magnum ad honestè moriendum incitamentum.* 404

DEUS. *Si Deus es, tribuere mortalibus beneficia debes, non sua eripere: sin autem homo es, id, quod es, semper esse te cogita.* 307. *Dii pro meliore stant causa.* 89

Disciplina. *Militaris disciplina, paupertate magistra, stetit.* 49

Divitiæ. *Pretiosa supellex, pellicesque, & spadonum agmina nihil aliud sunt, quàm onera, & impedimenta.* 168

E

EXercitus. *Discors exercitus, nec ad unum intentus imperium, vario tumultu cuncta*

Cta

Ha turbat . 69. Militaris sine Duce turba,
corpus sine spiritu. 452

F

FAma . *Fama bella stant ; & is, quâ rece-*
dit, fugere creditur . 66. Fama infirmis-
simum adversùs vlros fortes telum . 152. Fa-
ma maximum in bello momentum. 212. Fa-
ma bella constant ; & sæpe etiam, quod cre-
ditum est , veri vicem obtinuit . 353. Nun-
quam ad liquidum fama perducitur : omnia,
illa tradente, majora sunt vero . 391

Fatum . *Equidem æterna constitutione credi-*
derim , nexuque causarum latentium , &
multò antè destinatarum, suum quenque or-
dinem immutabili lege percurrere . 206. In-
evitabile est fatum . 116

Felicitas. *Superba est felicitas.* 189

Fiducia . *Cùm ultimi discriminis tempus ad-*
ventat, in solicitudinem versa fiducia est. 68

Fortes . *Fortium virorum est, magis mortem*
contemnere, quàm odisse vitam. 201

Fortuna . *Naturam plerunque fortuna corrum-*
pit . 49. Homines, cùm se permisere fortunæ,
etiam naturam dediscunt . ibid. Destinata
salubriter omni ratione potentior fortuna di-
scutit . 70. Nunquam eodem vestigio stat for-
tuna: semperque homines, quantamcunque
felicitatem habeant , invidiam tamen sen-
tiunt majorem . 110. Fortuna, quos uni si-
bi credere cogit, magna ex parte avidos gloriæ
magis , quàm capaces facis. 123. Suam quis-
que fortunam in consilio habet, cùm de aliena
deliberat. 189. Dignus est omni malo, qui eru-
bescit fortuna , & tristem de mortalitate
sert

fert sententiam, ac misericordiam desperat, quam ipse alteri denegaturus est. 190. Fortuna bello artem victos quoque docet. 301. In communi calamitate suam quisque habet fortunam. 231. Sine pedibus dicunt esse fortunam, quae manus, & pinnas tantùm habet: cùm manus porrigis, pinnas quoque comprehendere non finis. 307. Contra fortunam non satis cauta mortalitas est. 339. Fortuna rebus famam, pretiumque constituit. 428. Fortunati semper parem quaerunt. 189

Fragilitas. Humanae fragilitatis nimia in prosperis rebus oblivio est. 153. Quid? tu ignoras, arbores magnas diu crescere, una hora extirpari? Stultus est, qui fructus earum spectat, altitudinem non metitur. Vide, ne, dum ad cacumen pervenire contendis, cum ipsis ramis, quos comprehenderis, decidas. Leo quoque aliquando minimarum avium pabulum sit; & ferrum rubigo consumit. Nihil tam firmum est, cui periculum non sit, etiam ab invalido. 306

G

Gloria. Citò gloria obsolescit in sordidis hostibus, nec quidquam indignius est quàm consumi eam, ubi non possit ostendi. 409

H

Habere. Nihil habenti nihil deest. 91

Habitus. Nemo pius habitu corporis suos aestimat, utique saevitia hostis, non natura calamitosos. 190

X   Homi-

Homines. *Homines, quantamcumque felicitatem habeant, semper tamen invidiam sentiunt majorem.* 110. *Si homo es, id quod es, semper esse te cogita.* 307

Hostis. *Nil tuto in hoste despicitur: quem spreveris, valentiorem negligentia facies.* 224

I

JActura. *Semper gravior in paucitate jactura est.* 153

Ignavia. *Nobilis equus umbra quoque virgæ regitur, ignavus ne calcari quidem concitari potest.* 283. *Sæpe tædio laboris ad vilitatem sui compelluntur ignavi; ut virtus nihil inexpertum omittit.* 201

Imperium. *Periculosum est prægrave Imperium: difficile est continere, quod capere non possis.* 137. *In novo, & precario Imperio, adhuc jugum ejus rigida cervice subeuntibus Barbaris, tempore opus est, dum mitioribus ingeniis imbuantur, & efferatos mollior consuetudo permulcet.* 224. *Spernitur Ducis imperium, ubi turbatis acrius metus, quàm Dux imperare cœpit; totidem sunt Imperatores, quot agmina errant.* 378. *Obsequio mitigantur imperia, ubi verò reverentia excessit animis, & summa imis confundimus, vi opus est, ut vim repellamus.* 352

Innocens. *Verba innocenti reperire facile est.* 253. *Innocentia securitatem affert.* 255

Invidia. *Invidi homines nihil aliud, quàm ipsorum sunt tormenta.* 370

Ira. *Superbia, atque ira, mala invicta.* 82

Juventus. *Nihil difficilius est, quàm in juventute magnam capere fortunam.* 110

L2-

L

Lacrimæ. *Lacrymis, & acclamationibus studia sua multitudo profitetur.* 272

Liberi. *Liberis pretium servitutis ingratum est.* 236

Loca. *Nihil aliud superest locorum fraude deceptis, quàm honestæ mortis solatium ex hostium cade.* 303

Lingua. *Lingua gravius castigatur, quàm ullum probrum.* 115

M

Magia. *Vanissimi cuiusque Magia est ludibrium.* 281

Metus. *Idem metus, qui cogit fugere, fugientem moratur.* 77. *Meticulosi ad deteriora credenda proni.* 104

Milites. *Militantium nec indignatio, nec lætitia moderata est.* 269

Miser. *Modum verborum misero tenere difficile.* 253. *Optimè miserias ferunt, qui abscondunt.* 189

Misericordia. *Qui multum in suorum misericordia ponunt, ignorant, quàm celeriter lacryma inarescant.* ibid.

Moderatio. *Continentia, & moderatio in altissima quaque fortuna eminentia bona.* 235

Mors. *Effugis mortem, quisquis contempserit, timidissimum quemque consequitur.* 154. *Fortium virorum est magis mortem contemnere, quam odisse vitam.* 201. *Ultimum omnium mors est; ad quam non pigrè ire satis est.* ibid.

Mul-

484 Multitudo. *Omnis multitudo, & maximè militaris, mobili impetu fertur.* 401

N

NAtura. *Fortuna naturam plerunque corrumpit.* 49. *Homines, cum se permisere fortunæ, etiam naturam dediscunt.* ib. *Natura mortalium hoc quoque nomine prava, & sinistra dici potest, quòd in suo quisque negotio hebetior est, quàm in alieno.* 281. *Malè humanis ingeniis natura consuluit, quòd plerunque non futura, sed transacta perpendimus.* 326. *Natura voluit mare esse terminum rebus humanis.* 396

Necessitas. *Efficacior est omni arte imminens necessitas.* 105. *Necessitas ante rationem est, maximè in bello.* 300. *Efficacior est in adversis necessitas, quam ratio.* 337

Nomen. *Nomen maximum in bello momentum.* 212

O

OBedientia. *Suis quique placidiùs parent, etiam cùm is præst, qui magis timeri potest.* 224

P

POtentia. *Potentia scelere quæsita cuiquam diuturna non est.* 431

Patria. *Patria est, ubicunque vir fortis sedem elegeris.* 228

Pavor. *Pavor etiam auxilia formidat.* 76

Per

Perfidia . *Nullis meritis perfidia mitigari potest* . 289

Proditor . *Caput proditoris opportunum est prodito solatium* . 86

R

RAtio . *Nihil potest esse diuturnum , cui non subest ratio* . 193

Regnum . *Maius est Regnum fastidire, quàm accipere* . 90

S

SOlitudo . *Solitudo natura quoque immitia efferavit ingenia* . 425

Sacrilegi . *Cum Diis pugnare sacrilegum* . 294

Scelerati . *Cùm dormire non possint, agitant eos furiæ, non consummato modò, sed & cogitato parricidio* . 255

Seditio . *Seditionis non remedia, quàm principia maiora sunt* . 401

Servus . *Servo utilius est parere dicto, quàm afferre consilium, cùm illos, qui parent, idem, quod cæteros, maneat, qui verò suadent, proprium periculum* . 281

Simulatio . *Humanis ingeniis parata simulatio est* . 205

Spiritus . *Nihil est miseris mortalibus spiritu charius* . 227

Superbia . *Ira, atque superbia, mala invicta*. 82

Superstitio . *Humanarum mentium ludibrium superstitio est* . 299. & seq.

486

T

TAciturnitas. *Magnam rem Magi suſtineri non poſſe credunt ab eo, cui tacere grave ſit, quod facillimum volueris eſſe natura.*
115

Temeritas. *Licet felicitas aſpirare videatur, tamen ad ultimum temeritati non ſufficit.* 153

Territi. *Nec hoſtium paucitatem, nec multitudinem ſuam ſatis cernunt.* 213

Timidus. *Canis timidus vehementiùs latrat, quàm mordet.* 282

V

VAtes. *Nullum majus impedimentum, quàm Vates ſuperſtitione captus.* 403

Verba. *Verba innocenti reperire facile eſt, modum verborum miſero tenere difficile.* 253

Vetuſtas. *Non opera ſolùm manu facta, ſed etiam ipſam naturam paulatim exedendo perimit vetuſtas.* 173

Vinctus. *Vincti hominis non ſupervacua ſolùm, ſed etiam inviſa defenſio eſt, quæ judicem non decere videtur, ſed arguere.* 254

Virtus. *Nihil inexpertum virtus omittit.* 201. *Nihil tam altè natura conſtituit, quo virtus non poſſit eniti.* 315

Vulnera. *Vulnera, quæ quiſque excipit, indicia virtutis ſunt.* 165

IN-

INDEX
EORUM OMNIUM,

Quæ in Alexandri Hiſtoria tractan-
tur , memoratu digniſſima ,
locupletiſſimus .

A

Alexander ſuę demptū glorię exiſtimabat, quidquid ceſſiſſet alienæ. pag. 218. A-lexandrum, quem arma Perſarum non fregerant, vitia vicerunt. 219. Alexander ſuper uxoris Darii morte crebros edidit gemitus. 133. Alexander uxorem Darii honorifice humavit. 134. Alexandri cognati omnes ab Antipatro interfecti. 467. Alexandri corpus Memphim, & inde paucis poſt annis Alexandriam tranſlatum. ibid. Alexander ſagitta ictus. 363. Alexander quo anno Regni ſui, & ætatis Aſiam ſubegerit. 410. Alexander Cyri ſepulcrum jubet aperiri. 434. Alexander non alium magis admiratus eſt, quàm Cyrum, & Semiramin. 297. Alexander in obſidione Gazæ ſagitta vulneratur. 116. Alexandri crus in obſidione Gazæ ſaxo affligitur. 117. Alexander Carthagini infenſus. 432. Alexandro Babylonia deditur. 170. Alexandri ad Uxiorum urbem virtus. 180. Alexandri ad Darium literæ. 111. Alexandri Duces vulnerati. 165. Alexandri celeritas. 188. Alexandri in Macedonas miſſio-

nem

nem petentes indignatio . 438. & seqq. A-
lexandri in Uxios propter Sysigibis literas
moderatio, & clementia. 181. Alexandri super Darii mortem lacrymæ. 215. Alexander Philippi frater, Regno Macedoniæ potitus . 21. Alexander pedes per nivem, &
contretam glaciem ingreditur. 193. Alexander dolabra glaciem perfringens,iter sibi facit . ibid. Alexandri in militem humanitas.
337. Alexander sarcinas primùm suas, deinde totius exercitus cremari jubet. 237. A-
lexandri expeditionis in Indiam monimen-
ta . 355. Alexander Tyrum obsidet. 96. post
difficilem oppugnationem expugnat. 108. A-
lexander à Tyro Arabiam petit . 99. Alexander semper bello , quàm post victoriam
clarior . 355. Alexandri triumphus ad imitationem Liberi Patris.427.& seq.Alexander
haud contentus mortali fastigio. 120. Alexá-
der Jovis filius credi volebat . ib. Alexandri
in bibendo continentia mira . 288. Alexandri in captivas continentia. 82. Alexandri
ingens mæror super morte Clyti.327.& seq.
Alexander à muliere attonita servatus.346.
Alexandri super Hephæstionis morte dolor.
444. Alexander Hephæstioni, tanquam Heroi, sacrificari jussit . ibid. Alexandri milites Babyloniæ corrupti. 174. Alexandri dextrum femur leviter mucrone perstrictum .
76. Alexander Parmenionis occidendi negotium Polydamanti dat . 274. Alexandri Legati à Tyriis occisi . 98. Alexandri exercitus pavor . 141. Alexandri cervix à Memacenis saxo ita icta , ut oculis caligine offusa collaberetur , ne mentis quidem compos.
297. Alexandro insidiæ à suis paratur.240. &
                                          seq.

feq.Alexandri Cydnum ingreffi fubito horrore artus rigere cœperunt. 57. Alexandri pia delamentatio. 60. Alexandri in occidendo Beti rabies. 118. Alexander genus ab Achille deducens. ib. Alexander Achillem pœna in hoftem capienda imitatus. ibid. Alexander rebús à Philippo patre geftis detrahit. 323. Alexander Jovis filium fe appellari juffit. 123. Alexander intra urbem Oxydracarum graviffimè vulneratus. 404. Alexander moribundo fimilis. ibid. Alexander quando Regnum adeptus. 31.Alexander folus in Urbem Oxydracarum defilit. 403. Alexandri haud tolerabilis vini cupiditas. 195. Alexandri in fallendo hofte dolus. 373. Alexandri virtutum, & vitiorum enumeratio. 450. & feq. Alexander folus omnium mortalium fortunam in poteftate habuit.451.Alexãdri nominis terror.445. Alexandri in captivas clementia. 82. Alexandri in Macedonas rabies. 443. Alexander veftem detrahit, projecturus femet in flumen. 399. Alexander ad Mazagas è muro fagitta percuffus. 363. Alexandri in Porum Regem liberalitas. 381. Alexandri in Taxilem liberalitas. 370. Alexander jacere humi proftratos venerabundos patitur.235. Alexander Perficam veftem fumit. ibid. Alexandri ad Arbellam dimicaturi fomnus. 146. Alexandri ad Arbellam militum numerus. 148. Alexander fagitta vulneratur. 294. Alexander ad fines Hyrcaniæ penetrat. 226. Alexandri defiderium, ut Olympias mater immortalitati confecraretur.411.Alexandri in Græcos à Perfis mutilatos beneficentia. 191. Alexandri ad Sufidas Pilas clades. 182.

Alc·

490   I N D E X.

Alexander retrocedere coactus. 183. A-
lexandri Oceanum vifendi pervicax cupido.
420. Alexandri phalanx. 71. Alexandri in
evellendo fpiculo virtus. 404. Alexandri de
Philota conqueftio. 243. Alexander Dux,
& idem miles. 75. Alexander quando natus. 24. Alexandri fuper valetudine Ptolemæi fomnium. 419. Alexandri in Tyrios
ira. . 108. Alexander in obfidione Tyri
fatigatus. 105. Alexandri morituri magna-
nimitas. 446. Alexander moriturus anulum
Perdiccæ tradidit.ibid. Alexander Regnum
optimo relinquit. ibid. Alexandri morituri
fuprema vox. ibid. Alexandri mors. ibid.
Alexandri militis virtus. 366. Alexandri
miles confoffus. ibid. Alexander petit Ara-
biam. 99. Athenienfibus infeftus.   436
Alexandria in Ægypto condita. 124. In radi-
cibus Caucafi condita.281. Ad Tanaim con-
dita. 298. In India condita.   417
Abifares Rex permittit fe Alexandro.   371
Abulites Sufæ præfectus.   176
Acadera.   362
Acefines amnis.   355
Acinacis gladii genus.   52
Ægyptii Perfarum opibus infenfi.   119
Æs alienum profitentur milites.   437
Æfchylus Rhodius.   124
Agema.   186
Agenor Tyrum condidit. 109. Sidonem con-
didit. pag. ead.
Agidis Lacedæmoniorum Regis animi magni-
tudo. 218. Ejufdem mors.   ibid.
Agis Argivus peffimorum carminum poft Chç-
rilum conditor.   341
Agrammes Pharrafiorum Rex.   389

Agri-

INDEX. 491

Agriaspæ, qui & Evergetæ. 277

Avii Scythæ. 295. Barbarorum justissimi. ib.

Amnis tranandi consilium novum. 289

Amphoterus classis Alexandri Præfectus ad liberandam Cretam missus. 125

Amyntas Philippi pater. 21. Prætor Alexandri. 77. Philotæ amicus. 267. Amyntæ mors. 93

Andromachi Syriæ Præfecti mors. 125

Annonæ in castris Alexandri magna caritas. 284

Antigonus Lydiæ Prætor. 94

Antipater in Alexandrum conjurat. 345. Antipatri, & Olympiadis simultas. 444. Antipater Alexandrum veneno interficere statuit. ibid. Antipater Macedoniæ Regnum, & Græciam invasit. 467. Omnes, quicunque Alexandrum etiam longinqua cognatione contingebant, Antipater interfecit. ibid.

Antiphanes scriba Equitum. 268

Aornis petra. 364

Apollinis simulacrum Pœni Syracusis Tyrum deportarunt. 104. Apollinis simulacrum aureis catenis apud Tyros vinctum. ibid.

Aquila aurea. 52. Aquila super Alexandri caput volans. 159

Arabiæ fertilitas. 169

Arachosii. 278

Araxes amnis. 280

Arbella vicus, quem sua clade nobilem fecit Darius. 128

Arbores violare apud Indos capitale est. 358

Aridæus Philippo genitus, Alexandri frater. 455

Arimazes Sogdianus. 314. Arimazis insolentia, ibid. Arimazis Petra Alexandro deditur.

492   **I N D E X.**

tur . 317. Arimazes in radicibus montis suæ
   Petræ cruci affixus.   318
Ariobarzanes. 182. Ejus mors.   187
Arisba Molossorum Rex.   23
Aristander peritissimus Vates.   116
Aristonicus Methymnæorum Tyrannus. 113
   Fraude captus. ibid. Ejusdem mors. 125
Ariston Pæonum Equitum Præfectus.   130
Armeniæ Montes.   280
Arsanes Ciliciæ Prætor.   54
Artabazus Dario fidissimus.230. Alexandro
   occurrit.   ibid.
Asclepiodorus in Alexandrum conjurat . 345
Attalo graviorem inimicum Alexander non
   habuit . 250. Athenodorus Græcorum mili-
   tum, qui ab Alexandro defecerant princeps.
   412. Per Boxum Macerianum, stimulante Bi-
   cone inimico , in convivio occisus . ibid.
Athenienses Hárpalum urbe excedere jubent.
   436
Attinas Alexandri Præfectus cum trecentis e-
   quitibus occisus .   :   320
Avaritia gloriæ.   390

                 B

BAbylon Alexandro deditur . 170. Babylonem quis condiderit. 171. Ejusdem muri bitumine interliti . ibid. Ejusdem descriptio . ibid. Ejusdem pons lapideus inter mirabilia Orientis opera numeratus. 172. Ejusdem horti pensiles. ibid. Babylonii in vinum
effusi. 173. Eorundem mores corruptissimi .
ibid. & seq.
Bactra. 111. Bactriana terra. 284. Bactra ultima Afiæ . 299. Bactriana arx à Græcis mi-
                                   liti-

litibus, qui ab Alexandro defecerant, occupata . 412

Bactriani promptiffimi . 114. Eorundem defectio. 296

Bactrus amnis. 285

Bagoas fpado Alexandrum obfequio corporis
devinxerat fibi . 433. Idem fecretò Orfinem
Satrapem reum facit . ibid. & feq.

Bagophanes arcis, & Regiæ pecuniæ cuftos .
170

Barbarus quidam Darii miles, fimulato trans-
fugio, Alexandri cervicem appetit . 116

Barfines filius ex Alexandro . 453

Barzaentes defectionis Aracofiis auctor, vinctus ad Alexandrum perducitur. 371

Bazaria regio. 321

Belon in Philotam invehitur . 258. & feqq.

Belus Babylonem condidit . 171

Beffus Bactrianorum Dux . 114. Regnum effe-
ctat . ibid. Ejufdem, & Nabarzanis in Darium conjuratio. 206.& feq.Idem Darii parricida, fumpta vefte Regia, fe Artaxerxem
appellari jubet. 237. Ejufdem in Cobarem
indignatio . 283. Idem à Bactrianis militibus defertus . ibid. Idem à Spitamene vinctus . 290

Betis Gazæ Prætor. 115. Ejufdem egregia virtus. ibid. Ejufdem crudeliffima mors .
118

Bezira urbs . 362

Bion transfuga . 149

Bituminis fons . 170

Byzantium urbs quando condita . 27

Boxus Macerianus Athenodorum in convivio
occidit . 412. Idem à militibus Græcis interfectus . ibid.

Bran-

Brancidæ. 291. Iidem ad internecionem omnes cæfi. 292

Bucephalus equus. 26. Idem neminem præter Alexandrum in dorfo infidere patiebatur. 233. Regem Alexandrum, cùm vellet afcendere, fponte fua genua fubmittens excipiebat. ibid.

Bucephalon urbs ab Alexandro condita. 398

C

CAllifthenis gravitas. 342. Ejufdem libertas Alexandro Regi invifa. ibid. Idem ab Alexandro vinctus. 348. Tortus interiit. 354. Ejufdem mors fummam apud Græcos Alexandro excitavit invidiam. ib.

Carthago à Tyriis condita. 96

Carthaginenfes Saturno, ufque ad excidium urbis fuæ, ingenuum puerum immolarunt. 104

Cafpium mare, quod & Hyrcanum. 229. Dulcius cæteris. ibid.

Caffander venenum Alexandro dedit. 445

Catenis fagittandi peritia. 193. Idem in prælio occifus. 340. Ab Alexandro defecit. ib.

Caucafus Afiam perpetuo jugo dividit. 280

Ceballinus Philotæ infidias Alexandro paratas detegit. 242

Chaldæi Vates Alexandrum monent, ne Babylonem ingrediatur. 445

Chari virtus. 366. Ejufdem. mors. ibid.

Cherilus peffimorum carminum conditor. 341

Choafpis amnis aqua delicata. 176

Chryfolai Methymnæorum Ducis mors. 125

Cleander latus Parmenionis gladio haurit. 275

Cleo-

Cleochares Alex. ad Porü Regé Legatus. 371
Cleophes Affacani Mazacarum Regis mater.
362. Eadem Mazacarum Regina Alexandro deditur. 364
Clytus apud Granicum amnem nudo capite
Alexandrum dimicantem clypeo fuo texit.
322. Idem Rhofacis manum capiti Alexandri imminentem gladio amputavit. ibid. Ejufdem cum Alexandro contentio, & pertinacia. 324. & feq. Idem ab Alexandro occifus. 326
Confilium novum tranandi amnis. 289
Copidæ gladii. 379
Corvi in Gazæ obfidione augurium. 115
Craterus Ozinem, & Zariafpem nobiles Perfas defectionem molientes oppreffit. 427
Cypriorum Reges à Dario ad Alexandrum deficiunt. 124
Cyrum admiratur Alexander. 297

D

DArii armatorum numerus. 47. Ejufdem
somnium. 50. Ejufdem agminis ordo.
51. & feqq. Ejufdem ad Alexandrum literæ. 110. Idem omnia auxilia Babylonem côtrahit. 126. Ejufdem literæ, quibus Græci
milites folicitantur, ut Alexandrum interficiant. 133. Ejufdem uxoris mors. ibid. Idem Legatos ad Alexandrum mittit. 136. Ejufdem fugientis præclara vox. 161. Idem
natura fimplex, & mitis. 205. Idem fervorum fuorum captivus. 209. Idem à Nabarzane, & Beffo vinctus. ibid. Idem aureis
compedibus vinctus. 210. Ejufdem morituri verba. 214
Dædala in India regio. 362

Data-

Dataphernes Spitamenis defectionis particeps Alexandro deditur. 335
Demophoon Vates. 402
Dioxippus Athenienfis pugil nobilis. 414. I-
dem falsò à Macedonibus furti infimulatus.
415. Idem ignominiæ impatiens ferro fe
interemit. ibid.

E

Ecbatana caput Mediæ. 197
Epaminondas ftrenuiffimus Thebanorum
Dux, atque Philofophus præftantiffimus. 22
Erigyi, & Satibarzanis duellum. 286
Erythræo mari non à colore, fed ab Erythro
Rege inditum nomen. 356
Erythri Regis monumentum. 432
Evergetæ, qui antè Agriafpæ. 277. Iidem
cur ita dicti. ibid.
Eurydice Amyntæ uxor, Philippi mater. 21
Ejufdem adulteria, & parricidia. 22
Eurylocho fratri conjurationem detegit Epi-
menes. 347. Idem injecta manu Epimenem
fratrem in Regiam trahit. ibid.

F

Falcatæ quadrigæ. 127
Fames, & peftilentia in exercitu Ale-
xandri. 425
Fati inevitabilis fors. 434
Fons apud Hammonis templum mirabilis. 121.
& feq.
Fons bitumen effundens. 170
Fons in tabernaculo Alexandri fubitò confpe-
ctus. 333
For-

Fortunæ ludibria .   162
Fortuna Alexandro indulgendo nunquam fa-
    tigata .   333

G

Gamaxus Rex exiguæ partis Indorum ad
    Alexandrum vinctus perducitur .   371
Ganges maximus totius Indiæ fluminum .   389
Gaza ab Alexandro obsidetur .   115
Gloriæ avaritia .   390
Gordium Midæ Civitas Regia .   44
Gordius nodus .   45
Græcorum temporaria ingenia . 112. Græci
    captivi ad quatuor millia, quos Persæ va-
    rio suppliciorum modo affecerant. 188. Græ-
    corum militum ab Alexandro defectio. 412.
    Græci exules omnès recipere ab Alexandro
    jussi .   436

H

Halys amnis .   136
    Hammonis Jovis Oraculum. 119. Tem-
    pli situs, & eius effigies .   121
Harpalus Athenas petit. 436. Athenis exce-
    dere jubetur ibid. A Græcis militibus tru-
    cidatur .   ibid.
Hauftanes ab Alexandro deficit . 340. ca-
    ptus .   ibid.
Hectoris, Parmenionis filii, mors .   125
Hellanice Alexandri nutrix, Clyti soror. 323
Hephæstionis cum Alexandro amicitia . 83.
    Ejusdem brachium hasta ictum . 165. Idem
    febricitans moritur . 444. Eundem Alexan-
    der unicè, ac fratris loco diligebat . ibid.
                                           Ei-

492　I N D E X,

Eidem tanquam Heroï sacrificari jussit Alexander. ibid.

Herculis simulacrum maximum bellantibus Indis incitamentum. 376. Hispania, quæ & Iberia. 432. Horratæ Macedonis, & Dioxippi Atheniensis singulare certamen. 414. & seq.

Horti pensiles. 172

I

INdiæ situs. 355
Indiam nives obruunt, cùm aliæ terræ fervore Solis exæstuant. 356
Indus fluvius. 355
Indorum ritus. 356. Indorum Regis magnificentia. 357. Eorundem Sapientes. 358. Indorum Sapientes fatum occupant, seque vivos cremari jubent. ibid. Indorum Dii. ibid. Indis bellantibus maximum incitamentum Herculis simulacrum. 376
Isthmiorum solemne ludicrum. 112
Jumentorum carne vescuntur milites Alexandri. 421

L

LAcedæmoniorum, & Macedonum cruentum bellum. 317
Lacedæmones à Macedonibus fusi. 218
Lacedæmonum, & Macedonum cæsorum numerus. ibid.
Leo magnitudinis raræ ab Alexandro uno vulnere occisus. 322
Leonidas Parmenioni intima familiaritate conjunctus. 276
Liber Pater in Jovis femine celatus. 360

Li-

Liberi Patris triumphum imitatur Alexander. 427. & seq.

Lyfimachus post Alexandrum regnavit. 322. Idem feram eximiæ magnitudinis folus occidit. ibid. Idem ab Alexandro leoni objectus. ibid.

M

Macedonum miseranda pœnitentia. 443 Macedonibus ignoscit Alexander. ibid. Eorundem privilegia. ib. &feq. Macedonum lex, qua cautum erat, ut propinqui eorum, qui Regi infidiati erant, cum ipfis necarentur. 201. Macedonum contentio, quis Alexandrum vulneratum ferre debeat. 295. Macedonum fcitum, ne Alexander folus venaretur. 322. Macedonum exercitus mœftitia, & gemitus. 394. Macedonum mos alloquendi Regem. 395. Macedonum fanctiffimum coeuntium pignus. 339
Magia vaniffimi cujufque ludibrium eft. 282
Mardorum gens bellicofiffima. 194
Mareotis palus. 123
Memaceni Alexandri Legatos vino graves occidunt. 297. Iidem obfeffi. ibid.
Menides fagittis propè occifus. 165
Mefopotamiæ æftus. 465
Metronis infidias Alexandro paratas detegit Ceballinus. 243
Militaris difciplina ab Alexandro reformata. 176
Mitylene Alexandro deditur. 113
Muficani in ditionem redacti. 417. Iidem ab Alexandro deficiut 418. Iidem rurfus in poteftatem Alexandri redacti. ibid.

N

NAbarzanis in Darium proditio. 209. Nabarzanes, occiso Dario, Hircaniam petit. 213. Ejufdem ad Alexandrum literæ. 227.& feq.Idē,accepta fide,Alexādro occurrit. 233. Eidem ignofcit Alexander. 234
Naura regio. 329
Nauranis parentibus ftupro coire cum liberis fas eft. ibid.
Nicæa urbs ab Alexandro condita. 398. Nicanoris, Parmenionis filii, mors. 237
Nicanoris temeritas, atque audacia. 373
Nicomachus exoletus Ceballino fratri infidias Alexandro paratas detegit. 242
Nyfa in India urbs. 360

O

OCeanum vifendi Alexandro pervicax cupido inceffit. 420
Oceani æftus. 421
Ochus fæviffimus Rex. 449. Idem octoginta fratres Syfigambis eodem die trucidavit. ib.
Olympias Neoptolemi Moloffiorum Regis filia. 23
Olympiadis, & Antipatri fimultas. 444
Olympias Alexandri mater immortalitati commendatur. 411
Orfines Parfagadarum Satrapes. 433. Idem fecreto à Bagoa fpadone fit reus. 434.Idem juffu Alexandri occifus. 435
Oxus fluvius. 288
Ozines Perfes defectionem moliens à Cratero oppreffus. 427

Pa-

P

PArentibus ſtupro coire cum liberis apud
  Nauram fas eſt.   329
Paropamiſadæ agreſte hominum genus . 278
Parmenio Philippum Alexandri medicum cri-
  minatur . 59. Parmenionis ad Philotam filium literæ . 240. Parmenionis occidendi
  negotium Polydamanti ab Alexandro datur . 274. Parmenio à Cleandro juſſu Alexandri occiſus .   275
Parmenionis truncum corpus militibus ad ſe-
  pulturam ægrè datum.   276
Ejuſdem caput ad Alexandrum delatum . ib.
Perſagadum à Cyro conditum . 433. Idem A-
  lexandro deditum.   ibid.
Perdiccas trecentos Macedonas elephantis in
  conſpeƈtu totius exercitus objicit. 463
Parthiene quondam ignobilis, nunc caput o-
  mnium, qui poſt Euphratem, & Tigrim a-
  mnes ſiti Rubro mari terminantur . 221
Perſarum fœminæ non aliud magis in contumeliam accipiunt, quàm lanæ manus admovere .   178
Perſarum luƈtus ſuper mortem Alexandri. 448

R

REgnorum Alexandri per Principes Macedonas faƈta diviſio.   464
Regum opes ſæpiùs aſſentatio, quàm hoſtis
  evertit.   341
Rhodii urbem ſuam , portuſque Alexandro
  dedunt.   111
Rhidagus fluvius .   227
                                     Ro-

Roxane forma infigni virgo. 338. Roxanem
fibi matrimonio jungit Alexander. 339. Eadem ex Alexandro prægnans.   452
Rupes in Caucafo, in quo Prometheus vinctus.   280

S

SAmaritæ Andromachum in Syria Alexandri Præfectum vivum cremarunt. 115
Sarcinas primùm fuas, deinde totius exercitus
incendi præcepit Alexauder.   237
Satibarzanes ab Alexandro deficit.   238
Saturno, ufque ad excidium urbis fuæ, Car-
thaginienfes ingenuum puerum immolarunt.   104
Saturno ingenuum puerum immolabant Tyrii.   ibid.
Scytharum bellicofiffima gens. 114. Scythæ rapto vivere affueti. ibid. Scythæ fapientiam
capiunt, quantamcúque gens femper armata capit. 305. Scythis non, ut cæteris Barbaris, rudis fenfus.   ibid.
Serpentes inufitatæ magnitudinis. 384. Iidem
fquamis fulgentibus.   385
Sicilienfes naturæ vitio adulatores.   341
Sogdianorum captivorum, cùm ad mortem du-
cerentur, lætitia.   312
Symmachi temeritas, atque audacia. 373

T

TAnais fluvius.   222
Thaleftris Amazonum Regina fatetur;
fe veniffe ad communicandos cum Rege A-
lexandro liberos.   ·   234
                                  Ti-

Tigris fluvius à celeritate dictus . 129
Triumphus Alexandri ad imitationem Liberi Patris . 427. & seq.
Thaidis consilio Persarum regia incenditur . 195

V

VEnenum , quo Alexander extinctus est . 445.
Venetorum origo . 46
Virgiliarum Sidus . 193
Uxii. 179. Iidem Alexandro deduntur. 181
Uxor Spitamenem in lecto occidit . 334

Z

ZAriaspes Perses defectionem moliens à Cratero oppressus . 427
Zopyrio Thraciæ præpositus procellis cum toto exercitu oppressus . 431

F I N I S.

CPSIA information can be obtained at www.ICGtesting.com
Printed in the USA
BVOW022336071211

277857BV00010B/89/P